Paul Sahner
ICH HATTE SIE FAST ALLE!

PAUL SAHNER
ICH HATTE SIE ALLE *fast*!

Die Geheimnisse eines Promireporters

blanvalet

Trotz sorgfältiger Nachforschungen konnten leider nicht alle Rechteinhaber ermittelt werden. Bei berechtigten Ansprüchen wenden Sie sich bitte an den Verlag.

Für die Mitarbeit und Unterstützung bei der Texterfassung danken Verlag und Autor Herrn Thomas Veszelits.

Das Buch »Merci, Udo!«, aus dem auf den Seiten 68 ff. zitiert wird, erschien 2015 im Herder Verlag, Freiburg im Breisgau. Wir danken dem Verlag für die freundliche Genehmigung zum Abdruck.

Das Interview mit Maxim Biller erschien 2002 in der Zeitschrift MAX. Vielen Dank auch an Herrn Biller für die freundliche Genehmigung zum Abdruck.

Verlagsgruppe Random House FSC® N001967
Das für dieses Buch verwendete FSC®-zertifizierte Papier *EOS* liefert Salzer, St. Pölten.

1. Auflage
© 2015 by Blanvalet Verlag, München,
in der Verlagsgruppe Random House GmbH
Redaktion: Angela Kuepper
Umschlaggestaltung: www.buerosued.de
Umschlagmotiv: Christian Affonso Gavinha
Satz: Uhl + Massopust, Aalen
Druck und Bindung: GGP Media GmbH, Pößneck
Printed in Germany
ISBN 978-3-7645-0549-3

www.blanvalet.de

Wie immer: für Martina

.

Inhalt

Wer ist der Schönste?

Alles begann mit einer Gegendarstellung.

Am Montag, dem 9. Juni 1975 schlug ich den neuen SPIEGEL auf. Es war mein Schicksal, im Heft Nr. 24 auf Seite 148 über folgende Personalie zu stolpern:

Peter Boenisch, 48, Top-Manager in Axel Springers Führungskorps und Deutschlands hübschester Kolumnist, errang einen forensischen Teilerfolg. Die Kleine Strafkammer 1 des Hamburger Landgerichts reduzierte vergangene Woche eine vom Hamburger Amtsgericht gegen Boenisch wegen Beleidigung verhängte Geldstrafe von 6000 Mark auf die Hälfte. Boenisch hatte in einer »Bild am Sonntag«-Kolumne einen niedersächsischen SPD-Landtagsabgeordneten »Armleuchter« geheißen; jedoch nicht, wie das Amtsgericht annahm, »im Sinne von Arschloch«, sondern, wie jetzt die Strafkammervorsitzende Hella Lilie begründete, »in des Wortes milderer Bedeutung, etwa wie trübes Licht«.

Großartig. Diese Meldung las ich auf dem Balkon meiner damaligen Wohnung im Münchner Stadtteil Lehel, nur einen Katzensprung von der noblen Maximilianstraße entfernt. Die Mittagspause in der Sonne gehörte zu meinem entspannten Lebensstil, genauso wie das Tiroler Nussöl, um meine ganzjährige Bräune zu pflegen. Das musste sein, denn ich war Gesellschaftskolumnist bei der tz. Es war eine frische und aufstrebende Boulevardzeitung, die der traditionellen Abendzeitung mächtig einheizte. München trennte sich damals nicht in katholisch und evangelisch, sondern in AZ- und tz-Leserkreis.

Die tz war die Boulevardzeitung für Frauen. Warum wohl? Einer der Gründe, die tz zu kaufen, war Umfragen zufolge meine Kolumne »Treffpunkt«. Mit meinem Foto schön rund eingeklinkt. Schulterlange Matte, Seehundschnauzer, Messdienerblick. Ich sah aus wie ein Edelhippie. Meine Verehrerinnen, besonders jene, die es in meine Klatschspalte drängte, stritten sich, ob ich Jim Morrison, den kalifornischen Beach Boys oder doch mehr Barry Gibb von den Bee Gees ähnelte. Seltsamer Frauentratsch. Doch an jenem Tag, als ich im SPIEGEL das Bild von Peter Boenisch mit Spitznamen »Pepe« sah, wusste ich: Das ist eine Steilvorlage für meine Karriere.

Spontan beschloss ich, den größten Baum im Boulevard kongenialer Compañeros von Axel Caesar Springer anzupinkeln. Ich griff zum Telefon. In der damals noch handylosen Zeit hatte ich am Festnetz eine neun Meter lange Schnur, um in meiner Wohnung mobil zu sein. So konnte ich, ohne von meiner Sonnenliege aufzustehen, in Hamburg anrufen: bei der Chefredaktion vom SPIEGEL. Ich fasste mich kurz:

»Guten Tag, Paul Sahner spricht, stellen Sie mich bitte zu Erich Böhme durch«, forderte ich die Sekretärin auf. »Es ist dringend.«

Wie schnell es ging, überraschte mich. Offenbar dachte die Sekretärin des damaligen SPIEGEL-Chefs, ich hätte eine Skandalgeschichte über Franz Josef Strauß auf der Pfanne. Warum sonst würde ein Klatschreporter aus München anrufen?

Ähnlich reagierte Erich Böhme, als er am Telefon erwartungsvoll fragte: »Was verschafft uns die Ehre, Herr – wie war noch mal Ihr Name?«

»Sahner«, sagte ich und erklärte wie immer: »Wie Sahne mit Richard am Ende.«

Unbeirrt fuhr ich fort: »Unglaublich, Herr Böhme, seit wann recherchiert der SPIEGEL so schlampig?«

Ein Räuspern in der Leitung signalisierte, dass Böhme offensichtlich durch meine Frechheit pikiert war.

Ich setzte nach: »Es geht um Herrn Boenisch! Mag sein, dass er sich eine flotte Silbertolle föhnt, aber hübsch macht ihn seine Locke noch lange nicht. Den Titel, Deutschlands schönster Kolumnist zu sein, kann mit Fug und Recht nur einer für sich beanspruchen.«

»Wer?«, unterbrach mich Böhme barsch.

»Ich, Paul Sahner. Sie brauchen nur die tz aufzuschlagen ...«

»Sonst geht's Ihnen gut, Sie Scherzkeks?«, grummelte Böhme. »Wie heißen Sie noch mal?«

»Sahner, schauen Sie sich mein Foto an«, sagte ich hastig, aber ich hatte das Gefühl, dass Böhme längst aufgelegt hatte. Und so war es dann auch.

Meine innere Stimme quittierte: Netter Versuch. Immerhin hast du mit dem SPIEGEL-Chef gesprochen. Mehr nicht. Oder kommt noch was? Ich wartete. Doch nichts geschah.

Dann läutete das Telefon. Ein Funken Hoffnung: Der SPIEGEL?

Nein, das »tezetchen, unsere bienenfleißige Redaktionssekretärin,« war an der Strippe. »Wann lieferst du?«, monierte sie.

Vor lauter Aufregung wegen Boenisch hatte ich meine Klatschkolumne vergessen.

»Wo brennt's denn?«, beschwichtigte ich die Sekretärin. »Ich habe eine super Geschichte, kommt gleich, sag's dem Chef.«

Zum Schreiben kam ich nicht. Das Telefon läutete schon wieder. Diesmal war es tatsächlich der SPIEGEL. »Schöne Grüße von Herrn Böhme«, zwitscherte die Sekretärin. »Ich soll Ihnen ausrichten: Schreiben Sie einen Leserbrief zur Boenisch-Personalie.«

Bingo! An diesem Tag gab ich für die tz anstelle der ominösen super Geschichte nur die Gästeliste von einem Schickimicki-Fest durch. Ich hatte Wichtigeres zu dichten, meinen ersten SPIEGEL-Text. Die Redaktion setzte darüber als Überschrift:

Paul Sahner ist hübscher

Sie bezeichneten den »Bild am Sonntag«-Journalisten Peter Boenisch als »Deutschlands hübschesten Kolumnisten«. Dies ist falsch. Vielmehr ist richtig, daß ICH, Paul Sahner, der Gesellschaftskolumnist der Münchner Boulevardzeitung tz, allein diesen Titel verdiene. Und dies trotz meiner 7498 Gramm Übergewicht. Zugegebenermaßen kenne auch ich wenige Kollegen, deren grau meliertes Haar so locker fällt wie das von Boenisch. Die buschigen Augenbrauen des Springer-Mannes sind ebenso apart wie seine Kulleraugen treuherzig. Nur, bei aller Kollegialität: Keinesfalls hübsch kann man diesen Mund nennen, der ein fabelhaftes Porzellangebiß selbst dann zum Lachen entblößt, wenn es nicht einmal mehr was zum Lächeln gibt.

München, im Juni 1975
Paul Sahner

Unter diesem SPIEGEL-Brief (Nr. 25/1975) waren zwei Fotos abgebildet: die Journalisten Sahner, Boenisch. »Bei aller Kollegialität...«

Die Branche horchte auf. Häme und Schadenfreude gingen auf Boenischs Konto, mir schwappten Sympathie und Schulterklopfen entgegen. Offensichtlich hatte meine Aktion für allgemeine Heiterkeit gesorgt. Aber nicht nur. Einige Kollegen hielten mich für völlig durchgeknallt.

Bei einem Job in Hamburg lief Boenisch mir über den Weg. Er lachte wie immer dröhnend: »Ach Herr Sahner, es gibt Sie wirklich! Wie laufen Sie denn rum?«

Was für eine lächerliche Retourkutsche! Bisher hatten all die Schickeria-Schicksen meinen lässigen Look gerühmt. Breite Schlaghosen-Jeans, dicker Gürtel mit massiver Messingschnalle, Hemdkragen hochgeschlagen, die Knöpfe bis zum Bauchnabel geöffnet. Denn besonders stolz war ich auf mein tellergroßes Indianerkreuz aus massivem Silber, das auf meinem Brustpelz baumelte, Geschenk eines Hopi-Häuptlings aus Utah.

Boenisch lachte: »Wenn Sie ein Journalist mit Format werden wollen, was ich bezweifele, brauchen Sie unbedingt einen erstklassigen Schneider und handgenähte Budapester.«

Ich schaute auf meine ausgelatschten Treter und musste kapitulieren: Boenisch war oben, ich stotterte mein gebrauchtes Porsche-Cabrio ab. Pepe sah zwar aus wie ein hanseatischer Pfeffersack mit Londoner Schliff, aber er war nun mal der König des Boulevards. Ich beschloss, mein Outfit zu ändern. Zuerst mit Daniel Hechter, bevor mich bei einem Interview Nino Cerruti aufs Neue rügte: »Wie laufen Sie denn rum?«

Ich trennte mich von Hechter. Ninos edle Stoffe waren federleicht und knitterfrei. Selbst wenn man den Discorausch auf einer Parkbank ausschlief – in einem Cerruti-Anzug machte man am Morgen danach immer eine gute Figur.

Aber wozu erzähle ich das alles? Ich wollte nie meine Biografie schreiben. Es reicht doch, wenn ich vor allen Menschen, mit Vorliebe wildfremden, beim Bäcker, Metzger, Obst- und Gemüsehändler meine Anekdoten zum Besten gebe. Vor allem aber Taxifahrern. Die können mich ja nicht rausschmeißen.

Doch dann kam der Tag, an dem ich, aufgeputscht von einem aromatischen Yogi-Kräutertee, meiner Katze aus meinem Leben zu erzählen begann. Ich wusste nicht, was ich damit anrichtete. Socki schien mich sofort zu verstehen. Sie miaute herzzerreißend. So lange, bis ich kapierte, was sie meinte:

Aber bitte mit Kalbsleber!

1

Ich, Chef!

Nachdem ich Socki versorgt hatte, ließ ich mich am Küchentisch nieder, richtete den Blick durch das Fenster auf die Berge und begann ihr zu erzählen. Ganz klassisch.

Geboren wurde ich am 21. Juni im Jahre 1944 in Westfalen, in einer kleinen Stadt namens Bockum-Hövel. Meine Mutter Elisabeth war sehr fromm, las jeden Tag in der Bibel, spielte Marienlieder auf dem Klavier. Am Sonntag gingen wir in die Kirche. Ich musste immer mit meinen Schwestern mitgehen, in meinem schwarzen Kommunionsanzug, weißes Hemd, die Krawatte fest geknotet, die Schuhe blitzblank poliert. Ich schämte mich.

Walter, mein Vater, war sehr streng. Als preußischer Finanzbeamter hatte er eine trockene Art, aber er verstand es, Kritik und Tadel sachlich anzuwenden, und sprach mit mir von Mann zu Mann, nicht wie von Vater zu Sohn. Das gefiel mir, denn so gab er mir die Möglichkeit zu begreifen, warum er oft anderer Meinung war. Er fügte zu seinen Argumenten stets hinzu: »Überlege es dir noch einmal gründlich.«

»Überlege es dir noch einmal gründlich«, sagte nun auch Socki und sah von ihrem Napf auf. Da war etwas Zwingendes in ihrem Blick, das mich innehalten ließ. Wer jemals behauptet hat, ich hätte in meinen Interviews etwas geradezu Hypnotisches, um meinen Opfern pikante Details zu entlocken, der kennt Socki nicht.

»Du hast also vor, den Leuten von deinem schillernden Leben zu erzählen«, resümierte sie. »Schön und gut. Ich will dir keineswegs zu nahe treten, aber wäre es nicht ungleich besser, um nicht zu sagen authentischer, dein Leben im Spiegel eines Weggefährten zu betrachten …?«

Ich hatte keine Ahnung, worauf sie mit ihrem Gemaunze hinauswollte.

»Ich muss wohl deutlicher werden«, sagte Socki denn auch. »Geschichten von Mutter und Vater anno 44 sind ja ganz nett, aber da ist mehr drin. Um mit unserem gemeinsamen Freund Reich-Ranicki zu sprechen: ›Ich muss nörgeln.‹ Mit ein bisschen Kalbsleber ist es da nicht getan.«

Ich seufzte leicht ungehalten, was Sockis Redefluss jedoch nicht aufhalten konnte.

»Sieh es mal so. Wenn du beispielsweise mich deine Biografie erzählen ließest, würdest du nicht als Paul Sahner, Reporter, in die Geschichte eingehen, sondern zugleich als Entdecker junger, vielversprechender Talente, Begründer einer neuen Art Literatur …« Ihr Blick bekam etwas Visionäres, dann fuhr sie unbeirrt fort. »Und überhaupt. Der Mensch kann nicht immer nur an sich denken. Auf dem Zenit seines Ruhmes gilt es, die Begabung anderer anzuerkennen und ihnen den Stift in die Hand zu drücken. Oder in die Pfote.«

Darauf lief es also hinaus. Wie so oft wusste ich mich gegen Sockis Argumentation nicht zu wehren.

In meinem Berufsleben habe ich Tausende von Interviews geführt, etliche Skandale enthüllt und manche verschwiegen. Ich habe recherchiert, verblüfft, polarisiert, wurde verklagt, gehasst, hofiert und geliebt. Im persönlichen Gespräch ist es mir gelungen, Zugang zu den unterschiedlichsten Menschen zu finden. Manchmal habe ich auch von mir erzählt, wenn es der Sache dienlich war, denn Offenheit schafft eine Basis des Vertrauens, sie verbindet. Und doch habe ich immer eine gewisse Distanz zur Prominenz gewahrt. Nicht wenige haben sich über die Jahre hinweg gefragt, wer der Mann hinter der Schreibe ist, dem alle so bereitwillig ihre intimsten Geheimnisse beichten.

Nun aber, wo ich tatsächlich mal über mein eigenes Leben zu erzählen begann, unterbrach mich ausgerechnet meine Katze. Ich ahnte schon die Headlines: »Sahner wird senil. Biografie von der Katze verfasst.« Oder: »Andere in seinem Alter kommen wenigstens auf den Hund.« Oder am Ende gar: »Typisch Sahner: Alles für die Katz!«

Wer Katzen kennt, weiß, dass man ihnen nichts abschlagen kann. Und Socki hatte gar nicht mal unrecht. Schreiben, das liegt ihr im Blut. Mehr als vielen, die es täglich tun, davon können Verlage ein Lied singen. In der Tat hatte sie ihr Talent schon zu einem früheren Zeitpunkt unter Beweis gestellt, genauer gesagt mit einem Leserbrief anlässlich eines Stern-Beitrags vom 15. November 2012.

Sockis Stern-Leserbrief

Die Redaktion vom Stern hatte mal wieder ein Titelstoryproblem, genau wie BUNTE. Es war Montag. BUNTE entschied sich wie meistens, wenn Not an knackigen Themen herrscht, für einen Titel mit Caroline. Monaco, das lief bisher immer gut. Diesmal fand sich für die Nr. 47 vom 15. November 2012 im Archiv ein strahlendes Foto. Caroline mit Diadem, besetzt mit funkelnden Diamanten. Genauso glänzte die Headline: »Sie stiehlt Charlène die Show«.

Der Stern Nr. 47 spekulierte mit großartigem Katzencover auf die Kauflust von zwölf Millionen deutscher Katzenbesitzer und gewann das Rennen in den Zeitungsläden am Donnerstag. Der Titel: »Geliebtes Biest«. Unterzeile: »Haustyrann und Seelentröster. Die wundersame Zuneigung der Deutschen zu ihren Katzen.«

Socki rümpfte die Nase, als sie BUNTE mit der monegassischen Prinzessin auf dem Küchentisch sah, schnappte sich den Katzen-Stern und machte es sich auf der Terrasse mit Blick auf den Wilden Kaiser bequem. Sie verzog sich hinter ihrem winzigen Sonnenschirm, putzte ihre Sonnenbrille und wollte nicht gestört werden.

Sie las, anfangs begeistert. »Ich, Chef!« Auf einem Foto riss eine Katze ihr Maul wie ein Tiger auf, auf dem nächsten zermalmte ein liebliches Kätzchen einen Singvogel. Ein anderes ließ einen blauen Luftballon vom Bett aus gegen die Zimmerdecke steigen. Schließlich sah man noch einen gestreiften Katzenschwanz unter einem Schrank hervorlugen.

Socki gähnte gelangweilt. »Mein Dasein ist viel spannender als dieses dämliche Frauchen- und Herrchengeprahle. Ich werde den Menschen vom Stern jetzt einen gepfefferten Leserbrief über mein Leben schreiben.« Sie begann mit ihren flinken Krallen auf Martinas iPad zu hämmern. Nach zehn Minuten schob sie mir erwartungsvoll ihre Zeilen herüber. Dem Leuchten meiner Augen entnahm sie, dass ihr ein kleiner Wurf gelungen war. Ich füllte den Rest Kalbsleber in ihren Napf.

Am Montag, den 12. November 2012 rief ich meinen Freund und Kollegen Andreas Petzold an, einen der beiden Chefredakteure des Stern.

»Grüß dich, Andy, meine seltsame Katze hat sich in den Kopf gesetzt, dass sie den Leserbrief, den sie am Wochenende verfasst hat, veröffentlicht haben will.«

Petzold cool: »Dann soll sie ihn mir mailen.«

Socki, die selbstverständlich über ihre eigene Mailadresse verfügt, ließ ihre Pfoten über die Tastatur springen. Minuten später rief Petzold zurück: »Echt geil, wir haben uns kaputtgelacht. Sag deiner Katze, es wird der längste Leserbrief, den der Stern seit dem Ausscheiden von Henri Nannen veröffentlicht hat. Wir hauen eine Anzeige auf eine andere Seite.«

Drei Tage später stand es im Stern zu lesen:

Ich bin eine italienische Wildkatze und heiße Socki. Für Berlusconi, mein früheres Herrchen, musste ich einst scharfe Mäuse anschleppen und dann auch noch selber Bunga Bunga tanzen. Bäh! Ich riss also aus, streunte von Mailand runter in die Toskana. Dort adoptierte mich Martina, mein neues Frauchen. Ich begleitete sie nach München, wo ich seit sechs Jahren lebe. Mein neues Herrchen hat auch schon über Berlusconi geschrieben. Er ist Journalist. Und weil er wollte, dass ich seine Geschichten verstehe, besonders die ungedruckten, brachte er mir lesen bei. Manche Storys zerriss ich, weil sie mich interessierten wie feuchter Mäusedreck. Doch eines Tages kam er nach Hause mit der Wahnsinnsstory eines Hamburger Magazins.

Auf dem Titel streckte mir eine Katze die Zunge raus. Ätsch. Echt geil. Ich verspürte sofort Lust. Es war wohl ein Kater. »Geliebtes Biest«, stand darunter, und mein Herrchen schlug die Seite 110 auf, denn er hatte mir zwar Lesen, aber nicht Blättern beigebracht. Hach, war das lustig! Ich las von meiner Kollegin Penny, die rasend, wenn alle weg sind, »vergnüglich per Bewegungsmelder die Alarmanlage auslöst«.

So what, dachte ich und erinnerte Frauchen und Herrchen daran, wie ich kürzlich dem frechen Nachbarkater, Herrn Schmidt, die Zündholzschachtel abgejagt hatte, als er gerade unser schönes Bauernhaus abfackeln wollte. Dann las ich von Frau Müller, die ihrem Frauchen Julia in die Schuhe pinkelt, »und zwar in alle«, wenn sie das Haus verlässt. Das frustrierte mich. Warum schreibt denn, verdammt noch mal, keiner darüber, dass ich meine Menschen bescheiße, wenn sie mir statt frischer Kalbsleber fetten Tofu unterjubeln wollen.

Auch meine Kollegin, die eine schützende Plastikfolie zerkratzt, um auf Frauchens Matratze zu pinkeln, kann noch von mir lernen. Zum Beispiel, dass man sein Geschäft erst dann verrichtet, wenn Frauchen und Herrchen im Bett liegen. Affenkatzengeil allerdings fand ich die Geschichte über Menschen, die unsere Gewohnheiten so lieben, »dass sie seit 20 Jahren jeden Donnerstag den Stern lesen, nur um uns nicht zu verwirren«. Hey, das entlockte mir aber ein fröhliches Miau-miau-miau, fast hätte ich sogar vor Freude gepupst, weil mein Herrchen mir donnerstags auch immer nur die BUNTE gibt, um mich nicht zu verwirren. Nein, das habe ich mir jetzt nur so ausgedacht. Aber alles andere stimmt.

Socki Sahner, Lanzing

Seit ihrem Leserbrief meint Socki jedenfalls, sie sei ein aufsteigender Stern am Journalistenhimmel. Einmal den Namen gedruckt sehen und schon Staralüren. Sie hat sich sogar Premium-Businesskarten anfertigen lassen: Socki Sahner – Freelancer: spezialisiert auf knifflige Fälle.

Was sollte ich tun? Ihr Anliegen, meine Biografie zu schreiben, ignorieren? Ihr Talent verkümmern lassen? Oder sie ranlassen an den Text und es mir mit den Katzenhassern verderben?

»Du hast eh keine Wahl«, sagte sie charmant, wenn auch bestimmt, und spreizte die Pfoten, sodass ihre kleinen, scharfen Krallen sichtbar wurden. Doch es war nicht die subtile Androhung von Gewalt, die mich kapitulieren ließ, sondern der fuchsige Blick, gepaart mit der samtenen Stimme. Von wem sie sich das wohl abgeguckt hat…

2

Was bin ich? Eine Qualitätskatze!

Sockis Tagebuch

Freitag

Endlich komme nun ich, Socki, zu Wort. Es war letztlich ein
Leichtes, Paul von der sogenannten Duplizität der Ereignisse zu
überzeugen. Wie in seinem Fall war es auch bei mir ein Leserbrief,
der meine Karriere vorantreiben sollte.

Da Paul mal wieder irgendwo im Reich der Prominenten unterwegs ist und das Schreiben seiner Biografie ruhen lässt, habe ich
kurzerhand beschlossen zu übernehmen. Dann mal los!

Samstag

Ab heute schreibe ich jeden Tag. Zuerst über mich, schließlich gilt
es, den Leser mit interessanten Details bei der Stange zu halten:
Geboren bin ich im Zeichen des Vollmonds in San Gimignano.
Von dieser toskanischen Stadt der Türme, man nennt es auch
Manhattan des Mittelalters, hat mich das Schicksal nach Bayern
verschlagen. Hier habe ich zwei Wohnsitze: eine lustige Schwabinger
Studentenbude und im Chiemgau ein Bauernhaus unter Denkmalschutz. Mal bin ich eine großstädtische Luxusmieze, dann ein natur-
verbundener Freizeitjäger. Das Leben ist schön.

Sonntag

Kalbsleber ist meine Leibspeise. Sie enthält eine hohe Konzentration
an Vitamin C und E, aber auch die wichtigen Vitamine B_3 und B_{12}

sind in diesem Organ vertreten. Der Mix macht schlau, was sich in meiner großartigen Idee niederschlägt, die Memoiren meines Herrchens gemeinsam mit ihm zu verfassen.

Sie zweifeln, dass Katzen schreiben können? Bitte, wenn Sie meinen, aber lesen Sie ruhig weiter...

Montag

Es gibt einige wichtige Dinge zu berichten. Gerade habe ich die Sonnenblumen im Garten inspiziert, die erstmals aus dem Boden sprießen. Mit ein bisschen Glück werden wir einen schönen Sommer haben. Herrchen überlegt, Kiwis an der Südseite unseres Landhauses anpflanzen zu lassen. Gefällt mir, der Mensch braucht Vitamine. Ich rieche auch schon Basilikum, es wächst von allein neben der Hauswand. Gesät hat es wahrscheinlich der Wind, zumal mein Herrchen kein passionierter Gärtner ist, sondern wachsen lässt, was wachsen will. *Back to the roots!*, heißt es da für mich. Rein ins Gebüsch, raus aufs Beet, und dazwischen ein bisschen nach Mäusen graben, vorzugsweise dort, wo frisch gesät wurde.

Dienstag

Unser Garten ist ein Paradies. Im Teich am Hang tummeln sich die Forellen. Ich mag aber keinen Fisch. Mal sehen, ob es heute Mittag wieder frische Kalbsleber gibt. Herrchen ist zum EDEKA gefahren, er ist gut vernetzt, hat dort die besten Beziehungen zum Tattoo-Metzger Gerhard. Der trägt täglich eine neue Pudelmütze, gestrickt von seiner Frau. Mir hat sie auch schon eine geschenkt. Ich weiß aber nicht, wozu! Katzen tragen keine Mützen. Sie halten sich die Ohren frei, um außerirdische Signale zu empfangen. Ein Schal wäre mir lieber gewesen, so wie beim Herrchen. Er kriegt sie von Baldessarini mit Rabatt. Dafür versprach er ihm, seine wuscheligen Halsturbane so zu tragen, dass das Markenschildchen sichtbar ist. Wenn das der Deal ist, bin ich auch gerne dabei.

Mittwoch

Erst der dritte Tag, und schon reicht es mir, bin vom Schreiben total k. o., mein Kopf ist leer: Bin ich eine faule Katze, oder hat mich die erste Schreibblockade erwischt? Darunter sollen schon Ernest Hemingway, Truman Capote, Scott Fitzgerald, James Joyce gelitten haben. Aber ich? Nicht, dass Reich-Ranicki noch posthum höhnt, meine Schreibblockade sei »für die Leser ein Segen«. Wahrscheinlich muss ich es wie Herrchen machen: einen Stift nehmen und mit der Hand schreiben.

Freitag

Wie schreibt man einen Bestseller? Utta Danella hat das Erfolgsprinzip erklärt: Man muss ein Buch schreiben, dann achtzehnmal das Gleiche abschreiben und jeweils den Titel ändern. Dann steht beim Buchhändler eine ganze Staffel von demselben Autor im Regal, die Leute denken, das sind alles Bestseller, und kaufen ein Buch nach dem anderen! Mit diesem Trick hat Utta Danella über siebzig Millionen Bücher verkauft. Ganz *easy*, überall steht das Gleiche drin.

Samstag

Die Kalbsleber bringt Energie. Je blutiger, umso besser. Heute habe ich viel vor, ich will lernen, wie man recherchiert. Herrchen sagt: Man muss googeln, obwohl er das selbst nicht kann. Er lässt googeln. Von Claudia, seiner fleißigen Assistentin, und Martina, meinem Frauchen. Meinen ersten Versuch startete ich mit Soma Bay. Dort in Ägypten machen meine Herrschaften demnächst Urlaub. Ich gebe das Hotel Kempinski ein, die Suchmaschine spuckt aus: Kempowski, Walter, Schriftsteller, Tagebuch.

Sonntag

Ein toller Zufall. Auf Kempowskis Homepage steht ein Schlüsselsatz: »Wer ein guter Schriftsteller sein will, muss unbedingt Tagebuch führen.« Also dranbleiben! Ich will Kempowski nachahmen:

»Die persönlichen Aufzeichnungen zu scheinbar alltäglichen und banalen Ereignissen, in denen der Autor ein detailliertes Bild seines jeweiligen Lebensabschnittes schildert, teilweise aus der Sicht späterer Jahre kommentiert, ergeben ein schonungslos bissiges bis böshumoriges Autorenporträt.« Schonungslos-bissig-bös-humorig. So muss ich meinen »Kempowski« über Herrchen schreiben, dann wird das Buch ein Hit!

Montag
Herrchen hält sich für ein Alphatier. Also werde ich über ihn schreiben wie über »an Hund«, so sagt man in Bayern. Ist aber ein Hund ein Alphatier? Muss ich checken! Was kann Herrchen? Die Dinge so drehen, wie es ihm passt. Mit dieser Nummer könnte er im Zirkus auftreten. Wie er die Leute einseift, das ist fürwahr große Oper. Figaro hin, Figaro her, tralala-la-la. Und noch etwas kann er so einmalig, dass man im deutschen Sprachgebrauch dafür sogar einen neuen Begriff erfand: Er »sahnert« ein!

Dienstag
Muss man als Autor jeden Tag schreiben? Themen hätte ich genug. Zum Beispiel: Herrchen kommt in neuen Schuhen nach Hause, bestimmt wieder Baldessarini. Himmelblau, Vanillegelb und Perlweiß. Sieht aus wie der mexikanische Schwanzlurch Axolotl. War es nicht ein Bestsellertitel? Etwas mit Roadkill? Ich google's heute nicht. Man muss auch mal Abstand nehmen von seinen Texten.

Freitag
Nach zwei Tagen Pause endlich wieder ein verrückter Tag. Wie Herrchen heute brüllte, das kam schon lange nicht mehr vor. Er brauste am Telefon auf: »Das reicht mir! Ich habe nicht nur braune Augen, sondern auch einen großen Arsch, und damit scheiße ich drauf.« Früher war er angeblich öfters so. Er führte sich auf wie Mario Adorf in »Kir Royal«, scherte sich um gar nichts. Wenn ihm etwas nicht passte, hielt er damit nicht lange hinterm Berg: »Du kannst

mich mal …«, räsonierte er. So war mein Herrchen. Frauchen behauptet: Seit ich seine Katze bin, ist er viel sanfter geworden. Gibt's so was? Ich hätte ihn angeblich »domestiziert« … Muss mal gleich ins Wikipedia, checken, was das ist.

Montag
Wie steht es mit den Urheberrechten, darf man Wikipedia frei zitieren? Der Satz über *Domestizierung* oder *Domestikation* ist wirklich schön, ich möchte ihn wörtlich übernehmen:
»Ein innerartlicher Veränderungsprozess von Wildtieren, damit ein Zusammenleben mit dem Menschen in dessen Haus (lateinisch *domus*) ermöglicht wird.«

Genau das Gleiche behauptet Herrchen über mich! Also, wer hat hier wen domestiziert? Ich habe noch nie gesagt, dass ich einen großen Arsch habe! Aber zugegeben, es wird spannend, über die Zähmung des widerspenstigen Paul Sahner zu schreiben. Die Katze als sanfter Dompteur. Wie das vor sich geht, kann ich besser schildern als irgendeine TV-Moderatorin, die etwas über ihren Stubentiger faselt. Resultat: Wenn Herrchen mal wieder nicht einschlafen kann, dröhnt seine Stimme durchs ganze Haus: »Sooocki! Socki, komm!« Kaum im Bett, schnurre ich. Und er schnarcht.

Mittwoch
Heute hat jemand Herrchen gefragt, ob ich eine Perserkatze bin. Diese Rassisten! Was spielt es für eine Rolle, ob ich eine Birma, Javanese, Somali, Main Coon, Perser, Türkisch Angora oder eine kanadische Snow-Shoe bin. So eine Schneeschuhkatze könnte ich sogar sein, mit meinen schneeweißen Pfoten, fein wie ein Velourshandschuh von Cucinelli. Wegen meiner Designerpfoten bin ich, und das muss doch jeder gleich auf den ersten Blick erkennen, eine Qualitätskatze! Den Ausdruck habe ich von Bastian Schweinsteiger. Über den FC Bayern spricht er als eine Mannschaft der Qualitätsspieler. Schwarz, weiß, gelb – keine Rasse. Warum fragt

man danach bei uns Katzen, Pferden oder Hunden? Schluss mit
der Diskriminierung: Ich bin eine Qualitätskatze aus Bella Italia,
und basta!

3

Sanitätssoldat Sahner meldet ungehorsam

Sockis Tagebuch

Mittwoch

Paul hat die Seiten gegengelesen. Wollte einige meiner Tagebuch-
einträge streichen. Geht gar nicht! Ich habe einen auf altägyptische
Katzengöttin gemacht und ihn von oben herab angestarrt — wie
könnte er mir da etwas abschlagen?

Aber ich musste ihm versprechen, dass es ab jetzt mehr um ihn
geht. Dass ich erzählerischer schreibe. Ich habe ein wenig recherchiert. War kein Ding. Ich beginne zu glauben, dass tatsächlich ein
Romancier in mir steckt.

Donnerstag

Die Alpenregion um Lanzing im Chiemgau hat einiges mit Tibet
gemeinsam, was man erst langsam entdeckt. Von Spiritualität erfasst,
lässt der Blick zum Wilden Kaiser Zeit und Orientierung vergessen.
Der Altbundespräsident Horst Köhler ist nur einer der Promis,
die sich in diesem malerischen Winkel verstecken. Auch Volksmusik-
Tralala Stefanie Hertel soll in der Gegend ein Knusperhäuschen
haben, doch Herrchen lässt so was kalt. Velvet Underground ist sein
Sommer. Längst hat er andere Interessen, als die Gesellschaft und
ihre Partys zu belauern. Jetzt beobachtet er den Garten, zählt die
Forellen im Bach, bewundert die Steinadler am Himmel. Und die
Segelflieger, die ihren Flugplatz in der Nähe des Landhauses haben.

Dort verbringt Herrchen oft einen sonnigen Nachmittag und schaut den lautlosen Luftgleitern gebannt zu. Endlich sitzt er auf der richtigen Seite, während ich Lebenslaufforschung betreibe.

Von meinem Herrchen habe ich gehört, es gibt sechs große Aufgaben, die jeder Mensch lösen muss. Ob es gelungen ist, entnimmt man den Nachrufen, die Paul verfasst. Ich warte also auf den nächsten prominenten Todesfall, denn ich habe vergessen, was das für Aufgaben sein sollen. Ich fürchte, es ist mal wieder so ein menschengemachter Unsinn, der nichts mit dem wahren Lebenssinn zu tun hat, wie etwa die drei großen »F« im Leben einer Katze: Fellpflege, Feldmäuse, Vogelbeobachtung.

Montag

Durststrecke. Seit Wochen kein Nachruf. Der BUNTE-Leser erfährt nichts aus Paules aufregendem Leben. Paule ist der Kosename von Paul. So wurde er von Monti genannt. Deutschlands einst mächtigster Plattenboss Egmont »Monti« Lüftner spielte mit Paul Tennis. Mit den Jahren ähnelte es mehr Hobby-Pingpong. Aber gerade das gefiel Monti, so einer ohne Ehrgeiz am Netz, das kann nur ein Freund, und er nahm Paul wie seinen Ziehsohn auf. Fortan nannte er ihn liebevoll Pauli oder Paule. Paule hat auch einen Nachruf auf Monti geschrieben, der allerdings mit ihm selber anfing. Dafür ist er bekannt. Erst er und dann die anderen. Auch Monti war ein Selbstdarstellungskünstler erster Klasse. Seine Affären ließen ihn zwar als Helden glänzen, aber auch über seine Frauen sprach er nie schlecht: »Sie alle haben einen guten Geschmack.« Das war Montis bester Satz. Die Nähe zum Toten erzeugt Glaubwürdigkeit. So wird Paule in den Nachrufen zum Korrespondenten aus der eigenen Welt. Im Moment sind die Passagiere für die Himmelfahrt ausgegangen. Aber ich weiß, wie ich die erinnerungslose Phase überwinde. Von Basti, dem vierjährigen Neffen, habe ich vor seinem ersten Flug folgende Bemerkung aufgeschnappt: »Heute fliege ich in den Himmel, wo die Toten leben.« – Gefällt mir: Tote leben.

Dienstag

Ich werde Paule – Pauli gefällt mir nicht mal alternativ – befragen. Über seine Kindheit, Jugend, Bundeswehr und die erste Liebe. Für DIE ZEIT. Mit dem fertigen Interview werde ich mich direkt an Giovanni di Lorenzo wenden, den Chefredakteur, wen denn sonst! Immer oben einsteigen, lehrt mich Paule, denn unten tritt sich die Masse platt. Auch Paule ist durch die Beharrlichkeit das geworden, was er ist: eine Reporterlegende. Wenn er etwas will, ruft er bei Pontius und Pilatus an. Er würde sich nicht scheuen, im Büro von Angela Merkel anzurufen, um zu fragen, ob man dort weiß, wo Udo Walz gerade steckt. Er würde sagen: »Ich habe schon vor einer Stunde bei Udo angerufen, ihm auf die Mailbox gesprochen, aber er hat noch nicht zurückgerufen.« Die Kanzlerin soll's richten, damit sich Udo gefälligst bei Paule meldet. Dringend. Ja, geht's noch! Nur um zu checken, ob Udo vielleicht die neue Nummer von Prinz Eisenherz im Schwarzwald hat. Wer solch eine Chuzpe nicht draufhat, kann kein Reporter werden. Rausgeschmissen durch die Tür, zurückgekehrt durch den Kamin. Nur so läuft's. Also arbeite ich an einer neuen Paule-Schnitte für DIE ZEIT. Gnadenlos.

Mittwoch

Über seine Jugend und all das hat Paule ja schon ein bisschen erzählt. Schwenken wir doch lieber gleich hin zu interessanteren Zeiten. Ich sage nur »die crazy Sixties«.

Um mich in die Zeit des Geschehens zu versetzen, rufe ich im Internet auf, was Anfang der Sechziger aus jeder Radiostation in Deutschland dudelte. Lale Andersen sang das Lied einer griechischen Hafenhure, »Ein Schiff wird kommen«. Paule hat es damals schicksalhaft nach Hamburg verschlagen. Der große Hafen. Das Schiff kam nicht, aber einer Hure ist er dort begegnet.

Donnerstag

Lanzing. Paule fläzt sich auf dem Bett, die Glotze läuft. Scharapowa beim Aufschlag. Doppelfehler. Die Tennis-Weltranglistenzweite aus

Russland scheidet in Singapur aus. Paule liegt auf dem Rücken. Sein iPhone rutscht ihm aus der Hand, fällt auf sein Gesicht. Der richtige Zeitpunkt, um in amorpher Sprache ein Interview mit ihm zu führen. Schließlich verfasse ich nicht nur literarische Texte, sondern bin mit sämtlichen Techniken der schreibenden Zunft vertraut.

Ich dachte, ich muss sterben

Socki: Hey Paule, ich habe gerade von deiner Chefin eine Hymne auf Ursula von der Leyen in BUNTE gelesen. Du auch?

Paule (noch benommen): Uschi wer?

Socki: Na, unsere Verteidigungsministerin, die mit der Drei-wetter-Taft-Frisur. War gerade in Afghanistan auf Truppenbe-such. Bei der Ankunft sah sie aus wie Schneewittchen unter den sieben Riesen. Aber ihre Locken hielten stramm gegen den Westwind.

Paule: Ach, das Röschen. Da muss ich an meine Musterung denken, bei dem Kreiswehrersatzamt in Detmold 1964. Vor der Kommission meldete ich mich als Kriegsdienstverweige-rer. »Das hätten Sie vorher schriftlich einreichen müssen«, raunzte der Major. »Ich hatte mit vierzehn eine Meningitis, seitdem habe ich chronische Kopfschmerzen. Ich kann keinen Stahlhelm tragen«, wehrte ich mich.

Socki: Hirnhautentzündung ist grundsätzlich lebensbedroh-lich. Hat dich eine Zecke gebissen?

Paule: Die Kopfschmerzen fingen beim Sportunterricht auf dem Neusprachlichen Gymnasium in Hamm an. Wir spielten Sitzfußball in der Halle. Bei diesem Spiel darf man sich nur in sitzender Haltung fortbewegen, stützt sich mit den Armen, läuft praktisch auf den Händen. Man kickt den Ball mit den Füßen, der Torwart muss auch sitzen. Echt beknackt.

Socki: Du hast aber sicher ein Tor gemacht?!

Paule: Nein, plötzlich fühlte ich mich total schwach, ging re-gelrecht k.o. Wegen der brutalen Kopfschmerzen, die mich überfielen, konnte ich mich kaum mehr bewegen. Zwei Mitschüler trugen mich nach Hause. Meine Mutter dachte, ich hätte mir den Knöchel verstaucht. Weil ich weder stehen noch gehen konnte, brachte sie mich zuerst zu einem Orthopäden. Der ließ mich sofort mit dem Notarzt ins Krankenhaus einliefern. Dort wurde ein Zeckenbiss festgestellt. Dadurch wurde ich mit einem Virus infiziert, der eine lebensgefährliche Entzündung der Hirnhäute auslöst. Mein Zustand war kritisch, ich bekam Bewusstseinsstörungen. Auf der Intensivstation wurde mein Rückenmark punktiert, um das Nervenwasser zu untersuchen.

Socki: Klingt schrecklich.

Paule: Ich konnte kaum reden, kaum atmen, nichts essen. Ich fühlte mich, als ob mein ganzes Leben mit einem unsichtbaren Schlauch aus mir herausgesaugt würde. Ich dachte, ich muss sterben.

Socki (seufzend): Was war deine Rettung?

Paule: Ich hatte drei Lumbalpunktionen. Beim dritten Mal, es war in der Nacht, unterschrieb ich die Einverständniserklärung zum Eingriff selbst, weil das Krankenhaus meine Eltern nicht erreichen konnte. Die Ärzte machten mir nichts vor: Querschnittslähmung drohte oder Koma, aus dem ich womöglich nicht aufgewacht wäre. Diese Naherfahrung mit einer lebenslänglichen Behinderung oder Tod hatte mich verändert. Mein Zimmernachbar, der dieselbe Krankheit hatte, starb neben mir. Ein anderer überlebte mit Hirnschaden. Ich hatte mir noch auf der Intensivstation geschworen: Wenn ich heil rauskomme, will ich leben, leben, leben. Wild und drauflos. Ich war mir auch sicher, es würde mir bis zu meinem Tod nie wieder etwas zustoßen. Es war, als hätte ich mit meiner Hirnhautentzündung im Leben den Teufelszoll an die Hölle bezahlt.

Als ich nach sechs Monaten aus dem Krankenhaus entlassen wurde, konnte ich meine Beine immer noch nicht richtig bewegen. Die Lücken in meinem Gedächtnis erschreckten mich.

Ich hatte fast alles vergessen, was ich bisher gelernt hatte. Latein futsch, keinen blassen Schimmer von Mathe, Chemie und Physik. Das laufende Schuljahr war verloren. Da kam Onkel Willi ins Spiel, der Priester in unserer Familie.

Socki: Ach ja, schon von ihm gehört, ein cooler Vogel.

Paule: Kann man sagen. Als Geistlicher im Zweiten Weltkrieg verlor er an der Ostfront ein Bein. Er war hochgebildet, sprach fünf Sprachen, widmete sich der Bibelforschung, Kardinal Graf Galen, sein Kommilitone in Münster, wollte ihn sogar in den Vatikan holen. Onkel Willi lehnte ab. Er hatte eine Freundin. Bei ihm in Gelsenkirchen-Buer bekam ich Nachhilfeunterricht. Ich weiß nicht, wie er das geschafft hatte, aber schon nach einigen Monaten war ich wieder fit im Kopf. Vor allem in Latein.

Socki: Dein Lieblingszitat auf Lateinisch?

Paule: *Audiatur et altera pars* – man höre auch die Gegenseite. Keine Story ohne kontroverse Statements.

Socki (abschätzig): *Gallia est omnis divisa, in partes tres, quarum unam incolunt...* Lach nicht so dämlich, als italienische Wildkatze habe ich selbstverständlich das kleine Latinum.

Paule (bleibt gelassen): Onkel Willi wollte, dass ich auf ein Jesuitengymnasium gehe, was ich später auch befolgte, auf dem Canisianum in Lüdinghausen. Dort gibt es übrigens ein wunderbares Wasserschloss. Aber nur für eine kurze Zeit, weil daraus eine unappetitliche Geschichte wurde. Vielleicht erzähle ich sie später, am besten in Verbindung mit Kardinal Ratzinger. Ich bin ihm als Reporter im Vatikan begegnet.

Socki: Schweif nicht ab! Wie kam es, dass man dich als Meningitisopfer wehrtauglich erklärte?

Paule: Der Musterungsarzt, ein Major, befahl: »Ziehen Sie sich aus.« Als ich nackt dastand, erhob er sich vom Tisch, baute sich vor mir auf, schaute mir erst in die Augen, dann auf den Schwanz und fragte: »Onanieren Sie?« – »Sie auch?«, schoss ich zurück. Der Major bekam einen Tobsuchtsanfall und brüllte: »Du Wichser! Was bist du für ein kleines mieses Arschloch. Tauglich!«

Socki: Schon damals große Schnauze …

Paule: Ja gut, ich wäre sowieso nicht durchgerutscht und vom Dienst befreit worden. Der Major hatte mich von vornherein auf dem Kieker. Seine abschließenden Worte waren eine Drohung: »Warten Sie ab, diese Dreistigkeit werden wir Ihnen beim Bund schon austreiben.«

Socki: Noch einen draufgelegt?

Paule: Schon angezogen, sagte ich: »Sie wollten wissen, ob ich onaniere.« Das war die Steilvorlage, so läuft es unter Männern … »Weiß Ihre Frau davon?«

Socki: Damit warst du stigmatisiert.

Paule: Der Vorfall landete in meiner Personalakte. Der Major hat mich später mit Wochenendarrest zugeschissen.

Socki: Wann gewöhnst du dir diesen Barrasjargon endlich ab?

Paule: Das Soldatenleben prägt.

Socki: Noch was auf Lager?

Paule: Alle wichsen, aber keiner kommt. Das war der Lieblingsspruch des Majors.

Socki: Entsetzlich! Ursula von der Leyen hat so einen gepflegten Wortschatz. Liest sie vielleicht BUNTE bei Udo Walz?

Paule: Uschi muss einen anderen Coiffeur haben. Eine Frisur wie bei einem frisch geföhnten Afghanen im Wind, das ist nicht Udos Styling.

Socki: Wer war der Verteidigungsminister zu deiner Rekrutenzeit?

Paule: Strauß? Nein, der war später, oder warte mal – früher?

Socki: War es nicht der Mann mit der Elvis-Tolle?

Paule: Helmut Schmidt, der kam viel später.

Socki: Na ja, muss man nicht kennen. Aber ich google jetzt mal. Deutscher Verteidigungsminister 1965 … das war Kai-Uwe von Hassel.

Paule: Es tobte der Kalte Krieg, aber die Leute kümmerte es kaum. Es gab noch keine Jauchs, Plasbergs oder Anne Wills, die ihre Talk-Süppchen im Fernsehen kochten. Fröhlich genossen die Deutschen das Wirtschaftswunder, machten Urlaub in Rimini, bestellten bei Neckermann. Der Verteidigungsminister war höchstens ein Thema für den SPIEGEL.

Socki: Einen Verteidigungsminister hast du auf dem Gewissen.

Paule: Einspruch. Rudolf Scharping brachte nicht ich zu Fall. Als er für BUNTE mit seiner Gräfin auf Mallorca baden ging, hatte er schon andere Dinge im Kopf als den Bundeswehreinsatz auf dem Balkan. Er wollte leben, so wie jeder andere auch, ein Privatmensch sein, keine Politik, keine Öffentlichkeit mehr, diesen Eindruck hatte ich. Eigentlich half ich ihm, einen geheimen Wunsch zu verwirklichen: privat glücklich zu sein.

Socki: Gut. Heben wir uns den Scharping für ein späteres Kapitel auf, und gehen wir über zu den Saufritualen. Die sind berüchtigt!

Paule: Ich feierte mit meinen Kumpeln bei Lambrusco und einem Joint im Steinbruch, der unterhalb des Hermannsdenkmals liegt. Es waren auch Studentinnen von der Detmolder Musikschule dabei. Die wildesten waren die Geigerinnen.

Socki: Mit dem ersten Vollrausch wird der Knabe zum Mann, sagte schon Bismarck.

Paule: In meine erste wilde Party stürzte ich mich mit fünfzehn. Wir kauften kistenweise Bier, Wein und Schnaps. Wir wollten sehen, wie es sich anfühlt, wenn man total betrunken ist. Es war im August, es war sehr heiß. Ich sagte, damit der Alkohol schneller wirkt, muss das Gesöff warm sein. Also stellten wir das Zeug in die Sonne, bis es fast kochte.

Wie ich nach Hause gekommen bin, weiß ich nicht mehr. Nur ... als ich irgendwann auf meiner Schlafcouch im Wohnzimmer die Augen öffnete, sah ich die Tapete. Sie war aus Seide, und meine Eltern waren mächtig stolz auf diese Errungenschaft. Jetzt war sie vollgekotzt. Von oben bis unten. Mein Vater rüttelte mich wach und schnauzte mich an: Wie konnte das passieren?

Meine Fahne stank zum Himmel. Mein Vater, dessen cholerische Anfälle ich fürchtete, verhielt sich erstaunlich ruhig.

Socki: Mach's nicht so spannend. Ich muss bald…

Paule: Er sagte nur: »Ich werde dafür sorgen, dass du die nächsten drei Jahre bis zu deinem achtzehnten Geburtstag keinen Alkohol mehr anrührst.« Dann ging er zu seiner rollenden Flaschenbar, damals der letzte Schrei, und fischte eine »Betonbuddel« heraus.

Socki: Häää, was ist das denn?

Paule: Steinhäger, ein Wacholderschnaps, ostwestfälische Hausmarke, man nannte sie »Betonbuddel« wegen der braunen Steinflasche. Die stellte mein Vater auf den Tisch, schickte meine Mutter und meine beiden Schwestern hinaus und befahl: »Trinken!« Mir war noch hundeelend. Ich kotzte mir die Seele aus dem Leib und schwor meinem Vater, nie wieder Alkohol anzurühren. Nützte nichts. Ich musste schlucken, mindestens die halbe Flasche wegputzen. Danach habe ich wieder gereihert, war drei Tage krank, sogar meine Augen waren entzündet. Blutunterlaufen wie bei einem balinesischen Kampfhahn. Aber die Erziehungsmaßnahme meines Vaters war nachhaltig. Die nächsten zweieinhalb Jahre rührte ich keinen einzigen Tropfen Alkohol an.

Socki: Dein Dad, war er in Ordnung?

Paule: Hab dir ja schon erzählt, wie streng er war.

Socki: Also keiner, mit dem man Pferde stehlen konnte.

Paule: Aber das Geld zusammenhalten konnte er. Das habe ich von ihm gelernt. Mein Vater hatte in der Hinsicht so einige Tricks auf Lager. Das fing schon beim Einkaufen an, wenn er mal ein neues Sakko brauchte, was aber selten genug vorkam. Einmal, in einem Kaufhaus in Dortmund, hatte er lange alles anprobiert und gewartet, bis der Verkäufer sich einem anderen Kunden zuwandte. Dann lockerte er unauffällig einen Knopf am Anzug und beschwerte sich beim Verkäufer: »Schauen Sie, das Teil ist beschädigt, schlecht für Ihr renommiertes Haus, aber ich würde den Anzug nehmen, wenn ich einen Preisnachlass bekomme.«

Socki: Cleveres Kerlchen.

Paule: Er konnte damit ein paar Mark herausschinden, genug für die längste Bockwurst der Welt: Dortmund war in den Fünfzigerjahren berühmt dafür. Wie gesagt, er war extrem sparsam. Er hielt es mit dem Sprichwort: »Wer den Pfennig nicht ehrt, ist des Talers nicht wert.«

Socki: Und deine Mutter?

Paule: Sie war emanzipiert – im Rahmen dessen, was in ihrer Zeit möglich war. Und sie war fromm, das weißt du ja. Als bekennende Marianerin war sie einmal auf Pilgerreise in Lourdes und zweimal im Vatikan. Mit achtundachtzig Jahren litt sie schwer an Demenz, sodass wir sie in einem katholischen Altenpflegeheim in Bad Lippspringe unterbrachten. Sie fühlte sich wohl dort und ging gern im Park spazieren. Meine Schwestern waren oft bei ihr, nachdem mein Vater ja schon mit neunundsechzig gestorben war. Meine Schwester Brigitte war auch in der letzten Stunde an Mutters Sterbebett. Ich war daheim in München, als sie mich anrief: »Du musst dringend kommen!« Ich nahm das nächste Flugzeug, doch es war zu spät. Mutter war tot. Ich legte mich zu ihr, streifte ihren Ehering ab und sprach mit ihr. Ich war mir sicher, dass sie mich noch hörte. »Mutti, ich danke dir«, sagte ich zu ihr. »Du hast alles richtig gemacht.«

Später erzählte Brigitte unserer Schwester Renata und mir, was sich kurz vor Mutters Tod ereignet hatte. Obwohl sie in den letzten Monaten nur unzusammenhängend geredet hatte, sang unsere Mutter auf einmal laut und deutlich Lieder, die sie in ihrer Jungmädchenzeit gelernt hatte: »Gegrüßest seist du, Königin«, »Maria Maienkönigin«, »Maria, breit dein Mantel aus« … »Ihr hättet ihre Augen sehen sollen, sie leuchteten förmlich«, sagte Brigitte. »Sie kannte jede Zeile. Ich benetzte ihre trockenen Lippen mit Wasser. Sie dankte es mir mit einem strahlenden Lächeln. ›Guck mal, Brigittchen!‹, rief sie dann glückselig. ›Engelein! Juhu! Ich komme!‹«

Socki (streift tröstend um Pauls Bein): Da fehlen mir die Worte. Man hat eben nur eine Mutter. Auch wenn ich nicht weiß, wo meine abgeblieben ist.

Brüderchen in der Pinkewanne

Nach dieser anrührenden Geschichte brauchen wir beide offenbar eine Pause. Socki schaut aus dem Fenster. Sie rührt sich nicht. Diese trügerische Stille täuscht. Ich bin mir sicher, sie hat etwas entdeckt. Nur was? Auf einmal duckt sie sich, schleicht zur Wand, die Tür zur Terrasse ist offen, sie startet durch, schießt wie eine Kanonenkugel nach draußen. Himmel, hätte ich mir denken können: Sie hat zwei Feldmäuse erspäht, die im Vorgarten wahrscheinlich vom ewigen Leben träumten. Wie man eine Maus professionell filetiert, damit könnte sie in jeder Kochshow im Katzen-TV auftreten.

Ich blättere derweil in der BILD-Zeitung, um nach »Post von Wagner« zu schauen. Es ist ein Brief an seine tote Mutter drin, der so beginnt: »Wenn du diese Zeilen liest …« Weiter komme ich nicht. In meinem Schoß raschelt es, Socki bohrt ihren Kopf durch die aufgeschlagene Doppelseite und summt süß wie ein Engelchen.

Socki: Hey, du Nesthäkchen, hatten dich deine Schwestern schön verwöhnt?

Paule (legt die Zeitung weg): Meine Schwestern, Renata und Brigitte, umsorgten mich liebevoll, aber etwas hat mir gestunken. Als ich noch ganz klein war und als nach dem Krieg große Not herrschte, war freitags immer Badetag. Da wurde in der Küche eine Zinkwanne auf den Tisch gestellt, heißes Wasser aus großen Töpfen eingefüllt und wir Kinder der Reihe nach gewaschen. Meine beiden Schwestern zuerst, ich am Schluss.

Vor dieser Pinke, die in der Wanne inzwischen trüb dümpelte, hatte ich mich fürchterlich geekelt. Außerdem war das Wasser immer schon kalt, bis ich drankam.

Socki: Das ist Usus! Die Ältesten zuerst.

Paule: Ich wollte deshalb auch ganz schnell erwachsen werden, vermutlich fing ich deshalb an, viel zu lesen und früh zu schreiben.

Socki (zielstrebig): Wann ging deine Unschuld flöten?

Paule: Mit fünfzehn bei einem flotten Dreier.

Socki: Miau!

Paule: Wir sind von Bockum-Hövel nach Hamm umgezogen, in die Borbergstraße. Das Finanzamt lag um die Ecke, mein Vater wurde zum Steuerrat befördert. Es war schon eine bessere Gegend, und alle Jungs von der Straße waren verrückt nach der Beate. Ich hatte Heimvorteil. Sie wohnte mit ihren Eltern in meiner Nähe. Beate war ein Jahr älter.

Socki: Also sechzehn, und sie sah aus wie die junge Sophia Loren?

Paule: Die hatte ich interviewt, aber leider erst, als sie schon sechzig wurde. Zu meiner Jugendzeit gab es einen Kultfilm »Fieber im Blut«, der uns alle packte. Mit Warren Beatty und Natalie Wood. Beate hatte die gleichen langen Haare, verführerische Mandelaugen, trug bauschige Petticoats mit Rüschen und Spitzen, und sie hatte mit sechzehn schon einen prachtvollen Busen. Ich nannte sie Natty – nach Natalie Wood.

Socki: Wie hast du Natty rumgekriegt?

Paule: Mit einem Trick. Ich war schwach in Mathe, Natty sollte mir Nachhilfeunterricht geben. Das hat sogar mein Vater eingefädelt, schließlich war Natty die Tochter seines Amtskollegen. Sie war nicht nur schön, sondern auch klug. Eine Einserschülerin. Na ja, erfahren war sie auch, für ihr Alter schon ein kleines Biest. Sie konnte die Jungs um den Finger wickeln. Ich war total verrückt nach ihr. Mit Petting fing es an. Mathebuch in der linken Hand, mit der rechten fummelte ich unter ihrem Petticoat. Ihre Mutter hatte in der Küche zu tun.

Socki: Das war alles?

Paule: Beate ließ mich zappeln. Aber als unsere Eltern einmal gemeinsam bei einem Fest der Oberfinanzdirektion Hamm waren, nutzte ich meine sturmfreie Bude schnell für eine kleine Party. Sie lud ihre Freundin Lilli ein, ich brachte meinen Freund Martin mit. Wir hatten etwas getrunken, Cola mit Rum machte uns locker, Beate holte hinter Mutters Klavier einen Hula-Hoop-Reifen hervor, das war damals der letzte Schrei. Ich schlüpfte mit Beate und Lilli in den Hawaiireifen. Es war zu eng zum Tanzen. Wir rieben uns aneinander.

Socki: Boah ey …

Paule: Wir hatten »Only You« von Elvis Presley aufgelegt. Lilli und Beate begannen zu strippen. Martin wurde es zu heiß, er verkrümelte sich schwitzend ins Haus seiner Eltern auf der anderen Straßenseite. Mich zogen die beiden Mädels bei dem Hula-Hoop-Schwung aus. Als wir alle drei nackt waren, ist es passiert, wie von Zauberhand gesteuert. Es war irre, aber ist es nicht peinlich, darüber zu schreiben?

Socki: Bist du ein Spießer? Aus diesem flotten Dreier hätte Udo Jürgens ein Lied gemacht, Rod Stewart ein Musical. Außerdem hast du ein Alibi.

Paule: Welches?

Socki (altklug): »Der Teufel hat den Schnaps gemacht, um uns zu verderben …«

I Can't Get No Satisfaction

Wir wechseln den Platz. Raus in den Garten. Die Kirchturmuhr schlägt eine halbe Stunde, doch wie spät es ist, hat für Socki keine Bedeutung. Ich muss mich anpassen, mein Handy abschalten. Sockis Jagdfieber ist im Moment abgeflaut, zwischendurch schaut sie nur verträumt den Schmetterlingen nach. Ihre Augen verraten, dass sie auch mal gerne fliegen würde, aber die Konsequenzen wären hart: nie mehr frische Kalbsleber schlabbern dürfen, sondern auf den Veganmodus aus Polenstaub und Blütensaft umsteigen müssen. Socki sieht schon an mir, was so eine Diät bewirkt: kein Alkohol, kein Kaffee, nur zwei Salat-Shakes am Tag und dazu Brennnesseltee. Zwei Kilo in einer Woche abgenommen. Das stresst. Martina ist nicht begeistert. So überrascht mich die nächste Frage nicht...

Socki: Schluckspechte haben bei der Bundeswehr das Paradies, für die Abstinenzler ist es die Hölle. Wie kann man sie überleben?
Paule: Indem man säuft wie ein Loch. Von der Entziehungskur meines Vaters war ich bald geheilt. Den Schrecken vom einstigen Vollrausch ertränkte ich im Apfelkorn. Diesen Fusel säuft man in Ostfriesland schon zum Frühstück. Ich wollte erwachsen sein und zur Clique gehören. Beim Barras wurde jeden Abend und bei jeder Gelegenheit gesoffen, dass es nur so krachte.
Socki (trällert): *Vor der Kaserne, bei dem großen Tor, stand eine Laterne...* Wohin bist du eingerückt?
Paule: Zuerst bei den Panzergrenadieren im lippischen Augustendorf, danach Leer in Ostfriesland, drei Monate lang. Stahlhelm musste ich nicht tragen. Ich wurde den Sanitätern zugeteilt. Die anderen Kameraden nannten uns Nillenflicker.
Socki: Da warst du auf dem Philipp-Rösler-Weg: Krankenwärter, Stabsarzt, Gesundheitsminister... Wärst du bloß dabeigeblieben, dann wäre ich heute eine Bundesgesundheitskatze im Rang eines Staatssekretärs oder wenigstens deine Assistentin.
Paule: Koautorin ist besser.
Socki: Aber wärst du Minister, hätten wir einen Dienstwagen

mit Chauffeur, und mit der Bundesbahn könnten wir umsonst fahren. Jedes Wochenende nach Bella Italia, auch Katzen überfällt schon mal Heimweh.

Paule: Kein Thema. In den Sechzigern dachte keiner an das Morgen. Karriere war ein Fremdwort. Ein bisschen Geld verdienen, und dann ins volle Leben. *Yeah, yeah, yeah.* Das war die Devise. Wichtig war die Popmusik. Die Bands, die wie aus dem Nichts auftauchten. Pink Floyd, Supertramp, The Doors, Genesis, Fleetwood Mac, Queen, aber auch Songwriter wie Bob Dylan, Cat Stevens, Joan Baez, David Bowie, Lou Reed, Leonard Cohen. Sie verbanden damals Gleichgesinnte auf der ganzen Welt, wie heute das Internet.

Die neuen Platten waren der Grund, warum man sich traf: um sie gemeinsam in sturmfreien Buden anzuhören, darüber zu diskutieren, kollektiv zu trinken, zu rauchen und zu lieben, immer gierig auf die nächste Platte. Das Herz raste, der Kopf glühte, Bob Dylan röhrte: »Like A Rolling Stone«.

Socki: Heute schütten sich Promis Eiswasser über den Kopf, stellen die Fotos ins Netz. So doof können nur Menschen sein.

Paule: Die Popmusik hat ihren Stellenwert eingebüßt. Die Stars werden durch Marketing und TV-Werbung oder YouTube gemacht. Ich kann mich erinnern, 1964 war ein wichtiges Jahr, weil die Rolling Stones aufgetaucht sind. Wer das nicht registrierte, lebte hinterm Mond. Die Beatles hatten schon ihren Durchbruch geschafft, mit »Please Please Me« ihren ersten weltweiten Nummer-eins-Hit gelandet, aber ich schwärmte ab Mitte der Sechziger für Cream. Die erste Supergruppe aus England, die Blues, Hard- und Psychedelic-Rock gemeingefährlich mischte. Jack Bruce spielte Bass, als wäre es ein Soloinstrument. Ginger Baker bediente das Schlagzeug wie ein Durchgeknallter. Eric Clapton mit seinen sehnsuchtsvollen Gitarrensoli erklärten die Fans für Gott.

Socki: Und der absolute Tophit der Sechziger?

Paule: »Satisfaction« von den Rolling Stones: »*I Can't Get No ... Satisfaction ...*«
Socki: Apropos ...

Socki muss mal. Sie hat es schon angekündigt, konnte es aber bis jetzt aushalten. Meine Geschichten scheinen sie zu fesseln. Wenn Katzen pinkeln, ist es fast wie ein heiliges Ritual. Sie verdrehen ihre Augen und beamen sich weg. Katzen sind wasserscheu. Aber wenn man sie beim Pinkeln mit Wasser besprenkelt, zucken sie nicht mal mit den Wimpern. Man kann sie mit einem Kübel Wasser übergießen, sie laufen nicht weg. Sie pinkeln. Also nütze ich die Pause und mache das Gleiche.

So auf Augenhöhe mit Socki ist es schon ein erhebendes Gefühl. Da setze ich mich sogar hin, was ich sonst nicht mache. Sonst könnte mich Socki noch mit Roger Willemsen verwechseln. Der hat sich in einer Talkshow geoutet, ein »Kniepinkler« zu sein. Das heißt, er geht dabei in die Hocke. Wenn schon, dann ein Thronpisser. Da denke ich an die Bundeswehr. Ja, das Vokabular vom dreckigen Dutzend. Es lässt mich nicht los. Pisser, Kacker, Flachwixer, Schlappschwanz, Taubenficker – das wären auch gute Buchtitel. »Der Tastenficker« war schon auf der Bestsellerliste. Allerdings hinter meinem »Merci, Udo!«. Aus solchen Überlegungen reißt mich Socki nun heraus. Wir wechseln das Örtchen und ziehen uns wieder auf die Terrasse zurück.

Dad hielt Journalisten für Betrüger

Socki: Kannst du mir jetzt sagen, wie viele Streifen du beim Bund hattest?
Paule: Ich hatte einen Streifen auf der Schulterklappe: Gefreiter Sahner. Aber ein Oberfeldwebel in der Kompanie, der mich hasste, degradierte mich zurück auf einfachen Sanitätssolda-

ten. Ich schrieb damals ein Gedicht darüber, so im Stil von Wolf Biermann:

*Soldat Soldat in grauer Norm / Soldat Soldat in Uniform /
… Soldat, Soldat sein ist kein Spiel, / Soldat sein hat nur
eins zum Ziel, / zu morden, fremde Horden.*

Socki: Als gelernter Expisspottschwenker – ist heute bei dir noch Erste Hilfe drin?
Paule: Kaum.
Socki: Aber Blut kannst du sehen?
Paule: Weder Blut noch Krankheit machen mir etwas aus. Ich fürchte den Tod nicht, solange ich lebe.
Socki: Wie wär's mit Schießen?
Paule: Die Ausbildung an der Waffe hatte ich in der Grundausbildung absolvieren müssen. Schnellfeuerpistole und Uzi, das ist eine israelische MG-Pistole, bei der Bundeswehr unter der Bezeichnung MP2 eingeführt. Bei den Übungen musste ich auf Pappkameraden ballern. Immer ins Herz, befahlen die Vorgesetzten.
Socki: Auch mit der Kalaschnikow?
Paule: Man zeigte sie uns bei der Bundeswehr, auch wie man sie zerlegt, aber schießen konnte ich damit nicht. Ich hatte sie nicht mal in der Hand.
Socki: Was dann?
Paule: Karten. Beim Barras kam ich auf den Zockertrip. Es überkam mich wie eine Sucht.
Socki: Lenk nicht ab!
Paule: Stopp Socki, das ist die Pointe zum Zocken. Die kommt noch. Ich konnte nur begrenzt studieren, aber das Schreiben interessierte mich. Es war mein Traum, unbedingt Journalist zu werden. Nicht Schriftsteller. Der braucht für ein Buch Jahre. Ich wollte, dass die Leute mich jeden Tag lesen. Ich liebte Zeitungen, schon der Geruch der Druckerschwärze war für mich

wie ein betörendes Parfüm, und Papier fasste sich sinnlich an.

Socki: Ein Papierfetischist. Das muss deinen Dad, den ehrbaren Beamten, aus der Fassung gebracht haben.

Paule: Mein Vater war strikt dagegen. Er bestand darauf, dass ich etwas Vernünftiges werde, etwa Steuerberater. Er hätte gute Beziehungen, würde mich lotsen. Ich wehrte mich. Mein Vater ließ nicht mit sich reden. Er lästerte. »Journalisten sind Betrüger. Sie schreiben, was sie wollen, zimmern sich ihre Welt zusammen, wie es ihnen passt.«

Socki: An Vorurteilen ist immer etwas dran.

Paule: Wie wahr. Ich merkte, dass etwas nicht stimmte, und löcherte meinen Vater so lange, bis er Farbe bekannte. Es war nach dem Krieg, er ging einmal die Woche am Sonntag zu seiner Skatrunde. Da waren der Apotheker dabei, der Pfarrer, der Arzt, der Bürgermeister und ein Journalist. »Na toll«, sagte ich. »Nein«, unterbrach mein Vater. »Der Journalist hat immer gewonnen.« – »Weil er cleverer war als ihr«, trumpfte ich auf. – »Nein«, schimpfte Vater. »Er hat uns über den Tisch gezogen. Wenn er die Karten gemischt hat, hielt er mindestens drei Asse oder zwei Bauern in der Hand. Er hat betrogen.« Seitdem waren für meinen Vater alle Journalisten Gauner, nur weil einer ihn und seine Kumpel abgezockt hatte.

Socki: Beamte sind angeblich anständige Leute. Da muss dein Dad doch eine berufliche Alternative für dich gehabt haben.

Paule: Katholischer Geistlicher. In unserer Familie, wo noch sein Großvater als Bergmann unter Tage schuftete und zwei Söhne hatte, wurde sein älterer Bruder Willi katholischer Pfarrer. Das entsprach der Tradition bei den Sahners. Einer musste immer Priester werden. Onkel Willi studierte sogar Theologie an der Universität in Münster, machte einen zweifachen Dr. Dr. Er war ein Studienkollege des damals berühmten Kardinals Graf von Galen, genannt »der Löwe von Münster«. Diesen Ehrennamen erhielt er wegen seines mutigen Widerstands gegen das NS-Regime. Er hatte im Münsterland während des Krieges in der katholischen Bevölkerung mehr Einfluss als die Nazis. Die ließen ihn auch zunächst gewähren, um das fromme Volk vom Münsterland nicht aufzuwiegeln.

Socki: Wollte dich dein Dad etwa als Kardinal sehen?

Paule: Möglich, jedenfalls war er froh, dass ich wenigstens Messdiener wurde …

Socki: … nur um später als Journalist mit dem Latinum zu prahlen. Also, weiter geht's …

Paule: Reicht's noch nicht? Können wir uns nicht über interessantere Dinge unterhalten als über den Barras und Skat?

Socki: Gemach, gemach. Wie begann deine journalistische Ausbildung?

Paule: Ich lernte richtig Skat. Die Bundeswehrzeit war für mich die Universität fürs Kartenspiel. Beim Skat zockte ich viele ab. Irgendwann fing ich mit Black Jack an, Poker und zum Schluss noch Backgammon. Diese Mischung aus Strategie und Glück machte mich süchtig.

Socki: Hat das irgendetwas mit meiner Frage zu tun, oder bist du schon wieder off topic?

Paule: Nur Geduld! Etwa zehn Jahre später, schon als Klatschkolumnist bei der Münchner tz, war ich bei den Dreharbeiten für »Hallo Peter«, eine Musikshow mit Peter Kraus, der seine musikalischen Stargäste nicht nur im Studio, sondern in fernen Ländern und exotischen Plätzen begrüßte, auf den Bahamas. Dort spielte ich drei Tage am Strand ununterbrochen Backgammon. Ich vergaß alles um mich herum, sodass ich nicht ein einziges Mal im Meer geschwommen bin.

Wir spielten im Schatten, aber die Sonne knallte auf unsere Hände. Ich merkte es nicht. Schon am ersten Abend waren sie krebsrot und brannten wie Feuer.

Und es kam noch krasser. Am Airport auf den Rückflug wartend, vertiefte ich mich mit einem Kollegen so ins Backgammon, dass ich den letzten Aufruf zum Einsteigen überhörte. Auf einmal waren alle Fluggäste weg. Ich saß mit dem Gegenspieler ganz allein in der Halle. Gespenstisch. Eine Stewardess schaffte uns in letzter Sekunde an Bord.

Socki: Wie denn das?

Paule: Die Maschine stand schon auf dem Rollfeld. Ein Bus raste mit uns, den zwei verrückten Spielern, bei schwerem Wolkenbruch hinaus; die Nottreppe wurde ausgefahren, damit wir einsteigen konnten. Die Crew war sauer auf uns, denn ein Hurrikan näherte sich. Buchstäblich in letzter Sekunde hob die Maschine im Steilflug ab. Ein Sturmausläufer erwischte das Heck, der Flieger wurde in der Luft wie eine Streichholzschachtel durchgerüttelt. Ein Absturz schien vorprogrammiert.

Socki: Nie wieder Backgammon! Das ist ein gutes Stoßgebet.

Paule: Du sagst es. Doch kaum waren wir über den Wolken, beruhigte sich der Flug. Und schon würfelten wir weiter. Den Anschlussflug von Nassau bis Frankfurt neun Stunden toujours. Sogar das Bordmenü verschmähten wir, würfelten und becherten kräftig.

Socki: Wieder einmal total knülle?

Paule: Nein, ich war so gut drauf, dass ich die Stewardess aufgerissen habe.

Socki: War Peter Kraus nicht in der Maschine?

Paule: Deutschlands Elvis war ein ganz Braver. Den Hüftschwung von Presley hatte er drauf, aber hinter der Bühne, wo sonst Whisky und Wodka in Strömen fließen, trank er nur Orangensaft. Er war ein Sportler, asketisch und vernünftig, ging immer früh ins Bett, um am nächsten Tag fit zu sein. Außerdem war sein Vater ständig dabei, er war der Produzent der »Hallo Peter«-Show.

Socki: Frauen stehen angeblich auf Männer in Uniform. Weil man Uniform mit Stärke verbindet?

Paule: So sagt man. Ich wurde in Hamburg stationiert, leistete Dienst in der Bundeswehrklinik in Wandsbek Gartenstadt. Eines Tages wurde jener Oberfeldwebel aus Ostfriesland, der mich dort schikaniert hatte, mit einer Gallenkolik eingeliefert. Er krümmte sich auf der Trage wie ein Wurm. Sonst war er ein scharfer Hund, ein verkappter Nazi, der von der Waffen-SS schwärmte. Er war es, der mich vom Gefreiten zum schlichten Soldaten degradiert hatte.

Socki: Aber was hat das mit der Schwäche der Frauen für Uniformen zu tun? Und vor allem: mit deinem Werdegang als Journalist?

Paule: Kommt noch. Also, ich sollte bei dem Oberfeldwebel Fieber messen. Ich sagte ihm, er solle sich auf den Bauch legen, ich müsse es rektal angehen. »Wieso«, raunzte er, »das Thermometer wird doch unter den Arm gesteckt.« – »Nicht in der Klinik«, belehrte ich ihn. Jetzt war ich es, der die Befehle austeilte. Als Sanitätssoldat durfte selbst ich einen General anweisen, was er zu tun hatte. Der Oberfeldwebel musste sich fügen. Er zog die Pyjamahose aus, legte sich bäuchlings aufs Bett. Ich hatte unauffällig eine Tulpe mitgebracht, die steckte ich ihm ins Gesäß und sagte: »Augen schließen, nicht rühren und unbedeckt liegen bleiben.« Der Oberfeldwebel motzte: »Das fühlt sich ganz komisch an.« – »Rektal ist immer gewöhnungsbedürftig«, antwortete ich. Dann rief ich die Krankenschwestern ins Zimmer. Die brüllten los und krümmten sich vor Lachen.

Socki: Und du warst ihr Held …

Paule: Mit den Krankenschwestern hatte ich nichts. In Hamburg gab es eine große Auswahl. Am Wochenende hatte ich immer Ausgang, meist ging ich ins »Top Ten«. Ein irrer Laden an der Reeperbahn. Der Eingang ein Tunnel. Dahinter ein Raum mit gut 300 Quadratmetern, darunter der berühmte Keller. Dort gaben 1961 die Beatles ihr Debüt in Deutschland, später rockte Elton John auf dem Podium. Es war auch der Treffpunkt der Rotlichtgrößen, Zuhälter, und die Insider sagten: Es gab kein Lokal in Hamburg, in dem sich die Schutzgelderpresser häufiger die Klinke in die Hand gaben.

Das Geheimnis der schönen Biggi

Socki: Fabelhaft. Und mittendrin der brave Sanitäter Sahner. »Top Ten« muss wohl der beste Laden zum Aufriss gewesen sein.

Paule: Der allerbeste. Beim Auftritt von »The Kinks«, einer englischen Gruppe mit unzähligen Hits, aber im Schatten der Beatles stehend, lernte ich ein umwerfend schönes Mädchen kennen. Sie hieß Biggi. Es hat sofort auf beiden Seiten gefunkt. Sie erzählte mir, dass sie gerade das Abitur gemacht habe, sich demnächst als Model versuchen wolle. Ich fragte, ob wir uns am nächsten Wochenende sehen könnten. Sie wich aus, »am Samstag geht es nicht«. – »Hast du einen Freund?«, fragte ich. Sie verneinte.

Socki: Stimmte etwas nicht?

Paule: Allzu viele Gedanken machte ich mir nicht. Es ging darum, dass ich sonntags nur tagsüber frei hatte. Abends musste ich wieder einrücken. Doch Biggi hatte nichts dagegen, mich tagsüber zu treffen. Abends wäre sie auch beschäftigt. »Ich muss fleißig büffeln«, sagte sie, was ich allerdings merkwürdig fand. Seit wann müssen angehende Models studieren? Und was denn?

Wie auch immer, Hauptsache für mich war, dass wir uns dann ein paar Mal getroffen haben. Doch immer wieder passierte Merkwürdiges. Wenn ich sie zum Essen einlud, wollte sie unbedingt zahlen. Ich wunderte mich: »Wieso hast du so viel Geld?« – »Ich habe einen Nebenjob«, antwortete sie.

Socki: War ihr Vater ein reicher Pfeffersack?

Paule: Sie stellte mich ihren Eltern vor. Sie kam aus einem guten Haus, eine typische Hamburger Tochter, die allerdings kurzgehalten wurde. Biggis Vater, ein Topanwalt meinte, ein Sanitätssoldat wäre ja wohl das Letzte für seine Tochter.

Socki: Schmiss er dich raus?

Paule: Biggi sagte, dass sie mich liebt. Doch beim nächsten

Treffen eröffnete sie mir aus heiterem Himmel: »Ich muss mit dir Schluss machen.« Den Grund wollte sie partout nicht verraten. Sie meinte, »vielleicht sehen wir uns später wieder«, und verließ mich. Ich schrieb ihr einen total verrückten Liebesbrief. Dass ich mir mein Leben ohne sie nicht vorstellen könne, sie die Frau meines Lebens sei, ich über sie ein Buch schreiben würde. Lauter so ein Zeug. Sie war wirklich wahnsinnig schön, Typ Anita Ekberg. Blond, blaue Katzenaugen, die feucht wurden, wenn man sie intensiv anschaute. Zu dem Brief legte ich noch ein Gedicht auf ihre engelhafte Schönheit bei, um sie zu beeindrucken.

Meine Liebespoesie verfehlte die Wirkung nicht. Eine Woche nach dem Brief kam Biggi total verheult an, sie hatte ein Veilchen unter dem linken Auge und eine dicke Lippe. Sie sei verprügelt worden, gestand sie. »Haben deine Eltern meinen Brief gefunden?«, fragte ich besorgt. »Nein, nicht meine Eltern, sondern der Artur.« – »Wer ist Artur?«, fragte ich. »Hast du doch einen Freund?« – »Nein, aber ich muss es dir doch beichten: Ich gehe auf den Strich, Artur ist mein Zuhälter.«

Socki: Du hättest um sie kämpfen können.

Paule: Das hätte keinen Sinn gehabt. Biggi wollte nicht. Schluss, basta. Der Engel war eine Hure.

Socki: Die Geschichte ist zu rührend: Sanitätssoldat Sahner als Liebestrottel.

Paule: Biggi schickte mir später noch einen letzten Brief. Ihr Vater hatte Artur kennengelernt, als er eine Nutte suchte. »Wie wär's mit der?«, fragte Artur und zeigte ihm Bilder von Biggi.

Socki: Seltsame Story, hört sich an wie schlecht erfunden.

Paule: Die Wahrheit toppt die Fantasie. Biggis Brief endete mit den Worten: »Mein Vater versuchte auf die sanfte Tour, sein schlechtes Gewissen zu beruhigen. Er gab mir Geld, damit ich es seiner zweiten Frau – er war ja von meiner Mutter geschieden – nicht erzähle. Ich lebe jetzt in Paris, vielleicht klappt es ja mit dem Modeln.«

Socki: Ein wenig kitschig, was du so alles erlebt hast. Wann kommen endlich die harten Fakten über deinen Jobeinstieg?

Paule: Ich schickte damals dreißig Bewerbungen an Zeitungen, weil ich unbedingt Journalist werden wollte. Die Münstersche Zeitung wollte mich haben, das Westfalen-Blatt in Bielefeld ebenfalls. Dort fing ich 1965 als Lokalreporter an und wohnte bei meinen Eltern in Detmold.

Onkel Willis Stradivari

Den Städtenamen googelt Socki gleich. Als Erstes findet sie heraus: In Detmold wurde Frank-Walter Steinmeier geboren. Es ist eine schöne Stadt mit fürstlichem Residenzschloss, einem Rathaus wie in Rom, historischer Altstadt mit malerischen Fachwerkhäusern in romantischen Gassen. Die Musikschule wird bei Wikipedia ebenfalls erwähnt. Wie wichtig sie ist, wusste ich ohnehin schon und geriet auf Sockis Nachfrage ins Schwärmen.

Paule: Dort gab es die attraktivsten Studentinnen, die man sich überhaupt vorstellen kann. Sie kamen aus Europa und Übersee. Geigerinnen, Flötistinnen, Pianistinnen und eine Harfenistin; sie sah aus wie Liz Taylor.

Socki: Keine Lust gehabt, auch Musik zu studieren?

Paule: Lust schon. Schlagzeug oder Geige. Onkel Willi besaß eine wertvolle alte Violine. Er meinte, es könnte eine echte Stradivari sein. Aber Journalist schien mir verlockender.

Neugier lag in der Familie. Mein Großvater war ein selbstständiger Handwerksmeister: »Carl Holtmann, Tapeten, Farben, Lacke« prangte über seinem Geschäft. Die Wohnung lag im ersten Stock. Großmutter Maria und er hatten Wert auf einen Erker gelegt: Sie wollten alles mitkriegen, was sich auf der Hauptstraße abspielte. Als Kind schnappte ich auf, dass Opa so eine Art Bruder sein musste. Er war nämlich: Skatbruder, Schützenbruder, Jagdbruder, Sangesbruder, Turnbruder und so einiges mehr. Mir erzählte er: »Aus diesen Bruderschaften setzt sich meine Kundschaft zusammen!« Und auch Oma verteidigte ihre Neugier: »Reichlich Wissen ist das beste Ruhekissen!«

Die Großeltern ahnten nicht, was sie mit ihrer Lust am Klatsch, Tratsch und dem Nutzen, den man daraus ziehen konnte, bei mir anrichten würden.

Schon als i-Männchen habe ich meinen Klassenkameraden Löcher in den Bauch gefragt. Meine besten Noten bekam ich für die Beteiligung am Unterricht. Je älter ich wurde, reichte es mir nicht mehr, Menschen zu löchern, ich wollte spüren, wie sie wirklich ticken. Wollte nicht bloß Zaungast sein, sondern mitten ins menschliche Wesen vordringen. Daher war klar, dass ich nicht lange Kolumnist bleiben würde, sondern Gesellschaftsreporter werden wollte.

Socki: Deine ersten Werke?

Paule: Mit zwölf oder dreizehn schrieb ich ein Gedicht:

Und dann hörte ich einen Uhu gröhlen / einen alten heiseren Uhu / oder war es eine Eule / oder waren Sie es / nein, ein Frosch war es nicht

Socki (wirft mir einen mahnenden Blick zu):…

Paule: Ich improvisiere …

Socki: Nur zu, aber ich will trotzdem Fakten. Wie wär's mit ein paar Tipps für eine angehende Journalistin? Du hast als Volontär angefangen, oder?

Paule: Selbstverständlich, von der Pike auf, alle Ressorts durchlaufen, abends Umbruch. Meinen ersten Artikel, zehn Zeilen über einen Amateurboxkampf, musste ich dreimal umschreiben.

Socki: *That's life!* Nun gut, zu deiner Karriere kommen wir noch. Dein erster fahrbarer Untersatz?

Paule: Ein Fiat Cinquecento in Froschgrün.

Socki: Also war es doch ein Frosch.

Paule: Nein, ein Cabrio. Mit Faltdach, wie in einem Film von Fellini. Und da passierte Folgendes. Anja trat in mein Leben. Ihr Vater war ein erfolgreicher Industrieller aus der Stahlbranche. Sie war ein echtes Millionärstöchterchen, das immer bekam, was es wollte. Eines Tages entschied Anja, dass sie mich wollte. Mit ihren Eltern wohnte sie in einem Wahnsinnshaus. Zwei Gärtner für die Parklandschaft, Ententeich, hundert Jahre alte Bäume. Ich war schon einundzwanzig, fuhr jeden Abend von der Redaktion zu ihr und holte sie vom Gymnasium ab.

Socki: Anja muss eine hervorragende Partie gewesen sein. Was sagten ihre Eltern zu deinem Bauch? Den hast du bestimmt schon gehabt.

Paule: Kein Kommentar. Ich wurde bei ihren Eltern eingeführt. Die Großmutter hieß mich willkommen, meinte aber, ich solle besser BWL studieren, als nutzloser Reporter zu bleiben.

Socki: Wenn die Hochzeitsglocken schon läuteten, was verhinderte die Trauung?

Paule: Weder ich noch Anja wollten uns so früh fest binden. Wir machten lieber Party. Eines Morgens, es regnete in Strömen, brachte ich sie nach Hause. Hinter der Toreinfahrt zu dem feudalen Anwesen gab ich Gas, um wie ein Rennfahrer mit Karacho vor der Tür zu landen. Der Parkweg war aber vom Regen aufgeweicht, die Räder drehten im Matsch durch, das Heck rutschte aus, und der Wagen prallte gegen einen uralten Kastanienbaum.

Der Schaden am Cinquecento – eigentlich war es ein fahrender Hundezwinger, treffender auch »Knutschkugel« genannt – war nicht allzu groß. Stoßstange verbogen, aber Anja, die goldene Tochter, trug eine leichte Gehirnerschütterung davon. Ihre Mutter war entsetzt, sie sagte: »Paul, du weißt, ich mag dich, aber in diese Klapperkiste lasse ich meine Tochter nicht mehr rein.«

Socki: Aus mit der Liebe?

Paule: Die Mutter hatte einen Vorschlag. Ein neues Auto – und sie hatte schon das passende Modell im Sinn.

Socki: Ein Mercedes SL Cabrio?

Paule: Die »Pagode« war das Statussymbol der besseren Gesellschaft. Zurückhaltend elegant, doch sportlich anzusehen und zu fahren. Aber für so einen Prestigeschlitten war ich noch zu jung.

Socki: Welches Modell dann?

Paule: Ein weißes Käfer-Cabrio, ihr »Püppchen«. Sie selbst hat sich eine »Pagode« zugelegt. Sie wollte mir »Püppchen« schenken.

Socki: Paule im Glück.

Paule: Schenken geht gar nicht, sagte ich. Bei einem guten Preis bin ich dabei. »Es dreht sich hier nicht um dich, lieber Paul, sondern um meine Tochter«, entgegnete sie. »Was möchtest du zahlen?« – 2000 Mark bot ich ihr an. »400 Mark reichen«, erwiderte sie, wohl wissend, dass ich als Volontär 175 Mark im Monat verdiente.

Socki: Und Anja?

Paule: Sie lernte irgendwann einen anderen Typen kennen, so einen Lackaffen, Typ breitspuriger Macho. Sie machte mit mir Schluss. Das VW-Cabrio habe ich aber noch jahrelang gefahren.

Socki: Punktlandung. Die Liebe kommt, die Liebe geht, aber der Käfer fährt und fährt.

Paule: Diesen Werbeslogan gab es schon bei VW. Wir müssen uns etwas Neues einfallen lassen.

Socki: Das kriegen wir locker hin.

4

»King of Diktiergerät«

Paule weiß alles, sagt er. Was er nicht weiß, das findet er raus. Und dann schreibt er darüber.

Es passierte an einem kalten Winterabend, als der eisige Wind durch die Ritzen unseres Bauernhauses drang und Paule mir hingebungsvoll den Bauch kraulte, weil ihn das beruhigt. Da knackte er auch mich, und ich begann von der heißen Leidenschaft zu sprechen, die ich für Herrn Schmidt hege, den Kater vom Nachbarhof. »Der Kater, nach dem Socki schmachtet«, notierte Paule. Seither bin ich auf der Hut. Schließlich will ich nichts darüber in BUNTE lesen.

Auf der Suche nach einem geheimen Liebesnest streifte ich jedenfalls durch das Haus und checkte die Gegebenheiten. Der einzige Platz, an dem ich sicher vor seinen Nachstellungen war, schien mir die Tenne zu sein.

Urig war es hier oben. Malerische Dachsparren luden zum Balancieren ein. Das spärliche Licht fing sich in den Spinnweben. Und erst die Kisten! Ich sprang locker auf die erste und setzte eine Duftmarke. Und schon wurde aus einem beliebigen Dachboden das Boudoir einer Katzendame.

Zu spät fiel mir ein, dass Paule hier oben seine handgeschriebenen Artikel aufbewahrt. Ich scharrte emsig, um zu sehen, wen ich da angepinkelt hatte. Ach, das war nur was über Markus Lanz . . . Immerhin war das Papier schön saugfähig und meinen Zwecken dienlich.

Ich stieg über weitere Kisten, auf der Suche nach dem optimalen

Platz, an dem *es* geschehen würde. Aus einer quollen die voll-geschriebenen Blätter nur so hervor. Ich konnte nicht anders und musste einen Blick drauf werfen. Wenn man Pauls Klaue doch nur entziffern könnte, dachte ich, doch dann hatte ich's raus und las: Andy Warhol. Kein Schimmer, wer das sein sollte. Meines Wissens hatte Herrchen nie was über den veröffentlicht. Aber die Schreibe gefiel mir, da konnte ich was lernen. Vielleicht, so überlegte ich, wäre es auf Dauer doch sinnvoller, wenn ich mich auf meine Karriere statt auf den windigen Herrn Schmidt konzentrierte. Socki Sahner, die reife weibliche Stimme Deutschlands.

Ich nahm den Stapel Notizen ins Maul wie eine frisch erlegte Ratte und machte mich auf den Weg nach unten. Paule stand an der Terrassentür und blickte unzufrieden in den wolkenverhangenen Himmel.

»He, sag mal, erinnerst du dich an die Story über Andy Warhol?«, fragte ich ihn und legte die Beute vor ihm ab.

»Na klar. Dem bin ich ... lass mich rechnen ... vor knapp fünfzig Jahren persönlich begegnet.« Paule beugte sich hinab und inspizierte die speichelfeuchten Notizen.

»Warum hast du nie etwas über ihn veröffentlicht?«, wollte ich wissen.

»Damals habe ich noch davon geträumt, einmal Journalist zu werden«, erklärte er mir, und ich fühlte mich an mich selbst erinnert.

»Bei dem Wetter kannst du deine Angeberbräune eh nicht pflegen, also mach schön Sitz und erzähl mir, was damals passiert ist«, sagte ich forsch.

Paule griff nach den Notizen und blätterte sie durch. »Wo hast du denn die ausgegraben?«

»In der Tenne«, sagte ich möglichst unauffällig, denn ich wollte unbedingt vermeiden, dass er mich nach dem Grund für meinen Ausflug in die höheren Gefilde des Hauses fragte. »Erzählst du mir die Geschichte?«, schnurrte ich und umkreiste seine Beine. Mein Plan ging auf. Seine Eitelkeit hatte ihn gepackt, wir setzten uns in unseren Lieblingssessel, und ich ließ ihn erzählen.

Unter Kunstarbeitern in NY

Socki hörte mit ihrem aufgekratzten Herumgerenne auf, nahm eine stoische Haltung ein und warf sich in eine Pose, die mir bekannt vorkam: die Freiheitsstatue in New York. Ich wusste, was es zu bedeuten hatte: Ich sollte ihr über meine Begegnung mit Andy Warhol erzählen. Andy, und das muss man wissen, ist auch unter Katzen ein Superstar, weil er ein prominenter Katzenbesitzer war. Und Socki lauschte:

Erst einundzwanzig Jahre alt, noch kein Journalist, flog ich mit einem Freund aus Detmold zum ersten Mal nach New York. Der Poppapst Warhol hatte sich in Paris in ihn verknallt und ohne Umschweife erklärt: »Du gefällst mir. Ich möchte dich nach New York einladen.« Mein Freund sagte: »Tolle Idee, aber ich bin hetero.« Andererseits würde er die Einladung gern annehmen, wenn er einen Freund mitbringen könne. Warhol akzeptierte. So lernte ich ihn kennen.

Socki spitzte die Ohren, schaltete mein Diktiergerät ein: »Die Geschichte fängt gut an, erzähl weiter, wir können Wort für Wort alles in unser Buch aufnehmen.«

»Oder gleich ein Hörbuch machen. Es geht nicht nur um Warhol, sondern auch um mein Verhältnis zu einer meiner wichtigsten Geliebten – zu meinem Diktiergerät. Es ist der treueste Wegbegleiter meiner Karriere, hat mich noch nie im Stich gelassen, mir immer recht gegeben, denn: Gesagt ist gesagt.«

New York, 1965. Ich stand im Badezimmer des Chelsea Hotel und schaute in den Spiegel, während ich mir mein Gesicht abtrocknete. War ich das überhaupt? Ich durchbohrte meine Spiegelaugen. War ich real, oder träumte ich? Den Spiegel berührt, verfiel ich in Selbstgespräche. Ich stellte mir vor, wie der Spiegel zerbarst, sich dahinter Häuserschluchten öffneten und ich hinausflog. Eine Runde über den chaotischen Wolkenkratzern wie Superman drehen, das wär's gewesen.

Auch im realen Wachzustand kommt es mir oft vor, als wäre ich ein Doppelgänger meiner selbst. Ich stehe neben mir und beobachte, was ich mache. Wer ist Paul, und wer ist Sahner? Das läuft wie bei Pünktchen und Anton ab. Wie dem einen alles gelingt, was er will, wie er durchs Leben kommt, kann der andere oft nicht fassen. So erging es mir auch diesmal: zum ersten Mal in New York, und schon würde ich Andy Warhol treffen. Vom Hotel Chelsea, das er für uns gebucht hatte, fuhren wir in seine legendäre Factory.

Ein düsteres Lagerhaus in der East 47th Street. Die ziegelgemauerte Fassade rußgeschwärzt, die eisernen Feuerwehrtreppen verrostet. An den zweigeteilten Fenstern, die man mit einem Schub von unten nach oben öffnete, klebte dicker Staub. Kein Licht sickerte durch, das Gebäude wirkte verwunschen wie eine Geisterburg. Schwindsüchtige Figuren huschten durch eine verschmutzte Stahltür hinein, stolperten hinaus. »Kunstarbeiter« nannte Warhol diese Menagerie von Musikern, Künstlern, Groupies, Pornostars, Punks, Transvestiten, Kiffern, Junkies. Der leibhaftige Underground aus erster Hand. Dass Warhols Haus auch mit Siamkatzen überflutet war, Andy als großer Katzenkönig inmitten seines Miau-Imperiums thronte, hatte ich damals noch nicht registriert. Sorry, Socki.

Für mich war Warhol kein Idol, vor dem ich unbedingt auf die Knie sacken würde. Seine nachgemalten Cola-Flaschen, Campbell-Suppendosen, die großformatigen Bilder, ausgefüllt mit grünen Dollarnoten, sagten mir wenig. Mehr als seine Produktionen interessierten mich die Leute, die ihn umschwirrten, sich wie Filzläuse bei ihm eingenistet hatten. Ich hoffte, mir würden einige der Stammgäste über den Weg laufen. Bob Dylan, Mick Jagger, Jim Morrison etwa, vielleicht auch Salvador Dalí oder Allen Ginsberg. Fehlanzeige, aber Lou Reed war da.

Party on! Wann fing sie an, wie lange ging sie schon? Das

wusste keiner. Gähnende Langweile machte sich breit. Rum-lümmeln, herumalbern, abhängen, Witze reißen, endlos Un-sinn quatschen, auf einer Marihuanawolke davonschweben. Nüchtern erschloss sich mir dieses Kollektiv-Blackout nicht. Ich musste mir Mühe geben, um mit dieser Szenerie zurecht-zukommen.

Das riesige Atelier war kaum möbliert. Unter den eisernen Dachverstrebungen hingen Lampen mit zerbeulten Blech-schirmen. Entlang der Wände lehnten Stapel von Gemälden in knalligen Farben, in einer Ecke standen große Zeichen-tische, in der anderen, von Topfpflanzen abgeschirmt, befand sich eine ausgedehnte Sitzecke mit abgewetzten Ledergarnitu-ren. Andy hatte sich auf einem Sofa drapiert, um ihn herum geisterten seine Jünger. Wie in Zeitlupe tanzten einige, andere dröhnten sich zu: »Walk on the Wild Side«.

Die bizarre Seelenrumpelkammer

Schwarze Lederjacke, verwaschene Jeans, gestreiftes Hemd. Andys silber getöntes Haar bauschte sich auf seinem Kopf auf wie ein Wischmopp auf dem Stiel. Seine Blässe in dem trüben Licht wirkte, als müsste man gleich den Notarzt rufen. Seine Stimme war kaum zu hören. In seiner Mimik kam er mir wie eine Marionette vor. Die Augen kullerten. Der linke Mund-winkel und die buschigen Augenbrauen verzogen sich immer auf die gleiche Art. Als hätte er es vor dem Spiegel eingeübt. Nun warteten alle im Raum darauf, was der Meister inszenie-ren würde. Macht er was oder macht er nichts, und wenn er nichts macht: Was will er uns damit sagen? An diesem Tag schien er zu nichts Lust zu verspüren. Gelangweilt wälzte er einen Kaugummi im Mund.

Small Talk. Sich selbst darzustellen, in einer Pose zu verhar-ren, die Zigarette maniert in den Mund zu stecken, sich verloren um die eigene Achse zu drehen. Ein blondes Fotomodell mit Bubikopf lieferte das Kontrastprogramm. Aus dem schwarzen Body staksten ihre langen Beine hervor, schwarz bestrumpft. Sie flogen durch die Luft. Warhols Muse. Eindeutig. Mehr über sie erfuhr ich erst, als sie mit achtundzwanzig an einer Überdosis Drogen starb. Da war sie bereits als das erste It-Girl ihrer Zeit berühmt: Edie Sedgwick, Warhols Queen.

In dieser bizarren Seelenrumpelkammer dürstete ich nach dem Mann mit dem Hut – Truman Capote. Im Gegensatz zu Warhol war er mir ein Begriff, sogar Vorbild. In seinem Großstadtroman »Frühstück bei Tiffany« schuf er die »Hure mit Herz«, verfilmt mit Audrey Hepburn, wurde sie zur Mode-Ikone der Sechziger. Capotes Schilderungen ihres verwirrten Lebens waren ein Meisterwerk. So wie er schreiben zu können, begleitete mich gleich einer Fata Morgana, der ich mein Leben lang nachjagen würde, weil man ohne größtes Ziel nicht mal das Kleinste erreicht. Er war der gewaltigste Riese unter den Zwergen.

Seine Kunst lag darin, in seinen feuilletonistischen Reportagen akribisch recherchierte Tatsachen ungeschminkt ans Licht zu befördern und sich selbst so weit einzubringen, um die Wirklichkeit hinter all dem Glanz zu entlarven. Den Jetset benutzte er als Forschungslabor, um herauszufinden, wie das Leben funktioniert. Wie man Geld, Charisma und Sex als Waffe einsetzen kann, um nach oben zu kommen. Mit Capotes Worten: »Das Leben als eine Art Stellungskrieg zu betrachten.«

»Da geht es mir wie Dracula«

Ich hatte Glück. Er war tatsächlich anwesend, versteckt in einem hingerissenen Pulk seiner Bewunderer. Auf die Spur der »Bulldogge« führte mich seine Stimme. Sie zischte wie der Dampf aus einem überhitzten Kessel, die Worte entwichen seinem Mund und verschwanden in der Nase, so ähnlich wie später bei Udo Lindenberg. Auch Capote trug ständig Hut. Mehrmals täglich gewechselt, wählte er aus einer großen Kollektion, strich die Krempe akkurat zurecht, drückte sie nicht allzu tief in die Stirn, damit sein Gesicht sichtbar blieb. Wie ein schnell gealtertes Baby sah er aus, mit rosa Wangen auf dem blassen Teint, glatt wie Pergament.

An diesem Abend trug er ein dunkelblaues Cape, um den Hals hatte er sich einen langen Seidenschal mit Fransen gewickelt. Die Hose gelb, die Schuhe pink. Mr. Capote, wohlgefällig in die Polster gerutscht, redete wie ein Wasserfall, dabei kratzte er sich abwechselnd am Hinterkopf oder strich mit dem Zeigefinger über seinen Nasenrücken. Ins Gespräch mit ihm kam ich nicht, sog aber jedes seiner Worte gierig auf.

»Alles, bloß keine gelben Rosen! Da drehe ich durch… Wenn ich in einen Raum komme, in dem gelbe Rosen sind, geht es mir wie Dracula. Es ist, als bohrte mir jemand einen Pfahl mitten ins Herz…«

So ähnlich schwadronierte später auch Lagerfeld. Höchster Unterhaltungswert. Sogar Andy Warhol hing an Capotes Lippen. Dabei fiel mir ein kleines Gerät in seiner Hand auf – das Tonband. Man nannte Warhol deshalb auch »King of Dictaphone«. Hätte ich bloß schon ein Diktiergerät dabeigehabt, hätte ich über Capote mehr als eine Short Story schreiben können. Es war allerdings so, dass er seine Sätze wie ein Schauspieler in einer Bühnenrolle wiederholte. Bald war nichts mehr exklusiv, was er sagte. Auch seltsame Sätze, die mir damals besonders originell vorkamen: »Einer Frau die Hand zu geben zieht mehr Unheil nach sich, als wenn eine schwarze Katze einem den Weg kreuzt…«

Und während man so gepflegt Langweile zelebrierte, wobei Warhol vorwiegend schwieg oder Sprüche raushaute wie »Mir ist alles egal«, stellte Capote plötzlich Überraschendes fest: »Mein Gott, ich war heute noch gar nicht spazieren.« Da war es 6 Uhr früh. Auch mein Freund und ich trollten uns ins Morgengrauen. Noch am selben Tag kaufte ich mir in New York einen *voice recorder* bei Bloomingdale's, dem Kultkaufhaus. Es war mein erster. Bereits während des Rückflugs nach Frankfurt hielt ich das Ding die ganze Zeit in der Hand, probierte es aus, quatschte Erinnerungen rein. Bei der Landung in Frankfurt waren die Batterien leer.

Andys Geist lässt nicht los

Fünfundvierzig Jahre später. In der Münchner Szenebar »Schumann's« präsentiert Hubert Burda seine Erinnerungen: »Die BUNTE Story. Ein People-Magazin in Zeiten des Umbruchs«. Auf dem Umschlagbild steht der Verleger mit einem Mann in abgewetzter Fliegerjacke, verwaschenen Jeans, einem schwarzen Pulli. Der dicke Schal ist um seinen Hals geschlungen. Das aschweiße Haar sitzt ihm wie ein Vogelnest auf dem Kopf. Im Hintergrund strahlen von einer riesigen Wandmontage überdimensionale BUNTE-Titel, typisch für Warhols Art. Vor diesem Artwork stehen Andy und Hubert und schauen visionär zur Decke. Ein eindrucksvolles Bild. Die Erklärung folgt gleich auf der Buchklappe: »Der Popkünstler Andy Warhol lebt dem jungen Verleger vor, wie man Erhabenes und Triviales miteinander versöhnen kann.«

In Burdas Rückblick erfährt Warhol als eine seiner wichtigsten Leitfiguren viel Ehre. Burda schreibt über New York, es muss wohl zwei, drei Jahre nach meiner Reise gewesen sein: »Andy Warhol regierte über mehrere Fabrikhallen, ›Factories‹ genannt, in denen auch Zeitungen, Filme, Popmusik produziert wurden. Mich faszinierten die Porträts von Film- und Showgrößen, Marilyn Monroe, Liz Taylor, Elvis Presley, die von Warhol in einen anderen, ästhetisch neuen Rahmen übertragen wurden. Das für mich damals Unvereinbare, die Kunstwelt einerseits, die Illustriertenwelt andererseits, hier schoben sie sich ineinander, hier wurde mir ihr unversöhnlich erscheinender Gegensatz aufgehoben.«

Als Hubert Burda, zurück in Deutschland, erfuhr, dass im Schwabinger »Türkendolch«-Kino den ganzen Tag Warhols Experimentalfilm »The Chelsea Girls« lief, raste er hin. »Nach der Vorführung wusste ich, von Warhol komme ich nicht mehr los.«

Es entsprach Warhols eingefleischter Neugier, 1973 Burdas Einladung anzunehmen und das betuliche Offenburg zu besuchen. Mitten in der Familie porträtierte er mit seiner Polaroid-Kamera Huberts Vater, Senator Franz Burda, bei dessen siebzigstem Geburtstag. Der Sohn erinnert sich: »Von da an entwickelte sich ein freundschaftliches Verhältnis zwischen Warhol und mir. Wir trafen uns häufig in New York, St. Moritz und München. Er beneidete mich um die BUNTE und sagte: »Hubert, *you are so rich …* Du hast 4,8 Millionen Leser und ich nur 500 000 bei meinem ›Interview‹… Das war der Anstoß für meine Idee, BUNTE in ein People-Magazin zu verwandeln.«

Das Magazin »Interview«, 1969 in New York von Andy Warhol aus der Taufe gehoben, hatte sich auch auf mein Leben ausgewirkt. Ich war von der Methode, solche Interviews zu führen, fasziniert: die Gespräche im genauen Wortlaut über mehrere Seiten lang ungefiltert wiederzugeben. Unkommentiert, selbstredend. Noch gab es in Deutschland kein Medium für diese Art von Journalismus. Es dauerte eine halbe Ewigkeit, bis sich für mich ein Forum ergab. Erst als man mir die Chefredaktion von Penthouse angeboten hatte, wusste ich: Da kannst du auf Warhols Spuren wandeln. Ich ergriff diese Chance, obwohl etliche Freunde sich wunderten, was ich bei den nackten Mädchen verloren hatte. Es störte mich nicht, ich hatte endlich eine Plattform für meine Interviews.

Mein geliebter *voice recorder* ist im Lehrbuch der Henri-

Nannen-Journalistenschule abgebildet. Darunter steht: »Ohne dieses Diktiergerät geht Paul Sahner nicht einmal einkaufen.« Zitat: »Die Welt ist klein. Wer weiß, wen ich wieder treffe?«… Das sagte auch Andy Warhol.

Ein Déjà-vu stellt sich für mich jedes Mal in der Eingangshalle des Burda-Verlagshauses ein. An der Stirnwand hängt ein vier Meter großes Tableau, zusammengestellt aus von Warhol verfremdeten BUNTE-Titeln. Die Farben spielen verrückt; mal knallig, dann monochrom oder als Negativ ausgeführt, tobt der Cover-Zirkus. Seit über zwanzig Jahren, wenn ich in die BUNTE-Redaktion gehe, muss ich an Warhol denken. Andy lebt. Und ich bin wie er – auch ein »King of Diktiergerät«.

5

Je jünger, desto besser

Weihnachten 2014. Schon seit Tagen freute ich mich auf Geschenke, Schmusestunden am Kamin, Verwöhnorgien mit Frauchen und Herrchen, die einträchtig zu meinen Füßen sitzen und mir huldigen, während ich mich auf dem Sofa magisch lang ausstrecke. Später dann mundgerecht geschnittene Leckereien, noch blutig, die ich aus dem Napf Richtung Teppich ziehe, damit er nicht länger nach Wolle, sondern angenehm nach Verwesung riecht. Weihnachten, so viel ist klar, darf ich einfach alles.

Doch dieses Jahr war beunruhigend anders. Paule hatte sich vergraben, wühlte in Kisten mit Tonbändern, schrieb, diktierte. Er hatte kurzerhand ein Buch eingeschoben und mir nichts davon erzählt! Ich fand es eher durch Zufall heraus, als ich auf dem schmalen Sims im Kaminzimmer balancierte. Leider hat Paule null Gefühl für Inneneinrichtung, der schmale Vorsprung ist vollgepackt mit Fotos von irgendwelchen Leuten. Gorbi neben Udo, Sophia Loren neben Richard Gere, davor der Dalai Lama ... Feng Shui ist das nicht! Also formte ich meine weiß beschuhte Vorderpfote zu einem Hockeyschläger und schlenzte die Fotos vom Sims Richtung Tor, sprich Fußboden. 5 : 0!

Endlich hatte ich Paules Aufmerksamkeit. Er hob die Fotos auf, dabei blieb sein Blick an Udo hängen.

»Schau mal, Socki, über den schreibe ich gerade.«

Ich sah mir das Foto an. »Der ist doch tot«, sagte ich.

»Deshalb soll ja ein Buch über ihn erscheinen«, erklärte er.

Ich verengte die Augen zu Schlitzen. Wäre es mir je in den Sinn gekommen, einen Nachruf über irgendwelche toten Mäuse zu schreiben und darüber meine Familie zu vernachlässigen?

Paule spürte, dass ich verärgert war. Er begann mich hinter dem Ohr zu kraulen und schaute mich aus seinen treuen Augen an. Ich suchte seinen Blick. Gleich würde er sein Diktiergerät ausschalten und mir Kalbsleber in den Napf tun, ich spürte es. Dann würden wir uns aufs Bett legen, er würde den Fernseher einschalten, und ich würde mich so auf seinen Bauch setzen, dass er nichts sehen kann. Ein bewährtes Spiel der Sorte »Zähme deinen Nächsten«.

»Wenn das Buch fertig ist, habe ich wieder mehr Zeit für dich«, sagte er stattdessen und war mit den Gedanken längst woanders.

Ich war geschockt. So hatte ich mit meiner Einschätzung ja noch nie danebengelegen! Und er setzte noch einen drauf:

»Du verstehst doch sicher, dass Weihnachten dieses Jahr ausfallen muss...«

Ich begann tief zu knurren. Irgendwo in meiner Ahnenreihe muss ein *lupo mannaro* mitgemischt haben, ein italienischer Werwolf.

Paule zog hastig seine Hand zurück.

»Vielleicht könntest du inzwischen an meiner Biografie weiterarbeiten?«, schlug er vor. »Du bekommst auch Tantiemen. Und Kalbsleber!«

Na, ging doch.

Ich schnappte mir mein Tagebuch und richtete mir meinen Schreibplatz auf der Küchenbank ein.

Sockis Tagebuch

Montag

»Sie sehen blendend aus, Herr Sahner! Wann haben wir uns zuletzt gesehen?« So wird er begrüßt. Nach vier Jahrzehnten ist er nach Schwabing zurückgekehrt, kürzlich umgezogen vom Viktualienmarkt. In diesem einstigen Künstlerviertel hat seine Münchner Karriere begonnen. Noch heute trifft er gelegentlich alte Spezies auf der Leopoldstraße – dem Sunset Boulevard –, die ihn erkennen und über früher ins Schwärmen geraten, als wären sie gerade aus dem Zweiten Weltkrieg als Sieger zurückgekehrt. Paule war 1969 frisch eingetroffen, als Spezialist für Mord und Totschlag bei BILD. Im Bielefelder Westfalen-Blatt hatte er sein Handwerk gelernt. Sein Aufstieg war rasant gewesen, vom Mädchen für alles zum Lokalchef in Höxter, danach Chefreporter in Paderborn. Die Redaktion dort bestand allerdings nur aus drei Mitgliedern, also war jeder zugleich ein Ressortleiter. Katholischer Mief und kleinbürgerliches Spießbürgerturm prägten das Klima. So weit bin ich über Paules Biografie schon im Bilde. An dieser Stelle schalte ich das Diktiergerät auf »Wiedergabe« und lausche, was Herrchen zu erzählen hat.

Zur Sache, Schätzchen

»Schwarz, schwärzer, Paderborn«, sagte man damals. Ich ließ mir aus Protest einen Che-Guevara-Bart wachsen und wäre am liebsten auf die Mülltonnen gestiegen, um Paderborn mit flammenden Reden anzuzünden – so wie Dany le Rouge à la Daniel Cohn-Bendit als legendärer Anführer der 68er-Revolte in Paris. In Berlin wäre ich wahrscheinlich neben Rudi Dutschke unter roten Fahnen mitmarschiert. In Höxter, einer Kreisstadt mit 30 000 Einwohnern, hatte ich als Rebell keine Chance. Den örtlichen CDU-Honoratioren war ich zu links. Sie forderten bei der Chefredaktion in Bielefeld meinen Kopf. An der Spitze meiner Gegner stand der Oberkreisdirektor, dessen sechzehnjährige Tochter ich sehr gut kannte.

Ich spürte, dass es Zeit wurde für einen Ortswechsel, wenn ich meine Karriere vorantreiben wollte. Einmal im Jahr ein Mord als journalistisches Highlight war zu mager.

»Zur Sache, Schätzchen« gab den Ausschlag. Diese Filmkomödie, einer der erfolgreichsten Kinostreifen in der deutschen

Filmgeschichte, teilte Deutschland in zwei Lager. Es ging um ein harmloses Abenteuer eines Tagediebs, gewürzt mit einem hinreißenden Strip auf der Polizeiwache. Eine Ode an das Rumhängen als Lebenshaltung. Die Spießer waren schockiert, die Aufrührer witterten Frühlingsluft. München mit Schwabing lockte als das Tor zur Welt. Ein Paradies der Hemmungslosigkeit.

Wer den Achtundsechziger-Zeitgeist nachspüren will, bekommt in »Zur Sache, Schätzchen« eine Nachhilfestunde. Der Wohlstand der Nachkriegsjahre wuchs, aber man fühlte sich festgefahren, sah plötzlich keine Perspektiven, wollte nicht nur funktionieren. Unter den jungen Leuten machte sich eine Aufbruchstimmung breit. Die Regisseurin May Spils hielt dieses Aufbegehren gegen das Bürgerliche fest. Mit Werner Enke als Antiheld und Uschi Glas als bürgerlicher Tochter, die sich in den netten Schlaffi verliebte. Zwei, die nur im Bett sitzen und reden. Zwei neue Worte aus diesem Film frischten den altbackenen Duden auf: »fummeln« und »Dumpfbacke«.

Schwabing war damals ein Sehnsuchtsort, wie Los Angeles. Da lief der Bösewicht Klaus Kinski durch den Englischen Garten, dem ich allerdings erst 1975 begegnete, als ich Kolumnist bei der Münchner tz war. Ich wollte unbedingt ein Interview mit Klaus Kinski machen, weil ich ihn genial fand. Wir waren um sechs Uhr früh beim Seehaus verabredet, und ich kam fünf Minuten zu spät.

»Sie dummes Journalistenarschloch!«, schrie er. »Was fällt Ihnen ein, mich warten zu lassen. Ich bin ein Weltstar.« Ich war verschüchtert und entschuldigte mich wortreich. »Okay, dann traben Sie mal hinter mir her«, rief er mir zu. Einmal um den Kleinhesseloher See. Mann, war das ein Tempo! Ich konnte ja nicht ahnen, wie fit er war, trotz seines exzessiven Lebensstils. Wir haben uns dann doch noch gut unterhalten – über seine Filme und seine irre Bühnenshow als Jesus, bei der er das Publikum wütend beschimpfte und vollrotzte. Kinski war eben von erfrischender Großkotzigkeit.

Von schrägen Vögeln gab's damals noch einige. Der Jung-filmer Klaus Lemke versuchte sich als lokaler Andy Warhol mit seiner Kino-Factory, schrieb in Kneipen seine Drehbücher. Das wollte ich hautnah miterleben. David Bowie und Frank Zappa treffen, die im Bayerischen Hof abstiegen.

Die Brücke zu der Traumstadt, wo Spinner zu Helden wur-den, bauten mir die Kollegen von BILD-Hamburg. Sie riefen mich in Paderborn an: »In München gibt es eine freie Stelle als Polizeireporter. Aber du müsstest sofort hin…«

So schnell habe ich nie wieder im Leben gepackt. Mein gan-zes Hab und Gut in einen Koffer. Und dann Vollgas. Immerhin hatte ich es als Lokalchef in Höxter zu einem Porsche Super 90 Cabrio gebracht. Fünf Jahre alt, aber rostfrei. Dreieinhalb Jahre habe ich ihn abgestottert. Das gleiche Kultauto fuhr James Dean, bevor er es in Zahlung für einen Porsche 550 gab. In dem Spyder verunglückte er 1955 tödlich. Der Flitzer war auch silbergrau.

Ich wurde Stammgast in der Diskothek »Sergio's«, wo Mick Jagger Uschi Obermeier aufgerissen hatte und später der schwedische König Carl Gustaf der Olympiahostess Sil-via Sommerlath begegnete. Meine erste Bleibe, natürlich in Schwabing, teilte ich mit einem Freund. Der erste Promi, der mir 1969 über den Weg lief, war Udo Jürgens.

Mein »kleiner Freund« entscheidet

Einfach war unsere Beziehung nie, doch der Anfang war ver-heißungsvoll. 1969, als wir uns kennenlernten, war Udo Jür-gens fünfunddreißig Jahre alt, ich der zehn Jahre jüngere Boulevardreporter. Eine Kollegin von mir hatte ein Verhältnis mit ihm. Sie teilte sich ihre Schwabinger Wohnung mit mei-ner damaligen Freundin. Es war zwei Uhr früh, als Udo in je-ner Nacht aufkreuzte, geschafft nach einem umjubelten Kon-zert im Kongresssaal des Deutschen Museums. Irgendwo war er wohl noch hängen geblieben. Nun wollte er entspannen. Er schmiss seinen Ledermantel in die Ecke, küsste seine Freundin und musterte mich streng. »Und wer sind Sie?«

Nach drei Schoppen Wein duzte er mich. Und ich, erst seit Kurzem der ostwestfälischen Provinz entkommen, fühlte mich geschmeichelt. Der Superstar und ich. Je mehr wir tranken, umso offener wurde Udo. Als unsere Freundinnen schlafen gingen, sprachen wir über Frauen. Man muss nicht alles erzählen, aber er, der einzigartige Womanizer, sagte Dinge wie: »Verführen muss ich die Frauen nie. Allein sie entscheiden, auf wen sie sich einlassen. Sie stehen hinter der Bühne an, meist sind sie sehr jung, und ich kann nicht Nein sagen.«

Ein Jahr später rief mich Hans R. Beierlein an, damals der einflussreichste Showmanager Deutschlands. Udo war seine Schöpfung, beide waren besessen, das ganz große Ding zu drehen. Ein Hit jagte den anderen, die Frauen jagten die beiden, den Herrn Udo und seinen Meister Hans. Es war wirklich so. Die späteren Sechziger prägte der Spontispruch: »Wer zweimal mit derselben pennt, gehört schon zum Establishment.«

Udo ergänzte das später: »Es war also fast ein gesellschaftlicher Zwang, täglich mit einer anderen Frau in Kontakt zu sein. Allen Frauen bin ich sehr dankbar. Sie halfen mir, aus meiner Einsamkeit zu entkommen.«

Als Beierlein mich an jenem Tag anno 1970 fragte, ob ich für ihn und Udo bei seiner Firma Edition Montana als Pressechef arbeiten möchte, sagte ich sofort Ja.

Während das Powerpaar Europa auf den Kopf stellte, ging mir die Puste aus. Ich wollte wieder Journalist sein, Udo aus der Distanz erleben, mit ihm über Dinge reden, die mit seinen Hits nur wenig zu tun hatten. Das gefiel ihm, weil sein Privatleben noch spannender war als seine Lieder. Manchmal gerieten unsere Gespräche zum Schlagabtausch. Udo liebte die Herausforderung. Er war kein Prahler, aber ein Direkter, seine Fabulierkunst war einmalig. Und: Er war ganz anders als die meisten seiner Zunft. Gesagt war gesagt; nur ganz selten, wenn Zweifel an ihm nagten, ob er seine Fans mit allzu provokanten Äußerungen vielleicht erschrecken, wenn nicht sogar verdrießen könnte, korrigierte er ein Zitat.

Als ich 1992 Chefredakteur von »Penthouse« wurde, erzählte Udo, damals siebenundfünfzig, einer Kollegin und mir erstaunliche Dinge. Über die Treue beispielsweise: »Ich sage den Frauen: Du wirst die schönste Zeit deines Lebens mit mir haben. Aber ich werde dir nie die totale körperliche Treue garantieren können. Warum? Weil nicht ich das entscheide, sondern mein kleiner Freund. Der hat ein absolut eigenes Leben und reagiert auf Sachen, die mein Verstand ablehnt. Aber er findet es halt toll.«

In Salzburg liebte er eine Dirne

Vor zehn Jahren, zu seinem siebzigsten Geburtstag, trafen wir uns in Kitzbühel. Udo sprach sehr freimütig über seine Jugend, vor allem über seine Beziehung zu Patsy, einer Salzburger Dirne.

»Wir waren beide 20 Jahre alt. Sie hatte wenigstens ein eigenes Zimmer. Ich aber musste meine winzige Bude mit vier Musikern teilen, unsere Klamotten hingen auf Seilen, weil wir keine Schränke hatten. Es war eine harte Zeit. Patsy und ich haben uns aneinandergekuschelt wie zwei verängstigte Kinder. Ich hatte eine unbändige Freiheitssucht, Sturm und Drang. Ich war ein Jüngling aus gutem Haus und wollte unbedingt Musiker werden, um so aus der Realität des Lebens zu flüchten. Ich hatte Angst zu scheitern.«

Ein paar Wochen nach dieser Jugenderinnerung scheiterte seine zwei Ehe. Seine Frau Corinna hatte eine Affäre mit Hamburgs Skandalpolitiker Ronald Schill. »Schnee von gestern«, sagte ein gelassener Udo mir einen Tag vor Weihnachten. »Ich bin ein Typ, der nie zurückschaut. Weder im Zorn noch sonst wie. Was passiert ist, muss man abhaken.«

Corinna war sechzehn gewesen, als sie sich 1982 in Udo verliebt hatte, 1999 hatte sie Udo, damals fünfundfünfzig, geheiratet. Nach sieben Jahren folgte die Scheidung. Corinna gab bekannt: »Drei in einer Ehe sind einer zu viel.«

Zehn Jahre später

»Eine Musiklegende wird 80«. Die ARD-Sendung plant einen noch nie da gewesenen Tribut für einen Showstar. Otto Waalkes verulkt »Griechischer Wein« mit der Parodie »Friesischer Wein«. Der Schweizer Kabarettist Emil brilliert mit einer Postnummer: eine Briefmarke für Udo. Udo singt mit Helene Fischer im Duett. Eine Sternstunde im Fernsehen, die es in dieser Form noch nie gab und auch nie mehr geben wird.

Am 21. Dezember 2014 traf die unerwartete Nachricht ein: Udo Jürgens, eine Legende, die unsterblich schien; Udo, der die Fortsetzung seiner Tournee »Mitten im Leben« im Februar 2015 plante, erlag einem Herzversagen. Es war ein Sonntag am Bodensee.

Mich erreichte die Nachricht bei Wiener Schnitzel, Backhendlsalat, einem Schoppen Riesling im Lokal »Waldfee« in Schwabing. Ausgerechnet österreichische Küche, so wie Udo sie liebte. Schicksalhaft, weil ich mit meiner Frau Martina eigentlich thailändisch essen gehen wollten. Sie hatte mich überredet. Wegen der köstlichen Nachspeise – dem Kaiserschmarrn.

Mein Handy ploppte am Tisch. Breaking News. Erst n-tv, dann BILD. Ich rief Patricia Riekel, die BUNTE-Chefin, an. Sie war bewegt, sagte: »Wir treffen uns gleich in der Redaktion.«

Ich begann sofort zu telefonieren, um einen Nachruf zu schreiben, der unter die Haut gehen sollte. Wenn es einen Experten für das turbulente Leben des Sängers gab, der mit seinen Liedern Millionen wie kein anderer in Deutschland verdiente, als Idol eine Unsterblichkeit errang und als Frauenschwarm für ein Leben voller Widersprüche stand, dann war ich es – so wenigstens fühlte ich die Lage.

Als Erste erwischte ich die Wiener Juristin Sabrina Burda. Über Udos Abschied von einer Welt, mit der er sich, je älter er wurde, kritischer und wütender auseinandergesetzt hatte als die meisten seiner Heile-Welt-Kollegen, wurde sie von ihrer Sekretärin informiert. Sabrina Burda rief sofort Gloria an. Sie sagte: »Dein Vater ist tot.«

Udos uneheliche Tochter, die vor einem Jahr ihre Matura glänzend mit einem Notendurchschnitt von eins Komma null bestanden hatte, sagte schluchzend: »Ich habe nun nie mehr die Gelegenheit, mich mit meinem Vater auszusprechen. Es gab viele Dinge, die er mir hätte erklären sollen.«

Glorias Mutter, Sabrina Burda, ist eine angesehene Richterin beim Wiener Verwaltungsgericht. Sie war sechzehn, als Udo sie beim Spaziergang im Wienerwald ansprach: »Was machen Sie denn hier?« – »Das Gleiche wie Sie«, antwortete Sabrina, »einen Spaziergang.« Vier Jahre waren die beiden ein Paar, nach der Geburt von Gloria kühlte das Verhältnis zunächst ab. »Er war überfordert«, erinnerte sich Sabrina. »Er war ja im besten Sinne eine Rampensau. Die Bühne war sein Leben.«

Als Nächsten erwischte ich Hans R. Beierlein am Telefon. Erschüttert über den plötzlichen Abschied seines Freundes, sagte er: »Udo strotzte doch so vor Lebenslust. Jedoch war es der sanfte Tod, den er sich immer gewünscht hat. Aber was heißt das schon? Nur sein Körper ist tot, seine Lieder machen ihn unsterblich. Merci, Udo!«

Ich erinnerte mich an die Worte, mit denen Udo mir einst die Sache mit dem Tod erklärte: »Tot ist der Mensch erst dann, wenn der letzte Mensch stirbt, der sich seiner erinnert.«

Am nächsten Morgen rief mich der Verleger Herr Herder an. Ich ahnte, was er wollte, sagte aber: »Nett, dass Sie sich mal wieder melden. Sie wollen mir bestimmt entspannte Feiertage wünschen.«

Schweigen. Dann, Verleger sind auch nur Menschen: »Doch ja. Aber ich hätte da noch eine ganz kleine Bitte …«

Die kleine Bitte hatte einen großen Haken. »Ein Buch über Udo Jürgens. Am 4. Januar muss der Text fertig sein, sonst können wir nicht am 22. Januar ausliefern«, sagte der Verleger. Ein Schnellschuss also.

Weihnachten mit Udo

Spontan sagte ich zu. Ein Buch über einen Künstler von Udos Format in derart kurzer Zeit zu schreiben ist nahezu unmöglich. Ohne die Hilfe von Martina, die mir den Rücken freihielt, wäre das niemals möglich gewesen.

Und so legte ich los.

Sockis Tagebuch

Dienstag
Udo, Udo, immer nur Udo. Ich google ein bisschen und werde fündig:

Udos Oldtimer zu verkaufen

Bei einem Oldtimerhändler im schwäbischen Ditzingen steht ein schneeweißer Mercedes 600, die kurze Version, also kein Pullman. Der Lack glänzt wie neu. Zugelassen wurde der Wagen am 5. Januar 1970. Ein VW Käfer kostete damals 8000 Mark, der Mercedes 600 runde 46000 Mark. Als Erstbesitzer wurde eingetragen: Udo Jürgens, München.

Herrchen interessiert das, er ruft bei Udos Manager an. Der erinnert sich beim Rückruf sofort: »Udo saß, wenn er den Wagen nicht selbst lenkte, hinten rechts. Der Fahrersitz war in Leder, die Rückbank mit Velours überzogen.«

Mittwoch
Heiligabend. Weihnachten fällt tatsächlich aus. Paule arbeitet an seinem neuen Buch. »Merci, Udo!« Promis erinnern sich, die Angehörigen trauern. Udos Biografie wird es nicht. Eher eine Collage. Einer der Zeitzeugen erzählt, wie er einst als Liftboy in einem Prager Hotel Udos Schuhe in der Nacht putzte. Auch das war Jürgens Meilenstein: Als erster westlicher Sänger brachte er beim Prager Frühling 68 den Fans seine Botschaft: »Merci, Chérie«. Udo umarmte den Osten.

Erster Weihnachtstag
Nicht nur Paule, auch Karl Lagerfeld arbeitet über die Feiertage. In Paris entsteht eine neue Haut-Couture-Collection, für 24 Stunden macht Karl einen Sprung nach New York. Der Privatjet ist vollge-packt mit Geschenken für sein Patenkind Hudson. Auch seine Katze Choupette liebt das Fliegen. Total dekadent. Ich jage lieber Mäuse. Lanzing ist ein gutes Revier. Und es gibt Schnee. In der Sonne glän-zen die Kristalle wie Diamanten. Die Mäusejagd kommt mir vor, als würde ich durch einen Juwelierladen pirschen. Choupette, komm mal vorbei, doch, doch, doch...

Neujahrstag
Warum sagt man »Guten Rutsch«? Für mich war Silvester ziemlich mies. Herr Schmidt ließ sich nicht blicken. Er ist ein Superkater, aber beziehungsunfähig. Und ich habe es satt, mich vor Sehnsucht nach Liebe zu verzehren. Schließlich überschütten mich Frauchen und Herrchen damit. Dieses Jahr haben die beiden sich eine Dose Kaviar gegönnt, von dem Vorschuss fürs Udo-Buch. Ich blicke sie demonstrativ an, sie verstehen den Wink und geben mir brav einen

Löffel von dem schwarzen Zeugs. Ich bettle um einen weiteren Löffel. Im Grunde tue ich es für Paule, der auf diese Weise sein schlechtes Gewissen beruhigt. Gar nicht mal so übel.

Mittwoch

Das Rennen geht los. Einen Tag nach den Heiligen drei Königen liegt schon das erste Jürgens-Special im Supermarkt aus: 99 Seiten opulent bebildert. Udos ganzes Leben zum Schnellblättern, mit Promistimmen abgerundet. Ob Paules Buch eine Chance haben wird? Magazine sind letztendlich nur ein Wegwerfartikel. Irgendwann landet auch ein Jürgens-Special in der Halde zwischen BUNTE, Brigitte, Stern, TV Today, Focus und Geolino. Altpapier zum Wegwerfen. Doch ein Buch hat einen anderen Stellenwert. Es kommt als Einrichtungsergänzungsgegenstand zur Verwendung. Bücher sind des deutschen Bildungsbürgers liebste Vorzeigestücke. Der Kanon von Marcel Reich-Ranicki, Böll, Grass und Lenz dekorieren das Wohnzimmer. Paules Buch »Merci, Udo!« kommt dazu. Top, die Wette gilt!

Donnerstag

Heute ist der 22. Januar 2015. Ich schaue aus dem Fenster unserer Münchner Wohnung, und es haut mich um. Die Münchner Abendzeitung hat ihre stummen Verkäufer groß mit Paules Foto bestückt. Die Schlagzeile springt ins Auge:

Münchner Klatsch-König schrieb eine Biografie über Udo Jürgens

Der Postbote hat an diesem Morgen schwer zu tragen. Er bringt zehn druckfrische Exemplare. Ungeduldig reißt Paule das erste aus dem Zellophan, um mir daraus vorzulesen. Ich springe auf seinen Schoß und lausche seiner Stimme.

Ich kann es nicht fassen. Es wird garantiert ein Flop: Kein einziges Wort über mich! Zwei Wochen bin ich ignoriert worden, und jetzt das. Ich finde überhaupt nicht statt! Das ist wahrhaftig ein Paukenschlag. Ich bin zutiefst beleidigt. Die kommenden Stunden werden nicht besser.

Der Erstverkaufstag läuft großartig an. 50 000 Bücher sind an den Handel ausgeliefert. Vier Wochen nach Udos Herzversagen startet das schnellste Buch in der Geschichte des 1798 gegründeten Herder Verlags, sonst auf Papstbücher spezialisiert. Welcher Teufel hat den Verleger geritten, einen Frauenheld und konsequenten Atheisten zu feiern?

Udo hat nach Gott gesucht und ihn nirgendwo gefunden. Udo hat gegen die Kirche und Religion rebelliert. Nach dem Tod ehrt ihn eine katholische Literaturbastion. Es ist, als würde der Vatikan einen Sexstar seligsprechen. Verkehrte Welt! Was soll man dazu noch sagen ...

Donnerstag, Schwabing, 8:45 Uhr

Das Handy vibriert laut und fällt vom Tisch. Paule hebt es auf, quatscht. Ich krieche unters Bett, höre Paule beim Rasieren, danach rieche ich seine Aftershave-Lotion. Égoïste von Chanel. Nomen est omen. Der Duft, an dem man sich selbst berauscht. Er verabschiedet sich, sagt noch, er wird im Café Münchner Freiheit frühstücken. Ein RTL-Team kommt, um ihn für das Starmagazin »Exclusiv« zu interviewen. Ich ahne, worauf die Geschichte hinausläuft. Die BILD-Zeitung liegt auf dem Boden. Die Schlagzeile verkündet Böses:

Wolfgang Joop beschimpft toten Udo Jürgens

Den Rest kann ich mir vorstellen. Ich weiß, wie solche Interviews verlaufen. Ich muss nicht dabei sein, schließlich bin ich noch beleidigt. Außerdem wird der Beitrag schon mittags Punkt 12 Uhr gesendet. Nicht, dass es mich interessieren würde. Ich ziehe mich auf die Fensterbank zurück und hege einsam und allein Rachegedanken.

Donnerstag, Café Münchner Freiheit, 9:30 Uhr

Socki ist an diesem Morgen nicht sehr mitteilsam. Aber mir bleibt keine Zeit, ihrer miesen Laune auf den Grund zu gehen, das Tagesgeschäft hat mich voll im Griff.

Mein Handy ploppt, ich nehme ab: »Sahner …« Die nächste Anfrage wegen eines Interviews. »Sorry, ich kann im Moment nicht, jetzt ist erst mal RTL dran.«

Die Kamera ist inzwischen aufgestellt. Ich sitze im obersten Stock, blättere in meinem Buch über Udo. Die junge Reporterin greift die BILD-Story auf: »Auch Kritiker wie Wolfgang Joop kommen zu Wort.«

»Ich habe ihn angerufen, wollte ihn sprechen, aber dann wurde kein Gespräch daraus, sondern ein langer Monolog«, stelle ich klar.

Die Interviewerin beißt sich fest, mir schwant, worauf der Beitrag hinausläuft. Auf die Zitate von Wolfgang Joop. Ich hatte den originellen Designer am Neujahrsmittag noch leicht verkatert in seinem Potsdamer Domizil erwischt. Was er am Telefon sagte, enthielt Zündstoff.

»Ehrlich gesagt, hat mich seine Musik überhaupt nie berührt«, bekannte Joop. »Obwohl ich ja zu einer ähnlichen Generation gehöre, war ich mit Leuten zusammen, die diese Musik nicht hören wollten. Diese Bürgerthemen, ›Griechischer Wein‹, dass die Deutschen nicht nett genug sind zu den Gastarbeitern und all diese seltsamen Lieder, auch ›Aber bitte mit Sahne‹, diese schlimmen Frauen, das sind ja alles Themen, die mir am Arsch vorbeigingen …«

Ich nehme gegenüber der Reporterin dazu knapp Stellung: »Wir haben Demokratie. Ich wollte auch die andere Seite hören.«

Nach einer Viertelstunde ist alles im Kasten. Die Reporterin samt Kameramann gehen. Zum Frühstücken komme ich nicht. Der Hessische Rundfunk ruft an, hinterher eine Presseagentur. Alle wollen mich interviewen. In einer Stunde soll ich beim Bayerischen Rundfunk sein.

Das RTL-Team kehrt inzwischen zurück, dreht noch einige Inserts aus meinem Buch. Mir reicht's, ich will keinen Skandal um Joops Äußerungen schüren. Was BILD serviert, ist ein starker Tobak:

»Die Asche des großen Udo Jürgens ist noch nicht mal unter der Erde. Da geht Modezar Wolfgang Joop (70) auf den im Dezember verstorbenen Sänger los.«

Ich haue auf den Tisch: »Scheiße, ich ziehe mein Interview zurück.« Hinter mir liegen Wochen voller Stress. Es ging nicht nur darum, den Termin zu halten, damit das Buch pünktlich erscheinen konnte. Vielmehr fragte ich mich, wie es mir gelingen sollte, das Leben eines Stars in so kurzer Zeit auf eine Weise zu schildern, die ihm gerecht würde. Für das Porträt hatte ich die unterschiedlichsten Menschen interviewt, um ein Kaleidoskop zu schaffen, das Udos schillerndes Leben zu spiegeln vermochte. Und jetzt beißt man sich an Joops Statement fest.

Die junge Reporterin erschrickt, stottert: »Ich kann Sie verstehen.«

»Das reicht mir nicht«, weise ich sie zurecht. »Geben Sie mir die Nummer Ihres Redakteurs, ich rufe an.«

Knallhart bekommt er es zu hören: »Es geht hier nicht um Radau, ich will kein Leichenfleddern, mir geht es auch darum, dass Udo sich in der Hochkultur angekommen fühlte – auf Augenhöhe mit Frank Schirrmacher und Professor Kaiser.«

Und was für mich wichtig ist, weil exklusiv: »Zum ersten Mal spricht über Udo auch Professor Druyen.« Das will ich unbedingt in dem Bericht haben. Wer das ist, muss ich dem RTL-Redakteur zweimal erklären: »Udos ehemaliger Schwiegersohn, der erste Mann von Udos Tochter Jenny.«

Ich wiederhole es: »Professor Druyen ist wichtiger als Joop. Wenn es nur um Joop geht, ziehe ich mein Interview zurück.« Manchmal darf man vor einer Drohung nicht zurückschrecken. Sonst wird man nicht ernst genommen. Aber längst ist klar: Alles läuft auf Wolfgang Joop hinaus. Ich sehe mich gezwungen, ungehalten zu werden: »Wenn wir keine Balance finden, dürfen Sie den Beitrag ohne meine Einwilligung nicht senden. Haben Sie's verstanden?«

Der Redakteur scheint ein dickes Fell zu haben. Also muss ich deutlicher werden: »Das Gespräch ist beendet. Ich schicke Ihnen ein Schreiben von meinem Anwalt mit einer sofortigen einstweiligen Verfügung. Ich bin normalerweise nicht so, aber diesmal sehe ich keinen anderen Weg.«

Danach legt sich meine Wut. Ich weiß es aus Erfahrung: Mit RTL lässt sich genauso wenig verhandeln wie mit einem kasachischen Rosstäuscher. Was einmal in der Redaktionskonferenz beschlossen ist, gilt als Marschbefehl. Einen Befehl verweigern kann man nur ein Mal. Diese Mediengiganten sitzen am längeren Hebel, für die Streitfälle mit Anwälten gibt es einen sogenannten Feuerwehrfond. Anwaltshonorare, Gerichtsspesen, Schadenersatz, Schmerzensgeld, das alles rechnet sich, solange eine Geschichte für Auflage sorgt.

Sockis Tagebuch

Donnerstag, 12 Uhr

Ich sehe mir an, was Paule verbrochen hat. Meine Katzenkritik holt ihn vielleicht von der Decke auf den Boden zurück. Er weiß, ich schmiere ihm keinen Honig ums Maul. Um 12 Uhr wird der Beitrag gesendet. Die Anmoderation ist kurz: »Reporterlegende Paul Sahner kennt Udo Jürgens fast ein halbes Jahrhundert. In seiner Biografie, die heute erscheint ...« Und schon kommt der Knall. »Die Meinung von Wolfgang Joop über Udo Jürgens ist ziemlich eindeutig: Er hat wenig übrig für die Huldigungen...«

Joop: »Udo Jürgens, diese Altfrauenemotionalität, wenn er mit gefärbten Haaren am Acrylklavier saß – entsetzlich!«

Das eingeblendete Zitat aus dem Buch wird gleichzeitig aus dem Off vorgelesen. Es folgt der nächste Satz:

»Ich finde die Heiligsprechung dieses Mannes ziemlich ruckartig. Ich habe ihn ein paar Mal im Flugzeug getroffen, dann kam er immer auf mich zugestürzt, ich sollte ein Plattencover für ihn gestalten. Und er fragte nach Klamotten aus unserer Kollektion. Habe ich ihm dann auch geschickt.«

Paule kommentiert in einer Großaufnahme: »Jede Meinung ist gefragt. Wenn Wolfgang Joop sagt, er konnte mit Udo Jürgens nichts anfangen, dann ist es sein gutes Recht und die Pflicht eines Autors, das in einem Buch zu veröffentlichen.«

Das nächste Zitat von Joop setzt noch mal ordentlich eins drauf: »Als ich das erste Mal sein ›Merci, Chérie‹ hörte, mit zweiundzwanzig oder dreiundzwanzig, dachte ich, ach, das ist ja furchtbar.«

Dann folgt in diesem 4,39 Minuten langen Beitrag als Ausputzer: »Der Modedesigner ist in Paris, war für unser Team nicht zu sprechen, er ließ über sein Management ausrichten: Er hätte das alles so nicht gesagt.«

Das Timing für diesen PR-Zug ist perfekt. Um elf Uhr öffnete das Wiener Rathaus seine Pforten. In der Volkshalle wurde die Urne mit den sterblichen Überresten von Jürgens ausgestellt. Die Fans können noch bis Freitag, 18 Uhr, Abschied nehmen.

Um 17:45 Uhr (Donnerstag) sendete RTL-Exclusiv erneut den Beitrag mit Paule und den Zitaten von dem Designer Wolfgang Joop.

Ob es nun Ärger mit dem Designer geben wird? Mitnichten. Paule hat ihn inzwischen in Paris erreicht: »Joop lacht schon wieder«, atmet er erleichtert auf. Und geht Tennis spielen. War auch ein langer, anstrengender Tag.

Samstag

Glücksfall oder klitzekleine Berechnung, ohne Wolfgang Joop hätte das Jürgens-Buch kaum so ein Echo ausgelöst. Ich finde, Paule sollte ihm als Dank eine Kiste Champagner schicken. Aber unter uns gesagt: Paule ist auch kein Heiliger. Im AZ-Interview hat er einer blonden Sängerin, mittellanges Haar, ordentlich eins reingewürgt.

»Ich habe sehr viel herumtelefoniert mit Menschen, die Udo Jürgens sehr nahestanden. Die Einzige, die ich nicht erreichen konnte, weil ihr Management sich quergestellt hat, war Helene Fischer. Das fand ich unpassend.«

Helene Fischer hat zuletzt von Udo Jürgens profitiert, durch die Duette mit ihm in der Gala zu seinem achtzigsten Geburtstag und in ihrer eigenen Show. Das gemeinsam gesungene Lied hatte einen beziehungsreichen Titel: »Ich will, ich kann«.

Mittwoch, zwei Monate später

Es war eine schöne Zeit, von Januar bis April 2015. Zehn Wochen lang hielt sich Paule mit seinem »Merci, Udo« auf den Bestsellerlisten. Der Einstieg war sensationell. Auf Anhieb auf Platz 8. Nächste Woche schon Rang 2. Beim SPIEGEL hinter Hape Kerkeling (»Der Junge muss an die frische Luft«), beim Stern hinter »Darm mit Charme«. Die Autorin Giulia Enders, eine hübsche Medizinstudentin mit 26, hätte bestimmt auch Udo gefallen.

Donnerstag

Udos Buch hat sich bis heute mehr als fünfzigtausendmal verkauft. ARD-Literaturkritiker Denis Scheck findet dennoch: »Ich weiß nicht, ob Udo Jürgens ein großer Künstler war. Aber ich weiß, dass dieses zusammengekleisterte Stück Boulevardjournalismus ein so unwürdiger Dreck ist, wie es kein Künstler verdient. Ein Buch zum Kotzen.«

Paule bleibt gelassen: »Das ist mir recht, daran wachse ich.« Und Reich-Ranicki dreht sich wahrscheinlich im Grabe um, wenn ihm zugetragen wird, wer sich heute so alles als Literaturkritiker ausgibt. Ein solches Scheck-Vokabular würde er einfach »sch(r)ecklich« finden.

Freitag

Paule macht fleißig einige Lesungen mit Signierstunden. Zum Höhepunkt gehört der heutige Abend im Kaufhaus Beck am Rathauseck in München. Der Verleger führte das Interview, Paule las aus seinem Buch vor. Die passenden Stellen blätterte ihm mundgerecht der Verleger auf. Er kannte das Buch inzwischen besser als Paule. Nach der Lesung ging man gemeinsam zur »Waldfee«, jenem österreichischen Restaurant in Schwabing, wo Paule und Martina die Nachricht von Udos Ableben erreichte. Man bestellte wieder das Gleiche wie damals: Wiener Schnitzel, Backhendlsalat und Kaiserschmarrn.

Es war übrigens Martinas grandioser Einfall, Paule am Neujahrstag zu sagen, er solle doch Joop wegen eines Zitats fürs Udo-Buch anrufen. Paule hat es nicht vergessen zu erwähnen.

Tja, ohne Frauchen und seine Katze wäre er ein armer Hund.

6

Unkenspiele

Socki: Wie war dein Tag, Liebling?

Paule: Der Mann mit dem gepflegten Pferdeschwanz ist unberechenbar. Lagerfeld kann es sich leisten, auf seine Memoiren zu pfeifen. Alle Anläufe, ihn biografisch zu fassen, blockt er ab. Aus diesem Grund hat ihn auch mein »KARL«-Buch ziemlich verärgert. Er schäumte: »Ich stehe unter eigenem Denkmalschutz. Davon haben die Leute mehr als von meinen Erinnerungen. Keiner schreibt ungestraft über mich.« Aber stell dir vor: Über eine gemeinsame Pariser Freundin hat er signalisiert, dass er immer wieder auf das Buch angesprochen wird, man ihm sogar zu dem Buch gratuliert.

Socki: Also werdet ihr wieder Freunde. Das wäre wunderbar. Ich bin ein großer Lagerfeld-Fan. Allein schon wegen Choupette.

Paule: Was findest du so toll an dieser cremeweißen Birma-Katze? Angeblich kann sie weder lesen noch schreiben.

Socki: Gerüchte sagen, mit dem Smartphone kann sie besser umgehen als du.

Paule: Mir ist Sartre lieber.

Socki: Sartre? Was soll das sein. Meine Marke ist Bulgari. Ich will Choupette ein Collier schenken. Sie feiert ihren ersten Geburtstag. Also wird sie fast volljährig, wusstest du es?

Paule: Ich habe irgendwo gelesen, dass eine einjährige Katze umgerechnet etwa sechzehn Menschenjahre alt ist. Choupette kommt in die Pubertät. Viel Spaß, Karl.

Es ist kurz nach fünf Uhr Nachmittag. Nach diesem kurzen Dialog will Paule sich hinlegen, aber ich gebe keine Ruhe und traktiere seinen Bauch mit den Pfoten.

Socki: Wir müssen weiterarbeiten. Du musst dich erinnern, wie dein Leben früher mal war, damit ich drüber schreiben kann.

Paule (schläfrig): Ich will mich aber nicht erinnern. Mein jetziges Leben ist großartig. Es könnte nicht besser sein.

Socki: Ich weiß, das liegt an mir. Na schön, an mir und Frauchen. Aber erinnere dich, was Reinhold Beckmann dir in Hamburg sagte: »Ganz Deutschland wartet auf deine Biografie, Paul.«

Paule (gähnt): Na, hoffen wir, dass er recht hat.

Socki: Wer ist Deutschland?

Paule: Deutschland war Papst, Deutschland ist Fußballweltmeister, Deutschland liest BILD-Zeitung.

Socki: Fangen wir also damit an.

BILD-schöne Zeiten

Als der Springer Verlag in Hamburg beschloss, in München eine Lokalausgabe der BILD-Zeitung herauszugeben, hagelte es Hohn und Spott. Die Chefs der beiden etablierten Boulevardblätter, Abendzeitung und tz, hielten die BILD-Redaktion für eine Bande von hemdsärmeligen Rabauken, ungehobelten Grobianen und stillosen Schreibfinken. Die AZ glaubte, das Feld der hehren Kultur für sich gepachtet zu haben. Für Theater, Oper und Film richtete man ein Feuilleton ein, das legendär wurde. Linksgerichtet orientiert, hofierte die AZ die SPD-Oberbürgermeister der Stadt. Zum FC Bayern und seinen Hollywood-reifen Geschichten hatte niemand sonst so einen guten Draht wie die AZ-Sportreporter. Gegen diese Machtposition anzustinken hielt man für aussichtslos. Zudem es fast zur Bürgerpflicht eines waschechten Münchners gehörte, auch AZ-Leser zu sein.

Was daraus rund fünfundvierzig Jahre später wurde, ist inzwischen bekannt: Die AZ hatte sich zuerst hochnäsig verhoben, dann heruntergewirtschaftet. 2014 stand sie kurz vor der Insolvenz. Als Retter trat ein Verleger aus dem erzkatholischen Straubing auf. Außer dass er bibelfest sei, waren von ihm keine Heldentaten bekannt. Die tz hingegen hält sich wacker auf dem Markt und führt in München mit täglich über 120 000 verkauften Exemplaren, gefolgt von BILD mit etwa 85 000 Stück. Die AZ gibt an, gut 50 000 Stück zu drucken und damit zufrieden zu sein.

Als ich 1969 das Westfalen-Blatt verließ und in München meinen Schreibtisch besetzte, interessierte ich mich nicht groß für die Auflagezahlen. Die AZ verbuchte in jenen Jahren unter der Woche 300 000, am Wochenende sogar über 360 000 verkaufte Stück. Die Zahlen von BILD dümpelten unter 50 000, was aber die Laune in der Redaktion nicht weiter trübte. Es ging in erster Linie darum, die Konkurrenz mit unseren Schlagzeilen zu ärgern. Und das klappte wunderbar. Wir von BILD hatten einfach den Dreh raus. Später, als sich das Computerzeitalter ankündigte, fütterten die Kollegen in der Hamburger Redaktion versuchshalber die Maschine mit bereits erschienenen Schlagzeilen. Was auf der Suche nach der idealen BILD-Headline mit dem stärksten Verkaufspotenzial herauskam, schockierte selbst die hartgesottenen Blattmacher des Hauses:

```
Deutscher Schäferhund leckt Inge Meysel
            den Brustkrebs weg
```

Sie konnte über die fiktive Schlagzeile lachen. »Computer irren nicht.« Ich hatte mit der berühmten Fernsehmutter der Nation ein denkwürdiges Erlebnis. Bevor sie in München auf der Bühne die schrullige Alte in »Harold und Maude« spielte, rief sie mich an, denn sie wollte gemeinsam mit mir im Isabella-Kino die gleichnamige rabenschwarze Filmko-mödie anschauen. Es ging um die Liebe einer Neunundsieb-zigjährigen zu einem achtzehnjährigen Schüler, der durch Scheinmorde auf sich aufmerksam machte. Harold war vom Tod fasziniert. Er fuhr einen zum Leichenwagen umgerüsteten Cadillac. Den sportlichen Jaguar E-Type, den er zum Geburts-tag von seiner Mutter geschenkt bekam, baute er ebenfalls zu einem makabren Sarg-Coupé um.

Nach dem Kino speiste ich mit Inge Meysel bei einem Fran-zosen um die Ecke. Die Rechnung für die köstliche Bouilla-baisse wollte sie übernehmen. Ich auch. Ich setzte mich durch. Da zog sie aus ihrer Handtasche ein Tablettenetui heraus: »Meine Selbstmordpille, lieber Paul«, sagte sie kokett. »Soll-test du dir auch zulegen. Boulevardreporter leben gefähr-lich.«

Inge Meysel engagierte sich bereits damals für die Sterbe-hilfe. Als Mitglied der Deutschen Gesellschaft für Humanes Sterben (DGHS) forderte sie, man solle Zyankalikapseln lega-lisieren. Sie starb mit vierundneunzig, und man vermutet, sie setzte ihrem Leben selbst ein Ende. Sie war bereits sehr krank und auf eine ständige Hilfe ihrer Pflegerin angewiesen.

Deutscher Schäferhund, Krebs und Inge Meysel: Das war der BILD-Geist von damals. Mich störte er nicht. Hauptsache, ich wurde ein Schwabinger. Bei der Suche nach der geeigne-ten Bleibe orientierte ich mich nach dem Berufsrevolutionär Wladimir Iljitsch Lenin. Ich fühlte mich schließlich auch als Linker. Auf der Toilette hatte ich ein Poster mit Che Guevara. Lenin wohnte während seines Münchner Aufenthaltes zuerst in der Kaiserstraße, danach in der Siegesstraße. In seinen Brie-fen an die Mutter schrieb er: »Solche Zustände wie in Mün-chen wünsche ich mir eines Tages auch bei uns in St. Peters-burg.«

Die Lage war damit abgesteckt, Fortuna stand mir bei, ich

fand eine Wohnung in der Kaulbachstraße. Das war die Fortsetzung der Siegesstraße in Richtung Siegestor. Die Redaktion in der Schellingstraße lag nicht mal eine Haltestelle entfernt. Aber die Tram nahm ich nie, das fand ich zu prollig. Ich kaufte mir Tennisschuhe wie Thomas Gottschalk, um mit federnden Schritten anzutanzen. Gerannt bin ich nicht. Ein Paul Sahner hat es nie eilig, das war mein Credo. Ist er mal zu spät dran, hält er die Zeit an. Ein Trick, den die Popstars damals bestens beherrschten. In den Siebzigern gab es nie ein Rockkonzert, das pünktlich anfing. Je größer der Star, umso länger musste man auf seinen Bühnenauftritt warten. Solche Sitten stecken an. Anfangs ignorierte ich die Redaktionszeiten und tauchte erst kurz vor zwölf auf, pünktlich genug zum Mittagessen. Die Konferenzen hielt ich für überflüssige Dampfplauderei. Platz für meine Geschichten bekam ich immer. Ich regelte das direkt mit den Chefs.

Sind Sie der Feuilletonchef?

Es war ein sonniger Mittag im Juni, ein Tag nach meinem sechsundzwanzigsten Geburtstag. Die Feier war heftig gewesen, mein Schädel brummte kräftig. Während die Katerstimmung mich fest im Griff hielt, tauchte in der Redaktion vor meinem Schreibtisch ein Lockenkopf auf. Weiblich mit barocker Statur und strahlend wie eine Kuhmelkerin. Sie beugte sich zu mir, berührte meine Nasenspitze mit ihrer mächtigen Brust. Ich spürte ihren heißen Atem, zündete mir eine Zigarette an, um mich gegen ihre Angriffslust mit Feuer und Rauch zu verteidigen. Das Rauchen war schon vorher zu meiner strategischen Gewohnheit geworden. Wer raucht, macht den Dunst zu seinem Komplizen, um die Leute einzunebeln und zu hypnotisieren.

»Uschi aus Starnberg«, stellte sich die unangemeldete Besucherin vor. »Sie sind doch in diesem Laden der Feuilletonchef?«

Das klang wie ein Witz!

»Wir haben kein Feuilleton, gute Frau«, prustete ich los. »Aber wenn ein Filmstar fremdgeht, ist das eine Geschichte für uns.«

»Schmarrn«, trotzte Uschi. »Der Pförtner unten sagte, zweiter Stock, hinten links. Dort sitzt das Feuilleton. Der Chef sieht aus wie ein Hippie. Sie können ihn nicht verwechseln.«

»Gute Frau«, wiederholte ich. »Er hat sie gefoppt. Wir machen nicht auf Kultur, wir machen auf Krawall.«

Uschi blieb hartnäckig. »Mein Mann«, sprudelte es aus ihr heraus, »ist Professor an der Uni und versucht sich jetzt als Verleger. Wir brauchen eine Story, damit wir bekannt werden. Wir wollen junge Autoren mit ihren Erstlingsbüchern verlegen. Ich illustriere sie.«

Charlotte Roche war damals noch nicht in Sicht. »Feuchtgebiete«, »Stoßgebete« – diese klebrige Disziplin war unbekannt. Im Gloria-Filmpalast lief gerade die Komödie »Hurra, wir sind mal wieder Junggesellen« mit Hannelore Elsner an. Der katholische Filmdienst bezeichnete die Produktion als »ein mit Schlagern und Kalauern garniertes kümmerliches Lustspiel« und fand: »Mit deutscher Gründlichkeit wühlt der Film in Opas Witzkiste, wobei vom freudschen Versprecher bis zur Sexzote alles aufgetischt wird.«

Arme Hannelore. Die Uschi, die vor mir stand, faselte auch etwas von freier Liebe. *Make love, not war.* Mit diesem Slogan der Hippies liefen wir damals rum, und so wurde ich schließlich doch neugierig.

Uschi raspelte Süßholz: »Ach, Herr Sahner, Sie wissen ja, die BILD-Zeitung ist so ein großartiges Instrument. Vielleicht könnten Sie doch etwas über den Verlag meines Mannes schreiben. Wir wohnen draußen am Starnberger See, mein Mann hat exzellente Weine im Keller, besuchen Sie uns.«

Mehr brauchte sie nicht zu sagen. Schon am folgenden Wochenende düste ich raus nach Starnberg. Das bayerische

Meer. Es wurde ein denkwürdiger Nachmittag. Mit viel Valpolicella aus der geflochtenen Korbflasche, 3 Mark 50 der Doppelliter. Um den Führerschein musste man sich damals keine Sorgen machen. Wir von der BILD-Zeitung hatten einen guten Draht zur Polizei. Die Valpolicella-Connection vertiefte sich. Der Herr Professor war ein geselliger Mensch, ein Typ wie Heinz Erhardt. Kugelrund, strahlend, sprudelnd, geistreich. Nach ein paar Gläschen klemmte er sich stets an den Flügel und präludierte. Noch 'n Gedicht, noch 'n Ständchen. Von Blues bis Wiener Walzer alles runter mit einem Tangoschmiss. Bis sogar sein Hund, vom Rhythmus gepackt, aufs Klavier sprang.

Prost! Hoch die Tassen, hoch das Bein. Bazi, der Foxterrier, begann auf den Tasten zu tanzen. Das klang unsäglich schräg, aber mir blitzte eine Idee:

»Wir machen eine geile Story. Mit Bazi, absolut BILD-like«, laberte ich los. Uschi gab mir sofort einen Riesenschmatz. Ihre Lippen waren fett wie ein Schmalzbrot, und mir rutschte gleich die Schlagzeile heraus:

Von BILD entdeckt: Bayerns musikalischster Hund

Am nächsten Tag schossen wir die Fotos. Der Professor mit den Verlagsambitionen kramte allerhand Instrumente heraus. Trompete, Flöte, Okarina, Trillerpfeife, Posthorn, Ukulele und ein Waschbrett. Bazi wurde eine Mundharmonika in die Schnauze geklemmt, nachher lutschte er am Posthorn weiter. Der Fotograf knipste, konnte dann sogar in der Redaktion bestätigen, dass er dabei Töne hörte. Bazi war zum Knuddeln. Die Geschichte füllte eine halbe Seite. Der Professor samt Gattin und Hund wurde danach ein bisschen berühmter, zumindest Uschi dachte es, und wir begannen uns alle richtig zu mögen.

Und ich fing an zu träumen. Ein Häuschen am Starnberger See für mich oder wenigstens ein Bootsschuppen, das wär's. Im

Laufe der Zeit wurde daraus eine fixe Idee. Eine Hütte auf dem Land. Ich setzte alles daran, um mir diesen Wunsch zu erfüllen. Bis es so weit war, fuhr ich dankbar zu meinen neuen Bekannten, um mir die Starnberger Seeluft um die Nase wehen zu lassen – und mich dabei wie ein Millionär zu fühlen.

»Ich bin schon berühmt«

Schnell bot mir der Professor das Du an. »Du schreibst doch auch«, sagte er. »Sicher hast du irgendwelche Texte rumliegen. Bring sie mal mit, vielleicht machen wir daraus ein Buch, und du wirst berühmt.«

»Ich bin schon berühmt«, schnippte ich großkotzig zurück. »Wäre ich ein Nobody, hätte sich deine Uschi nicht an mich gewandt. Und jetzt nach dem Knüller mit dem musikalischsten Hund Bayerns halten mich die BILD-Kollegen wirklich für den Feuilletonchef.«

Der Professor nickte: »Gefällt mir, Paul, dass du so eine hohe Meinung von dir hast. Aber glaube mir, das ist nur der Anfang. Erst mit einem Buch wirst du richtig berühmt.«

Vielleicht zweihundert, womöglich dreihundert Seiten hatte ich auf Halde. Fragmente, Notizen, Gedichte, Kurzgeschichten, Sätze, die ich mir notierte. Ich schrieb damals wie ein Berserker. Auf Servietten, Bierdeckeln, Zeitungsrändern, losen Blättern und Zetteln. »Mein erstes Gedicht habe ich mit zehn oder elf Jahren geschrieben«, erzählte ich und fügte hinzu: »Es kam mir später alles albern vor. Ich wollte das ganze Zeug verbrennen.«

»Tu so was niemals«, warnte er mich. »Bücher verbrennen, das haben nur die Jesuiten und die Nazis getan.«

Dieser Satz zeigte Wirkung. Am nächsten Wochenende kam ich mit meiner literarischen Obstkiste.

Der Professor schenkte mir ein Glas Chianti ein und begann zu lesen. Meine Skizzen, Notizen, Randgeschichten, seltsame Gedanken eines Pubertierenden. Nach einer Weile war er nicht mehr ansprechbar. Er las und trank und las. Noch am selben Abend machte er mir ein Angebot: 5000 Exemplare als Startauflage, Stückpreis 5 DM. Der Titel: »Unkenspiele«.

Aufgewertet war sein Projekt durch einige bereits arrivierte Kollegen, die er ebenfalls herausbrachte: Wagner, Link, Niedergesäß. Einen kannte ich persönlich. Siggi Niedergesäß. Kein Künstlername, wer so heißt, braucht auch keinen. Mit Siggi hatte ich beim Bielefelder Westfalen-Blatt zusammen volontiert. In München schrieb er für BRAVO. Das Popmagazin, damals noch sexfrei, stand in der Auflage gleich hinterm Stern und verkaufte mehr als der SPIEGEL. Wir trafen uns oft bei den Popkonzerten im Circus Krone. Dort traten auch zum ersten Mal die Beatles in München auf. Ich hatte sie bereits in ihrer Hamburger Zeit im Star-Club erlebt, wo die Pilzköpfe sieben Wochen gastierten. Es war für mich damals als Sanitäter beim Bund die schönste Zeit.

Als die »Unkenspiele« erschienen, hatte ich das Gefühl einer wichtigen Veränderung in meinem Leben. Ich blickte in den Spiegel im Bad und nahm mich ernst: »Du hast jetzt auch ein Buch, dein Buch«, sagte ich mir schulterklopfend. Bücher hatte ich schon immer als etwas Wertvolles betrachtet und bewunderte jeden, der es schaffte, so ein Werk zu vollbringen. Meins war zwar nur ein Werklein, aber immerhin hatte es 59 Seiten. Gebunden im weißen Umschlag mit einem rötlichen Schattenbild. Darauf ließ sich mein Konterfei erkennen. Verwaschen, schemenhaft, sah es aus wie ein von Heuschrecken leer gefressener Teller Spaghetti Napoli.

Und so hatte ich mich den Lesern im Vorwort vorgestellt:

Mit fliegenden Rockschößen rannte eine Frau mit Kinderwagen bunkerwärts. Die Frau war meine Mutter. Im Kinderwagen lag ich. Man schrieb den 21. Oktober 1944. Ich war genau 4 Monate alt. Mein Christenname lautete Paul-Walter-

Karl. Die Tage, an denen Mutter mit wehenden Röcken vor den alliierten Bomben in den Bunker auf der anderen Straßenseite flüchtete, werde ich nie vergessen. Denn damals setzte bei mir, viel früher als bei anderen zurückgebliebenen Babys, den meisten, schon das tiefe Bewusstsein ein. Die Zeit der Bomben genoss ich voll. Was dann kam, war nichts. Schule, Schule, Schule, Internat, wieder Schule. Ich lernte fürs Leben. Hin und wieder ein Mädchen, später Mädchen, dann viele Mädchen, zuletzt ein Mädchen. Ich nenne es Popo, Birne, Pipp, Affenarsch, immer zärtlich. Doch hat das letzte Mädchen wie ich einen christlichen Namen, der ist Sabine.

Schon damals verspürte ich den Zwang, es jedem, den ich kannte, vorzulesen. Komisch, in meiner Tonart fanden die Zuhörer das Buch besser, als wenn sie es nur allein lasen. Es musste an meiner Stimme liegen. Eigentlich sollte ich Hörbücher machen, dachte ich. Damals war allerdings dieses Genre noch unbekannt, und kein Verlag hätte einen Pfennig für die Idee gegeben, Bücher zu produzieren, die man vom Band abhört.

Nachts bei der grünen Spinne

Meine aufgeblähte Brust, prall gefüllt mit Autorenstolz, platzte, als ich das Verkaufsergebnis erfuhr. Kaum fünfhundert Exemplare. Die ganze Edition floppte. Der Professor stand kurz vor der Pleite. Er war wütend und wollte alles vernichten. Mit viereinhalbtausend Remittenden von den »Unkenspielen« hätte man ein nettes Osterfeuer entfachen können, was der Professor auch vorhatte. Da erinnerte ich ihn an seinen Spruch: »Bücher verbrennen nur Jesuiten und Nazis.«

Das wirkte. Er schenkte mir die ganze unverkaufte Restauflage. Ich holte sie mit meinem gelben Porsche ab. Der Bücherberg passte gerade noch hinein. Fortan verteilte ich fleißig mein Debütbändchen. Die Vorräte, trocken im Keller eingelagert, halten bis heute. Socki meint, so manches liest sich wie ein verfrühter Schiller oder Goethe.

Wenn ich bei der grünen Spinne / nächtelang um Rache sinne,
glaube ja nicht, dass ich spinne, / dann ich habe nur im Sinne,
dass ich bei der grünen Spinne / nächtelang um Rache sinne.

Solche Reime lasen sich in den Zwanzigern die Dadaisten im Café de Flore gegenseitig vor. Ab den Sechzigern war es das Stammlokal des jungen Karl Lagerfeld. Heinz Berggruen, der umtriebige Kunsthändler, dessen Sohn Nicolas später Karstadt für einen symbolischen Euro kaufte, knüpfte hier seine ersten Kontakte zu Picasso. Kurzum: Es war das Café in Paris, wo man als Erstes hinging, wenn man Yves Saint Laurent, Coco Chanel, Buñuel, Dalí, Courrèges, Gaultier, Warhol, Polanski, Claudia Schiffer, Naomi und Co. sehen wollte. Dort hätte ich mir auch meinen Stammplatz gewünscht.

Miss Hot Pants

Die Siebziger waren eine verrückte Zeit. BILD brauchte mal wieder nacktes Fleisch. Die männlichen Leser, noch nicht verwöhnt durch Softpornos auf allen TV-Kanälen, wünschten sich jenseits der Mord- und Krimischlagzeilen etwas Anregendes für die Mittagspause. Peter Boenisch, der populistischste Blattmacher, den BILD je hatte, kam auf eine großartige Idee: Wir machen einen Wettbewerb, an dem sich Deutschlands schönste Mädchen beteiligen sollen. Die Leser werden die Schönste küren. Und die wird mit Preisen überschüttet.

Der Wettbewerb lief über Wochen. Eines Tages rief mich mein alter Freund Axel Zajaczek an, der mit mir beim Westfalen-Blatt volontiert hatte und später als Fotograf in der Hamburger Zentralredaktion der BILD gelandet war.

»Alles nette Dinger, die ich geknipst habe, aber der Knaller war noch nicht dabei«, verriet er mir. »Du kennst doch sicher jede Menge Friseusen in Schwabing.«

Spontan schlug ich vor: »Ich red mit Ulla, vielleicht macht sie mit.«

»Wär riesig«, schwärmte Axel, der meine Freundin aus Detmold kannte.

Die Jungfrau Ulla

Sie hatte eine Großmutter. Obwohl schon fünfundsechzig, kam sie mir geradezu mädchenhaft vor. Sie sorgte sich um ihre Enkelin, was ich ihr nicht verübeln konnte. »Sie ist erst vierzehn, sie ist noch ein Kind«, sagte die Oma. Ich war damals neunzehn. Ulla war Jungfrau. Wir hatten uns verliebt. Der großmütterliche Deal war: »Knutschen erlaubt, alles andere verboten. Ich kann mich doch auf dich verlassen, Paul. Ihr wartet, bis Ulla sechzehn ist.«

Alles in allem war es ein guter Deal. Es gab da noch ein anderes Mädchen in Detmold, dessen Freund nach Südafrika ausgewandert war. Sie war ein Jahr jünger als ich, wir hatten ein Verhältnis. Ulla wusste das. Der Auswanderer wusste das auch. Zwei Jahre ging das so. In der Nacht zu Ullas sechzehntem Geburtstag war das mit der anderen vorbei. Die Großmutter bereitete uns, nachdem es nun auf den Tag genau zum vereinbarten Zeitpunkt geschehen war, am Morgen danach ein fürstliches Frühstück zu.

»Sie ist kostbar«, sagte sie, die Ulla nach der Trennung ihrer Eltern aufgezogen hatte. »Sie ist mein Allerliebstes, wenn du ihr wehtust, brichst du auch mir das Herz.«

Ulla war eines dieser crazy Girls, nach denen sich nicht nur böse Jungs umdrehten. Nach dem Abitur zog sie zu mir nach

München, 38,5 Quadratmeter Glück beim Englischen Garten. Ich war damals noch Polizeireporter, sie studierte an der Meisterschule für Mode. Ihre Hot Pants designte sie selbst. Und da kam eben eines Tages der Anruf aus Hamburg. Wegen der Wahl zur Miss Hot Pants. Ulla war sofort Feuer und Flamme. Es gab über tausend Bewerberinnen.

Die AZ kürte brav ihre »Schöne Münchnerin« im Dirndl. Wir von BILD ließen die schärfsten Hasen Deutschlands über den Laufsteg im Bayerischen Hof laufen. Natürlich saß ich in der Jury. Dass meine Ulla einstimmig zur Siegerin gewählt wurde, war aber keine Schiebung. Mein guter Geschmack wurde bestätigt, Zigtausende BILD-Leser konnten nicht irren.

Die Preise: eine Hot Pants aus Nerz mit passendem Jäckchen, ein Kühlschrank, eine Mittelmeerkreuzfahrt. Nach der Wahl versuchten etliche Geier, meine Ulla anzubaggern. Keine Chance. Wir waren ein eingespieltes Paar, es war eine verrückte Liebe. Als »Miss Hot Pants« machte Ulla eine steile Modelkarriere, flog bald zum Fotoshooting nach London. Earl of Lightfield, ein berühmter Fotograf, versprach sie in den Playboy zu bringen. Am Set markierte der Lord den Casanova, hatte aber vergessen, seinen Hosenschlitz zu schließen. Ulla lachte und flatterte davon. Sie war nicht nur schön, sondern hatte auch ein kluges Köpfchen. Man konnte ihr nichts vorspielen. Auf die plumpe Tour konnte keiner bei ihr landen. Anfangs dachte ich sogar: eine Frau fürs Leben.

Als mein Verleger sie zum ersten Mal sah, kullerten seine Augen wie ein Jo-Jo. Noch einer, der sofort nach ihr verrückt war. Aber er konnte es mit seinem intellektuellen Geplauder gut kaschieren. So dachte ich, als er mich mit Ulla nach Italien einlud, wir würden dort ein wenig abhängen und wirklich guten Chianti trinken.

Das Sommerhaus lag in der Bucht von Neapel. Den Ort Terracina erkor sich die Münchner Schickeria als ihre Hamptons. Dolce vita pur. Entdeckt von dem umtriebigen »schönen Consul«, Hans Hermann Weyer, ließ sich hier der bayerische Landesvater Franz Josef Strauß mit seiner Kamarilla nieder. Dem sogenannten »Franzenclub« gehörten sein Vertrauensanwalt Dannecker, der Leibarzt Valentin Argirov, der Mercedes-Statthalter Karl Dersch, der »Wienerwald«-König Friedrich Jahn, »Bäderfürst« Eduard Zwick und Filmproduzent Ludwig »Luggi« Waldleitner an. Diesem eingeschworenen Strauß-Clan folgte der Feinkost-König Gerd Käfer und mit ihm halb Bogenhausen, das Nobelviertel, wo die Münchner Schickeria bevorzugt nistete. In diesen Kreisen hieß es: »Wenn du von Strauß etwas willst, musst du in Terracina ein Haus haben.«

Für mich hielt das Schicksal zwar kein Haus, dafür aber völlig überraschend einen Flug mit dem allmächtigen CSU-Chef Strauß bereit. Ich interviewte ihn in seiner Privatmaschine für meine ersten TV-Gehversuche. In der Sendung »Airport München« ging es um Leute und Geschichten, eingesammelt am Flughafen. Auch Strauß zählte zu diesen Passagieren. Er saß allerdings selbst am Steuerknüppel. Über den Wolken fiel mir jene Frage ein, die ich fortan allen Promis standardmäßig stellte: »Wem möchten Sie als Erstes im Himmel begegnen?«

»Meiner Mutter«, knurrte Strauß in seiner grantig-bajuwarischen Art.

Mein Verleger war in der Strauß-Kolonie ein Außenseiter. Vielleicht der Einzige, der in Terracina barfuß am Strand spazierte, die Meeresbrise genoss und beim Sonnenuntergang über dem Golf von Neapel philosophierte. Seine Hütte dort nahm sich mehr als bescheiden aus. Aber als ich mein weißes Porsche-Cabrio mit blauen Ledersitzen vor der Haustür einparkte, horchten die Nachbarn auf. Endlich ein Promi mit einem Drehmomentmonster beim Professor zu Gast. Über die Beine von meiner Ulla redete bald ganz Terracina. Sie ging durch den Ort auf den Fischmarkt, um Tintenfisch zu kaufen. Für eine Pasta mit Sepiasoße, schwarz wie die CSU.

Ulla war nicht nur schön, sie war auch redegewandt und schlagfertig. Der Verleger ertränkte sein Begehren in einem See von Lambrusco, und wir alle hielten ordentlich mit. Am nächsten Morgen wachten wir mit einem fürchterlichen Brummschädel auf. Um die Leber zu schonen, zogen wir schon bald weiter und suchten uns ein eigenes Quartier.

Nach dem Zwischenstopp in Terracina bekam die Freundschaft mit dem Professor eine lange Leine, schließlich verloren wir uns aus den Augen.

Die Akte des Verlegers a.D. schloss sich eines Tages mit einem Anruf von Giovanni di Lorenzo, dem heutigen Chef der Wochenzeitung DIE ZEIT. Ich kenne ihn seit seinen Anfängen bei der Süddeutschen Zeitung. Vorher war er in Hannover bei einem Stadtmagazin namens »Schädelspalter«. Passte gut zu ihm. Als er mich damals in München anrief, hatte er eine traurige Nachricht. Der Professor sei sanft entschlummert. Noch zu Lebzeiten abgesackt, war er am Schluss gänzlich verarmt und völlig mittellos. Wie es gekommen war, erfuhr ich im Einzelnen nicht. Nur so viel: Giovanni sammelte unter den Kollegen ein bisschen Geld ein, für seine Familie und ein anständiges Begräbnis.

Vierzig Jahre später

Socki analysiert meine Texte aus den »Unkenspielen« immer noch, entdeckt darin dadaistische Parabeln, sozusagen die Matrix aller Society-Klatschgeschichten. Diese Kurzgeschichte schrieb ich als blutiger Anfänger.

Verschwommene Konturen auf lichten Bergketten, aneinandergereihten Unkenpärchen gleich, sämtlich geschieden. Unke 1 zu Unke 19: Ich ertappte dich. Hinweg.

Unke 19 zu Unke 7: Endlich frei.
Unke 7 zu Unke 19: Betrogen.
Unke 21 zu Unke 21b: Paaren wir!
Unken 3, 7, 9, 16, 11, 12 und 1 sowie eine auswärtige Unke
namens Fridolin im Chor: Wir paaren schon.
Unke 38 onaniert derweil, ungeschickt, ewig dasselbe Lächeln,
das befriedigt doch nicht, doch nicht, doch…
Unke 38 bricht erschöpft zusammen, bricht…
Das hält keine Unke aus, das wirft alle Unken um, alle Unken
unken, zusammengesunkene Unken unken auch. Das
Unkenspiel plätschert dahin, lustlos, wollustlos. Wer die
Unken ruft, während die Unken spielsatt sind, ist ein Spiel-
verderber sagen die Unken und klagen…
… und Griechenland ist Viechenland und Vietnam ist
Scheiße und Scheiße ist Scheiße
und Scheiße bleibt Scheiße, sagen die Unken und fegen alles
zusammen.

Socki: Ob Schröder als Kanzlerkandidat seine Frau Hillu sitzen lässt, seine vierte Frau Doris sich von ihm trennt – Unkenspiele. Frankreichs Ex-First-Geliebte Valérie Trierweiler trip-
pelte auf dem gleichen Pfad wie Deutschlands Ex-First-Lady
Bettina Wulff: Bücher über ihre Exmänner schreiben – Unkenspiele. Und der Unkengipfel GU 9 findet im Dschungelcamp statt. Da lassen sich Profi-Unken wie Ronald Schill, Helmut Berger ihre verblassten Federn rupfen.

Na, toll!

Socki hat recht, diese Unkenspiele waren für den Anfang ein
guter Wurf. Ich kochte sogar die Katzenthematik auf, obwohl
ich damals noch kein Katzenbesitzer war. Im jugendlichen
Eifer verlangte ich:

1. Jede Katzenhure muss sterilisiert werden oder
2. Verhütungspillen für Katzendamen nehmen.
Das fordert ein ehedem stolzer Kater.

Dieser Vorschlag ermutigte mich im Nachhinein, Marcel Reich-Ranicki mein Büchlein zu schicken. Er sollte es rezensieren. Ich hoffte mindestens auf einen Verriss, wenigstens am Telefon. Aber er rührte sich nicht. Also rief ich an: »Wie hat Ihnen denn …«

»So was lese ich nicht«, unterbrach mich Reich-Ranicki barsch, »aber meine Frau Tosia hat Ihr Buch durchgeblättert. Ich gebe Ihnen einen Tipp: Schreiben Sie mal eine Biografie. Sie kennen doch so viele berühmte Menschen.«

Reich-Ranicki war es auch, der mir den Tipp gab: »Lagerfeld, ein komplizierter, widersprüchlicher Mensch. Zwei Eigenschaften, die ihn so überaus spannend machen.«

Ich habe seinen Ratschlag befolgt, Lagerfeld einen Brief und mein Erstlingswerk zugeschickt. Ob er hineingeblättert hat, erfuhr ich nicht. Jedenfalls ist mein Büchlein irgendwie ins Café de Flore gelangt, Lagerfelds Stammlokal. Wie mir ein Bekannter berichtete, lag es auf dem literarischen Lesetisch im ersten Stock.

Sockis Tagebuch

Mittwoch
Ich lese und kann mich von Paules »Unkenspielen« nicht trennen. Das Schlusskapitel gefällt mir am besten. Nur zwei Zeilen.

tot – Tod – todschick – Schaschlik – essen – verhungern – tot –
todunglücklich – Toto – Lotto – Spielbank – blank – Strick – tot – endgültig tot.

Jetzt habe ich nur zwei Fragen:
1) Was ist aus deiner Beziehung zu Ulla geworden?
2) Kannst du mir endlich den Kontakt zu Giovanni di Lorenzo
   herstellen? Ich muss Journalistin werden.

Sonntag
Es hat ein paar Tage gedauert, aber nun sind Paules Antworten
eingetroffen:
1) Die Oma wollte, dass wir heiraten. Ulla und ich hielten uns
   noch für zu jung. Nach glücklichen neun Jahren Liebe, Brot und
   Eifersucht gingen wir auseinander. Ohne Streit. Wir blieben gute
   Freunde. Ich habe sie sogar zu meinem siebzigsten Geburtstag
   eingeladen ... oder habe ich's doch vergessen?
2) Was Giovanni di Lorenzo betrifft: Meinst du wirklich, ihn schert,
   was eine Katze ihm schreibt?

Montag
Ich mache als Schreiberin Fortschritte. »Vierpfotig« im Sprung
haue ich die Worte in die Tasten rein. Das Ergebnis lasse ich Paule
evaluieren. Das Wort Evaluation gefällt mir. Agenturendeutsch
für die Marketing- und PR-Freaks. Alles wird evaluiert: Formel 1,
Hundefutter, Toaster, Lippenstift. Wir Katzen sagen bewertet, aber
das ist altmodisch, genauso wie die langen Sätze. Gegen Schreib-
blockaden mache ich katzentypische Dehnübungen, die ich dann
in Denkpausen evaluiere. Das Video über meine ausgewachsene
Schreibwut werde ich demnächst auf YouTube hochladen.
Es wird ein Hit.

Dienstag
Heute werde ich an Giovanni di Lorenzo schreiben, Chefredakteur
von Die ZEIT. Da lasse ich mich nicht beirren. Mir ist noch nicht
klar, ob wir ihn mögen. Aber ich gebe ihm eine Chance. Seine
E-Mail-Adresse habe ich schnell gefunden. Unsere blaue Mülltonne
für Papier, die ich als mein Refugium betrachte, ist voll von diesem

großformatigen Wochenblatt. Soll ich auf Deutsch oder Italienisch an ihn schreiben? Am besten wohl zweisprachig. Wie ist dieser Giovanni überhaupt? Auf den Fotos guckt er wie einst Marcello Mastroianni in der Filmkomödie »Die Puppe des Gangsters«. Giovanni könnte den Stehkragen-Charlie spielen, diesen schiefen Edelganovenblick hat er perfekt drauf.

Ich schreibe den Brief morgen in mein Tagebuch ab. Meine Biografen wird es freuen, wenn sie alles beisammenhaben und nicht in gewissen Kisten und Kästen mühsam Material über den Beginn meiner Karriere zusammensuchen müssen.

Mittwoch

Sehr geehrter Herr Giovanni di Lorenzo,
haben Sie eine Katzenallergie? Paule hat's mir erzählt. Woher er das weiß? Gesteckt hat es ihm der Exmann Ihrer wunderbaren Frau Sabrina. Von ihr bekam er seinerzeit einen Anruf: »Wolfram, können meine beiden Katzen bei dir bleiben? Giovanni hat eine böse Katzenallergie.«

Stimmt das? Vor mir, carissimo Giovanni, brauchen Sie keine Angst zu haben. Ich bin eine Katze ohne Risiko und Nebenwirkungen, das wird Ihnen meine künftige Hausärztin attestieren können: Franca, die Stieftochter von Exkanzler Schröder. Sie will Tierärztin werden.

Warum will ich unbedingt zu Ihnen Kontakt aufnehmen? Ihr Buch »Verstehen Sie das, Herr Schmidt?« las ich mit großer Neugier. Leider fand ich keine Antwort auf meine brennende Frage, warum sich Herr Schmidt nicht für mich interessiert.

So heißt nämlich der Kater meines Herzens hier in Lanzing. In ihren Schmidt-Büchern gehen Sie auf ihn nicht ein. Verstehe nicht, warum. Herr Schmidt ist ein echter Superkater mit cochones, ähm Hoden, und wegen seiner grauen George-Clooney-Schläfen im Chiemgau überaus berühmt. Er hat das Zeug,

Deutschlands Jahrhundertkater zu werden, obwohl er weder Fußball noch Tennis spielt oder jemals in der Politik war. Er ist ein Original. Die Leerstellen seines Lebens füllt er mit der Jagd aus. Dennoch würde er niemals einen Elefanten erschießen, selbst als König von Spanien nicht. Er liebt unseren Urwald hier in Lanzing, setzt sich für die Erhaltung der Froschteiche sowie den Artenschutz der Sumpfreiher ein. Allein dafür könnte man ihn schon für das Bundesverdienstkreuz vorschlagen. Die ZEIT-Leser würden bestimmt gerne eine Petition an die Kanzlerin Merkel unterschreiben. Oder ist Herr Gauck für die Staatsorden zuständig?

Kurz und gut, als Koautorin hätte ich Ihnen gute Dienste leisten können, dann wäre der Fauxpas mit dem Buch über Herrn Schmidt, in dem ausgerechnet Herr Schmidt unerwähnt bleibt, erst gar nicht passiert. Und ganz nebenbei: Ich kann nicht nur exzellent schreiben, ich bin auch eine Investi-Cat. Ich weiß, was mit Ginger und Fred geschah. Statt bei Ihnen landeten sie bei Sabrinas Eltern. Ginger lebt noch. Oder Fred? – Da bin ich mir nicht ganz sicher. Muss mal Hans Leyendecker anrufen, den Chef-Investigator der Süddeutschen Zeitung.

Bevor wir allerdings weiterverhandeln: Was für Honorare zahlt DIE ZEIT überhaupt? Kann man sich davon als freier Autor frische Kalbsleber leisten?

Tanti cari saluti, Socki DiGatto

PS: Gern schicke ich Ihnen eine Leseprobe. Neugierig geworden?

Donnerstag
Jetzt heißt es abwarten. Ich vertreibe mir die Zeit auf dem Dachboden und grabe in Kisten. Mal sehen, welche Storys ich noch zutage fördere.

Samstag

Heute bekam ich von der ZEIT-Chefredaktion einen Brief!

Sehr geehrte Frau Socki Cat Sahner,

heute findet wieder ein Test möglicher Titel der kommenden Ausgabe der ZEIT statt, zu dem wir Sie gerne einladen möchten. Sie haben damit die Chance, das Titelbild der nächsten ZEIT mitzubestimmen.

Diese Befragung ist ab sofort für Sie offen und endet am kommenden Dienstag um 9:30 Uhr. Es ist wichtig, dass Sie möglichst schnell abstimmen, damit Ihre Stimme am Dienstagmorgen in der Redaktionskonferenz der ZEIT auch Berücksichtigung finden kann.

Wie Sie wissen, wird diese Befragung über das Internetportal www.zeit-leserbarometer.de durchgeführt. Loggen Sie sich dort bitte mit den Ihnen bekannten Login-Daten ein.

Mit freundlichen Grüßen
Giovanni di Lorenzo

Sonntag

Na, so ein Schmarrn. Signore Giovanni hält die Leser offensichtlich zum Narren, habe ich den Eindruck. Sicher hat diesen Unsinn irgendeine Agentur evaluiert. Es ist nichts anderes als ein Abo-Fang. Mit solchen Aktionen wird eine Leser-Blatt-Bindung vorgetäuscht. Nicht mit mir!

Montag

Herrchen kommt vom Tennisturnier aus Venedig zurück. Die Vögel zwitschern schon, dass er dort beim Monti Lüftner Memorial Cup den dritten Platz gemacht hat. Als Preis gab es einen Fresskorb. Ich hoffe, er ist auf meine Bedürfnisse abgestimmt. Egmont »Monti« Lüftner war der legendäre Plattenboss, dem Paule den Namen Paule

verdankt. Er entdeckte Udo Jürgens, Peter Alexander und Boney
M., gewann für Ariola BMG Weltstars wie Whitney Houston,
Bob Marley, Eros Ramazzotti und Cat Stevens – meinen Lieblings-
sänger. Sein Spruch war: »Das Leben ist eine Reise. Ganz sicher.«

Ich schlage Paule vor, über Monti zu schreiben, aber er will unbedingt mit seiner Biografie weitermachen, ausgerechnet mit Woody
Allen, den er bei Dreharbeiten zu »Love and Death« traf. Nun,
ich habe anderes zu tun. »Love and Death« – das ist auch mein
Stichwort. Ich muss sehen, was Herr Schmidt so treibt. Danach
geht's auf die Jagd.

7

Panik in Budapest: Woody Allen in Todesangst

BILD ade, zur Münchner Tageszeitung tz gewechselt. Vom Polizeireporter war ich zum Kolumnisten aufgestiegen. Die Interviews mit Prominenten stellten so manches Mal eine Herausforderung dar. Ich lernte, mit meinen Eingangsfragen zu verblüffen, denn ich wollte mehr herausholen als nur die Standardantworten. Erzählte ein bisschen von mir selbst, um eine persönliche Ebene herzustellen. Hofierte, provozierte, je nach Interviewpartner. Manchmal stimmte die Chemie einfach, und ich erhaschte einen Blick auf den Menschen, der sich hinter der zur Schau getragenen Maske verbarg. So etwa 1974, als ich Woody Allen begegnete.

»Das könnte vielleicht ganz lustig sein«

Wie sieht er aus? Bequemlichkeit hat Vorrang. Farbliche Abstimmung und Modisches sind ihm suspekt. Zu grauen Hochwasser-Cordhosen trägt er dunkelbraune Hush Puppies und gelbe Socken, während sich unter dem dunkelblauen Strickjäckchen ein violetter Pullover abhebt. Ich besuche Woody Allen in Budapest in einer Drehpause. Hier entsteht der US-amerikanische Film »Love and Death«, der ein Jahr später unter dem Titel »Die letzte Nacht des Boris Gruschenko« auch in die deutschen Kinos kommt. Meine Kolumne »Treffpunkt« in der Münchner tz liefert einen Vorbericht auf dieses Ereignis.

Zum ersten Mal verlässt der Komiker seine Lieblings-kulisse New York und dreht im Ausland. Budapest erinnert ihn an Kafka, seinen Lieblingsschriftsteller. Aber auch James Joyce und Marcel Proust liest er gerne und überlegt sich momentan gründlich, ob er nicht ein Drehbuch über sein eigenes Leben schreiben soll, in dem er natürlich die Hauptrolle spielen würde. »Das könnte vielleicht ganz lustig sein«, sagt er mit todernster Trauermiene.

Woody Allen, in den Siebzigern der bestbezahlte Filmkomiker der Welt, ist privat alles andere als ein komischer Kauz. Ich schaue ihm ins Gesicht und frage mich, woran liegt es, dass seine dackelige Tollpatschigkeit pro Film mehrere Millionen Dollar einbringt. Ist es sein verschrobener Intellekt, dass vor allem Europäer ihn als Kultfigur anbeten? Sind es seine säurehaltigen Neurosen, die seine Maske, die keine ist, so gestaltet haben, dass sein Brillengesicht als die Chaotikerikone schlechthin bekannt wurde?

Während unseres Gesprächs verzieht er nur ein Mal seine Fassade. Bei der Frage: »Sie wollen in diesem Film Napoleon umbringen? Hätten Sie auch in Wirklichkeit das Zeug zum Attentäter?«

Woody: »Ich werde es versuchen. Ich hatte noch nie eine Pistole in der Hand.«

Wie er das sagt, ist nicht gespielt. Er ist ja so der verstörte Typ vom Dienst, der einen überzeugen will: »Glauben Sie, Losern gehört die Welt.«

In dem Film »Love and Death« verkörpert er in der Rolle des Boris Gruschenko einen Adeligen, der in Russland gegen Napoleon in den Krieg zieht. Dafür werden in Ungarn auch historische Schlachtszenen nachgestellt. Mit der ungarischen Volksarmee als französische und russische Soldaten. Kanonenschüsse bollern, Granaten reißen den Boden auf, dicke Rauchschwaden verhüllen die Sicht. Zum Feldzug kommt Woody nicht. Er vergnügt sich mit seiner Cousine Sonja (Diane Keaton). Er in weißer Uniform, sie in schwarzer Korsage mit Strapsen, schwarzen Strümpfen und schwarzen Stiefeln.

Im Schlafgemach spielt sich zuerst auch Woodys Schlacht ab. Die Möbel gehen zu Bruch, das Bett wird zum Trümmerhaufen. Woody ist der Sieger – als der beste Liebhaber aller Zeiten. Kein zweiter Filmstar vermag es, sich mit mehr Selbstironie darzustellen als Woody, der sich als Drehbuchautor seine Rollen auf den Leib schreibt und auch die Regie führt.

Für das Attentat ist ein fürstlicher Salon bestimmt. Rundum verspiegelt, hängt ein wuchtiger Kristalllüster von der Decke. Cousine Sonja, an der Verschwörung beteiligt, lockt Napoleon mit ihren Reizen in die Falle. In Erwartung einer Liebesnacht stürmt er hinein, mit einer Flasche und zwei Gläsern in der Hand schäumt er über: »*Champagne from France.*« Gleich fummelt der Kokardenfranzose an der verführerischen Sonja. Beim Liebesakt will ihn Woody rücklings erschießen. Der Tisch, auf den er mit seiner Pistole steigt, bricht aber zusammen. Napoleon dreht sich um, sieht den erschrockenen Woody, unfähig, den Schuss abzufeuern. Es kommt zum Gerangel, die Cousine schlägt die leere Flasche über Napoleons Kopf zu Bruch. Woody ist völlig verstört, und während Napoleon getroffen am Boden liegt, haut Sonja auf seinen Schädel. Nochmals und nochmals.

Angst vor dem Abgrund

Ein Slapstick wie in einem Stummfilm mit Chaplin oder Buster Keaton. Nichts anderes habe ich erwartet, als ich in Budapest das Drehbuch vorab lese. Bei dem Interview im Intercontinental Hotel frage ich Woody, wie er seine Schauspielerei beurteilt. Woody stammelt (er hat nämlich einen leichten Sprachfehler): »O nein, nein, wirklich gut bin nicht ich, sondern nur das Komikergespann Marx Brothers.«

Worüber kann denn Woody Allen sonst noch lachen? Der

etwas kurz geratene Sohn (162 Zentimeter) armer jüdischer Einwanderer (Vater war Kellner) wirft fast empört sein schütteres Haar zurück und versichert: »Nichts ist amüsant für mich. Ich lache fast nie.«

Dass sich Leute, die er nicht kennt, bei jedem seiner Filme (»What's new Pussycat«, »Mach's noch einmal Sam«, »Was Sie schon immer über Sex wissen wollten, aber bisher nicht zu fragen wagten«) halb totlachen, versteht er nicht: »Keine Ahnung, warum sich die Zuschauer im Kino über mich amüsieren.«

Woody selbst hält sich für einen Tagträumer, der seine Ruhe haben will. Den Chef seiner eigenen Jazzband »New Orleans funeral and ragtime Orchestra« erquickt ansonsten nur klassische Musik: »Strawinsky, Mahler und Brahms bevorzuge ich am meisten.«

Um ihn möglicherweise doch noch ein wenig aufzuheitern, frage ich den blasierten Komiker nach seinem Lieblingswitz: »Ich erzähle nie Witze«, sagt er finster.

Neuer Versuch: »Darf ich Ihnen meinen erzählen?«

Woody: »Wozu?«

»Irgendwelche Ängste?«, frage ich.

Woody: »Ich habe Höhenangst. Schon wenn ich einen Turm anschaue, wird mir schwindelig!«

Schlagartig wird mir klar, warum die lichtdichten Nachtgardinen zugezogen sind, die Lampen brennen und Woody wie ein Maulwurf auf dem Sofa kauert. Er bewohnt im Intercontinental Hotel die Präsidentensuite im zwölften Stock. Helmut Wald, mein Fotograf, wittert die Gunst der Stunde für einen Scoop. Er öffnet den Vorhang einen Spaltbreit, linst durch und schlägt vor, das Interviewbild auf dem Balkon zu schießen: »Das wäre super: das Burgpanorama auf dem Buda-Hügel und unten die Donau.«

»Könntet ihr beide euch auf das Geländer hocken?«, fragt er scheinheilig. Woody, kreideblass geworden und die Stirn in tiefe Falten gelegt, protestiert energisch: »No! *Absolutely no way!*«

Dann huscht doch noch ein leichtes Grinsen über sein blasses Gesicht: »Wegen meiner kurzen Beine habe ich keinen Halt, wenn ich auf dem Geländer sitze.«

Ein Witz? Wir sprechen ihm Mut zu, ziehen die Vorhänge beiseite und öffnen die Balkontür. Woody blickt kurz auf die Donau und zittert erbarmungswürdig. Er macht einige Schritte zur Balkontür. Auf einmal spüre ich seinen Zugriff. Er klammert sich an meine Schulter, und er sieht noch elender aus als in vielen seiner Filme. Gleich dreht er sich um. Er muss jetzt ein Glas Wasser trinken. Der Schweiß rinnt ihm von der Stirn. »Sorry«, sagt er kleinlaut: »Ich habe wirklich Todesangst.«

Das Foto kommt nicht zustande. Woody ist immer noch außer sich. Um ihn abzulenken, frage ich: »Werden Sie sich den fertigen Film bei der Premiere im Kino anschauen?«

»Nein. Ich schaue mir niemals meine Filme an, weder im Kino noch im Fernsehen. Ich zappe weg, weil ich mich sonst ärgere. Ich gucke am liebsten Basketball und Football – mit einem Bier.«

Glaube ich ihm aufs Wort.

Woody ist ein Mann, der seinen Vorsätzen treu bleibt: Seine drei Oscars in Hollywood hat er auch nie abgeholt. Er mag nicht lächeln. Schon gar nicht in die Kameras.

Wiedersehen in NY

Mir selbst ist dieses Interview in bester Erinnerung geblieben. Woody hatte mir einen Blick auf seine Ängste gewährt, ich war stolz darauf, ihm so nahegekommen zu sein. Jahre später traf ich ihn eines Montagabends in New York, wo er im Café Carlyle mit seiner Band Klarinette spielte. In einer Pause schlängelte ich mich zu ihm durch und quatschte ihn auf unser Interview in Budapest an:

»… Do you remember?«

Seine Antwort war ebenso knapp wie bezeichnend: »Should I?«

Wie es schien, war ich doch nur ein Durchlaufjournalist für ihn gewesen. Eine Tatsache, die Socki mehr als erheitert, als ich ihr davon erzähle.

»Hättest du damals schon mich gehabt, wärst du ihm in Erinnerung geblieben. Ich hätte ihn therapieren können, Geländer sind für mich kein Thema«, meint sie und hebt die Nase noch ein kleines Stück höher.

8

Hausverbot bei Königin Silvia von Schweden

Endlich kein Provinzfuzzi mehr! Ich war dreißig und in meiner Welt angekommen. In München bei der tz lernte ich die Rolling Stones, Rod Stewart, Mario Adorf, Senta Berger, Roman Polanski kennen. Es lief das Musical »Hair« mit Donna Summer. Ich war mittendrin. Das war ein anderes Leben als daheim in Bockum-Hövel, das war Glamour. Zu Hause in Hamm hatten auch alle gekifft, da hatte es mich aber einen Scheißdreck interessiert. Als ich mit Donna Summer eine Tüte rauchte, war das was anderes. Auch mit Jack Nicholson habe ich mal gekifft, das gehörte damals dazu. Als gelernten Ministranten hat mich das fasziniert. Ich war in einer Welt angelangt, von der ich glaubte, dass sie mein Leben werden könnte. Damit war der Zug für einen politischen Journalismus endgültig abgefahren, aber mir war das egal.

Und dann kam das selbst gewählte Prädikat: Deutschlands schönster Kolumnist. Der Leserbrief an den SPIEGEL anno 1975 ist immer noch Katzengespräch. Ein Evergreen. Nicht nur in Lanzing. Auch in Orten mit so poetischen Namen wir Raiten, Schleching, Kössen, Süssen, Oberwössen – überall wird Socki, wie sie mir berichtet, darauf angesprochen: »Hey, Socki, mal unter uns. War dein Herrchen damals wirklich so 'n Schöner? Wir sehen da nur diesen gebeugten Graukopf, der in ausgelatschten Espadrilles zum Briefkasten schlurft.«

»Gemach, Freunde«, sagt Socki dann, »die Schönheit liegt stets im Auge des Betrachters. Aber schaut mal rein in das

Video, in dem mein Herrchen mitspielt. Allein schon der Titel ist ein Knaller!«

Ein Playboy segnet das Zeitliche

Die 93. Folge der TV-Krimiserie »Der Kommissar« beginnt mit einem Mord. Der Playboy Mandy Schulz (Helmuth Lohner) will sich mit einer Blondine in weißer Korsage und Strapsen vergnügen, als ihn ein gezielter Schuss durchs Fenster tötet. Sein Bodyguard ruft die Polizei, die Haushälterin (Barbara Rütting) die Presse. Die Meute der Klatschreporter stürmt in eine Luxuswohnung mit gläserner Innentreppe. Zuerst Michael Graeter, hinter ihm Paul Sahner – mein Paule. Die Jeans mit breitem Matrosenschlag, das Polohemd bis zum Bauchnabel aufgeknöpft. Auf seiner bärenpelzigen Brust baumelt ein Silberkreuz. Sein Sprechsatz kommt aus tiefer Kehle: »Das ist eine unglaubliche Geschichte.«

Der erschossene Playboy liegt in der Badewanne. Die Fotografen knipsen. Klatschreporter Sahner kann es nicht fassen: »Das ist ein Ding.« Bedächtig nickt Kommissar Erik Ode: »Ja, das ist ein Ding.«

Nach einer TV-Wiederholung auf 3Sat rief der Produzent Wolfgang Rademann bei meinem Herrchen an: »Paul, so ein Typ wie du ist wie geschaffen fürs ›Traumschiff‹. Du könntest einen fiesen Heiratsschwindler spielen, mit deinem Dackelblick. Wir stecken dich in ein weißes Dinnerjacket, und los geht's.«

Paule lehnte ab, so hat er es zumindest erzählt. Hätte Hollywood angerufen, dass er einen mexikanischen Waffenschieber darstellen soll, wär das natürlich ein Ding gewesen. Aber neben Fritz Wepper oder Sascha Hehn kannst du nur verlieren. So blieb es bei dem einen Satz, den er bis heute gelegentlich vor sich hin murmelt: »Das ist eine unglaubliche Geschichte.«

112

Der Bund der Gesäuselmeister

Unglaublich auch, dass dem selbst ernannten »schönsten Kolumnisten Deutschlands« plötzlich alle Türen offen standen. Es hagelte Angebote. Doch nur einer meinte es wirklich ernst: Will Tremper. Er brachte Paule bei, viel Geld für besondere Arbeit zu verlangen, und weckte bei ihm die Vorliebe für teure Designeranzüge, First-Class-Flüge, Rolex-Uhren und Feinschmeckerlokale. Die Schwäche fürs Porsche-Fahren hatte Paule schon. Es war offenbar Nachholbedarf, weil er noch bis zu seinem fünfzehnten Lebensjahr auf einem Fahrrad aus dem Zweiten Weltkrieg strampelte, das sein Vater einem russischen Offizier gestohlen hatte, während der in Vollnarkose auf dem OP-Tisch lag. Mit dieser Vorgeschichte, ein altes Velociped der Wehrmacht gefahren zu haben, hätte Paule auch politischer Redakteur werden können, aber der Journalist Will Tremper stellte für Paule endgültig die Weichen zur Gefühlspublizistik – Gipfelstation BUNTE.

Trempers legendärer Ruf fußte auf der Stern-Serie »Deutschland, deine Sternchen«. Die ungeschminkten Reportagen mit sechsundfünfzig Folgen über das einheimische Filmbusiness brachten dem Verlag zweiundsiebzig Prozesse ein. Tremper hat alle gewonnen! Die skandalträchtigen, pikanten Details recherchierte und verfasste er unter dem Pseudonym Petronius, dem römischen Satiriker. Nach dem großen Erfolg im Stern wurde die Serie verfilmt und trug den Untertitel »... die ihre Haut zu Markte tragen«.

Mit diesem Lorbeer wurde Will Tremper zum gefragten Blattmacher. Hubert Burda holte ihn nach Offenburg, um den Stern herauszufordern. BUNTE sollte frech und modern werden. Burda jr. hatte die richtige Nase: Unmögliche Aufgaben waren Trempers Spezialgebiet. Sein Geheimrezept war einfach: Gut kopiert ist besser als schlecht erfunden.

Aus dem US-Magazin Newsweek übernahm Tremper die Idee für seine Seiten: LEUTE von HEUTE, MORGEN und GESTERN. Schon nach der Premiere in BUNTE beschlich die deutschen Promis die Paranoia: Wo stehe ich? Unter Leute von morgen? Das war der fromme Wunsch. Unter die Leute von gestern zu geraten war der finale Absturz. Wen hatte es getroffen? Das war das Erste, wonach man Woche für Woche die BUNTE aufschlug. Trempers süffisante Texte lieferten neuen Gesprächsstoff an Stammtischen. Bald war dieses Spiel so aufregend, dass BUNTE den Stern abhängte.

Trempers Charisma lag nicht zuletzt an seiner Stimme. Sein sonores Timbre war unnachahmlich. Noch heute schwärmt Paule von Trempers Säuseln, als er ihn damals anrief, um ihm zum Leserbrief im SPIEGEL zu gratulieren: »Na, mein Hübscher, du hast es Boenisch ganz schön eingeschenkt. Weißt du überhaupt, wie eitel er ist?«

Peter Boenisch war der Kapitalhirsch der damaligen Medienlandschaft. In BILD und Bild am Sonntag bekämpfte er in seinen Kolumnen den sozialdemokratischen Bundeskanzler Willy Brandt und watschte die SPD-Genossen als »Giftzwerge« ab. »Sie schlürften gierig ihren Hass gegen Industrie und Großkapital schon mit der kommunistischen Muttermilch.« Mit solchen Sätzen führte der Sozifresser Pepe seinen Klassenkampf. Paule hatte sich mit dem richtigen Kaliber angelegt.

Wie es mit dem SPIEGEL-Lorbeer als »schönster Kolumnist Deutschlands« weiterging, erzählte mir Paule bei frischer Kalbsleber. Pauls O-Ton-Stimme säuselte dabei, wie soll ich es sagen, total »tremperig«.

Der Köder mit Schampus und Kaviar

Ein Jahr nach der SPIEGEL-Veröffentlichung meldete sich Will Tremper wieder. »Na, Alter! Was hältst du davon, in Offenburg vorbeizuschauen? Weißt du überhaupt, dass es in dieser Gegend die meisten Sonnentage in Deutschland gibt? Hier gedeihen die besten Rebsorten. Gegen die badischen Weine kannst du so manchen Burgunder vergessen. Wir können im

Hotel Ritter in Durbach tafeln. Hast sicher schon gehört, das Restaurant hat einen Michelin-Stern.«

»Nur einen?«, fiel ich Tremper ins Wort. »Also, das Tantris in München hat seit 1974 schon zwei!«

Eckart Witzigmann hatte es als erster Koch in Deutschland geschafft. Endlich auf Augenhöhe mit den Franzosen. Mensch, war das ein erhebendes Gefühl. Das Ambiente von Witzigmanns Feinschmeckertempel Tantris war rot wie Hummer und schwarz wie Trüffel. Ich zählte zu den Stammgästen von Filmverleihern oder Plattenfirmen. Der Laden galt als Münchens absolute Spitze, eine Art Eiffelturm der Gastronomie. Mit wem alles ich dort zu speisen pflegte, rasselte ich gleich am Telefon runter: »Henry Kissinger, Peter Ustinov, Gunter Sachs, Roman Polanski, Jack Nicholson, Peter Fonda, Curd Jürgens, Sean Connery, Liz Taylor, Roger Moore, Grace Jones, Tony Curtis, Rod Stewart, Hildegard Knef, Juliette Greco, Tom Jones, Michel Piccoli, Omar Sharif, Mario Adorf, Alain Delon, Adamo, Gilbert Becaud …« Branchenüblich nennt man das *Name Fucking*. Doch Tremper beeindruckte es kaum. In dieser Disziplin war er selbst ein Weltmeister. »Hau ruhig auf die Kacke, auch wenn die Hälfte der Namen nicht stimmt.« Und dann zog er seinen Trumpf: »Vergiss deine Liste! Was hältst du von der künftigen Königin von Schweden?«

Wumm, das wirkte. Wie ein *Lucky Punch*. Aus meiner Schockstarre holte mich Tremper väterlich heraus: »Mensch, Paule, Kaviar und Champagner sind nur ein Vorwand. Ich will dich.«

Und dann gab's Spätzle in Durbach. Immerhin mit Kaviar. Die Königin von Schweden war noch nicht gekrönt, und Tremper kam mir vor wie ein Kardinal, der eine mächtige Verschwörung plant. Nach der ersten Flasche Forster Pechstein fragte er: »Sag mal, Paule, wie gut kennst du Silvia Sommerlath? Du spielst doch Tennis mit ihrem Exverlobten. Der hat sicher noch eine Kiste toller Urlaubsfotos.«

»Kiste ist gut«, brummte ich, »es werden drei sein, mindestens. Ich könnte mir vorstellen, Michael schenkt uns die Fotos, wenn BUNTE eine karitative Spende leistet.«

Wer Michael war, interessierte Tremper vorerst nicht. Das war mein Joker: Silvias erster Freund. Sie war seine große Jugendliebe. Michael war inzwischen in München ein renommierter Wirtschaftsanwalt mit einer Kanzlei in der Prinzregentenstraße. Ich war mit ihm ziemlich eng befreundet. Ohne ihn hätte ich die Silvia-Serie wohl kaum stemmen können.

Tremper bohrte weiter: »Ich hörte, ein Tenniskumpel von dir ist Poldi von Bayern, der weiß als Rennfahrer doch alles über die heimlichen Abstecher seines Spezis, König Carl Gustaf, nach München.«

»Mit Poldi spiele ich jeden Mittwoch im Herzogpark«, setzte ich nach.

Tremper schnaufte: »Sag ich doch! Und ist nicht auch Hansi von Hohenzollern, der Schwager des Königs, ein Freund von dir?«

»Hansis Frau, Prinzessin Birgitta von Schweden, die nach der Hochzeit Silvias Schwägerin wird. Sie hat ein Haus auf Mallorca, ihre weißen Jeans mit Nieten kauft sie in München bei ›Verena‹…«, trumpfte ich auf. Insiderinfos.

Tremper nickte. »Du weißt wirklich alles…«, meinte er, was allerdings leicht ironisch klang. Wer der Chef im Ring ist, zeigte sich, als Tremper das Teuerste von der Weinkarte bestellte: Roederer Cristal Brut, die Pulle für 450 Mark damals. Bis sie leer war, hatten wir die Serie über die königliche Braut Silvia Sommerlath fast fertig. Theoretisch. Tremper malte die Headlines und Zwischenrubriken mit großen Gesten in die Luft. Dann sagte er: »Jetzt musst du nur zeigen, was du wert bist.« Und dann wurde Tremper ernst: »Ich verlasse mich auf dich. Wenn ich meinen Freund Hubert mit der Serie enttäusche, sind wir beide geliefert.«

Das bedeutete: recherchieren, schnüffeln, telefonieren, Silvias Exmänner knacken. Es gab nicht viele. Silvia war ein durch und durch anständiges Mädchen.

Was kostet die Welt?

Über Geld musste man mit Tremper nicht feilschen. Er wusste, was die Welt kostet: »Es ist der teuerste Planet des Sonnensystems!«, pflegte er zu sagen. Um mithalten zu können, ließ er sich sein Honorar wöchentlich in bar auszahlen. Der Sprit war schon damals nach der ersten Ölkrise nicht billig. Tremper fuhr einen Mercedes 600 Pullman. Ein Geschenk von Hubert Burda als Köder, um Edelfeder Tremper nach Offenburg zu locken.

»Nur 2677 Stück von diesem Gefährt gibt es insgesamt. Von Hand gefertigt, eine davon für Papst Paul VI.«, betonte Tremper. Es war damals die beste Nobelkarosse auf Erden. Als Besitzer traten Stars auf wie Maria Callas, Coco Chanel, Elvis Presley, Udo Jürgens, Mireille Matthieu, Tankerkönige wie Aristoteles Onassis und Stavros Niarchos, Staatslenker wie Prinz Aga Khan, Fidel Castro, der Schah von Persien, Kaiser Hirohito von Japan und Leonid Breschnew.

Als ich zum ersten Mal vor diesem Superschlitten stand – von Tremper sein *capitalist tool* genannt –, hat es mich richtig gerissen. Beinfreiheit wie in einem Salonwagen, feinstes Leder wie für einen englischen Gentleman-Club. Ich wollte mich gleich auf die Rückbank fallen lassen, die Sitze in der Wagenmitte ausklappen und meine Füße hochlegen.

Doch da brüllte mich Tremper an: »Du spinnst wohl! Da denkt jeder, der uns sieht, dass ich dein Fahrer bin!«

»Kein Problem«, schnippte ich zurück. »Mütze und Uniform gehen auf mich.«

Tremper lachte.

Die nächste Redaktionsbesprechung hielten wir im »Au

Crocodil« in Straßburg ab, zwei Michelin-Sterne. Als sprichwörtlichen Wurf mit dem Lasso nach dem Leser brachte ich ein paar ordentliche Zeilen für den Serienvorspann. Das glaubte ich zumindest. Tremper las sie und lobte: »Gut, sehr gut« – und strich sie ersatzlos. Sein Kommentar: »Das Beste ist der Feind des Guten.«

Ich schmollte, aber Tremper zerstreute meine Bedenken, dass ich es vielleicht nicht schaffen könnte, seinen hohen Ansprüchen gerecht zu werden: »Trenn dich von deinem alten Porsche, Paule. In drei Monaten kannste dir 'nen neuen Jaguar leisten.«

Der Countdown läuft

Zur bevorstehenden Hochzeit von Silvia Sommerlath mit Carl XVI. Gustaf von Schweden in Stockholm startete eine zwölfteilige Serie. Ich erfüllte detailversessen meinen Geheimauftrag, für BUNTE im Vorleben der deutschen Olympiahostess Silvia Sommerlath zu schnüffeln. »Unsere Silvia: Vom Aschenputtel zur Königin!« Und das Ergebnis? Vor diesem Sommermärchen des Jahres 1976 gab es kein Entrinnen. Zum Auftakt der Serie war die alte Bundesrepublik flächendeckend plakatiert. Keine Litfaßsäule ohne königliche Sprüche:

```
Lieber König Carl Gustaf!
Weißt Du eigentlich,
warum Silvia »Schneewittchen«
genannt wird?
Ab jetzt in BUNTE.

Schau mal, Carl Gustaf!
So toll sieht deine Königin
im Bikini aus. Mit ihrem
```

> Exverlobten am Plattensee beim Zelten.
> Ab jetzt in BUNTE.

Der Hof war verständlicherweise *not amused,* was aber den Erfolg nicht schmälerte. »Die Ausgabe über Silvias Hochzeit war das bestverkaufte Heft in der Geschichte von BUNTE«, vermerkt Hubert Burda in seinen Erinnerungen. Ich war fein aus der Sache raus, obwohl man munkelte, ich hätte Hausverbot am Königshof in Stockholm bekommen. Jedenfalls wurde BUNTE als Presse nicht offiziell zur Hochzeit eingeladen und durfte auch jahrelang nicht erwähnt werden. Das Büßerhemd musste sich Hubert Burda anziehen. Mithilfe von Freunden gelang es ihm schließlich, eine Audienz bei Königin Silvia zu bekommen. Auf die Knie musste er nicht gehen: »Die Königin ließ Gnade walten und gab mir das gewünschte Interview«, erzählt Burda in seinem Buch »Die BUNTE-Story«. Und verrät noch mehr.

Wer ist ein Tremper-Schüler?

Angst vor der ersten Zeile. Ein Syndrom, das viele Profischreiber plagt. Auch Socki kann schon davon ein Lied singen. Aber ich kann sie trösten: Hubert Burda, Herr über ein Medienimperium mit zuletzt 2,6 Milliarden Euro Umsatz, erinnert sich: »Seinerzeit als angehender Chefredakteur hatte ich ein Problem: Schreibhemmung.«

Die Problemlösung hieß: Will Tremper als Blattmacher. »Seine einfühlsamen Vorspänne und wirkungsstarken Titelzeilen faszinierten mich«, berichtet Burda. Das wollte er auch beherrschen. Tremper meinte väterlich: »Setz dich hin, Hubert, hier ist ein Bleistift! Schreib nicht mit der Schreibmaschine! Schreib alles mit der Hand!« Der Ratschlag verfehlte die Wirkung nicht: »Anfangs redigierte Tremper noch meine Texte. Nach einer Weile hatte ich die Angst vor der ersten Zeile verloren.«

Auch ich lernte dazu und ließ meine Adler-Schreibmaschine stehen. Papier und Stift nehmen, mit großem Schwung ausholen und das erste Wort wie einen Wurfpfeil oben in die linke Ecke setzen. Manchmal auch in die Mitte. Ich bin auf den Trichter gekommen. Seitdem kann ich mich als Tremper-Schüler bezeichnen. Papier mit der Hand zu fühlen macht süchtig. Was es in der Praxis bedeutet, konnte Socki kürzlich nachlesen. Claudi, meine unentbehrliche Assistentin, schilderte es mit einer entzückenden Geschichte in der Jubiläums-BUNTE zu meinem siebzigsten Geburtstag, ein Geschenk der Chefredakteurin Patricia Riekel.

Claudi: »Als Erstes musste ich lernen, Pauls Schrift zu entziffern. Mit grünem Filzstift auf Glanzpapier schrieb er seine Interviews von Hand, die ich ins System tippte. Nach drei versauten Ärmeln (da der Filzstift meist noch nicht trocken war) wurden sowohl Glanzpapier als auch die grünen Filzstifte von mir gegen normales Papier und Kugelschreiber ausgetauscht. Das akzeptierte er. Die Interviews tippe ich noch heute.«

Will Tremper benützte einen schwarzen Designer-Fineliner, den Klassiker der Faserschreibstifte schlechthin. Er bezog sie über den Großhandel in Kartons à 100 Stück. Niemand durfte diese Kostbarkeiten anrühren. Als einmal der BUNTE-Sportchef achtlos für eine belanglose Notiz seinen Wunderstift nahm, brauste Tremper auf und schleuderte den Fineliner als »geschändet« in den Abfallkorb. Das gehörte zu seinem Temperament, sich wie ein Stammeshäuptling aufzuführen.

Als die Produktion seiner geliebten Marke Ende der Achtzigerjahre eingestellt wurde, sattelte Tremper auf eine alte Adler-Schreibmaschine um. Er schrieb für die WELT am Sonntag im Fernsehteil nunmehr über Filme und deren Hintergründe. Über Regisseure und Darsteller wusste er die unglaublichsten Insidergeschichten. Recherchieren musste er sie nicht mehr. Er hatte sie alle im Kopf gespeichert. Im Gegensatz zu mir musste er sie aber selbst abtippen. Er hatte keine Claudi wie ich.

Sockis Tagebuch

Donnerstag

Tremper muss eine faszinierende Persönlichkeit gewesen sein. Allein schon die Zigaretten, die er rauchte: North State. Diese US-Marke kam 1952 auf den deutschen Markt, beworben mit einem Indianerposter. Diese Glimmstängel ohne Filter waren aber nix für die Deutschen. Nur Amerikakranke wie Tremper qualmten das Kraut. Nach der Wende mit dem Abzug der Amis ist diese Marke verschwunden. Tremper ließ seine North State von Freunden und Bekannten aus Amerika mitbringen. Da hat Paule schon seit Jahrzehnten nicht mehr geraucht. Aber was hat er eigentlich nach der Serie über Königin Silvia gemacht?

Paule: Der Sommer 1976 war wechselhaft. Die Weltraumsonde Viking landete auf dem Mars. Am 1. August verunglückte Niki Lauda bei Formel 1 auf dem Nürburgring und erlitt schwere Brandverletzungen im Gesicht und am Kopf. Zuvor hatten Fans wegen seiner Kritik an dem gefährlichen Rennkurs mit Transparenten gegen ihn protestiert: »Der Nürburgring ist gut, Lauda, nimm deinen Hut.« Ich hatte später mit Niki einige tolle Interviews geführt, und wir wurden Freunde.

Socki: Hattest du auch einen Ferrari?

Paule: Ich hatte inzwischen einen Jaguar, ein Fotomodell als Freundin, ich mietete mir einen Privatflieger und flog mit ihr nach Ibiza. Das Märchen geht weiter. Mein Buch »Merci, Udo« wurde ein Bestseller. Martina und ich gönnen uns einen Mini Cooper S Cabrio als Zweitwagen. Mit dem Kompressormotor zieht die Rennsemmel höllisch davon. Noch mehr als die Lifestyle-Gimmicks gefällt mir, wenn Martina am Steuer sitzt. Ihren ersten Porsche hat sie mit einundzwanzig in der Toskana an die Leitplanke gesetzt, ist im Krankenhaus gelandet. Gott sei Dank keine Spätfolgen. Inzwischen hat sie's drauf wie Vettel, wenn sie rund um den Chiemsee kachelt. Aber eigentlich fährt der Cooper von selbst. Nur Gas geben, Lenkrad loslassen. Wir lehnen uns in den Ledersitzen zurück, umarmen uns, schieben die neue CD von Madonna rein. *Living For Love.* Die Schmetterlinge im Bauch navigieren: »*Take me to heaven and let me fall down…*«

Samstag

Das schwedische Königshaus ist Dauergast in der BILD-Zeitung. Heute erschien ein Foto, seltener als eine menschenleere IKEA-Filiale: sechs Schweden-Royals auf einen Streich! Zu sehen sind Schwedens Kronprinzessin Victoria (37) mit Daniel (41) und Tochter Estelle (3), dazu Schwester Madeleine (32) mit Chris (40) und Baby Leonore (1). Der Anlass zu diesem Gruppenbild war die Taufe von Désirée, der Tochter eines Vetters der Familie, in der Schlosskirche. Adel verpflichtet, fruchtbar zu sein, was natürlich die Frage berechtigt, ob sich später mein Kontakt zum schwedischen Königshaus gebessert hat.

Die Royals hatten sich nach der BUNTE-Serie einigermaßen beruhigt. Doch zwei Jahre später zogen neue Wolken über den Stockholmer Königspalast auf. Zusammen mit einer Kollegin hatte ich Silvias Eltern in Heidelberg besucht. Es war das erste und letzte Mal, dass sie Reporter in ihre schmucke Dreizimmerwohnung in der Wilckenstraße ließen. Vater Walter schwärmte, was er bei der königlichen Hochzeitsfeier seiner Tochter hatte mitgehen lassen: »Den schönen Keramikuntersatz vom Hochzeitsessen mit dem goldenen Königswappen Tre Kronor.« Seine Frau Alice ergänzte: »Der diente mir als Vorlage. Danach strickte ich Wickelhöschen mit Wappenemblem für Viktoria.«

Ein Foto davon schenkte sie uns. Wir druckten es in BUNTE und schrieben darunter: »Auf den Hosenboden stickte Alice Sommerlath das Wort ›Princess‹.«

Die Leser amüsierten sich königlich, der Hof war verstört und mein Hausverbot im königlichen Schloss Drottningholm endgültig.

Vor ein paar Jahren traf ich König Carl Gustaf auf der italienischen Oldtimer-Rallye Mille Miglia in Brescia. Sein Kopilot Poldi von Bayern stellte mich vor: »Das ist der Kerl, der die pikante Hochzeitsserie über euch geschrieben hat.«

Carl Gustaf: »Kann er wenigstens Auto fahren?«

9

Der Fluch von Lampedusa

Sockis Tagebuch

Mittwoch

Wir brauchen eine Schelmengeschichte in diesem Buch! Paule war von dem Vorschlag zwar nicht besonders entzückt, er hätte lieber noch mehr über Reich-Ranickis Hochkultur und andere Promis erzählt, aber er ließ sich überreden, auch mal seichtere Gewässer zu betreten. Es lag weniger an dem Protagonisten, dass er einlenkte, als an der Örtlichkeit, die ihn schließlich überzeugte. Sie ist brisant, kommt regelmäßig in den Nachrichten vor – Lampedusa. Paule läuft es eiskalt über den Rücken, wenn er sich an diese Mittelmeerinsel vor Sizilien erinnert. Dort spielte sich diese Sommergeschichte ab, zu Zeiten, als niemand ahnte, welches Schicksal diesem Eiland bevorstehen würde. Hier Paules Bericht.

Exodus: Götter und der »schöne Consul«

Lampedusa ist die Schwelle zu Europa. Von Tunis 130 Kilometer, vom libyschen Tripolis 296 Kilometer entfernt, liegt es westlich von Malta. Wenn über diesen Vorposten Italiens berichtet wird, dann geht es um Flüchtlingsdramen, Schiffbrüchige, ertrinkende Menschen, überfüllte Auffanglager. Die Katastrophe vom 3. Oktober 2013 wurde Lampedusas »Nine-Eleven«, als ein völlig überladener Seelenverkäufer in Seenot geriet und in Sichtweite der lampedusischen Küste zu sinken begann. Menschen in Panik sprangen ins Meer. Die Fischer konnten 155 Menschen retten, während die Küstenwache untätig zuschaute. Die restlichen 366 Menschen ertranken, 800 Meter entfernt vom vergeblich ersehnten Ufer Europas. Die meisten kamen aus Eritrea, schwimmen konnten sie nicht. Wer die Bilder im Fernsehen sah, war erschüttert: Frauen und Männer, die um Hilfe schrien, Bretter im Wasser, an die sich Menschen klammerten, ineinander verhakte Leichen, die in den Fluten trieben.

In meinem Kopf spulen sich ganz andere Bilder ab. Ein leuchtend kristallblaues Meer ergießt sich in die unberührten Buchten, gesäumt von traumhaften Stränden mit goldenem Sand. Menschenleer. Diese karibische Idylle verwaltete ursprünglich die italienische Kriegsmarine. Anfang der 1970er-Jahre wurde die militärische Sperre aufgehoben, die Insel für den Fremdenverkehr freigegeben. Aber niemand kam. Im Inneren kahl, karstig und steinig wie ein Stück Sahara, gab es auf dem Eiland außer einer verlotterten Herberge am Hafen kein einziges Gästezimmer. Dann tauchte ein deutscher Investor auf – der »schöne Consul Weyer«, Seine Exzellenz Hans-Hermann Weyer, vor dem die Mächtigen der Welt sich genauso verneigten wie die Niederträchtigen.

Seine Memoiren hätte Hollywood längst verfilmen müssen, als Fortsetzung der Gaunerkomödie »Catch me if you can«. Weyer war ein schillernder Paradiesvogel, der seinen Reichtum dem schwunghaften Handel mit akademischen Titeln und Honorarkonsulaten verdankte. Man nannte ihn »Chefdekorateur der deutschen Gesellschaft«. Überdies verfügte er über internationale Beziehungen, die nicht einmal der deutsche Außenminister vorweisen konnte.

Consul Weyer – er schrieb sich absichtlich mit C – schmückte sich mit einer Galerie von berüchtigten Diktatoren. Mit Baby Doc, dem Tyrannen von Haiti, stand er auf Duzfuß. Für Nicolae Ceausescu, Rumäniens grausamen Staatschef, besorgte er seidene Unterwäsche. Augusto Pinochet, der blutrünstige Junta-Chef von Chile, empfing ihn mit Umarmung. Alfredo Stroessner, Paraguays brutaler Staatsgeneral, der seine Gegner über den Sümpfen des Rio Paraná aus dem Flugzeug werfen ließ, nannte Weyer seinen Sohn. Nicaraguas berüchtigter Machthaber Anastasio Somoza herzte ihn wie seinen besten Freund. Den panamesischen Diktator Manuel Noriega (wegen seiner Pokernarben »*Ananaskopf*« genannt) besuchte Weyer im Gefängnis von Miami, als er bei den Amerikanern in Ungnade fiel. Mit dem Sohn von Liberias Schreckensherrscher William Tolbert war er sogar »blutsbrüderlich« verwandt. Die Zeremonie dafür wurde stammesüblich mit einem Messerschnitt in die Handfläche vollzogen.

Ich begegnete Hans-Hermann Weyer zum ersten Mal in der Lach- und Schießgesellschaft. Auf dieser Schwabinger Kabarettbühne sprießte die Urform aller heutigen Talkshows. Sammy Drechsel und Horst Jüssen waren die Vorreiter. Für ihre Abende musste man stets rechtzeitig genug reservieren. Ich war Kolumnist bei der Münchner tz, und Sammy beförderte mich gern auf sein Podium als Talkmaster.

Bei Consul Weyer als Talkgast reichte der Andrang bis auf die Straße. Im Raum hing die Frage: Hatte er auch für Bayerns Landesvater Franz Josef Strauß den Ehrendoktortitel Dr. h.c. (honoris causa) vermittelt? Weyer bedauerte: »Leider nein…« Selten wurde in der »Lach & Schieß« so viel gelacht. Am Schluss sicherte sich der noble Hallodri alle Sympathien mit dem narzisstischen Bekenntnis: »Ich bin wohl ein Liebling der Götter. Und wen die Götter lieben, dem schenken sie Schönheit. Mir fällt alles vom Himmel in den Schoß.«

Spontanen Beifall gab es für den Schlusssatz: »Schließlich sind es keine armen Leute, denen ich ihr Geld abnehme.« Consul Weyer ließ sich feiern und verkündete noch mit einem süffisanten Lächeln seinen nächsten Coup: aus einer kahlen Mittelmeerinsel ein Ferienparadies zu machen, Hunderte von

Arbeitsplätzen zu schaffen – als der Robin Hood von Lampedusa.

Das war das Stichwort. Ich witterte eine Topstory. Außerdem war der Juni 1977 in Deutschland durchwachsen, mich zog es ans Mittelmeer. Lampedusa kannte damals noch niemand. Umso mehr reizte mich dieses Ziel.

In geheimer Mission

Wie organisierte ich damals so eine Entdeckungsreise? Mithilfe von Fred Baumgärtel. Die QUICK, dessen Chefredakteur er war, rangierte mit einer wöchentlichen Auflage von 1,7 Millionen Stück gleich hinter dem Stern (1,8 Millionen) als die zweitgrößte Illustrierte Deutschlands. Ich erzählte Freddy, wie ich ihn nennen durfte, von Weyers neuen Plänen. Er hatte den Köder sofort geschluckt. Der Seitenetat betrug bei der QUICK satte 1600 Mark. Man schöpfte aus dem Vollen. Ich erhielt einen Vorschuss und flog mit dem Fotografen zuerst nach Rom. Auf dem Flughafen Fiumicino erwartete uns Consul Weyer. Die Geschichte war mit ihm abgekartet. Die Reise setzten wir gemeinsam mit einem privaten Learjet fort. Auf dem Rumpf prangte in goldenen Lettern »Air Consul Weyer«.

Während des Fluges erzählte mir Seine Exzellenz (der Titel stand ihm offiziell zu), wie er unversehens zum Bauunternehmer geworden war. Die CIA mischte mit, und so kamen die Dinge ins Rollen. Consul Weyer, als diplomatischer Sonderbotschafter für Bolivien in Rom tätig, wurde in einer vertraulichen Sache nach Tripolis entsandt. Er sollte seine angeblich guten Kontakte zu Muammar al-Gaddafi spielen lassen, denn insgeheim handelte es sich um Idi Amin und dessen Millionen.

Der Diktator von Uganda ließ während seiner Amtszeit rund 200 000 Regimegegner töten, bis er die vielen Aufstände nicht mehr kontrollieren konnte und kurz vor dem Sturz stand. Libyens Staatschef Gaddafi bot ihm Asyl an, schickte auch die Fluchtmaschine. Islamische Gönner im Hintergrund verschafften Amin in der saudi-arabischen Hafenstadt Dschidda eine luxuriöse Villa als Asylbleibe. Nun ging es darum, wie man an Amins Millionen auf den Geheimkonten in der Schweiz und in England gelangen könnte.

An diesem heiklen Punkt sollte Weyer ins Spiel kommen. Er lernte den unberechenbaren Despoten Amin, ursprünglich ein Offizier, den Briten anfangs als »schlicht im Hirn, gut im Herzen« bezeichnet hatten, persönlich bei Amins Hochzeit in Kampala kennen. Idi nahm die schwarze Jazzsängerin Sarah aus den Elendsvierteln der Hauptstadt zu seiner dritten Frau.

Die junge Braut mit den Rastazöpfchen strahlte bei ihrer Hochzeit unter ihrem weißen Schleier. Präsident Amin erschien in einer Fantasieuniform. Auf seiner Brust klimperte ein Blechladen voller Orden, wobei Weyer beteuerte, dass keiner von ihm stammte. Leider natürlich. Die Sause im Garten von Idis königlicher Residenz war unbeschreiblich. Die Kosten dürften mindestens 20 Millionen Dollar verschlungen haben. Champagner floss in Strömen. Dreitausend Gäste umlagerten die Büfetts voller Langusten und Antilopensteaks. Die Gänseleberpasteten aus Straßburg wurden mit einer Maschine der Luftwaffe eingeflogen. Die mehrstöckige Hochzeitstorte schnitt der Tyrann dann auf ungewöhnliche Weise an – mit seinem Säbel.

Als schrilles Finale mit Knalleffekt ließ Idi Amin ein Feuerwerk besonderer Art abfackeln: Russische Jagdbomber vom Typ MIG 17 bombardierten riesige Pappkulissen. Die Gäste quittierten die Kriegsshow mit einem frenetischen Beifall.

Ich hörte während des Fluges nach Lampedusa mit offenem Mund zu. Weyers Abenteuer waren keine Prahlereien, sondern spannende Tatsachenberichte. Nannte man ihn Baron Münchhausen, war er beleidigt. Den Rest seiner Geschichte musste er allerdings straffen. Die Maschine näherte sich Lampedusa. So wie damals, bei Weyers Rückkehr von seiner Amin-Ghaddafi-Mission aus Tripolis. Da musste er auf der Insel notlanden. Der Sprit war alle.

Sündenbabel für die Ölscheichs

Das Leben ist voll von unfassbaren Zufällen. Vor Weyers Füßen breiteten sich bei seiner Notlandung Bauruinen aus. Brüchige Säulen für ein Panoramarestaurant und die verwitterten Mauern einer künftigen Bar mit Pool in sagenhafter Lage: in einer Traumbucht mit kreideweißen Felsen über dem azurblauen Mittelmeer. In dem Moment meldete sich Weyers untrüglicher Instinkt für Geschäfte: Du stehst auf einem goldenen Boden.

Während sein Flieger aufgetankt wurde, so erzählte Weyer, reifte in seinem Kopf ein verwegener Plan. In Libyen herrschten Alkoholverbot und strenge Sitten. Lampedusa, nur einen Katzensprung von Gaddafis Küste entfernt, könnte ein Sündenbabel werden. In Weyers entzückter Vorstellung flimmerte sofort ein lampedusisches Las Vegas mit Bars, Girls, Spielkasinos auf. Kurz, eine Schnaps- und Sexoase für Ölscheichs, die unter zwangsbedingtem Lustentzug litten. Er musste nur noch ausbaldowern, weshalb das vorliegende Bauprojekt gescheitert war.

In Rom fand er heraus: Ein römischer Großapotheker mit glänzenden Verbindungen zur Pharmaindustrie hatte das Vorhaben als ein »Zurück zur Natur«-Programm geplant. Doch ein spiritueller Klausururlaub stieß im katholischen Italien wider Erwarten auf wenig Verständnis. Die tristen Tage auf einer kaum bewohnten Insel schreckten die römische, ans *dolce vita* gewöhnte Schickeria eher ab.

Der Pillenhändler ging mangels Investoren pleite. Der Rohbau sollte unter den Hammer kommen. Weyer griff im rechten Moment zu. Mit drei Millionen Mark zur Versteigerung angesetzt, erhielt er den Zuschlag schon bei zwei Millionen, für den ganzen Beton samt Grund und Boden. Freilich pumpte er kein eigenes Kapital in dieses riskante Unterfangen. Ein gemütlicher urbayerischer Bauunternehmer aus München ließ sich von Weyers Vision begeistern und trieb dafür auch die erforderlichen Mittel auf.

Durch Fremdkapital flüssig, gründete der Orden- und Titelhändler eine Firma mit dem klangvollen Namen »Il Triangelo S.p.A Consul Weyer«. Die unwirtliche Vulkaninsel Lampedusa mit einer Fläche von 20 Quadratkilometern, bei 8 Kilometer Länge und 3,8 Kilometer Breite, benannte er als den »letzten Garten Eden«.

Die Wirklichkeit sah anders aus. Von Vegetation keine Spur, aber immerhin: Solche Wasserfarben wie vor Lampedusa zu bestaunen erlebte man sonst nur in der Südsee.

Wo sind die goldenen Wasserhähne?

Auf dem holperigen Landeplatz in Lampedusa wurden wir vom großen Bahnhof empfangen. Es war schon ein bemerkenswertes Gefühl, so in Weyers Schlepptau aufzukreuzen. An der Spitze des Empfangskomitees stand der Oberbürgermeister der Insel. Hinter ihm reihte sich das Spalier auf: der erste und der zweite Stellvertreter, der Stadtkämmerer, neben ihm der Pfarrer, flankiert von dem Comandante der örtlichen Carabinieri, der sogar seine fünfköpfige Familie antreten ließ.

In einigem Abstand, um seine Sonderstellung zu demonstrieren, wippte auf den Zehenspitzen ein gepflegter Herr: der Generaltouristikdirektor von Sizilien. Dottore Bonnacorsa war extra zu diesem Termin aus Palermo eingeflogen. Seinen akademischen Grad hatte er nicht von Weyer gekauft, sondern ordnungsgemäß erworben – an der Universität in München. Er sprach deshalb auch gut Deutsch. Es folgten große Umarmungen und heftiges Schulterklopfen: *benvenuti amici*.

Die Sause am Abend hatte es in sich. Der lange Tisch im Freien bog sich von gegrilltem Fisch, Langusten und Meeresfrüchten. Der rote Landwein floss in Strömen, und der Bürgermeister sang dazu wie ein verkannter Caruso Opernarien vermischt mit neapolitanischen Volksliedern. Am nächsten Tag wurde die Baustelle inspiziert. Die chaotischen Zustände waren kaum zu beschreiben. Kaputte Kanalisationsrohre, leere Benzinfässer, rostende Maschinenwracks. Weyer suchte verbissen nach verschwundenen Türen, Fensterrahmen, Armaturen. »Den Bauleiter Clemens habe ich inzwischen gefeuert«, knurrte er. »Mal sehen, ob die Summe, die in der Kasse fehlt, an seinem Haus zu sehen ist.«

War aber nicht. Weyer mutmaßte: »Die alle hier bauen ihre eigenen Häuser aus meinem Baumaterial, aber ganz schön gerissen: nach außen unauffällig schlicht, aber innen mit goldenen Wasserhähnen.«

Mit dieser Feststellung hatte sich Weyer nicht nur Feinde, sondern auch Freunde geschaffen. »Endlich einer, der die Missstände auf der Insel aufdeckt«, jubelte ein Teil der Einwohner. Etliche schlugen Weyer vor, im bevorstehenden Wahlkampf als Bürgermeister zu kandidieren. Für die Linken. Weyer erschien plötzlich wie der Prophet aus der Wüste, um mit der Korruption aufzuräumen und Lampedusa in ein Ferienparadies zu verwandeln. »Ein Sylt des Mittelmeers«, witzelte er.

Zuerst hochgejubelt, am Schluss wie eine Sternschnuppe verglüht. Weyer entzog sich der Kandidatur mit einer spöttischen Ausrede: »Als Bürgermeister von Lampedusa hätte ich meinen lang gehegten Wunsch begraben müssen, einmal UNO-Botschafter mit einem Sessel im New Yorker Hauptquartier zu werden.«

Bald nach der QUICK-Reportage, erschienen am 14. Juli 1977, ließ mich Weyer wissen: »Lampedusa war ein schöner Traum, die Millionen von Idi Amin im saudi-arabischen Dschidda ein Albtraum.« Sein »Il Triangelo«-Projekt stieß er gewinnbringend ab, die Kontakte zu Gaddafi unterbrachen sich von selbst. Von Sarahs Schicksal, Idi Amins dritter Ehefrau, erfuhr Weyer erst 1987 in Rio. Auch sie zählte zu den Flüchtlingen, die von Tripolis über Lampedusa nach Rom gelangten, weiter nach Bonn geschleust wurden, wo sie überraschend schnell mit Töchterchen Daisy politisches Asyl bekam.

Consul Weyer hingegen flüchtete vor dem deutschen Fiskus nach Rio. An der Copacabana wartete er in Luxus und Ruhe ab, bis sein steuerliches Vergehen verjährte.

Die QUICK ereilte ein unrühmliches Ende. Der einstige Konkurrent vom Stern wurde 1992 über Nacht eingestellt. Der Auflageschwund war drastisch. Mehr als eine Million Exemplare weniger, von 1,8 auf knapp 700 000 abgestürzt. Im freien Verkauf waren es nur noch 220 000 Hefte. Freddy war längst im Ruhestand, spielte Golf rund um den Globus und schreibt gelegentlich darüber nette Artikel. Der letzte Chefredakteur Richard Mahkorn übernahm die »Neue Revue« und köderte mich: »Folge mir, dann scheiß ich dich mit Geld zu.«

Es waren goldene Zeiten. Ungebunden, frei und abenteuerlustig tanzte ich auf allen Hochzeiten. Ein Anruf genügte, um eine Geschichte zu platzieren und zu kassieren. Es gab keine Agenturen, die Tag und Nacht die Promis belauerten, in dunklen Kanälen nach Skandalgeschichten fischten, Handys abhörten. Ein Heer von Praktikanten rackert sich heute für ein paar Euro redaktionell ab, die meisten freien Journalisten nagen am Hungertuch. Blogger zu sein lohnt sich schon eher. Hat man eine gewisse Reichweite geschafft, wird man von Firmen hofiert, zwecks Schleichwerbung.

Ich erhielt damals für die Weyer-Story 6000 Mark. Für meine Bude mit drei Zimmern, Küche und Bad zahlte ich knapp 800 Mark im Monat. Nicht einmal ein Girokonto brauchte ich. Wenn »Frisches« vonnöten war, reichte es, bei der QUICK-

Redaktion in der Münchner Augustenstraße vorbeizugehen. Dort im ersten Stock war die Kasse, wo zwei freundliche Damen sofort die Anweisungen aus der Chefredaktion in bar auszahlten. Außerdem war damals der Postbote auch für die Geldzustellung zuständig. Er brachte mir in schöner Regelmäßigkeit frische Scheine. Mein dritter Porsche war fällig.

Sockis Tagebuch

Freitag

Paule wird sich freuen, was ich da gefunden habe. In einer Yellow-Zeitschrift fiel mir so ein komisches Bild auf: Ehrengäste bei der Oscar-Verleihung 2015 in Hollywood. Zuerst hielt ich diesen Herrn mit den angepappten Haaren für einen Clown. Weit aufgerissene Augen, hochgezogene Brauen, grinst er breitspurig, als hätte er eine Mundharmonika verschluckt. Um seinen Hals baumelt ein wuchtiges Ritterkreuz, die linke Brusthälfte glänzt mit Orden tapeziert, wie bei einem Pentagon-General. An seiner Seite lächeln dicklippig zwei Frauen in die Kamera. Voll geschminkt, wie von Picasso. Da schaute ich nochmals genauer hin, meine Augen rotierten in doppelter Lichtgeschwindigkeit, weil ich es nicht fassen konnte: Consul Weyer, nunmehr in seinem blühenden sechsundsiebzigsten Lebensjahr, geistert weiterhin durch die Klatschspalten. Mehr noch: Brasiliens TV-Sender »O globo« drehte über ihn ein Porträt. Für die Fotos bei der Oscar-Fete haben sich Bianca Jagger, Elton John, Alec Baldwin und Ossy Osbourne zu ihm gesellt. Angeblich wohnt er in Palm Springs und in Rio de Janeiro. Und via SPIEGEL lässt er nach Deutschland ausrichten: »Hätte Guttenberg den Doktortitel bei mir bestellt, er wäre heute noch Minister.«

Sonntag

Neues aus Lampedusa. Das Touristikportal tripadvisor ließ die Top 25 Strände der Welt wählen. Auf Platz 3 kam überraschend: Spiag-

gia dei Conigli – der Kaninchenstrand – auf Lampedusa. Hinter Brasilien und der Karibik und vor den Malediven und Seychellen. Lampedusa bietet vierzig Hotels, darunter sind auch einige luxuriöse Resorts, wie Weyer sie sich vor vierzig Jahren erträumte. Das Urteil: »Goldfarbener Sand, kristallklares Wasser und unzählige Fische. Sie sollten auf jeden Fall Ihre Schnorchelausrüstung mitbringen.«

Nun ja. Unter Wasser mit bunten Fischen wie im Aquarium sieht man das Flüchtlingselend nicht.

10

Wunderheiler sterben früh

Sockis Tagebuch

Mittwoch

Paules Dachboden erweist sich als wahre Schatzkammer für angehende Journalisten. Es wäre ein Leichtes, hier im besten Sinne des Wortes eine Geschichte abzugraben und bei Giovanni di Lorenzo als Leseprobe einzureichen. Allerdings habe ich es gar nicht nötig zu klauen, Delikatessen aus der Küche ausgenommen. Ich bin dabei, meinen ureigensten Stil zu finden. Und ich erfahre Dinge über mein Herrchen, die er mir hundertpro verschwiegen hätte.

Donnerstag

Der Erscheinungstag für die neue BUNTE ist immer der Donnerstag. Oft finde ich aber die alten Hefte interessanter, weil man dort Sachen entdeckt, die man für längst vergessen hält. Dabei erklären sie häufig Dinge, auf die man eine Antwort für heute sucht. Zum Beispiel: Wieso ist Paule Nichtraucher? War er schon immer so vernünftig, dass er den Glimmstängeln entsagen konnte? Die Geschichte darüber, die ich in BUNTE Nr. 10 vom 24. Februar 1977 fand, lasse ich mir einrahmen und über mein Katzenklo aufhängen.

Unter dem Titel »So wahr ich Paliwoda heiße!« folgen zwei Doppelseiten. Ein dramatischer Bericht über einen jungen Mann, der in der Münchener Universitätsklinik in der Ziemssenstraße seit Wochen stark sediert vor sich hin vegetiert. Der Patient ließ sich von dem Hypnotiseur Albert Paliwoda zuerst das Rauchen abgewöhnen und dann einen sogenannten »Fress-Stau« suggerieren. Dieser junge Mann ist kein anderer als Paul Sahner, der Münchner Klatschkolumnist, kurz: Herrchen anno dazumal.

Zu dem Zeitpunkt muss Paule schon ziemlich prominent gewesen sein. Wie sonst hätte BUNTE über ihn berichtet? Als Autor war er nach seiner Sommerlath-Serie einer, den man kannte. Auf dem Foto auf der Aufmacherseite kauert Paule erbarmungswürdig im Krankenbett, seine Augen starren geistesabwesend ins Leere. Taugt das was als Story? Ja, tut es. Krankheiten und Unfälle gehören zu jenen Stoffen, aus denen Illustrierte ihre meistgelesenen Geschichten schneidern. Das ist das Geschäft. Der Leser nimmt teil am Schicksal anderer. Dramen am Krankenbett spiegeln das eigene Angstgefühl wider. Es wird einem bewusst, dass alles, was ein glückliches Leben ausmacht, von einem Tag auf den anderen vorbei sein kann.

Aus diesem genreklassisch erprobten Motiv griff BUNTE damals Paules unvorhergesehene Leiden auf. Die Zutaten für die Mitleidsstory waren Klatsch-adäquat: ein Wunderheiler, der Promis ihre Laster austreibt und arme Nikotinsünder von Qualen befreit. Eine irrlichternde Figur, zwischen sinistrem Scharlatan und kurierendem Robin Hood. Doch lassen wir Paule erzählen, er war schließlich live dabei.

Russischer Magier mit Schweizer Pass

Der bärtige Russe, dessen Name Paliwoda ins Deutsche übersetzt »Feuerwasser« bedeutet, bezeichnete sich nicht als Hypnotiseur – das war für ihn eher ein Ausdruck für einen Varietékünstler –, sondern als Metaphysiker. Als einen Mann, der Übersinnliches mit den Fingern und Händen greifen kann.

Die aufkommende Gesundheitswelle der Siebziger trieb ihm zahlungsfähige Patienten zu und bescherte ihm alsbald Honorare in Millionenhöhe. Vor allem die starken Raucher und Übergewichtigen waren es, die zu ihm, dem großen Heilsbringer, pilgerten. Einfach sich durch Handauflegen und Ge-

murmel von seinem Laster befreien zu lassen – welch eine Er-
lösung.

Am 6. Januar 1977 kam Paliwoda nach München. Das
Penta-Hotel stellte ihm gratis die Zimmer 204 und 206 zur
Verfügung, bei freier Kost. Der Gast war ja die beste Werbung
für das Haus. Paliwoda blieb für dreiundzwanzig Tage. Schätzungsweise zweitausend Hilfesuchenden wurde das Glück zu-
teil, vom Meister empfangen und angefasst zu werden – für
hundert Mark pro zehn Minuten.

Journalisten behandelte Paliwoda besonders gern. Schließlich verdankte er ihnen eine Menge. Sie brachten ihm Promis,
die sich mit dem Nikotinexorzisten bereitwillig fotografieren
ließen. Eine bessere Publicity kann man sich nicht wünschen.
Deshalb war es schon ein besonders tückischer Zufall, dass
ausgerechnet mir, damals für die Münchner Abendzeitung unterwegs, ein Missgeschick passierte.

Ich war gekommen, um mir das Rauchen abzugewöhnen.
Meine Tagesration lag bei mindestens achtzig Stück, also ein
schwer süchtiger Kettenraucher. »Zünden Sie sich ruhig eine
an«, ermunterte mich Paliwoda. »Es wird die letzte sein. So
wahr ich Paliwoda heiße.«

Er griff zu einer goldenen Rose und fing an, mich zu hypnotisieren: »Sie sprechen mir nach. So wahr ich Paliwoda
bin …« – »So wahr ich Paul Sahner bin …« – »Sie werden nie
mehr rauchen.« – »Ich werde nie mehr rauchen.«

Dann musterte er mich mit seinen eisgrauen Augen, als hätte
er sich in mich verliebt. Während ich weiter fröhlich qualmte,
murmelte er beschwörend: »Sie müssen würgen! Würgen Sie!
Sie müssen kotzen. Kotzen Sie! Schmeißen Sie Ihr goldenes
Cartier-Feuerzeug aus dem Fenster! Es ist ein Teufel.«

Seine Methode erklärte der Nikotinentwöhner skeptischen
Journalisten vom SPIEGEL einigermaßen plausibel: »Bei der
Anti-Raucher-Behandlung findet ein Abstauen in vier Phasen
statt: Zuerst wird das Gehirn vom eigentlichen Suchtzentrum

befreit, dann der orale Genusstrieb des Gesichtsfeldes einge-
dämmt, schließlich der Suchtkanal zur Lunge stillgelegt und
der Arm als Greifwerkzeug gehemmt.«

Alles in wenigen Minuten – und Simsalabim: Auch ich
wurde schlagartig mein Laster los. Doch zehn Tage später stand
ich wieder vor Paliwoda, denn ich hatte begonnen, bedrohlich
zuzunehmen. Der Meister verpasste mir einen »Fress-Stau«.
Er legte mir seinen Finger auf die Schläfen und flüsterte beru-
higend: »Sie werden in Zukunft viel weniger essen und jagen
den Teufel Alkohol in die Hölle.«

Ein Rätsel für die Ärzte

Noch in der gleichen Nacht überfiel mich heftiges Stechen im
Mittelohr, Kopfschmerzen gesellten sich dazu. Der Hausarzt
verordnete mir Valium und Optalidon. Alles umsonst. Nach
zwei Tagen brach ich zusammen. Verzweifelt rief ich den
Wunderheiler in Zürich an.

»Pressen Sie den Hörer stark ans Ohr«, befahl mir Paliwoda, »krümmen Sie Ihre Hand, und drücken Sie Ihre Fingerspitzen auf die Stellen, wo es Ihnen am meisten wehtut.«

Und nach zwei Minuten: »Es wird Ihnen bestimmt wieder
gut gehen.«

Paliwodas Versuch, mich am Telefon zu heilen, wirkte nur
ein paar Stunden. Dann kamen die Schmerzen noch stärker
zurück.

Nach der Einlieferung ins Krankenhaus war mein Zustand
für die Ärzte ein Rätsel. Sie konnten die wahnsinnigen Kopfschmerzen – »wahre Gehirnkrämpfe« – nur mit allerstärksten
Mitteln eindämmen.

Und Paliwoda? »Noch nie in meiner Praxis ist mir das passiert. Und ich habe schon vierzehntausend Menschen den
›Fress-Stau‹ verordnet. Paul ist ein sehr netter Mensch, aber
sehr sensibel«, erklärte der Russe auf Schwyzerdütsch.

Der Präsident der Gesellschaft für ärztliche Hypnose und Autogenes Training in Mainz, Professor Dietrich Langen, kommentierte: »Bei falscher Indikation kann Hypnose eine psychosomatische Störung verursachen.«

Von den »Gehirnkrämpfen« erlöste mich schließlich eine vierwöchige Nulldiät unter ärztlicher Aufsicht. Paliwodas Abgang aus München war spektakulärer: Er kaufte sich nach seinem magischen Gastspiel einen Cadillac für 60 000 Mark. Rosafarben wie Schweinchen Dick. Er bezahlte bar aus seiner Hosentasche.

Goldenes Feuerzeug von Cartier

Es bleibt nachzutragen: Zu den berühmten Patienten, denen Paliwoda im Zuge seiner hypnotischen Beschwörung die goldene Plastikrose aus China vor Augen hielt und die infolgedessen das Rauchen aufgaben, gehörte auch Erik Ode, der hundertfache »Kommissar«-Darsteller. Zumindest in der Presse stand es so zu lesen. Heimlich rauchte er munter weiter.

Was über Paliwodas Schicksal noch bekannt ist, stärkt seinen Mythos. Zwei Jahre nach seinem Münchner Gastspiel verstarb er urplötzlich ohne irgendwelche Anzeichen von Organversagen, Krebsbefund oder sonstige, den Tod verursachende Symptome. Wieder standen die Ärzte vor einem Rätsel. Die Werbeagentur, die ihn damals vertrat, verfasste als Pressemeldung: »Paliwodas Lebensbatterie hat sich erschöpft.«

Nach diesen anstrengenden Erinnerungen wickelte ich mir einen Pareo um die Hüften und ging unter die Außendusche im Garten. Als ich zurückkam, nahm ich aus dem Kühlschrank meinen Obstsalat, den mir meine Frau Martina liebevoll zubereitet hatte. Socki schlich heran.

»Und das Feuerzeug?«, wollte sie wissen.

»Das goldene Cartier-Feuerzeug mit Rillendekor? Das habe

ich bis heute«, erzählte ich ihr. »Weiß bloß nicht, wo. Liegt wohl daran, dass ich seit Paliwoda nie mehr eine einzige Zigarette geraucht habe.«

»Seit du uns hast, lebst du sowieso gesund«, sagte sie und rollte sich neben mir zu einer schnurrenden Kugel zusammen.

Nachtrag von Socki

An meine Fans: Paule hat die kalte Dusche gutgetan. Er sprüht vor Ideen, da lass ich ihn gewähren und seine Story weitererzählen. Aber nicht lange. Stay tuned!

11

Lippenbekenntnisse des schönsten Mannes der Welt

Jahrelang hatte ich mich hochgeboxt wie Rocky, vom Volontär zum Redakteur, vom Polizeireporter zum Kolumnisten, und nun endlich zum Gesellschaftsreporter. Ich konnte mich gut verkaufen und war mir für nichts zu schade. Im Grunde war ich der typische Straßenköter, kämpfte um meinen Platz im Rudel der Journalisten und steckte meine Nase in buchstäblich alles. Neugier trieb mich an, ich wollte schonungslos aufdecken, Skandale, Geheimnisse, Doppelmoral und Doppelleben. Investigative Reporter waren mein Vorbild, allen voran Hans Leyendecker, der für den SPIEGEL politische Affären in Deutschland und anderswo aufdeckte. Da es mir leichtfiel, Menschen im persönlich gehaltenen Interview nahezukommen, war es weniger die Gesellschaftspolitik als die Gesellschaft, über die ich schrieb. Geschichten über Prominente waren es, die mich fürs Erste weiterbrachten. Ich schrieb überwiegend Illustriertenserien für BUNTE, QUICK und andere Blätter. Mein Freundeskreis wuchs, ich spielte Tennis mit dem Hochadel und war mit etlichen bekannten Anwälten per Du. Besonders Letztere erwiesen sich als fantastische Quelle für Geschichten, die bei den Lesern auf enormes Interesse stießen. Von der Scheidung bis zum Verkehrs- und Steuerdelikt kam ich an Material für Storys, die dem Leser die Welt hinter dem schönen Schein der Schickeria zeigten. Mir lag daran, auch als Promireporter faire Geschichten zu machen, die allen dienten: den Lesern, den Anwälten, den Titelhelden – und mir selbst.

In Schwabing hatte ich eine Superwohnung gefunden. Mein Vormieter war ein Local Hero der Linken, der angeblich schönste Mann der 68er-Revolution, der 1980 gemeinsam mit Hans Magnus Enzensberger die Monatszeitschrift Trans-Atlantik herausgab.

Einziges Manko war die hohe Ablöse, die er forderte: sage und schreibe 15 000 Mark für die kostbaren schwarz-weißen Kacheln im Bad, die an eine überdimensionale Klaviatur erinnerten. Ich handelte ihn auf 12 000 runter und bekam als Zugabe einen alten Aktenschrank, den ich jedoch gleich wieder rauswarf. Als ich das klobige Teil von der Wand rückte, wartete eine Überraschung auf mich: Wohl verborgen, hing dort ein Porträt von Pinochet inklusive Widmung: »*A mi caro amigo. Cordialmente!*« Wie passte das nun wieder in mein Bild von meinem Vormieter, der mir seit seiner und Rudi Dutschkes Übersetzung des Che-Guevara-Briefes »Schaffen wir ein, zwei, viele Vietnams« ein Begriff war?

Jahre später jedenfalls sollte sich herausstellen, dass er die Fliesen im Bad keinesfalls teuer in Italien eingekauft, sondern – Überraschung! – geschenkt bekommen hatte. Das tat meinem großartigen Lebensgefühl jedoch keinen Abbruch.

In Schwabing war ich mittendrin im Geschehen. Und schon bald erfüllte ich mir einen kleinen Traum. Seit ich als Kind mit meinen Eltern in Bayern Urlaub gemacht hatte, wünschte ich mir eine Wohnung im Grünen, am besten ein Bauernhaus. Morgens vor die Tür treten, die ländliche Idylle genießen, Kühen beim Grasen zusehen – und aus dieser Ruhe heraus schreiben. 1975 machte ich Nägel mit Köpfen und mietete eine 18-Quadratmeter-Wohnung nahe dem Starnberger See, wo ich fortan meine Wochenenden verbrachte. Jahre später konnte ich mir eine größere Wohnung im Grünen leisten und genoss den Kontrast zu meinem umtriebigen Leben in München und anderswo.

Umtriebig ging es Anfang der Achtziger auch im Fernsehen

zu. Nach dem Riesenerfolg der amerikanischen Fernsehserie »Dallas« begann das ZDF im April 83 mit der Ausstrahlung der Konkurrenzserie »Denver Clan«. Die US-Soap hielt den absoluten Rekord als Dauerstraßenfeger. Acht Jahre lang fesselten die Folgen um die erbitterte Rivalität zweier fiktiver amerikanischer Ölkonzerne die TV-Gemeinde. Denver Carrington versus Colbyco kämpften mit den fiesesten Tricks und Intrigen um die Marktführung. Joan Collins glänzte als rachsüchtige Exfrau von Blake Carrington und schuf sich ein Denkmal als Superbiest. Vom Ruhm ihrer Paraderolle lebte sie über Jahrzehnte: ein unverwüstlicher Star, der auch im wahren Leben ein skandalträchtiges Image pflegte. Mit fünfzig zog sie sich für den Playboy aus. Mit sechzig vermarktete sie ihr Workout-Video und warb für ihre Gesichtscreme. »Sie macht nicht nur zehn, sondern fünfzehn Jahre jünger.« Mit achtzig, so suggerierte sie, sehe sie noch immer so aus wie mit sechzig.

Was man nicht unbedingt von jedem Star behaupten kann – auch nicht von Helmut Berger. 1984 bekam der Kultschauspieler erneut die Chance zu zeigen, warum er einst als der schönste Mann der Welt berühmt wurde. Die Meldung war brisant: »Joan Collins bekommt Konkurrenz. Der neue ›Denver‹-Star heißt Helmut Berger. Er ist Österreicher, süß und sehr verdorben.«

Ich beschloss, eine Illustriertenserie zu schreiben und später ein Penthouse-Porträt – und zog mich mit Helmut in Klausur zurück. Für Berger war die Präsidentensuite im Münchner Hilton Hotel angemietet worden. Den Auftrag lieferte mein Mentor Will Tremper, der Initiator der BUNTE-Serie über Königin Silvia. So schloss sich der Kreis, der mit meinem glücklichen Start als der »schönste Kolumnist Deutschlands« begann. Verifiziert und zertifiziert durch meinen abgedruckten Leserbrief im SPIEGEL, war das der Durchbruch für meine Journalistenkarriere.

Die Diva

High Noon kroch föhnig über München-Airport. Doch der Kerl, der zwölf Uhr mittags von einem spindeldürren, ehrfürchtig dreinblickenden Diener dreizehn Stück feinstes Gepäck vom Fließband auf drei Kofferrollis verstauen ließ, hatte nicht die geringste Ähnlichkeit mit Gary Cooper, dem unverwüstlichen Marshall Will Kane aus dem Western »High Noon«.

Der Kerl, in seiner gespreizten Nervosität, vornehm erblasst durch leichten Schnupfen, glich in seiner Anmut eher Grace Kelly, Coopers Filmweib.

Der Spindeldürre, als Bergers Butler eilfertig, beflissen und stets zu Diensten stehend, bahnte seinem Herrn und Meister gebieterisch einen Weg durch die drängelnde Zollschlange.

Fasziniert betrachteten die draußen Wartenden das Schauspiel, das sich jenseits der Glastüren abspielte. Magnus Carbo alias Petronius alias Quentin Philips alias Will Tremper, der neben mir stand, rieb sich vergnügt die Hände: »Siehste, Paule, det issen Star!«

Der Star trug zum bayerischen Trachtenschlapphut eine wehende Lodenkotze. Er sah aus wie jemand, der sein Leben lang nichts anderes dargestellt hat als Ludwig II., jenen Märchenking, der sich am 13. Juni 1886 zu einem allerletzten Bad in den Starnberger See begab.

Dann fiel Helmut Berger seinem alten Kumpel Tremper gerührt um den Hals, während mir der Spindeldürre blieb.

»Hi«, stellte er sich vor, »ich bin Gianni, Helmuts Privatsekretär.« – »Hi«, sagte ich, »ich bin Paul.«

»Kommt, Kinder«, sagte Will, »wir wollen keine Zeit am Flughafen vertrödeln.«

Er stellte mich Berger vor und meinte: »Ihr werdet eine heiße Woche lang Tag und Nacht zusammen sein. Ich erwarte eine Superserie von euch zwei Hübschen.«

Er hatte nicht gesagt, dass wir dabei unter einer Decke stecken sollten. Doch davon später.

Der Star sah alt aus. Während Will nach einer Hochrippe im Hilton-Grill zumute war, hätte Berger sich lieber zu einem Nickerchen in seiner Präsidentensuite 1103 bis 1106 ausgestreckt.

Nach einem Schlückchen Chablis verzog sich der schöne Helmut, während ich in meine Schwabinger Wohnung fuhr. Gegen 19 Uhr sollte ich wieder im Hilton eintrudeln, um aus Berger herauszuquetschen, was ihm bei den sechsmonatigen Dreharbeiten zu »Denver« so alles untergekommen war.

»Lass dich nicht vernaschen, Bärchen!«

Auch ich machte ein Nickerchen. Eine lange Nacht stand bevor. Meine Freundin Kathrin weckte mich mit den Worten: »Pass gut auf dich auf, Bärchen, sonst vernascht dich der Helmut heute Nacht.«

Sie hatte schon immer eine Schwäche für bunte Blätter.

Als ich Sekunden später im Badezimmerspiegel belämmert meinen 97-Kilo-Speck-Leib erblickte, war ich fast erleichtert: »Nee, mich will er sicher nicht, ich bin ihm zu fett.«

»Vielleicht ist er pervers und liebt wie ich gemächliche Dicke«, feixte Kathrin.

»Guck dir meine Furchen an«

Helmut Berger sieht malerisch aus. Hingegossen in seidenem Pyjama auf King-Size-Bett. Ganz Rock Hudson. Nur Doris Day fehlt.

»Setz dich, Schreiber!«, befiehlt er. Ich setze mich.

»Mach's dir bequem!«, fordert er. Ich lege die Füße auf den Tisch.

»Zieh dich aus!«, sagt er bestimmt.

Ich räuspere mich: »Wozu denn?«

»Leg dich neben mich!«, bittet er. Ich ziere mich. Barsch sagt er: »Auf ein Interview hab ich kein' Bock heute, basta.«

Gianni, der intime Sekretär, säuselt sanft: »Lass uns erst was trinken, dann lockert sich alles.«

Prost Helmut! Salute! Chin chin. Wir trinken erst, dann saufen wir. Champagner, Dosenbier, klare Schnäpse, Chablis, Whisky. Wir knallen uns so richtig schön die Birne voll. Zwischendurch lässt Berger sich von seinem getreuen Gianni eine von seinen sieben Dosen reichen, wirft wahllos Pillen ein, mal mit, mal ohne Eisen, mal Upper, mal Downer.

Irgendwann verschwindet Gianni: »So, ihr Lieben, jetzt lass ich euch allein.«

»Komm her«, winkt Berger träge, »leg dich zu mir.«

Er hat Unmengen Sprit reingepfeffert und wirkt dennoch nüchtern: »Du reizt mich, hast 'ne verdammte Ähnlichkeit mit 'nem Exfreund. Der war auch fett, aber unheimlich sexy.«

Ich schiebe meinen Kassettenrekorder hin, fasele irgendwas wie: »Pass auf, Junge, leider bin ich nicht zum Vergnügen hier, das ist mein Job! Also schieß los, erzähl was von Krystel, Alexis, Blake und all den anderen Denver-Fuzzis!«

»Stell dein Scheißgerät ab«, brüllt er, »dann können wir quatschen.«

Gleich darauf schreit er: »Ein Witz ist das. Ich sollte meine Memoiren schreiben, aber nicht so 'ne lächerliche Serie. Schau dir meine Fresse an, da ist alles drin. Homosexuell war ich ja nicht von Anfang an. Guck dir meine Furchen an, da sind Drogen, Alkohol und Klinik eingegraben in meiner Visage. Ein Wunder, dass ich noch nicht in der Klapsmühle gelandet bin. Aber eins verspreche ich dir, ich habe 'ne Menge zu erzählen. Polanskis Roman? Paaah, der hat doch nichts zu verlieren. Die ›Intimen Memoiren‹ der Joan Collins? Bullshit! Die hat sie doch nur geschrieben, weil sie damals finanziell am Arsch war. Aber ich, ich, Helmut Berger, will mein Leben schreiben. So

wie ich es gelebt habe. Erlebt und verlebt. Ich bin kein Typ, der
›Fuck off!‹ sagt.«

Visconti, der Königsmacher

Es ist die Nacht zum 12. April 1984. Als ich gegen 4 Uhr früh
ins Taxi falle, fragt mich der ungarische Kutscher Laszlo:
»Wohl heiße Nacht gehabt?« – »Schnauze«, fahre ich ihn an.

Kathrin, die noch wach ist, schaut mich mitleidvoll an. So,
als wäre ich gerade vergewaltigt worden. Noch ist es nicht
so weit. Am nächsten Tag bringe ich Helmut Blümchen mit.
Einen bunten Frühlingsstrauß für 50 Mark, inklusive Mehr-
wertsteuer. Berger lächelt. Er ist milde gestimmt. Die Arbeit
läuft. Der Kassettenrekorder auch. Nachmittags schaut Tremper rein. Er fragt: »Wisst ihr, was alternde Filmstars nachts
machen? Die sitzen aufrecht in ihren Bettchen und blättern
angeregt in vergilbten Filmmagazinen nach eigenen Storys.«

Hast du 'ne Ahnung, denke ich. Jetzt ist Mitternacht.

Bergers Gedanken schweifen zurück in Bergers Vergangenheit. Natürlich Visconti. Wenn Berger von Luchino, seinem
geliebten Meisterregisseur, spricht, kehrt Zärtlichkeit in seine
oft schroffe Sprache ein. Dann kommt Farbe in das Gesicht
des bleichen Bel Ami, dann ist er ganz der ewig trauernde
Witwer.

Ihm, dem großen Gönner, zärtlich Geliebten, stürmisch
Verehrten, liebevoll Gehassten wie hassvoll Geliebten, verdankt er alles. Visconti hat ihn geformt, mal fallen gelassen,
dann wieder aufgefangen und hochgepäppelt.

Immer wieder grübelt Berger in diesen Nächten darüber
nach, was er wäre ohne ihn. Ob er überhaupt Schauspieler
wäre?

»Luchino«, sagt Berger, der in Klatschblättern immer nur
als Kerl aus Samt und Seide, aber nie als einer mit Herz und
Hirn abgestempelt wird, »Luchino verdanke ich alles. Er hat

mir klargemacht, dass die Welt des Films grausam ist. Dass die Stars, die am Vorabend in den Himmel gehoben wurden, am Morgen in die totale Finsternis zurückfallen, wenn irgendetwas nicht stimmt. Wir sind Puppen und austauschbar, aber leider... leider haben wir auch eine Seele und ein Herz...«

Berger zeigt das ungern. Aber wenn er sich so mitteilt, wenn er den schrillen, schrägen Paradiesvogel für ein paar ehrliche Minuten davonschwirren lässt, dann spürt man, wie verletzlich er ist. Ein zerbrechlicher Geist steckt in seinem Körper. Die Einsamkeit des Mannes, von dem alle Welt Skandale, Ausbrüche, Zusammenbrüche erwartet, wird deutlich, wenn er Anlehnung sucht. Allein zu zweit ist Berger kein reißender, sondern ein einsamer Wolf.

Partnertausch mit Cat Stevens

»Einmal«, so beginnt er in dieser Nacht eine andere Liebesgeschichte, »passierte mir wieder etwas ganz Verrücktes. Ich war mit Marisa Mell, meinem römischen Mädchen für alles, in Rio. Wir lebten in einem Apartment am Ipanema-Beach, neben uns wohnten Popstar Cat Stevens und seine Patty d'Abanville. Irgendwann tauschten wir die Partner. Cat zog zu mir, Marisa zu Patty. Es war«, sagt Berger, »eine leidenschaftliche Geschichte. Cat wollte alles hinschmeißen, um mit mir auf seiner kleinen griechischen Insel zu leben.«

Ein Berger im goldenen Käfig? Das lehnte er, der so liebend gern als fauchendes Raubtier durch die Schickeria schleicht, dann doch ab.

Es ist zwei Uhr früh. Das Raubtier, das Wärme sucht, wird zur schnurrenden Mieze. Mensch Helmut, vergiss es!

Später, als ich zu Hause bin, klingelt das Telefon. Kathrin geht dran. Eine wütende Stimme knallt ihr ins Ohr: »Bestell deinem Paul, er ist ein gemeines Schwein.«

Der nächste Tag ist okay. Die Diva ist prächtig gelaunt.

Abends wird er um die Häuser ziehen mit Roger Fritz, einem Münchner Fotografen und Spezi, der ihm so ähnlich ist, dass beide manchmal sogar gleichzeitig niesen oder schnupfen.

Das Interview macht langsam Fortschritte. Gianni, der gute Geist, der schon mit Sophia Loren und Ursula Andress fertigwurde, duckt sich geschickt, wenn die Unbill seines Großmeisters auf ihn niederprasselt, fängt alle Ausbrüche höflich lächelnd ab, wieselt wie ein vorbildlicher Oberkellner, eifrig bemüht, es an nichts fehlen zu lassen.

»Komm, bück dich, du alte Tunte!«

Irgendwann in dieser Woche steht ein Besuch bei Lo Sachs ins Haus. Berger trägt ein Kaschmirjackett zu Designerjeans, er duftet gut und versprüht darüber hinaus wahre Sonntagslaune.

Klopfen an der Zimmertür. Werner Pochath betritt die Szene. Liebenswürdig begrüßt Berger den Kollegen: »Komm her, du alte Tunte, bück dich!«

Später. Berger legt im Bad noch leichtes Rouge auf, kommandiert wie ein Spieß auf dem Kasernenhof: »Rausch rein, kleine Hure. Heut darfst du, worauf du jahrelang geil warst. Eine Nacht mit Berger dem Göttlichen verbringen.«

Die prima Laune hält an. Nicht einmal, dass Lo, die rothaarige Witwe von Ernst Wilhelm Sachs und nach dessen tragischem Tod unter einer Schneelawine seine Millionenerbin, uns wegen einer kleinen Verspätung bereits im Schlafrock empfängt, kann den blendend aufgelegten Berger erschüttern. Entwaffnend strahlt er sie an: »Gott, bist du rund geworden, richtig g'sund schaust aus.«

Einen Gast der schönen Lo schaut er sekundenlang irritiert an, wendet sich charmant zur Gastgeberin: »Aber was laufen hier nur für hässliche Leute rum, igitt.«

Nach ein paar Fläschchen Wodka kann auch ich mich seiner

Liebenswürdigkeit nicht mehr entziehen. Er versucht mich zu ohrfeigen, aber das haut nicht hin, weil er schon etwas erschöpft ist an diesem Abend.

Wenn er so leicht kaputt ist, wirkt er morbide, worauf er besonders stolz ist, weil dann der Clown seine Pappnase abnimmt, um sein wahres Gesicht zu zeigen. Er ist kein Schauspieler dann, sondern ein Berger, wie er lebt, lacht und leidet. Berger *at his best.*

»Haach, du süße Salzburger Friseuse!«

Will Tremper, den er zwar nicht so liebt wie Luchino, seinen unsterblichen Toten, aber doch ähnlich verehrt, hat fürs Wochenende nach Berlin eingeladen. Im Intercontinental feiert Deutschlands fleißigstes Serienass sein vierzigjähriges Berufsjubiläum. Nur Männer sind geladen.

Berger ziert sich zunächst: »Was soll ich da?«, schluckt dann ein paar Pillen und meint: »Da muss ich hin.«

Im Pan-Am-Flieger treffen wir Michael Graeter, den Mann, der immer für BILD im Bild ist. Auch er muss hin.

Tremper, ein weitsichtiger Freund, hat für Berger und mich zwei Zimmer buchen lassen, die dank einer schlosslosen Tür fließend ineinander übergehen: Am nächsten Tag müssen wir den letzten Teil unserer Serie liefern.

Berger trägt aus besonderem Anlass ein glitzerndes Dallas-T-Shirt, weil er diese Serie ebenso langweilig findet wie »Denver«.

Als er zum festlichen Tremper-Diner in den Saal rauscht, empfängt Kollege Horst Buchholz ihn überschwänglich: »Haach, da ist meine süße Salzburger Friseuse. Komm an mein Herz, mein Engerl.«

»Schleich dich«, sagt Berger, »schleich dich nach Wedding, du berückende Halbzarte.«

Als ich im Morgengrauen nach einer Zockpartie in mein

Zimmer komme, dringt fahles Licht aus Bergers Raum. Durch die Verbindungstür sehe ich ihn, friedlich schlafend, alle viere von sich gestreckt – so liegt er auf dem Veloursleder vor seinem Bett.

Schlafende soll man nicht stören und schon gar keinen schlafenden Berger. Behutsam knipse ich sein Licht aus, ziehe leise die Tür ohne Schloss zu, lege mich in mein Bett.

Ich träume. Irgendetwas sehr Schönes muss es gewesen sein. Plötzlich werde ich wach. Jemand kniet in eindeutiger Pose vor meinem Fußende, hat sich über mich gebeugt, macht ganz den Eindruck eines Menschen, den man jetzt nicht stören darf, will man nicht seine ganze unbändige Wut auf sich ziehen.

Ich stehe auf und sage, um die Wut zu mildern: »Ich muss mal pinkeln.« Der Mensch, der da kniet, versteht die Welt nicht mehr. Aus der Traum.

Morgens habe ich das dringende Bedürfnis, Helmut Berger von meinem nächtlichen Traum zu erzählen. Er meint, er habe etwas ganz Ähnliches geträumt.

Da weiß ich, dass ich mich nicht getäuscht hatte, und auch Wills Worte fallen mir plötzlich wieder ein, und ich denke, dass er verdammt recht hatte, damals, am Flughafen, wo er mich aufgeklärt hatte: »Siehste, Paule, det issen Star.«

12

Sind Sie glücklich, Sophia?

Meine Socki zählt inzwischen vierzehn Katzenjahre, ist also eine siebzigjährige Dame. Sophia Loren ist achtzig und sieht fabelhaft aus. Socki ist auch eine Italienerin. Außerdem ist siebzig das beste Alter für einen Schriftsteller. Endlich kommen die Altersweisheiten aufs Papier.

Sophia Loren war eine große Katzenliebhaberin. Ihre Schmusefotos mit den kleinen Stubentigern sind weltberühmt. Man sagte auch über Sophia, sie hätte Katzenaugen. Magisch, leuchtend. Sie konnte mit ihrem Blick hypnotisieren. Als ich mit Socki darüber diskutierte, ob Liz Taylor oder Sophia Loren in dieses Buch gehören, konnte ich ihr nicht lange widersprechen. Katzen halten zu Katzen. Wie war also die Begegnung mit Sophia vor knapp dreißig Jahren?

»Mein Glück strömt aus jeder Pore«

Das »Principe Di Savoia« – Mailands nobelstes Hotel. Hier steigt man nicht ab, hier hält man Hof. Zum Beispiel in der Royal-Suite, Numero 149. Preis pro Nacht: 2500 Mark. Venezianische Kristalllüster an der Decke. Florentinische Meister zieren die Wände. Chinesische Seidenteppiche. Wohnhalle mit Marmorkamin. Auf dem rotbraunen Barocksofa sitzt Sophia Loren. Stolz, aufrecht, dreiundfünfzig Jahre alt. Geboren in Rom, aufgewachsen in Pozzuoli, dem ärmsten Viertel von Neapel.

Ich schalte das Aufnahmegerät an und stelle einem der letzten wirklichen Weltstars des Films eine ziemlich banale Frage: »Sind Sie glücklich, Sophia?«

Sie richtet sich kerzengerade auf. Ihr blutrotes Valentino-Seidenkleid füllt sich mit Stolz, die bernsteinfarbenen Augen tasten spöttisch den Reporter ab: »Das fragen Sie? Ich dachte, mein Glück strömt nur so aus jeder Pore.« – »Das kann gespielt sein«, antworte ich.

Sie, kühl: »Ich spiele nur in meinem Beruf, privat verstelle ich mich nie.«

»Wen würden Sie für eine Woche mitnehmen auf eine kleine Insel: Marcello Mastroianni, Alberto Tomba oder den Papst?«

Sophia strafft sich, lässt das Bernstein funkeln, greift in die tizianrote Löwenmähne, die wie eine perfekte Perücke sitzt, und die Sätze rauschen nur so: »Natürlich den Papst. Er hat einen scharfen Verstand – den liebe ich. Ich liebe, was er predigt. Ich liebe seine starke Persönlichkeit. Ich liebe seine gütige, ruhige Art. Ja, ich wäre sehr glücklich mit dem Papst.«

Er könnte fast ihr Vater sein. Johannes Paul II. ist siebenundsechzig. Ihr Ehemann, Carlo Ponti, könnte auch ihr Vater sein.

»Mit Carlo«, sagt sie, »ist das ganz anders. Wir haben uns kennengelernt, als ich fünfzehn war. Er sieht in mir noch heute ein Baby.«

Immerhin hat sie zwei Söhne mit ihm: Carlo, neunzehn, und Edoardo, fünfzehn …

Sophia Loren lackiert ihre Fingernägel nicht. Sie schließt die Hände wie zum Gebet. Das macht sie immer, wenn sie ernst wird: »Carlo sieht in mir nach wie vor eine Tochter, nicht aber die Frau mit Erfahrung.«

Stimmt es, dass sie einen Heiratsantrag von Cary Grant ausgeschlagen habe, um Carlo Ponti zu ehelichen?

»Ich habe Cary geliebt. Aber ich mag eigentlich nicht sprechen darüber. Cary ist tot. Es wäre unfair, seiner Frau und seiner Tochter gegenüber.«

Ein dumpfer Knall. Die Fenster scheppern, der Boden bebt, Sophia zittert: »Eine Bombe!«

Keine Bombe, 11:25 Uhr. Tiefflieger über Milano. Mamma mia!

»Das Wichtigste in meinem Leben sind nicht meine Filme«, sagt Sophia Loren, »das Wichtigste sind meine Kinder. Ich bete täglich für ihr Leben, kämpfe für sie.«

Edoardo hat vor drei Monaten dem berühmten Hollywoodregisseur Steven Spielberg (»E.T.«) ein Drehbuch geschickt. Leider noch keine Antwort. Carlo jun. will berühmt werden, als Pianist. Drei Häuser hat die Familie Loren/Ponti. Los Angeles, Genf, Paris. Wenn alle zusammen sind, wird viel gelacht. Gepokert. Gelesen. Hi-Fi-Anlagen in allen Räumen. Mama mag, was die Söhne mögen – Bruce Springsteen, Michael Jackson, Prince.

Was ist mit Aids?

In Sophias glattes Gesicht ziehen ein paar Falten: »Ein verdammtes Problem. Es geht nicht nur unsere Kinder an, sondern uns alle. Zärtlichkeit, Erotik, Sex sind doch so wichtig. Gütiger Gott, hilf!«

Mit fünfzehn war Sophia ein Mauerblümchen. Ihre Beine hat man als »stuzzicadenti« ausgelacht – also Zahnstocher. Wegen ihrer breiten Hüften und einer Nase mit dem Profil römischer Cäsaren pflaumte Carlo Ponti sie an: »Mit diesem Hintern und diesem Zinken wirst du nie ein Star. Lass dich operieren!«

Sie lächelt: »Ich habe keinen Millimeter von mir abschnippeln lassen. Ich bin auch so geworden, was ich bin. Und Carlo liebt mich noch immer. Und ich ihn auch – trotz Bauch und Glatze.«

Was bedeutete ihr eigentlich Marilyn Monroe – als sie starb, heulte Sophia Loren hemmungslos. »Wieso eigentlich?«, fragte ich. »Sie kannten sich doch gar nicht.«

»Sie endete so schlimm, so einsam, so dramatisch. Keiner weiß, ob sie sich selbst umbrachte. Keiner hat sie wirklich geliebt. Marilyn wurde immer nur herumgestoßen. Das macht mich noch heute traurig.«

Sie erzählt mir von einem Traum, den sie gehabt hat. Sophia war darin ein Vogel, frei und ungezwungen. Sie begegnete Marilyn Monroe, zwitscherte ihr zu: »Flieg fort, flieg in die Freiheit.«

Sophia Loren ist eine starke Frau – sie weiß es. Sie ist offen, aufrichtig, entschlossen, selbstbewusst. Und das spürt man auch, wenn man ihr gegenüber sitzt.

Angst vorm Tod?

Wieder faltet sie die Hände: »Damit beschäftige ich mich nicht, das Thema existiert für mich nicht. Ich möchte sehr, sehr alt werden. Und ich weiß – meine Seele ist unsterblich.«

Die »Dallas«-Produzenten haben diese Frau mit Millionengagen gejagt – vergeblich. Sie regt sich auf: »Diesen Quatsch tu ich mir nicht an. Auch die Leute von ›Denver‹ und all die anderen wollten mich ködern. Nein, danke, ich mag diese glitschigen Seifenopern nicht.«

In einer anderen TV-Serie aber hat sie sich um eine Rolle gerissen. »Mamma Lucia«, vom Bestsellerautor Mario Puzo (»Der Pate«). Eine starke Frau spielt sie da. Sophia sagt: »Das ist die Rolle meines Lebens.«

»Mamma Lucia«, der Dreiteiler, läuft 1987, zum Zeitpunkt des Interviews, schon in Italien und den USA, demnächst im Sowjet-TV. Das deutsche Fernsehen hat die Serie noch nicht gekauft.

Die Loren faltet zum letzten Mal die Hände, fragt: »Fürchtet ihr Deutschen euch vor starken Frauen?«

Sockis Tagebuch

Freitag

Wir müssen Sophia updaten, was die Furcht vor Frauen betrifft.
Die Deutschen sind zwar etwas langsamer, aber gründlich. Inzwischen haben sie die stärkste Frau Europas als Kanzlerin – die Angie Nationale. Auch Beckenbauer liebt sie. Die Uschi ersetzt gerade bei der Bundeswehr die Spielzeuggewehre aus Plastik durch echte Waffen. Und Alice Schwarzer – Mamma mia –, die wollte damals Sophia Loren ihren BH ausziehen, um sie als Sexbombe zu entschärfen.
Das Einzige, was den Deutschen jetzt noch fehlt, wäre eine eigene Conchita Wurst. Mit dieser Neuerfindung der Weiblichkeit waren die Ösis leider schneller. Aber dafür gibt es im deutschen Bundestag die Sahra Wagenknecht als neue Rosa Luxemburg. Die wird noch zuschlagen. Sie trägt am liebsten Rot, womöglich auch drunter, wie Sophia!

13

Die Polizistin

Auto kaputt. Blutprobe. Rolex weg. Braut stinkig. Und ab in den Knast. Tijuana in Mexiko. Es war die Hölle. Doch dann kam sie. Und wie! Ein Engel in Uniform.

Ein Vollzugsakt

Sie tanzte, mitten auf der Avenida Revolución in Tijuana. Es war ein Tanz auf dem Vulkan. Riss sie den linken Arm nach links, schien ihre linke Arschhälfte den knappen Rock zu zerreißen. Rechter Arm nach rechts, die rechte Hälfte brach aus. Beide Arme gleichzeitig, gleich würde die Lava strömen. Ihre Tanzfläche befand sich etwa hundertzwanzig Zentimeter über dem Boden und hatte kaum mehr als einen Meter Durchmesser. Wie sie ihre blauschwarzen Locken wirbelnd in den Nacken warf, der üppige Mund schneeweiße Perlenzähne entblößte, ihre schwarzen Augen spöttisch durchdringend nur auf mich heftete, da wusste ich: Die musst du unbedingt haben.

Lilly, die kalifornische Stewardess, mit der ich im gemieteten Uralt-Camaro von L.A. ins mexikanische Tijuana gescheppert war, stieß mir wütend die Faust in die Niere: »Was glotzt du diese dämliche Polizistin so bescheuert an, los, gib Gas!«

Im selben Moment riss die schwarze tanzende Sünde in Uniform beide Arme gleichzeitig auseinander, ein letzter Blick auf den Knackarsch. Ende der Vorstellung. Wir mussten weiterfahren.

Lilly grinste ihr gottverdammtes Siegeslächeln.

An diesem Abend lässt du dich volllaufen, das war mein einziger Gedanke. Ich fuhr lustlos die knapp dreißig Kilometer südlich, hinein in den Kaktusstachel Baja California, der zweitausend Kilometer in den Pazifischen Ozean ragt. Wir hatten eine Woche im Rosarito Beach Hotel gebucht. Zimmer im Kolonialstil, Blick zum Meer, Himmel so blau, Linnen so weiß, Lilly so geil.

»Tijuana«, sagte ich, als sie anfing, auf mir Mariachi zu blasen, »Tijuana ist das Irrste.« Sie wich zurück, um sprechen zu können: »Fuck you …«

Ich beschloss, das sei eine gute Idee, rollte mich zur Seite, um spielend an die uniformierte Sünde zu denken. Im Traum kam es mir, dass alle mexikanischen Verkehrspolizistinnen unter ihren Uniformen Strapse tragen müssen. Dienstvorschrift 969 cb.

Als ich wach wurde, sagte Lilly: »Uuuhhh, du hast gegrunzt wie ein altes Schwein.«

»Mir war so«, meinte ich.

»Zieh dich an«, befahl sie barsch – sie war eine echte Pan-Am-Stewardess. Damals, auf dem Flug Frankfurt-New York, hatte mich dieser militärische Ton angemacht. Deshalb war ich ja hier. Doch jetzt gingen mir ihre knappen Kommandos auf den Geist.

»Zieh dich an«, äffte ich.

»In einer halben Stunde beginnt das Independiente-Dinner im Hotel«, sagte sie, »also mach!«

»Keinen Bock«, maulte ich, »ich fahr nach Tijuana.«

Es war der 16. September 1988. Mexikos größter Feiertag, der Gedenktag der Unabhängigkeit.

Ganz überraschend tobte Lilly nicht, sie sagte spitz: »Na schön, dann komm ich mit.« – Selbst Pan-Am-Stewardessen sind nicht so übel, am Boden.

Wir landeten in der Cantina »Mamacita«, was Mamachen heißt und »die Süße« bedeutet.

Pedro, der Wirt, schmiss gleich 'ne Unabhängigkeitsrunde Tequila. Wir ließen uns nicht lumpen. Tequila, Tequila, Tequila. Irgendwann meinte Lilly, sie sei so besoffen, dass sie mal kurz an die Luft müsse. Ich knallte zwanzig Dollar auf die Theke, dann torkelten wir raus. Pedro rief fröhlich »Buen viaje« – gute Reise.

»Du fährst«, bestimmte Lilly. Es krachte gleich an der ersten Kreuzung. Mit donnerndem Getöse bohrte sich ein Taxi (von rechts) in die hintere rechte Flanke des Miet-Camaros. Es war wie auf dem Kettenkarussell. Plötzlich klirrte es. Wir waren in einer Schaufensterscheibe gelandet. Dann heulte es auf. Nicht Lilly war es, sondern die Polizeisirene. Zwei Kerle zerrten mich aus dem Wagen, rissen mir die Arme hoch und kneteten mich durch, irgendwo musste doch die Scheißwaffe von diesem verdammten Gringo stecken.

Ich schrie lauter wirres Zeug, die Bullen wurden immer wütender. Einer riss mir die Hose runter, das war zu viel für Lilly, die ein paar Brocken Mexikanisch konnte. Sie nahm Haltung an und schrie: »Chinga tu madre …«

Jetzt legten die Bullen erst richtig los. Handschellen an, rein in den Polizeiwagen, ab auf die Wache.

»Was heißt dieses ›chinga tu madre‹?«, fragte ich Lilly.

Sie grinste boshaft: »Schände deine Mutter.«

Bullenscheiße, und wir saßen mittendrin

Das Revier sah so aus, wie jedes mexikanische Revier aussieht. Ein breiter, wackeliger Holztisch, dahinter ein Sessel mit Armlehnen, davor ein paar schiefe Stühle, an der Wand die Mutter Gottes, daneben der Hochglanzpräsident. Die Bullen pressten uns auf die Stühle, schlossen die eisernen Schellen auf.

Dann huschte ein kleines Männlein im weißen Kittel herein, die Bullen standen stramm.

»Medico«, sagte einer und wies mit der ganzen Hand auf uns. »Cabróns.«

»Scheißkerle«, dolmetschte Lilly für mich.

Darauf flog eine Flut wilder Brocken durch das Revier, die nicht einmal Lilly kapierte.

»Aaahh«, sagte der Arzt auf einmal und wischte die Beamten mit beiden Händen aus dem Revier. Ihm war ein Licht aufgegangen, jedenfalls strahlte er. Mit dem linken Zeigefinger tippte er auf meine Stirn: »Du besoffen.«

»Ich nur getrunken«, lallte ich, »Tequila Sunrise.«

»Zu viel Tequila«, grinste der Doktor, »in Mexiko ein Tequila zu viel Tequila. Du verstehen? Null erlaubt.«

Ich schluckte.

»Führerschein«, bellte er.

»Hab keinen«, antwortete ich wahrheitsgemäß, weil man mir den vor ein paar Wochen entzogen hatte, als ich in München in eine ähnlich missliche Lage geraten war.

»Verstehe«, höhnte der Doktor, »macht Sache nicht besser.« Doch dann bemerkte er meine Uhr, meine Rolex Oyster mit Präsidentenarmband.

»Schön Uhr«, sagte er, ging zunächst jedoch nicht weiter darauf ein. Stattdessen schob er mir ein Formular zu mit lauter mexikanischem Zeugs drauf. Ich zuckte die Schultern.

»Nix ausfüllen«, sagte er, »machen Blutprobe auf Mexikanisch.«

Er schnappte sich das Papier, schob das eine Ende unter meine Unterlippe, das andere unter seine Nase: »Du blasen!«

Ich blies. Angeekelt, als sei er auf einem Haufen Hundescheiße ausgerutscht und auf dem zweiten Haufen mit dem Gesicht gelandet, verdrehte der mexikanische Medizinmann die Augen: »Du zu, du sein stinkbesoffen.«

Er rümpfte die Nase, während er meiner Rolex einen liebevollen Blick schenkte. Sie war aus Hongkong, aber das wusste nicht mal Lilly.

Paul Sahner interviewt Rudi Carrell 1974 im Swimmingpool

Im Gespräch mit US-Außenminister Henry Kissinger

Filmregisseur Woody Allen und Paul Sahner

Auf Mission mit 007: Sir Roger Moore

Besser geht's nicht: Zusammentreffen mit Jack Nicholson

Spaziergang mit Klaus Kinski im Englischen Garten 1975

Eine der wichtigsten Stationen in Sahners Leben:
Das Interview mit dem 14. Dalai Lama 1995 in der Mongolei

Udo Jürgens und Paul Sahner verband eine tiefe Freundschaft

Unter einer Decke mit der Godmother of Punk: Nina Hagen

Interview mit Superweib Veronica Ferres 1997

Mit Topmodel Naomi Campbell 1997 auf der Couch

Suchtgipfel mit Konstantin Wecker und Harald Juhnke 1996 in Berlin

Paul Sahner und Gerhard Schröder
1995

Interview mit Anna Netrebko
in Salzburg 2013

Er sagte irgendetwas Drohendes, da schneite ein Kerlchen in die Zelle, in Handschellen, vorgeführt von einem Bullen. Irgendwie bekam ich mit, dass das Kerlchen mit seinem Moped einen Passanten angefahren hatte. Dasselbe Papier, dieselbe Blutprobe.

»Nix«, sagte der Doktor. Und gab dem Beamten dennoch die Order: »Einsperren!««

Das Kerlchen wurde abgeführt. Er hätte mich nicht so triumphierend anschauen müssen, ich wusste auch so, was die Glocke geschlagen hatte, und reichte ihm meine Rolex.

Er hielt sie gegen das Licht und fand sie echt gut.

Gerade wollte ich aufstehen, da lärmte es vor der Tür, als würden die gesammelten Horden des Hernán Cortés den Flur niedertrampeln (der spanische Konquistador, der am 13. August 1521 Tenochtitlán, die Hauptstadt des Aztekenreichs, erobert hatte).

Zurück zur Gegenwart: Durch die Tür brach ein Schnauzbart, dessen wirren Pony und Pupillen ich schon mal gesehen hatte. Er schluchzte: »Hernando Cortés, Taxifahrer.« Er hieß wirklich so. Und er stürmte nicht allein die Bude. Hinter ihm sein heulendes Weib und ungefähr sieben heulende Kinder.

»Existenz kapuuutt«, dröhnte er und fuchtelte mit seiner behaarten Pranke vor meinem Gesicht rum. Lilly kicherte, ihr machte offensichtlich Spaß, wie ihr deutscher Lover in der mexikanischen Pfeffermühle zermalmt wurde.

»Auto kapuuutt«, winselte der Taximensch, »Familie nix essen.«

Alles halb so wild, dachte ich, 'n kleiner Blechschaden. Doch er dröhnte weiter: »Auto nix reparabelll, kosten zweitausend Dollar.«

Das schien selbst dem Doc eine Unverschämtheit zu sein. Er blickte auf seine Rolex – seine! –, als sei ein Rechencomputer eingebaut. Dann herrschte er den Taxifahrer an: »Höchstens fünfhundert.«

»Höchstens dreihundert«, warf ich schnell, aber erleichtert ein.

»Vierhundert«, tönte es aus der Ecke. Nicht der Taxifahrer, seine Frau hatte die Initiative ergriffen.

»Dreihundertfünfzig«, rief ich.

Dreihundertfünfundsiebzig. Das letzte Wort.

Ich zückte meine Eurocheques, weil ich wusste, dass sie in Mexiko nicht akzeptiert wurden.

»Nix Papier«, fluchte der Fahrer, »Dollaaars.«

Der Arzt nickte, während er liebevoll auf seine neue Uhr blickte, als freue er sich schon auf den Schichtwechsel in drei Stunden. Dann sprach er feierlich: »Der Mann recht, du Bargeld holen.«

Lilly hatte 'ne gute Idee: »Ich ras ins Hotel, da haben wir doch noch tausend Dollar.«

Du bist bekloppt, mein Kind, dachte ich und sagte: »Meine Freundin will ins Hotel, da haben wir genau noch dreihundert Dollar.«

»Tausend«, sagte der Doc düster, »alles her, nie wissen wozu.«

Der Taxifahrer mit dem angeblichen Totalschaden erbot sich, Lilly mit seinem angeblich total kaputten Auto ins Hotel zu bringen. Für zwanzig Dollar.

Mordida tut weh, Geld macht Pflaster

»Tequila?«, fragte der Bullendoc, als wir endlich allein waren.

»Kaffee«, wünschte ich ihn freundlich zum Teufel.

Er warf einen vollen Aschenbecher an die Tür, durch die sofort ein Bulle den Kopf steckte. »Kaffee«, brüllte der Doc, »zwei«.

Dann lächelte er mich so gewinnend an, als wären wir beste

Freunde, die schon ihr ganzes Leben lang gemeinsam durch Dick & Doof gehen. Ich witterte die Finte, aber er fragte ganz freundlich: »Du kennen Mexiko?«

Bedauernd schüttelte ich den Kopf, diesmal fast traurig.

»Mordida ist Biss«, erklärte er mir geduldig.

»Okay«, murmelte ich.

»Mordida«, fuhr er mit erhobener Stimme fort, »nicht nur Biss. Mordida auch Bestechungsgeld. Da beißen tut weh, Geld macht Pflaster.«

Er blickte mich streng an und senkte seine Augen auf das Blas-Papier, das immer noch zwischen uns auf dem Tisch lag.

Er schloss die Augen, so als wolle er philosophieren. Und er philosophierte: »In Mexiko eine Moral. Die Moral der Unmoral.«

»Aha«, sagte ich und dachte sogleich an die uniformierte Sünde, die vermutlich nichts als Strapse unter ihrem Dienstrock anhatte.

»Moral der Unmoral«, riss mich der Doc aus meinen Träumen, »ist, wir alle arm, du reich. Du geben wenig, wir kriegen viel.«

Er griff mit beiden Händen nach dem Blas-Papier, so als wolle er es zerreißen.

Tu's doch, dachte ich, doch er dachte nicht daran. Ganz traurig, als müsse ich ihn trösten, sagte er: »Ich deine Uhr, ich okay. Aber Polizei nix okay.«

»Polizei nix okay?«, fragte ich besorgt.

»Polizei zwei, dich nehmen fest. Ihnen muss Maul stopfen. Sonst du Gefängnis.«

»Wie Maul stopfen?«, wollte ich wissen.

»Hundert für ein Maul«, kicherte der Doc, erfreut darüber, dass ich so rasch begriffen hatte. »Sind zweihundert Dollar für zwei Mäuler.«

Plötzlich schrie er, als würde ein zahnloser Vampir ihm die Eier lutschen. »Angelina, Angelina, mein Engelchen.«

Da stand sie. Sie!!! Meine Angelina. Die tanzende Sünde von der Avenida Revolución.

Sie stellte den Kaffee vor uns hin, schwapp, schwapp. Dann machte sie eine knappe Kehrtwendung auf ihren frisch gewienerten Polizeistiefelchen und marschierte mit ihrem Knackarsch raus. Einfach raus, so als sei nichts gewesen.

Es lief mir runter, ich klatschte mir mit der Innenhandfläche vor den Kopf, als ob ich mich selbst beruhigen müsste. Träumte ich? Sah ich Gespenster? War wieder einmal meine Sexsicherung durchgebrannt? Oder war es dieser verdammte Tequila?

»Salud«, sagte der Doc und stieß mit seiner Tasse an meine an, »du doch wollte Kaffee? – Süße Angelina«, schmatzte der Doc, leckte mit seiner widerlichen Zunge über seine widerlichen Lippen wie der widerlichste mexikanische Machismo. »Süß, leider verheiratet.«

Ich machte den Lässigen: »Ganz schön, nicht übel.«

»Ehemann«, sagte der Doc, der mich längst durchschaut hatte, »Ehemann Kollege. Ehemann auch Polizei.«

Das machte die Sache nicht besser, dachte ich, doch er dachte laut: »Hundert, wer weiß? Hundert für mich, dann ich raus, hundert für sie, dann sie rein.« Umwerfende Logik.

Und rollte ihren Rock hoch, Millimeter für Millimeter

Noch zweifelte ich. Was würde sie sagen, mein schwarzer, perlweißer Engel der Sünde? Und was würde sie sagen, Mrs. – o ja, sie war auch verheiratet – Mrs. Pan-Am-Lilly, die gerade einen Riesen besorgte?

Der Doc starrte mich an mit Blicken wie Röntgenstrahlen, dann popelte er mit seinem Daumen – Daumen! – in der Nase, fischte, drehte und schoss das Kügelchen an eine Holztür hinter sich, indem er sprach. »Dahinter nix niemand stören. Mein Zimmer.«

Ich lehnte mich an sein Behandlungsbett und machte, was ich schon seit siebenunddreißig Jahren nicht mehr gemacht hatte. Ich kaute auf meinen Fingernägeln rum.

Die Tür öffnete sich, sie huschte rein, ach was, sie schwebte, meine Angelina, mein Engel.

Sie schwebte in meine Arme, sie sagte nichts, sie war ein Engel. Linker Arm nach links, rechter Arm nach rechts, ich hatte schon Angst, mein Engel könnte davonflattern.

Dann kreiste sie mich ein. Nicht sie, ich hob ab. Mein schweigender Engel berührte mich, tastete, suchte, fand, rieb, kniff, küsste, schob, schnupperte, leckte und sagte kein einziges Wort.

Ich schob sie von mir, ganz leicht nur, ich wollte mich ausziehen.

»Nein«, sagte sie plötzlich, »ich.«

Sie nahm ihre Hände, die immer noch in ihren schwarzen ledernen Diensthandschuhen steckten, und rollte ihren Rock hoch, Millimeter für Millimeter. Es war zu dunkel, um zu sehen, ob der Engel Strümpfe anhatte. Egal, jedenfalls hatte der Engel ja Strapse an, dachte ich immer noch. Millimeter für Millimeter.

Langsam näherte sie sich dem Punkt, an dem bei Frauen auf der ganzen Welt die Strapse beginnen, vorausgesetzt sie tragen keine Blaustrümpfe. Aber sie hatte keine Strapse. Millimeter für Millimeter, dann lag das Paradies vor mir. Ein lockendes, süßes, enges Paradies, einfach so, ein seidiges Gebüsch, auf dem etwas glänzte, was wie Tau aussah.

Ein Paradies für mich allein. Ich war der Apfel, ich war die Schlange, ich war der Biss.

Ach ja, Freunde, was soll ich noch schwelgen, fahrt selber hin. Auf nach Tijuana. Avenida Revolución, Tanz auf dem Vulkan, Angelina, Engel der Sünde.

Und nicht vergessen: Mordida – der Biss.

Sockis Tagebuch

Dienstag

An dieser Geschichte interessiert mich nur eins: Wie kam die manns-
tolle Polizistin ins Penthouse? Ich muss Paule zur Rede stellen, aber
das wird schwer sein. Heute hat er seinen Redaktions-Jetlag. Das
ist immer bei ihm der Fall, nachdem er am Montag bei BUNTE
herumtelefoniert hat. Die geschlossenen Räume verträgt er nicht
mehr, er braucht frische Luft. Entweder in Lanzing oder im Englischen Garten. Dort auf dem Kleinhesseloher See kann er sogar
beim Bootfahren arbeiten. Das Problem ist nur, dass die Boote zu
klein sind, um die BUNTE-Redaktion aufzunehmen. Wenn der Berg
nicht zum Propheten kommt, muss der Prophet eben in die BUNTE.
Morgen weiß ich aber bestimmt mehr.

Mittwoch

Paule (sitzt in seinem Lieblingssessel und ist in Erzähllaune, ich
schreibe mit): Mein mexikanisches Abenteuer hatte natürlich einen
speziellen Hintergrund. Wenn ich in München war, arbeitete ich
hart, aber einmal im Jahr gönnte ich mir zwei, drei Monate Ferien.
Ich musste raus, meine Freiheit leben, wollte die Welt kennenlernen.
Ende der Achtziger verschlug es mich nach Amerika. Auf dem High-
way No. 1 fuhr ich runter nach Monterey, wo Steinbeck seinen
Roman »Die Straße der Ölsardinen« angesiedelt hatte. So wollte
ich schreiben, wie Steinbeck. Oder vielleicht doch eher wie Bukowski, an dessen Fersen ich mich in L. A. heftete.

Nach meinem Intermezzo in Tijuana überlegte ich, wie Bukowski
das wohl in eine Geschichte verpacken würde, und begann die
Story aufzuschreiben. Irgendwann erzählte ich meinem Freund und
Kollegen Mathias Nolte davon, der heute so wunderbare Bücher
schreibt wie »Miss Bohemia«, die man gern Freunden schenkt.
Damals war Matzi Chefredakteur von Penthouse in Zürich, wo er

mit seiner Freundin, der großartigen Schauspielerin Christiane Hörbiger, lebte. Mathias wollte die Story unbedingt in seinem Heft haben, für das er den Untertitel erfunden hatte: »Das Magazin, in dem alles steht«.

Schnell einigten wir uns beim Honorar auf die Summe, die mich mein mexikanischer Crash gekostet hatte. Dem Schweizer Penthouse-Verleger Carlo Frey gefiel meine Kurzstory so gut, dass er mich prompt zum Chefredakteur machen wollte, weil Mathias andere Pläne hegte. Ich lehnte ab. Vier Jahre später, nach einem weiteren Chefredakteur, erneuerte er sein Angebot. Es war zu hoch, um abzusagen.

Als Chefredakteur trennte ich mich von Rolf Hochhuth, der auch für Penthouse permanent über die Nazizeit schreiben wollte. Einmal bot er mir einen Essay über Hitler und die Frauen an. Ich strich ihn von der Autorenliste. Weil ich den literarischen Anspruch aber bei-behalten wollte, rief ich den Kritikerpapst Marcel Reich-Ranicki an: »Herr Reich, ich möchte gerne ein Interview mit Ihnen machen.«

»Ja, wer sind Sie überhaupt? Was können Sie?«, brummte er wie ein im Winterschlaf gestörter Eisbär.

»Na ja, ich kann Interviews machen und bin jetzt Chef vom Pent-house«, sagte ich.

Reich-Ranicki: »Das Magazin mit den Nackten? Bringen Sie denn eine Nackte mit zum Interview?«

Nach ein paar Tagen gingen die Verhandlungen am Telefon wei-ter, er forderte 5000 Mark Honorar. Ich wehrte ab: »Herr Reich, Sie werden berühmt durch das Interview, und ich will von Ihnen kein Geld.« — »Okay«, sagte er zuletzt. »Dann bin ich Ihnen zuliebe wie eine gute Nutte — wenn sie einigermaßen verliebt ist, macht sie's umsonst.«

Socki: Marcel Reich-Ranicki als eine gute Nutte. Das muss man sich erst mal auf der Zunge zergehen lassen.

14

Ziemlich echte Freunde

Sockis Tagebuch

Dienstag
Nackte hin oder her – Paules Zeit bei Penthouse war zwei Jahre
später schon wieder zu Ende. So wie ich braucht Herrchen wohl
seine Freiheit. Also landete er 1995 wieder bei der BUNTEN.
Da machte er weiter mit seinem Fairtrade-Journalismus: Storys
schreiben, bei denen er die Betroffenen überzeugen kann, dass es in
ihrem Interesse ist, öffentlich über intimste Dinge zu sprechen. Sollte
ihm das nicht gelingen, dann schweigt Paule. Ich kriege trotzdem
alles aus ihm raus. Mal sehen, wen wir als Nächstes filetieren.

Mittwoch
Ich streike. Ich halte diesen Gerhard Schröder, um den es in diesem
Kapitel gehen soll, für ein Auslaufmodell der SPD: Kanzler a. D.,
auf der Payroll eines russischen Gasrohrverlegers (Nord Stream zu
51 Prozent von Gazprom gehalten), eines Schweizer Zeitungsmagna-
ten, einer Bank mit hervorragenden Rotweinen, überdies Millionär
und Machtmensch der alten Schule. Kein anderer deutscher Staatschef hat es so weit gebracht und meisterhaft verstanden, sich sein
Volksmandat so lukrativ zu vergolden wie Genosse Schröder. Für
mich, eine Katze aus der Arbeiterklasse, ist das ein Grund, ihn zu
bestreiken. Mit Trillerpfeife und Protestparolen. Soll sich Paule allein
sein Gehirn zermartern, was er über ihn schreibt.

Die Brioni-Klasse

Schröder, Mandela und Sahner. Was uns drei verbindet, ist Stoff für Legenden. Von Brioni stammt er, der italienischen Nobelmarke der Mode für mächtige Männer. Es ist die einzig echte Alternative, wenn man keinen englischen Maßanzug aus der Savile Row tragen will. Nelson Mandela zählte zur Stammkundschaft des römischen Schneiders. Der südafrikanische Präsident trug bei seinen offiziellen Auftritten nie eine andere Marke. Gerhard Schröder marschierte 1998 in einem Brioni-Anzug zum Wahlsieg. In diesem Edelzwirn erzielte er für die SPD das zweitbeste Wahlergebnis nach Willy Brandt. Die Liebe zu Brioni bekannte Schröder öffentlich, indem er sich 1999 vom Starfotografen Peter Lindbergh für ein Lifestylemagazin fotografieren ließ. Gute PR für die Nobelmarke, schlechte für den Kanzler.

Ich erhielt meinen ersten maßgeschneiderten Brioni bei einer Reportage über den Markenboss Umberto Angeloni im Sommer 2000. Signore Angeloni hatte mir prophezeit: »Brioni-Anzüge sprechen. Sie erzählen von Macht, Selbstsicherheit, von gutem Geschmack, persönlichem Stil und zeitlosen Werten. In Brioni-Anzügen vermitteln Politiker den Menschen etwas Stabiles, etwas Zuverlässiges, etwas Ehrliches und Echtes. Sie werden sehen, in unserem Brioni-Anzug werden Sie eines Tages noch zur Reporterlegende...«

In seinem Jaguar chauffierte er mich von Rom in das Atelier in Pescara. In Brionis Heldenschmiede wurde ich vermessen. Die Maße 1:1 als Skizze auf Karton übertragen, bleiben auf Lebzeiten aufgehoben. Signore Angeloni schmeichelte: »Ihr Pappkamerad hängt künftig direkt vor dem von Gerhard Schröder. Wir gehen in unserem Depositorium alphabetisch vor.«

Nach vier Wochen kam mein himmlisch leichter Anzug aus Gabardine »Vaticano« per Luftpost. Ohne Rechnung. Als ich auf Zahlung bestand, wurde mir mitgeteilt: »Sie kennen so viele Menschen, machen Sie Mundreklame für uns.« Zahlen war mir lieber. Ich setzte mich durch.

Ein Jahr später stieg ich in die Chefredaktion von BUNTE auf. Ob ich in dem Brioni-Teil die Wahl zum bestangezogenen Mann des Hauses gewonnen hätte, diese Frage stellte sich für mich nie, weil die Führungsriege um Hubert Burda selbstverständlich maßgeschneidert an die Spitze marschiert. Aber zugegeben – dass ich mit Mandela, Kofi Annan, Donald Trump, Richard Gere, Pierce Brosnan als James Bond oder Prinz Andrew nun als »Brioni-Reporter« gleichziehen konnte, erfüllte mich mit Stolz und polierte mein Selbstbewusstsein gehörig auf. Zum beruflichen Fortkommen trugen mitunter auch meine Interviews mit Gerhard Schröder bei. Er war eloquent und hatte Humor. Anfangs verstanden wir uns prächtig. Zum Zeitpunkt meiner Beförderung allerdings waren wir bereits ziemlich schlechte Freunde.

Bevor ich weitererzähle, muss ich Socki erst mal ihre Streikmahlzeit servieren. Sie bei Laune zu halten ist wichtig. Katzen sind die neuen Stars unserer Tage. Katzen haben den Hund in der globalen Beliebtheitsskala als Haustier verdrängt. Sollte dieses Buch ein Bestseller werden, dann nur, weil Socki meine Koautorin war. Und wenn jemand mein Verhältnis zu Schröder richtig analysieren kann, dann sie. Die Gegensätze sind krass: Ich bin ein Katzenmensch, Schröder ist Hundefreund. Aber eins hat er mit Socki gemeinsam: den ausgeprägten Jagdinstinkt nach Macht und Mäusen.

Kraftwerk Schröder – und was sind seine Schwächen?

Hannover, Juli 1995. Wird er ein neuer Kanzler Schmidt? In der SPD spitzte sich das Tauziehen um den K-Kandidaten zu. Schröders Chancen, nominiert zu werden, stiegen von Tag zu Tag. Sein Rivale Oscar Lafontaine schreckte mit speckigen Anzügen ab, dem spröde wirkenden Rudolf Scharping schadete sein unorganisierter Bartwuchs, was sich laut Meinungsforschern »bei der weiblichen Wählerschaft negativ auswirkt«. Auf Schröders Weg nach oben – im exklusivsten, perfekt geschneiderten Brioni-Zwirn – war ich für BUNTE dabei.

Als Niedersachsens Ministerpräsident empfing er mich und meine Kollegin Ann-Kathrin Akalin in seinem fünfundsechzig Quadratmeter großen Büro in der hannoverschen Planckstraße. Ich bekam einen Vorgeschmack auf das »System Schröder«. Ein Kollege vom SPIEGEL nannte es »das geräuschlose Nichts«. So funktionierte es auch. Stille herrschte im Raum. Kein Telefon klingelte, kein Besucher wartete draußen. Schröder regierte bei offener Tür, rief seiner Sekretärin Sigrid Krampitz zu, mit wem er verbunden werden wollte, oder verlangte nach einer Tasse Kaffee. Zwei Liter pro Tag war seine Ration. Die Mitarbeiter kamen ungezwungen, ohne anzuklopfen, rein.

Sein Schreibtisch war pingelig aufgeräumt, das Regal luftig mit großen Lücken eingeräumt. Brockhaus, Grass, Böll, Brecht. Hätte ich es gewusst, wie viel freien Platz er noch übrig hat, hätte ich ihm gerne einige Bände mitgebracht. Aber las er überhaupt viel? Die Bücher wiesen kaum Benutzerspuren auf, schlummerten dekorativ vor sich hin. Nur die Bildbände schienen etwas abgegriffen. Baselitz, Lüpertz, Immendorff. Die kolorierten Skizzen an den Wänden ließen sich schwer deuten: Sumpfgras im Wind, Moos mit Morgentau, Schilf im Nebel? Die Schattierungen von Braun, Grün bis Grau überwogen. Es waren freundliche Leihgaben niedersächsischer Künstler.

Schröder zündete sich eine fette Havanna an. Sein Kopf verschwand in den Rauchschwaden. Je kritischer meine Fragen wären, umso besser, stachelte er mich an. Denn es gehe ihm ja nicht um sich, sondern um Deutschland. Genau: um Deutschland. Er dachte schon immer groß, seine Visionen trug er vor sich her wie ein schwarz-rot-goldenes Banner. Ich begann das Gespräch mit einer fabelhaften Anekdote, die damals in Bonn die Runde machte:

Sahner: Sie sollen, Herr Schröder, in später Nacht am Eisengitter des Kanzleramtes gerüttelt und lautstark gerufen haben: Da will ich rein! Hübsch erfunden, oder?

Schröder: Nein, ich kann das nicht dementieren. Das stimmt, das hat sich genau so abgespielt. Aber es ist lange her: Es war eine laue Sommernacht 1981. Ich war ein junger Bundestagsabgeordneter, neben dem Kanzleramt gab es die Kneipe »Provinz«, ein paar Freunde waren dabei. Dann habe ich an den Gitterstäben des Kanzleramtes gerüttelt und gerufen, ich will hier rein. Jemand hat das weitererzählt, seitdem kursiert die Geschichte.

Socki (nach dem Verzehr von frischer Kalbsleber pirscht sie sich mit blutverschmiertem Mund heran): Also hör mal Paule, wann war diese olle Kamelle?

Paule: 1995 ...

Socki: Komisch, kürzlich, also 2015, bei dem politischen Sonntagsgespräch im Unterbräu in Markt Schwaben bei München, hat Gerhard Schröder auf die Frage, warum er Kanzler wurde, nicht lange herumgesülzt: »Ich wollte die Macht.«

Paule: Er fing in einem Porzellangeschäft als Ladenschwengel an.

Socki (jetzt doch von Interesse gepackt): Was, als Elefant?

Paule: Das kam erst später, als er Kanzler wurde.

Socki: Wie lange blieb er da?

Paule: Er beendete seine Lehre und wechselte danach die Stelle. Hier sagte er dem Ladenbesitzer allerdings nach kurzer Zeit, dass er nicht länger als Verkäufer arbeiten wolle. Er werde Abitur machen und Jura studieren.

Socki: *De facto, de jure, pro forma.* Kann ich ohne Studium auch.

Paule: Was dir fehlt, ist Schröders akkurater Seitenscheitel. So sieht ein klassischer Volljurist aus, wie Perry Mason, optisch und praktisch Schröders Vorbild.

Socki: Wer zum Henker ist das?

Paule: Schröder erzählt, wenn er als Altkanzler durch die Provinz tingelt: Er studierte Jura, weil ihm Perry Mason wahnsinnig imponierte. »Ich habe die TV-Serie immer geguckt und gedacht, so möchtest du auch mal werden.« Mason war als fiktiver Strafverteidiger in zweiundachtzig Romanen und zwei Kurzgeschichten des amerikanischen Autors und Rechtsanwalts Erle Stanley Gardner unglaublich populär geworden. Daraus entstand 1957 eine unendliche Fernsehserie, ein richtiger Straßenfeger.

Socki: Warum?

Paule: Weil Mason seine Prozesse immer gewonnen hat. Und genau das wollte Schröder auch.

Socki: Wo ist sein Traum von der Macht abgeblieben?

Paule: In unserem ersten BUNTE-Interview 1995 klärte er mich auf: »Machtinstinkt ist die Grundvoraussetzung für Politik. Jemand, der politisch arbeitet und ohne Machtbewusstsein ist, der ist wie ein Jagdhund, den man zur Jagd tragen muss. Entweder lügt er, wenn er sagt, er habe kein Interesse an der Macht, oder er soll den Job lassen.«

Socki: Hat ihn jemand gefürchtet?

Paule: Helmut Kohl hat 1998 mit Schröder als Herausforderer fest gerechnet. Aber Schröder hat diese Frage im Interview geschickt heruntergespielt: »Man muss dem Kanzler ja auch nicht alles glauben.«

Socki: So ein Filou.

Paule: Meinen späteren Freund, den Scharping-Rudi, nahm Kohl als Herausforderer nicht ernst. Das war der Unterschied.

Socki: Na gut, rasender Reporter, lass deine Schröder-Fragen hören.

Sahner: Sie brennen vor Ehrgeiz, Herr Schröder. Hat das mit Ihrer Kindheit zu tun?

Schröder: Ja, bei vier Geschwistern, die Mutter Kriegerwitwe verständlich. Ich musste mich von Anfang an darum kümmern, dass ich nicht zu kurz komme. Das beginnt schon als Kind mit dem Kampf um einen guten Brocken auf dem Teller. Natürlich hatte ich einen ungeheuren Antrieb, aus diesen beengten Verhältnissen herauszukommen. Ich will nicht ausschließen, dass das immer noch so ist. Das erklärt ein bisschen den Stil und die Art und Weise, wie ich meinen Beruf ausübe. Wer glaubt, er könne sich abkoppeln von seiner Vergangenheit, seinem Werdegang, der irrt sich.

Sahner: Was verdanken Sie Ihrer Mutter?

Schröder: Das Leben zunächst.

Sahner: War sie eine kluge Frau?

Schröder: Im Sinne von belesen sicher nicht, weil sie gar keine entsprechende Ausbildung hatte, aber im Sinne von Lebensklugheit sicher. Ich glaube, ihre eigentliche Lebensleistung besteht darin, unter schwierigsten Umständen sich selber und ihre Kinder durchgebracht zu haben. Wenn man sich heute mit zeitlichem Abstand diese Lebensleistung vor Augen führt, dann müsste man diesen Frauen eigentlich ein Denkmal setzen.

Socki: Eigentlich eine steile Vorlage, Schröders Mutter bald zu interviewen.

Paule: Die Idee hatte ich schon. Doch zunächst fragte ich ihn nach der Ehefrau:

Sahner: Das wunderbare Kompliment eines dankbaren Sohnes. Aber was wären Sie, Herr Schröder, ohne Ihre Frau?

Schröder: Ja, wenn ich das nicht wüsste, ginge es mir schlechter, und zwar ganz umfassend. Also, was bedeutet für mich meine Frau? Erstens liebe ich sie, zweitens ist sie der einzige Mensch neben meiner Mutter, dem ich rückhaltlos vertraue und vor dem nichts verborgen bleibt. Sie ist ungewöhnlich sensibel, was ich nicht bin. Sie ist für mich ein schwieriges, gelegentlich auch hartes, aber immer akzeptiertes Korrektiv in Dingen, wo ich nicht so sicher bin.

Socki: Von welcher Ehefrau sprach er denn?
Paule: Nummer 3, Hillu. Mit ihr war er von 1984 bis 1997 verheiratet. Sie brachte aus der ersten Ehe mit einem Polizisten zwei Töchter mit: Wiebke und Franca.
Socki: Haben die Stiefvater Gerd gewählt?
Paule: Schröder sagte: »Mal so, mal so, aber sie würden nie rechts wählen. Ihre Entscheidung wird zwischen Rot und Grün fallen.«
Socki: Aber das war schon nach der Scheidung von Hillu.
Paule: Der Rosenkrieg zog sich über Monate hinweg. Die Presse wälzte es breit aus, ähnlich wie bei Boris Becker.
Socki: Was ist da passiert?
Paule: Es ging Schlag auf Schlag. Im Sommer 1995 hing der Ehehimmel bei den Schröders noch voller Geigen. Ich habe damals kurz vor den Ferien gefragt:

Sahner: Wohin geht die Reise mit Ihrer Gattin, Herr Ministerpräsident?
Schröder: Wir verreisen nicht. Wir bleiben zu Hause. Unsere jüngere Tochter Franca ist da, die ältere macht gerade den ersten Teil ihres Examens. Hillu und ich werden den Garten in Ordnung bringen, mit den Hunden spazieren gehen, wir haben drei. Einen Neufundländer, einen Jack-Russell-Terrier und einen griechischen Mischlingshund. Wir werden ein bisschen Tennis spielen, werden mit unserem Auto, einem alten Geländewagen, durch die Landschaft fahren.

Socki: Der Mann hat Familiensinn.
Paule: Was niemand wusste und Hillu wohl nicht ahnte: Zu diesem Zeitpunkt, also 1996, hatte Gerhard Schröder bereits auf einer Bohrinsel vor Norwegen eine Journalistin vom

FOCUS kennengelernt. Die mitreisenden Journalisten hatten schon während des Hinflugs beobachtet, wie sich Schröder mit der attraktiven SPD-Expertin vom FOCUS vertraulich unterhalten hatte. Hinter halb verschlossener Tür steckten sie die Köpfe zusammen. Schröder soll der blonden Journalistin ins Ohr geflüstert haben. Ein Jahr später wurde sie Niedersachsens neue First Lady.

Socki: Aber zuerst war sie die heimliche Geliebte?

Paule: Das wissen wir nicht. Nach einem Jahr Geheimniskrämerei zog sie bei Schröder in Hannover ein, die Ehefrau zog aus. Hillu fing gleich an zu tippen, ein Enthüllungsbuch über ihre Ehe und »Die allzu menschlichen Schwächen der Politiker«. Ich fuhr wieder nach Hannover, es war im Juni 1996, und stellte die Frage:

Sahner: Herr Schröder, haben Sie Angst vor Hillus Rache?

Schröder: Sie meinen sicher, ob ich mich vor dem Buch fürchte, an dem sie arbeitet? Nein, Angst davor habe ich nicht. Ich weiß nicht, was drinsteht, aber ich werde es sicher lesen ... Sie wird wissen, was man darf und was man nicht darf. Deswegen finde ich es spannend, dass sie schreibt.

Sahner: Der Titel des Buches ist Programm: »Auf eigenen Füßen«.

Schröder: Auf eigenen Füßen zu stehen war immer etwas, was sie konnte und gemacht hat. Jetzt vielleicht noch besser als früher.

Sahner: Könnte in dem Buch etwas stehen, was Sie kränkt?

Schröder: Ich habe eine private Entscheidung getroffen, die war aus meiner Sicht notwendig und richtig. Wir haben vereinbart, dass wir darüber nicht reden. Ich habe allen Grund, großen Respekt vor meiner Frau zu haben.

Sahner: Also erwarten Sie auch keinen harten Kurs von ihr?

Schröder: Es gibt keinen Grund dafür, weil es nichts gibt, was aufgewaschen werden müsste.

Sahner: Es heißt, Hillu sei auch bereit für die große Politik.

Schröder: Ihr Selbstbewusstsein ist bemerkenswert. Ihre einzelnen Bemerkungen zur Politik habe ich nie kommentiert, weil sie auch nicht zu kommentieren waren. Lassen Sie uns jetzt aber mal über die richtige Politik reden.

Socki: Die Schröder-Affäre war wochenlang der *running gag* bei Harald Schmidt, der sie Niedersachsens Antwort auf Liz Taylor nannte.

Paule: Danach habe ich Schröder natürlich gefragt:

Sahner: War das von Harald Schmidt nur frech oder geschmacklos?

Schröder: Über Niveau lässt sich immer streiten. Dass längst nicht alles geschmackvoll war, was Harald Schmidt verbraten hat, ist klar. Aber seine Sendung soll ja auch nicht geschmackvoll, sondern provokant sein, und wenn man dann gelegentlich Opfer ist, dann bleibt einem ja gar nichts übrig, als sich hinzusetzen und zu sagen: *So what?*

Sahner: Ihre Gelassenheit verwundert, schadet das denn nicht Ihrem Image?

Schröder: Ob das schadet oder nicht, darüber denke ich nicht nach. Ich lebe mit Harald Schmidt wie mit gelegentlichem Schnupfen oder Grippe.

Socki: Der Mann hat Humor.

Paule: Seine beste Antwort war, als ich ihn fragte:

Sahner: Haben Sie schon Karten für den nächsten Wiener Opernball?

Schröder: Nein. Aber ich muss mir ernsthaft überlegen, ob ich dort wieder hinfahre. Eines spricht dafür. Ich habe ja einen Frack gekauft. Und der muss sich amortisieren. Das heißt, gelegentlich muss ich ihn wieder anziehen.

Blitztrauung in Hannover

Freitag, 17. Oktober 1997. Die »Clintons aus Niedersachsen«, so der Spitzname des Paares Schröder, waren Geschichte. Nur dreiundzwanzig Tage nach seiner Scheidung von Hillu führte Niedersachsens Ministerpräsident Gerhard Schröder die Journalistin Doris Köpf heimlich zum Standesamt – als vierte Ehefrau.

Die Kräuterhexe aus dem Wald hätte vor diesem Hochzeitsdatum gewarnt. Die Teufels-Sieben, die Sieben Gaben des Heiligen Geistes, die Sieben Todsünden, kein gutes Omen – am 7. April ist auch Gerhard Schröder geboren. Prophezeit hat es ihm niemand, doch nach siebzehn Jahren wird auch seine vierte Ehe gescheitert sein. Aus der Amour fou, einer leidenschaftlichen, verrückten Liebe, wird für Doris ein gewaltiger Karrieresprung. Ein privates Arbeitszimmer im Kanzleramt wird sie bekommen, sie wird ihren Gerd beraten und kultivieren, sie wird später kurz im Aufsichtsrat einer deutschen Kaufhauslegende sitzen, weil ihr Gerd einige ziemlich gute Freunde hat, wie Nicolas Berggruen, der »Mister Karstadt«, zu dessen Buch »Klug regieren: Politik für das 21. Jahrhundert« er das Vorwort geschrieben hatte. Und schließlich wird Doris selbst in die Politik gehen, die Seilschaften ihres mächtigen Mannes nutzen und als SPD-Abgeordnete ins niedersächsische Parlament rutschen.

Und weil man sie dann doch nicht als Sozialministerin wird durchsetzen können, erhält sie ein Trostgeschenk: Die Landesbeauftragte für Migration und Teilhabe wird sie sein, ein Amt wie für sie gemacht. Was Hollywood für die Welt produziert, macht Hannover im Taschenformat nach. Die amerikanische TV-Serie »House of Cards« könnte ein niedersächsisches Pendant bekommen: »Das Kartenhaus von Gerd«. Helmut Dietl ist leider schon im Himmel. Dieter Wedel, übernehmen Sie! Aber schnell: Noch könnte Mario Adorf den Altkanzler Schrö-

der als Aussteiger an der türkischen Riviera spielen. Ohne
Bart.

Socki: Die Hochzeit mit Doris muss doch für Schröder russisches Roulette gewesen sein: sechs Monate vor den Landtagswahlen.
Paule: Schröder ist ein Russlandfan.
Socki: Lies mal vor, was du über die Hochzeit geschrieben hast.
Paule (hüstel, krächzt, grzzz): Frosch im Hals …

Doris im »Hanni & Erika«

Sie hatten es sich seit Monaten versprochen. Es war ein besonders schöner Liebesschwur nach all den turbulenten Schlagzeilen: »Hochzeit ja, Rummel nein«. Doch als es dann endlich so weit war, strahlten Braut und Bräutigam um die Wette. Niedersachsens Ministerpräsident Gerhard Schröder, 53, und die Journalistin Doris Köpf, 33, gaben sich auf dem Standesamt Hannover-Altstadt das Jawort. Er mit fester Stimme, es ist ja seine vierte Ehe. Sie ein bisschen aufgeregter, weil sie zum ersten Mal heiratete.

Doris Schröder trug einen schlichten, köperbetonten, anthrazitfarbenen Hosenanzug. Maßgeschneidert vor ca. zwei Jahren in der Münchner Schneiderstube »Hanni & Erika«, Preis 615 Mark. Auch Deutschlands populärster Oppositionspolitiker hatte Anthrazit gewählt: das Hochzeitsgeschenk seiner Frau, ein englischer Einreiher von der Stange.

Socki: Also noch kein Brioni-Anzug?
Paule: Noch nicht. Schröders demoskopische Umfragewerte waren nach dem Scheidungszoff mit Hillu ziemlich im Keller.
Socki: Interessiert es heute noch jemanden?
Paule: Schröders Hochzeitsquickie gehört ins Guinnessbuch der Rekorde. Hör mal, wie findest du das … (liest vor): »Gegen

sieben Uhr früh stehen beide an diesem Freitag auf. Schröder fliegt nach Bonn, wo er einstimmig zum neuen Präsidenten des Bundesrats gewählt wird. Selbst seinen engsten Parteifreunden vertraut er nicht an, dass er am Abend heiraten wird. Auch für Doris Köpf beginnt der Hochzeitstag ganz normal: Katze versorgen, Klara zur Schule bringen, dann zu ihrem neuen Job bei Antenne Niedersachsen. Sie bereitet eine Reportage vor: zwanzigster Jahrestag der Befreiung der Lufthansa-Maschine ›Landshut‹ in Mogadischu.«

Socki: Hoppla, Doris ist ein Katzenmensch? Sie hat eine Katze – und heiratete einen Hundefreund?

Paule (lässt sich nicht unterbrechen, liest weiter vor): »Punkt 16 Uhr an diesem Tag trifft sich das Brautpaar – gehetzt, gestresst, aber rundum glücklich – in der Staatskanzlei in Hannover. Von dort geht es in Schröders Dienstwagen zur Altstadt, ein paar hundert Meter muss das Paar laufen – durch die Fußgängerzone.

Um 17:30 Uhr streift sich das Ehepaar dünne, goldene Eheringe über, die gemeinsam vor sieben Wochen in München gekauft wurden. Selbstverständlich ohne Gravur & Datum, wg. geheimer Kommandosache.

Auch abends wollen die Schröders unter sich sein. Seine Mutter, ihre Mutter, Tochter Klara, die beiden Trauzeugen mit Frauen treffen sich zum Fest-Dinner in der ›Buchholzer Mühle‹. Das Menü: Kartoffelsuppe, Ente, Walnusseis mit Pflaumen. Stolz zeigte Doris Schröder ihrer Mutter das Hochzeitsgeschenk von Gerhard: ein hundert Jahre altes Goldarmband aus Frankreich.

Die Flitterwochen fallen aus. Vor den niedersächsischen Landtagswahlen im März hat Schröder keinen freien Tag mehr. Er hat sich selbst unter Zugzwang gestellt. Verliert er mehr als zwei Prozent, stehe er nicht als SPD-Kanzlerkandidat zur Verfügung, hat er angekündigt. Seine Frau wird ihn im Wahlkampf rund um die Uhr unterstützen, ihren Radiojob allerdings nicht aufgeben: ›Gerhard schätzt Frauen, die arbeiten‹, findet sie.

Nach den Landtagswahlen – egal wie sie ausgehen – holt das Paar seine Hochzeitsreise nach. Eine Woche New York.«

Socki: Und wie stand es in der Planung für ein gemeinsames Kind?

Paule: Beide äußerten sich da sehr diplomatisch und nur im Freundeskreis. Man sei schließlich in einem Alter, wo man sich das genau überlegen müsse.

Socki: Hat den Schröders dein Hochzeitsbericht gefallen?

Paule: Als ich ihm am Telefon gratulierte, sagte er nur: »Schöne Fotos habt ihr von uns gemacht, mehr will ich nicht sagen.«

Socki: Netter Diplomat.

Paule: Aber da kam noch was: Als Schröder seine Doris heiratete, stellte seine Exfrau Hillu in Berlin ihr neues Buch »Auf eigenen Füßen« vor.

Socki: Hast du eine Lieblingsstelle?

Paule: Das Coverfoto. Da sieht Hillu aus wie die Schwester von Doris – die schönere.

Socki: Wie sah Schröders Mutter aus?

Paule: Etwas ähnlich wie meine Mutter. Lustige Augen, silbergraues Haar, altmodische Nickelbrille, ein freundliches Lächeln. Die zärtliche Mutterliebe eines Sohnes, der sich anschickte, Bundeskanzler zu werden, hatte mich neugierig gemacht.

Socki: Ich habe meine Mutter vermisst. Sie verstieß mich in San Gimignano, weil ich so mickrig war. Mutterliebe muss schön sein …

Paule (streicht Socki über den Kopf): Ich konnte Schröder nach dem ersten Interview richtig gut leiden. Der Mutter ein Denkmal zu setzen – so einen Sohn wünscht sich das Volk. Da war alles drin, was Wählerscharen mobilisieren kann. Der Kampf der Kriegerwitwe um die Kinder. Der eine Sohn, der nach ganz oben wollte, dabei aber seine karge Kindheit nie verleugnete. Schröder verkaufte seine Vergangenheit, um sich die Zukunft zu sichern. Wann immer ich ihn traf – ob beim Interview oder beim Tennis –, erzählte er mit weicher Stimme von dieser über alles geliebten Mutter: »Sie hat sich als Putzfrau buckelig gescheuert, damit aus uns Kindern etwas wird.«

»Acker wollte schon immer Bundeskanzler werden«

Im Herbst 1998, kurz vor der Bundestagswahl, beschloss ich, Erika Vosseler zu besuchen. Gerhard Schröders Mutter war vierundachtzig. Meine auch. Seine Mutter lebte im tiefschwarzen Paderborn. Meine im sieben Kilometer entfernten Bad Lippspringe. Als ich am Samstagnachmittag bei Erika Vosseler, verwitwete Schröder, klingelte, öffnete Gunhild Schröder, die fünf Jahre ältere Schwester des Kanzlerkandidaten. Sie trug, dem Anlass entsprechend, ein etwas mitgenommenes T-Shirt mit der Aufschrift: »Kohl muss weg!« Gunhild führte mich zur Mutter ins schmucke Wohnzimmer. Dann zog sie sich in die Küche zurück. Es duftete nach frisch gebackenem Pflaumenkuchen und Kaffee. Die Mutter sagte: »Na, dann wollen wir mal, woll!« – Unser Gespräch begann:

Sahner: Glauben Sie, dass Ihr Sohn die Wahl gewinnt und Kanzler wird?
Erika: Ich hoffe. Der Gerhard hat ja immer geschafft, was er wollte. Er ist Rechtsanwalt geworden, dann Ministerpräsident, und jetzt wird er Kanzler.
Sahner: Er war schon als Kind sehr ehrgeizig, nicht wahr?
Erika: Wir waren ja arme Leute. Mein Mann, der Fritz Schröder, war Hilfsarbeiter beim Zirkus und ist 1944 im Krieg gefallen. Danach habe ich Herrn Vosseler geheiratet, der später an Tuberkulose starb. Der Gerhard war als Kind sehr liebevoll. Und vom ersten Schuljahr an hatte er die besten Zeugnisse.

Da sagte der Pastor Hundertmark aus Talle: »Was halten Sie davon, wenn der Gerhard studiert?« Ich sagte: »Wie soll das denn nun gehen? Bücher kann ich ihm nicht kaufen. So viel Geld haben wir nicht.« Da meinte der Pastor, er würde ihm ein Stipendium vom Staat besorgen.

Sahner: Aber zunächst beendete er doch die Volksschule?

Erika: Ja, und dann war er Verkäufer im Porzellangeschäft in Lemgo. Aber später hat er gesagt, Verkäufer sei für ihn nicht das Richtige. Dann hat er sein Abitur nachgemacht, und in den Schulferien hat er auf dem Bau Zementsäcke geschleppt. Ich habe ihm Kissen für die Schultern genäht, damit das nicht so wehtut.

Sahner: Vom Tennis weiß ich, dass Ihr Sohn nicht gern verliert. Wie war er denn als Kind?

Erika: Da konnte er manchmal richtig sauer werden, wenn er beim »Mensch ärgere dich nicht« verloren hat. »Mist« und so was sagte er dann, »haste gemogelt, Mama?« – »Nee«, hab ich geantwortet. Dann murrte der Gerhard: »Haste doch, sonst hätte ich gewonnen.«

Sahner: Können Sie sich denn noch an seine erste Liebe erinnern?

Erika: Das war die Eva. Die hat für Pastor Hundertmark die Orgel gespielt, und da hat der Gerhard immer den Blasebalg bedient. So haben die sich kennengelernt. Sie ruft mich heute noch oft an und fragt: »Na, Löwe, geht's dir gut?«

Sahner: Sie werden Löwe gerufen?

Erika: Ja, den Spitznamen hat mir der Acker gegeben, weil ich früher immer eine Löwentolle auf dem Kopf hatte – und gekämpft habe ich auch wie ein Löwe.

Sahner: Das ist schön, aber wer ist Acker?

Erika: Acker ist der Gerhard, den Spitznamen hatte er schon als kleiner Junge. Beim Fußball, er spielte als Mittelstürmer und warf sich unheimlich ins Zeug. Nach dem Krieg bewohnte ich mit meinen Kindern eine Notbaracke, die direkt neben dem

Fußballplatz stand. Nicht selten ballerte das Leder gegen die Bretterwand. Ackers Kindheit und Jugend spielte sich fast ausschließlich auf dem Fußballplatz ab.

Sahner: Ist Acker ein guter Sohn?

Erika: Er ist ein ganz toller Sohn. Das schönste Geschenk ist, dass er uns hier die Miete zahlt. Ich habe ja nur eine kleine Rente, und die Wohnung plus Nebenkosten – zahlt alles er. »Mama«, sagt er, »du sollst auch mal was Schönes haben. Du hast genug gearbeitet in deinem Leben.« Und die Wohnung ist ja wirklich schön. Ich habe geputzt, bis ich siebzig war. Zuletzt bei einer Pastorenfrau, die war fast blind. Die hat mich nie als Putzfrau bezeichnet, sondern als ihre Helferin. Und wenn ich in zwei Stunden fertig war, dann hat sie mit mir Kaffee getrunken oder gefrühstückt. Das fand ich so nett. Die hatte überhaupt keinen Dünkel.

Sahner: Laut einer »Playboy«-Umfrage trauen 41 Prozent der deutschen Frauen Gerhard Schröder auch in seiner vierten Ehe einen Seitensprung zu. Was ist Ihre Meinung dazu? Fies, oder?

Erika: Das würde mein Gerd jetzt nicht machen. Die Doris ist eine ganz liebe. Einmal rief sie an, als ich zufällig eine blöde Magen-Darm-Geschichte hatte. Da sagte sie: »Mama, dir geht's wie Gerhard. Wirst sehen, in ein, zwei Tagen ist alles wieder gut.« Später am Abend rief dann auch mein Sohn an und neckte mich: »Na, Löwe, hast wohl wieder zu viel Süßes genascht?«

Sahner: Welche Eigenschaften befähigen Ihren Sohn denn zum Kanzler?

Erika: Der Gerhard will, dass es gerecht zugeht in unserem Land. Davon spricht er immer.

Socki: Miau, ich muss mal unterbrechen. In Doris fand er eine gute Mitstreiterin. Schau, was ich gerade gegoogelt habe: »Freiheit für die Kinder oder Freiheit für Kampfhunde – Deutschland muss sich jetzt entscheiden.« Das schrieb Schröder-Köpf in einem Beitrag für die BILD-Zeitung. »Ich fordere die Haltung von Kampfhunden total zu verbieten, auffällige Hunde sofort einzuschläfern.«

Paule: Kampfkatzen gibt es nicht. Das ist der Unterschied.

Socki: Dein Besuch bei Erika, habt ihr auch über Hunde geredet?

Paule: Nein, wir tanzten dann noch ein bisschen. Die Mutter des Kanzlers führte. Als ich mich von ihr verabschiedete, sagte ich ihr, dass sie eine ganz besonders liebenswerte Frau sei. Sie sprang auf und nahm mich in den Arm: »Das nächste Mal müssen Sie Ihre Mutter mitbringen. Oder wir nehmen sie einfach mal mit zum Seniorentanz, wo die alten Leute im Dreivierteltakt schwofen und schunkeln. Da werden wir sehr viel Spaß haben.«

»Du wirst schon sehen, was du davon hast …«

Als ich abends meiner Mutter von Erika, dieser zauberhaften Dame, erzählte, erwähnte ich, dass ich auch ihren Sohn Gerhard ziemlich gut leiden könne. Er sei ein besonders menschlicher Genosse. »Darum«, erklärte ich meiner Mutter, vermutlich seit einem eher zufälligen Treffen mit Konrad Adenauer die glühendste CDU-Wählerin Westfalens: »Ich werde Schröder wählen.«

»Tu, was du willst«, schimpfte meine Mutter, »du wirst schon sehen, was du davon hast.«

Dann wollte sie genau wissen, wie ich ihm auf den Leim gegangen war, weil sie und mein Vater mich doch zu einem liberalen Demokraten erzogen hätten, aber nicht zum Sozi. Ich verteidigte Schröder, den ich einmal gefragt hatte, warum er zum »Genossen der Bosse« mutierte. Er parierte: »Ich handle nach einer uralten Erfahrung der Arbeitnehmer, die besagt: Wenn es der Wirtschaft gut geht, fällt auch für uns mehr ab. Geht es der Wirtschaft schlecht, sind wir zuerst betroffen.

Also sagen die Arbeitnehmer: Die Regierung soll einen Beitrag dazu leisten, dass es der Wirtschaft gut geht.«

Socki: Schröder redete also wie ein CDU-Mann.

Paule: Eben, so einen Mann, sagte ich meiner Mutter, könne ich doch wählen, ohne rot zu werden. Sie musste lachen. Um für den Kandidaten zu punkten, erzählte ich meiner tiefkatholischen Mutter, was mir Schröder von seiner Privataudienz bei Papst Johannes Paul II. berichtet hatte: »Es war sehr eindrucksvoll. Als Protestant laufe ich zwar nicht Gefahr, Katholik zu werden, aber ich habe großen Respekt vor anderen Glaubensüberzeugungen. Hinter dem Papst stehen 2000 Jahre Kulturgeschichte des Abendlandes, und wenn man nicht ganz unsensibel ist, dann bleibt das nicht ohne Eindruck.«

Socki: Wie ging das weiter mit Schröder?

Paule: Ich schrieb in BUNTE: Gar kein Zweifel, dieser Mann, in dürren Sturm-und-Drang-Jahren zum meisterlichen Chamäleon gestählt, taugte zum Populisten. Und aus sechzehn Jahren Kohl musste sowieso ein Ende ohne Schrecken werden. Außerdem hatte Schröder mir in unserem letzten Gespräch vor der Wahl glaubwürdig versichert, dass er von Kopf bis Fuß für Deutschland bereit sei: »Wer nun aber glaubt, meine Fenster seien deswegen offen, weil ich Rufe hören will, der irrt. Das ist nachts nur offen, weil ich frische Luft brauche.«

Socki: Hat sich Schröder für deine schöne Geschichte bedankt?

Paule: Er war sauer, weil es ein Vorspiel gab. Als er Kanzler wurde, rief ich ein paarmal in seinem Büro an, um ihn an sein Versprechen zu erinnern, für mich ein Interview mit seiner Mutter zu arrangieren. Weil er natürlich schwer erreichbar war, rief ich seine Mutter an. Ich bat sie ebenfalls, ihn doch einmal an unser Mutter-Mutter-Sohn-Sohn-Treffen zu erinnern. »Jawoll«, sagte Erika Vosseler, »geht in Ordnung.« Einen

Tag später kam Post vom Kanzleramt. Der Kanzler ließ mitteilen, dass er aus Termingründen leider nicht zu diesem Gespräch kommen könne.

Das mit dem Mutter-Sohn-Interview war nun für ihn überflüssig, irgendwie. Kanzler war er ja schon. Die Journalisten hatten es ihm recht gemacht, nun stürzte er sich in seinen Job. Der Retter von Deutschland wollte er sein.

Socki: Jetzt hätte ich Lust auf Shrimps, gibt es welche im Kühlschrank?

Paule: Was wollte ich eigentlich sagen? Ach ja, das war's, fast. Ich habe 1998 Gerhard Schröder gewählt, weil ich mir einiges von ihm erhofft hatte. Vor allem für Deutschland. Aber Hartz I, Hartz II, Hartz III und Hartz IV habe ich nicht gewählt.

Socki: Stimmt es, was die Neue Zürcher Zeitung über dich enthüllte: Du hättest zu den guten Zeiten bei BUNTE ein Fabelgehalt bezogen?

Paule: Wer ein guter Steuerzahler sein will, muss viel Geld verdienen. Für Deutschland. Mein Konto ist in München.

Ziemlich schlechte Freunde

Socki: Wann fragst du mich endlich, was ich von Schröder halte?

Paule: Was versteht eine italienische Wildkatze von Politik?

Socki: Also bitte! Katzen sind die Stars des einundzwanzigsten Jahrhunderts, stand auch schon in der Süddeutschen Zeitung. »Grumpy Cat«, die Katze mit den hängenden Mundwinkeln, hat siebeneinhalb Millionen Facebook-Follower. Die Wirtschaftsmagazine schätzen den Umsatz der vergangenen zwei Jahre auf 100 Millionen Dollar. Und während Joschka Fischer am Fließband von Opel stehen musste, bevor er Realo wurde, ließ Opel den neuen Corsa von einer Katze präsentieren! Choupette. Von Lagerfeld in Szene gesetzt und für einen

Kalender fotografiert, räkelt sie sich als perfektes Model auf der Motorhaube, klemmt sich hinter das Lenkrad.

Paule: Was hat das mit Schröder zu tun?

Socki: Ich wollte fragen: Wird er als Elder Statesman die Nachfolge von Helmut Schmidt antreten, uns alles schön erklären?

Paule: Schmidt raucht Kette, Schröder kann Zigarre qualmen und Rotwein trinken. Das ist schon für jede Talkshow was. Alt dürfte er wahrscheinlich auch werden. Er hat einen knackigen Kern. Seine Mutter Erika wurde neunundneunzig Jahre.

Socki: Du meinst, der Apfel fällt nicht weit vom Stamm?

Paule: Mal sehen, ob Schröder hundert wird.

Socki: Reicht das in Deutschland für einen Helmut-Schmidt-Ruhm?

Paule: Das bezweifele ich. Was Schröder fehlt, ist ein Giovanni di Lorenzo. Der Chefredakteur der ZEIT schraubte kräftig an der Legende Helmut Schmidt mit Büchern wie »Verstehen Sie das, Herr Schmidt?« oder »Auf eine Zigarette mit Helmut Schmidt«.

Socki: Geile Titel. Warum schreiben wir keine Bücher mit Schröder? Du bist doch der König des Klatsches.

Paule: So wurde ich in der Talkshow »B. trifft« vorgestellt. Es ging um Segen und Fluch der Medien. Ich diskutierte bei Bettina Böttinger als Gast mit der Kanzler-Ex Hiltrud Schröder und plädierte für sie und gegen Schröder, als es um das Thema verlassene Ehefrau ging. Seitdem ist Schröder auf mich ziemlich sauer, auch weil ich ihn bei eher zufälligen Begegnungen immer frage, wie es seinem Freund Putin geht, mit Schröders Worten dem »lupenreinen Demokraten«.

Socki: Und jetzt seid ihr...

Paule: ... ziemlich schlechte Freunde.

Socki: Nun ja, vergiss Schröder. Lass uns endlich Shrimps essen. Ich kalt, du warm.

Paule: Bin mit meiner Story aber noch nicht zu Ende.

Socki (seufzt): ...

Der Kanzler war mein Vater...

Hannover, Mai 2000. Franca Hampel nannte Gerhard Schröder sechzehn Jahre lang »Papa«. Dann kam Doris Köpf. Für mich machte die Extochter sich Gedanken über ihren Stiefvater. Ihre Geschichte:

Sie war total verdattert. Mit allem hatte Franca Hampel, vierundzwanzig, gerechnet. Nur mit diesem Anrufer nicht. »Hallo Franca, hier ist der Gerd, ich möcht dich zum Abendessen einladen.« Der Gerd – das ist Bundeskanzler Gerhard Schröder. Franca, das ist die Tochter von Schröders dritter Frau Hillu. Sechzehn Jahre lang war Schröder Francas Stiefvater. Das Familienglück endete abrupt am 4. März 1996, als Schröder über dpa das Scheitern seiner Ehe bekannt gab. Und den Scheidungsgrund gleich mitlieferte: die Journalistin Doris Köpf.

Tochter Franca, die in Hannover im sechsten Semester Tiermedizin studiert, über das überraschende Dinner mit dem Stiefvater vor acht Wochen:

Franca: Vier Jahre hatten wir keinerlei Kontakt. Und dann saß er da wie früher, alberte ein paar Minuten rum, riss Witze, sparte aber die Vergangenheit konsequent aus. Eigentlich hat er zwei Stunden lang ausschließlich über Politik erzählt. Ich glaube, dass sein Leben aus nichts anderem mehr besteht als aus Politik, mal abgesehen von den zwei Wochen Urlaub pro Jahr. Er wirkte sehr angespannt.

Sahner: Haben Sie ihm die plötzliche Trennung verziehen?

Franca: Als meine Mutter von seiner neuen Freundin Doris erfuhr, hat sie ganz normal reagiert. Sie hat seine Sachen gepackt, und dann musste er das Haus verlassen. Ich war zwanzig, hatte gerade mein Abi gemacht. Ich habe viel geweint damals. Besonders schlimm war die Sache mit den Pferden. Sein letzter Satz war: »Ich bezahle dafür nicht mehr, du kannst sie gern verkaufen.« Eines muss ich ihm lassen: Er hatte komplett und konsequent alle Brücken zerschlagen.

Sahner: Sie wohnen in Hannover, genau wie Doris Schröder-Köpf, seine vierte Ehefrau. Laufen Sie sich über den Weg?

Franca: Nur ein Mal. Von ganz Weitem und von hinten. Das war auch gut so. Ich will diese Frau nämlich gar nicht kennenlernen, sie wirkt auf mich nicht sehr angenehm. Es gibt ja Frauen, die sich als nett herausstellen, obwohl sie einem ins Gehege gekommen sind. Mein leiblicher Vater hat beispielsweise eine supernette Freundin mit Ausstrahlung. Und da denke ich nicht: »Ah, du blöde Kuh, du hast mir meinen Vater weggenommen, sondern, ach, du bist ja wirklich eine Nette.« Diese Doris aber hat in meinen Augen keine freundliche Ausstrahlung.

Sahner: Es heißt, Ihre Mutter Hillu hätte einen neuen Freund.

Franca: Ich lache mich kaputt. Nein. Quatsch. Zero. Wo gibt es denn einen passenden Gleichaltrigen, der meiner Mutter glaubhaft vermitteln kann, dass er sie wirklich mag, ohne dass sie gleich misstrauisch wird? Gut aussehen sollte er auch, und vor allem sollte er nett sein.

Sahner: Hat Ihre Mutter die Trennung von Gerhard Schröder noch nicht so richtig verkraftet?

Franca: Gerd und Hillu waren ja ein Traumpaar, die deutschen Clintons sozusagen. Mutter hat sicher entscheidend zu seiner Karriere beigetragen, in Rat und Tat. Vielleicht war ihm das eines Tages zu viel. Er wollte sich nicht mehr reinreden lassen, wenn er nach einem Zwanzig-Stunden-Tag erschöpft nach Hause kam. Und wählte einen bequemen Weg. Eine Neue. Das hat meine Mutter zunächst verwundet. Doch inzwischen ist sie längst darüber weg. Und das ist wunderbar. Sie ist wieder ein sehr lockerer, fröhlicher Mensch. Die Narben sind verheilt, weil sie sich direkt nach der Trennung in die Arbeit gestürzt hat und meine Schwester und ich rund um die Uhr für sie da waren, wenn es ihr schlecht ging.

Sahner: Sechzehn Jahre waren Sie Stieftochter von Gerhard Schröder. Wie fällt heute Ihre Bilanz aus?

Franca: Ich hatte die schönste Kindheit, die man sich vorstellen kann, hatte alles, was man sich als Kind wünscht. Ein Haus, einen Garten, Tiere. Meine Mutter war immer für mich da, und »Gerda«, wie ich Gerd mal scherzhaft umgetauft hatte, war ein Vater, dem ich absolut alles erzählen konnte. Und wenn ich irgendwo Streit hatte, war er selbstverständlich auf meiner Seite.

Sahner: Was wünschen Sie ihm privat?

Franca: Ich hoffe für seine jetzige Stieftochter Klara, dass seine vierte Ehe hält und er mit Klaras Mutter verheiratet bleibt, weil für ein Kind eine Trennung immer besonders schlimm ist. Und ich wünsche, dass er für Klara, bis sie erwachsen ist, genauso durchs Feuer geht wie einst für mich.

Sahner: Hat die Scheidung für Sie auch Vorteile gebracht?

Franca: Natürlich, weil mich niemand mehr damit aufgezogen hat, dass ich das verwöhnte Töchterchen des Ministerpräsidenten bin, das sich deswegen alles erlauben kann. In der Schule galt ich als schwierig und arrogant, weil ich selten mit Leuten gesprochen habe. Wenn ich heute Erfolg im Studium und Leben habe, weiß ich, dass ganz allein ich es geschafft habe. Ein Leben ohne Bodyguards und ständig patrouillierende Polizisten vor dem Haus ist ohnehin toller.

Sahner: Welche politische Schulnote geben Sie dem Kanzler?

Franca: Eine Drei minus. Er und seine Minister haben viel zu viel Zeit vergeudet, in der Spendenaffäre der CDU rumzuwühlen. Um die eigentliche Aufgabe, nämlich das Regieren, hat sich keiner so richtig gekümmert. Bei dem Abendessen habe ich ihm auch gesagt, dass ich alles nicht so toll finde.

Sahner: Kann Gerhard Schröder das Format von Helmut Kohl bekommen, bevor dessen Image beschädigt wurde?

Franca: Der Kohl hielt sich ja sechzehn Jahre als Regierungschef, das muss der Schröder erst mal schaffen. Und Kohl hat ja wohl auch eine Menge für Deutschland bewegt, und außerdem war er international äußerst geachtet.

Sahner: Sie sprechen wie eine eingefleischte CDU-Wählerin.

Franca: Was die CDU wirtschafts- und sozialpolitisch zu bieten hat, verdient meinen Respekt. Ich verrate jetzt mal meinen eigentlichen Traum, auch wenn er vermutlich völlig utopisch ist: Ich hätte wahnsinnig gern eine Koalition aus CDU und den Grünen. Wenn die Angela Merkel sich noch weiterentwickelt, kann ich sie mir als erste deutsche Bundeskanzlerin vorstellen.

Sahner: Ist das nicht eine schallende Ohrfeige für den Mann, zu dem Sie sechzehn Jahre »Papa« sagten?

Franca: Dass ich statt der jetzigen Regierung lieber eine schwarz-grüne Koalition sehen würde, hat absolut nichts damit zu tun, dass ich zickig oder bockig gegenüber dem Kanzler wäre.

Sahner: Wollen Sie in die Politik?

Franca: Niemals. Man sieht ja, wie Politik die Menschen verändert. Ich möchte mich nie verbiegen lassen.

Sahner: Bei Ihrem Aussehen könnten Sie als Fotomodell jobben.

Franca: Ja, das wäre schön. Aber zuerst einmal gilt mein Ehrgeiz dem Studium. Ich hoffe, ein guter Tierarzt zu werden.

Fünfzehn Jahre später

Heute ist der Gedenktag an den Untergang der »Titanic« am 14. April 1912. Der Kuckuck, von Afrika her kommend, erreicht meist pünktlich am 15. April Deutschland. Dieses Datum wird im Volksmund auch Kuckuckstag genannt. Das können Katzen natürlich nicht wissen. So schreibt Socki ausgerechnet an diesen zwei Tagen ihren Brief an Gerhard Schröder, Bundeskanzler a. D. in der 3-B-Dimension: Berlin, Borkum, Bodrum.

Sehr geehrter Herr Schröder,

ich bin Socki Sahner. Wir sind uns noch nie begegnet, aber mein Herrchen Paule behauptet, mit Ihnen Tennis gespielt zu haben. Ich glaube es ihm, weil er auch für Fußfehler berühmt ist. Tennis hat er auch schon mit Otto Waalkes gespielt, allerdings hat der immer gewonnen, weil er mit Steffi Graf trainiert.

Vor mir liegt seit Tagen die BUNTE Nr. 15/2015. Auf dem Titel ist Ihr Bild, offenbar noch aus glücklichen Zeiten: Sie umarmen Ihre Frau Doris, lachen und strahlen. Auch Doris lacht, ihre Augen glänzen, ihre Schönheit ist gewinnend. Unter diesem Foto prangt aber die gemeine Schlagzeile: Schröders 4. Ehe kaputt. Ich frage mich, was wird jetzt aus Ihrer »klugen und hübschen Frau«, wie Sie immer über Doris schwärmten. Wo gibt es noch Männer mit so breiten Schultern wie Ihren, einem markigen Gesicht wie John Wayne und auch so vielen Millionen? Hannover soll zwar die heimliche Hauptstadt der Millionäre Deutschlands sein, aber ich halte Sie, allein schon vom Aussehen her, für noch attraktiver als Herrn Maschmeyer. Wäre ich Veronica Ferres, hätte ich Sie gewählt, also verstehe ich Doris nicht, falls Sie es war, die Sie verlassen hat.

BUNTE nennt einige Gründe der Trennung. Auszug aus dem Kanzleramt, Machtverlust, neuer Job als Hausmann, von Doris erteiltes Rauchverbot im hauseigenen Weinkeller. Auch andere Gerüchte wabern durch Hannover, auf die ich nicht eingehen will. Aber wie ich zum Glück lese, haben Sie eine Liebe gefunden – die Türkei. In Bodrum sollen Sie ein tolles Haus besitzen. In Lilienweiß, entworfen vom US-Stararchitekten Richard Meier, ein Leichtbau aus Licht, Luft und Illusion. Es soll auch ein lapislazuliblauer Pool dabei sein. Und wo Promis sich mit ihrem Lebensstil niederlassen, ziehen Nachahmer hinterher. Ihr Nachbar soll ein schwedischer Designer sein.

Bodrum gilt als türkisches St. Tropez, so weit bin ich schon informiert. Einige russische Oligarchen haben dort ihre Jachten vor Anker liegen. Segelt auch Ihr Freund Putin mal vorbei? Er soll eine der teuersten Luxusjachten der Welt besitzen. Aber was die US-Klatschpresse schreibt, seine Feinde über ihn verbreiten, dem schenke ich keinen Glauben. Trotzdem müsste man Sie als ehrlicher SPD-Anhänger um Bodrum beneiden, so weit bringen es die CDU-Promis nicht, höchstens der Guttenberg, aber der ist ja auch von der CSU.

Doch das Foto in BUNTE spricht das Gegenteil von ungetrübter Ferienfreude. Einsam, traurig und verlassen aussehend sitzen Sie an einem Holztisch in einem Hafenlokal, löffeln ein Süppchen, knabbern am Tintenfisch, in Ihrem Glas scheint kein Wein, sondern nur Wasser zu sein.

Hach, lieber Herr Schröder (oder darf ich Sie Gerd nennen), ich würde Sie gerne trösten. Früher, und das muss ich zugeben, sah ich Sie mit sehr kritischen Augen, hielt Sie für einen falschen Sozi, der die SPD für seine eigene Karriere einspannt. Aber seit Ihrer Laudatio in geschliffenem Englisch für Ihren Freund und Gönner Nicolas Berggruen und sein Berliner Picasso-Museum habe ich meine Meinung geändert. Der liebe Nick hat auch einen Privatflieger. Ich bin noch nie mit einer Gulfstream IV geflogen, wie Lagerfelds Choupette. Deshalb meine Bitte:

Lassen Sie mich von Nick abholen, wir haben hier in Lanzing einen versteckten Landeplatz für windige Segelflieger. Ich würde Ihre Gesellschaft in Bodrum schätzen, denn wie ich lese, pflegen Sie junge Damen galant mit einem Handkuss zu verabschieden. Ich bekomme zwar von meinen Herrschaften Streicheleinheiten genug. Doch meine Pfote hat mir noch nie jemand geküsst, obwohl sie sehr schön ist. Ganz weiß und samtweich, sie riecht auch sehr gut, weil ich sie ständig abschlecke mit meiner feinen

Spucke. Meine Zunge ist fein wie eine Nagelpfeile von Clarins. Meine Krallen pflege ich mit einer Creme von Guerlain. Mögen Sie diesen Pariser Duft?

Ich bin mir sicher, es müssen nicht immer High Heels sein, nach denen vielleicht auch Sie sich umdrehen. Wir können uns auch über die Finanzmärkte unterhalten. Sie sind ja ein Berater der berühmten Rothschild Bank, berichtete BILD. Ich brauche für mein Herrchen einige gute Anlegertipps. Und vielleicht kann ich Ihnen auch einen Rat geben. Lagerfeld will seine Choupette heiraten. Machen Sie es ihm nach: Ihre fünfte Ehe sollte auch eine Katze sein. Aber bitte fassen Sie es nicht als einen Heirats-antrag meinerseits an Sie auf. Für solche Spiele bin ich zu klug – und auch schon etwas alt.

Mit allerliebsten Katzengrüßen
Ihre Socki Sahner

PS: Von meinen Herrchen soll ich Ihnen ebenfalls schöne Grüße ausrichten. Auch er würde gerne nach Bodrum kommen, aber nur, wenn auch Joschka Fischer mit Ihnen zusammen im Restaurant »Mimoza« sitzt. Dessen finale Geschichte haben wir noch nirgendwo gelesen. Der hat etwas länger gewartet als Sie, lieber Gerd, bis er das große Geld ins Haus gelassen hat. Was macht der jetzt? Wie lebt der? Was treibt ihn an? Das ist eine spannende Spuren-suche. Deshalb auch die Frage:

Haben Sie noch Kontakt zu Joschka, Ihrem früheren Vizekanzler?

15

Lieben Sie Paule?

In den Neunzigern erhielt ich einen denkwürdigen Brief von meiner Mutter. Er begann mit den Worten »Mein lieber Paulus«. Mütter haben in der Regel eine ganze Palette von Namen für ihre Kinder, Koseworte, Rufnamen und solche, die ankündigen, dass sie ihnen die Leviten lesen wollen. Paulus gehörte eindeutig zu letzterer Kategorie.

»Ich mache mir Sorgen, dass du ein Playboy geworden bist«, schrieb sie. »Denk doch an die armen Mädchen, denen du das Herz brichst.«

Ich konnte sie mir lebhaft vorstellen, mit welchem Ernst sie über den Zeilen gebrütet hatte. Also nahm ich mir ihre Worte zu Herzen.

Als ich Socki eines Morgens davon erzählte, begann sie nachzurechnen. »Kein Wunder, dass du damals auf der Jagd warst«, sagte sie dann. »Da war ich ja noch nicht geboren.«

Sockis Tagebuch

Mittwoch

Die Frauen, die vor mir kamen in Paules Leben – muss mich das interessieren? Nein, beschließe ich. Mein Paule ist ein Gegenwartsmensch. Seit er mich kennt, gibt es nur noch mich. Und Martina. Nun ja, und Alice.

Paule ist vom eindeutig wichtigsten Ereignis des Tages zurück:

ein Match mit Hubert Burda. Als ich den Wust aus Tennisschuhen, Shorts und Handtuch duftmarkieren will, entdecke ich ihn: den Ausdruck einer Mail von Deutschlands Chefemanze, der ganz obenauf liegt.

Lieber Paul Sahner,
es freut mich von Herzen, dass Sie weiterhin so lebendig und unerschrocken sind. Und dass es Ihnen so unverschämt gut geht! Und was für eine Ehre für mich, im Medium Magazin als eine der »liebsten Interviewpartnerinnen« bezeichnet zu werden!!!!
    Nur: Hatten wir in Paris nicht Schampus getrunken statt Kaffee? Ersteres sollten wir in der Tat irgendwann wieder tun.
    Sollte ich die Ehre haben, in der Autobiografie vorzukommen bzw. noch mal in einem Interview Thema zu sein, hier eine kleine Korrektur: Sprachstudentin bzw. »Gelegenheits-Au-pair« in Paris war ich im zarten Alter von 21/22. Freie Korrespondentin in Paris war ich von 26 bis 31. In der Zeit habe ich Jean-Paul Sartre kennengelernt, mit dem ich bis zu seinem Lebensende (1980) befreundet geblieben bin (und über den es wunderbare Anekdoten gibt). Sartre hatte keine Kinder – sehen wir mal von seiner Adoptivtochter ab. Aber das ist ein ganz anderes Kapitel.
    Ich wünsche Ihnen und Ihrer Frau einen strahlenden Sommer am See!
Mit herzlichen Grüßen
Alice Schwarzer

Wow! Ich will Paule fragen, was es mit der Dame auf sich hat, die mit ihm Champagner trinken will, doch nach seinem schweißtreibenden Vormittag steht er unter der Dusche. Schade, dass ich vergessen habe, das ZDF rechtzeitig über das Match mit Hubert zu informieren. Kurzfristig ein Team vorbeizuschicken schaffen sie nicht, teilte mir der Leiter vom heute-Journal mit. Sie brauchten mindestens vierzig Richtmikrofone für die Aufzeichnung. Diese hohe Anzahl von Schallaufzeichnern sei notwendig, um zum Bild den richtigen Sound einzufangen. Denn das Problem ist: Wo die Bälle so hinfallen, lässt sich bei einem Spiel, wie Paule und Hubert Burda es vorführen, nicht im Voraus berechnen.

Paule spielt längst wie ein buddhistischer Mönch. Tiefenentspannt und locker. Diesen Stil hat er sich von Roger Federer im Fernsehen abgeschaut. Hubert Burda gibt sich ebenfalls philosophisch; sich um die Bälle zu streiten und eine Wiederholung des Ballwechsels zu fordern, hat keinen Sinn. Zwischen den Seitenwechseln erzählt er gern Witze, über die er dann lacht. Alle lachen mit. Am lautesten Paule, auch wenn er den Witz schon dreimal gehört hat.

Mal sehen, ob es mir gelingt, ihn mit Alice Schwarzer zu reizen. Ist es nicht merkwürdig, dass eine Emanze von einem verkappten Casanova schwärmt und sich mit ihm treffen möchte?

Aber vorerst mache ich einen Sprung auf den Dachboden. Mal sehen, ob ich dort in irgendeiner Kiste etwas über Alice und Paule finde. Was ich inzwischen weiß: Frau Schwarzer wurde berühmt, als sie im Juni 1971 für den Stern die Titelgeschichte mit prominenten Frauen initiierte: »Wir haben abgetrieben.« Wie Jeanne d' Arc auf Dope fegte Alice Schwarzer fortan durch die Lande. Auf Streit gebürstet, provozierte sie, giftete gegen Moralbürger, Spießer und Minister, setzte vernichtende Sätze gegen Kanzler Schröder auf, verblüffte aber auch mit Humor. Als Blaustrumpf der Nation verschrien, erntete sie viel Spott: »Schwanz-ab-Schwarzer«, Männerhasserin, Flintenweib, Hexe mit irrem Blick. Doch auch der Respekt für diese außergewöhnliche Frau wuchs, bis man sich über ihre Person einig wurde: Sie steht ihren Mann. Handelt es sich zwischen ihr und Paule vielleicht um eine echte Männerfreundschaft?

Donnerstag

Jetzt kommt der Clou. Ich habe in der Kiste die Nullnummer eines Magazins namens »Pandora« gefunden. Jahrgang 1979, vergilbt und verstaubt. Aus einem beigelegten Medienbericht erfahre ich mehr. Es ging um ein Monatsheft für die anspruchsvolle Frau. Die Redaktion zog in die Münchner Stollbergstraße ein. Dort an der Ecke gab es das französische Feinschmeckerlokal »Austernkeller«. Der »Pandora«-Chefredakteur war ein Gourmet, der mit Paule bei kulinarischem Speis und Trank bereits die Serie über »Unsere Königin Silvia« für BUNTE ausbrütete: Will Tremper.

Für das geplante Printobjekt »Pandora« traf ihn ein Genieblitz: eine Bildstrecke in aufreizenden Dessous, Strapsen und Stöckelschuhen. Die Fotosession wurde nach langer Modelsuche in Los Angeles produziert. Die Vorgabe lautete, ein Double für Alice Schwarzer zu finden. Der Macho Tremper war sich einer Sensation sicher, setzte zudem auf einen Skandal, ausgelöst durch eine zu erwartende einstweilige Verfügung seitens Frau Schwarzers. Dies sollte für den Magazinstart einen PR-Wirbel entfachen.

Aber wie so oft im Leben: Der Teufel lacht, wenn man Pläne macht. »Pandora« wurde auf Eis gelegt und schmolz zu Tode. Verleger Heinz Bauer, der sich ein Prestigeobjekt für seinen mehr auf Masse als Klasse ausgerichteten Gemischtwarenladen erhofft hatte, stoppte Trempers Traum nach neun Monaten. Bauer war mit dem Firmenjet von Hamburg nach München gedüst, um das Dummy abzusegnen. Allerdings war keine Zeile Text zu lesen. Da half auch nichts, dass seine Frau Gudrun von der Optik beglückt war. Kasse zu.

Eine der weiteren Gründe für den Schluss war, dass für die Redaktion eines Frauenmagazins Tremper vor allem hartgesottene Männer rekrutierte, darunter den Fotografen Jim Rakete. In die Pressegeschichte ging das Tremper-Projekt laut kress report als ein Acht-Millionen-Flop ein. Paule, der Tremper-Schüler, war als Chefreporter designiert. Nach der mehrmonatigen »Pandora«-Periode spannte das Hemd um seinen Bauch wegen diverser Meetings beträchtlich. Zum Zugewinn konnte er anschließend aber den direkten Draht zu Alice Schwarzer verbuchen.

Knapp zwanzig Jahre später, im Dezember 1997, traf Paule die streitbare Amazone in Paris. Einen Tag vor ihrem fünfundfünfzigsten Geburtstag ließ sie für das Interview einen Tisch in dem Feinschmeckertempel »Le Dôme« reservieren. Am Boulevard Montparnasse, nostalgisch im Art-déco-Stil erhalten, unter der authentischen Glaskuppel und blumenförmigen Lalique-Lampen, schwelgte Alice von Paris, während man sich an gemischten Meeresfrüchten labte, die Hummerschwänze mit einem trockenen Riesling nachspülte und das Gelage mit einem erlesenen Cognac Grande Champagne abrundete. Das Gourmetsyndrom scheint unter Chefredakteuren ziemlich weit verbreitet zu sein. Paule hat natürlich nachgehakt, warum die Restaurantwahl ausgerechnet auf »Le Dôme« fiel.

Schwarzer: »Weil ich mich als Zwanzigjährige in Paris verliebte, hier Französisch lernte, nebenbei als Putzfrau jobbte. Montparnasse war und ist mein Viertel, und im Haus gegenüber dem ›Le Dôme‹ ist Simone de Beauvoir geboren.«

Nach dieser Aufklärung schwärmte die Querdenkerin von einer Zeit, als Teenager noch Backfisch hießen, sie »Bravo« las und mit Petticoat, Pferdeschwanz und Stöckelschuhen heißen Rock 'n' Roll aufs Parkett legte.

Schwarzer: »Ich bin auch heute noch ein guter Rock 'n' Roller.«

Freitag

Das Dacharchiv ist durchwühlt, und ich habe die Lösung, wie wir der Dame ein Denkmal setzen können. Mit ihren Antworten darauf, was jeder schon immer Alice Schwarzer fragen wollte – und Paule in seinen BUNTE-Gesprächen weltexklusiv erfuhr. Liebe Alice Schwarzer, es hat geklappt. Sie sind drin als Alice in Paules Wunderland.

Schwester Courage, Tochter »Emma«

Über die Geburt: Wünschten Sie sich schon mal, als Mann auf die Welt gekommen zu sein?

Schwarzer: Nie. Das liegt sicher daran, dass ich als Mädchen sehr frei aufwuchs. Bei meinem mütterlichen Großvater und einer charaktervollen Großmutter, die ich Papa und Mama nannte. Bei mir haben sie einfach verpasst, mir beizubringen, dass ich nur ein Mädchen bin. Ich habe darum immer geglaubt, ich könnte als Frau so frei sein wie ein Mann. Was vermutlich die Hauptquelle meiner lebenslangen Empörung ist.

Über die Mutterschaft: Wollten Sie nie ein Kind?
Schwarzer: Natürlich habe auch ich gedacht, dass ich mal ein Kind haben werde. Meine Lebenssituation hat sich dann geändert. Aber eines ist klar: Wenn ich ein Kind gehabt hätte, würde es die Zeitschrift EMMA nicht geben, dieses Wahnsinnsabenteuer, das mich von einer Sekunde auf vierundzwanzig Stunden mit Beschlag belegt hat. Und das seit dreißig Jahren. Meine Tochter heißt also »Emma«.

Über den Kult: Was ist Ihr Idol?
Schwarzer: Idole für mich als junges Mädchen waren die Knef, Elvis Presley, James Dean, Marilyn Monroe. Die Auswahl ist kein Zufall. Die Knef war vom ganzen Auftritt her eine Zufrüh-Emanzipierte. Diese Mischung zwischen Weiblichkeit und Männlichkeit, der Gang, die Schultern, das Spröde. Dafür ist sie in den Fünfzigern ja auch ganz schön gehetzt worden. Mit Elvis ging's dann richtig los. Der war rebellisch und wild und erotisch. James Dean verkörperte den Schmerz meiner Generation. Die Rebellion. Er war der erste Softie. Der verzweifelte Mann. Marilyn Monroe hatte diese unnachahmliche Ausstrahlung. Weit über ihre Silhouette hinaus hatte ihre große Sinnlichkeit auch etwas mit Schmerz und Humor zu tun.

Über die Mode: Sie kleiden sich immer betont leger.
Schwarzer: Leger? Ich trage Kleidung, in der ich mich bewegen kann, die Würde hat, mit der ich mich ausdrücke. Ich habe mich immer sehr für Mode interessiert. Schon als Sprachstudentin in Paris habe ich mir vom Geld, das ich durch Putzen verdiente, im Ausverkauf einen Mantel von Yves Saint Laurent gekauft. Da ich einen weiblichen Körper habe, also

kein Garçon-Typ bin, trage ich gerne fließende Stoffe, aber klare Schnitte! Also keinen Lagerfeld-Stil. Und meine Jacke von Kenzo ist schon so alt, dass die Kenzo-Verkäuferin hier in Paris mich scheel angeguckt hat, weil ich die immer noch trage.

Über König Fußball: Ein Fan?
Schwarzer: Nix gegen Fußball. Auch wenn ich mich persönlich null dafür interessiere, bin ich mächtig stolz, wenn unsere Mädels mal wieder Euro- oder sogar Weltmeisterinnen werden. Nur: Von denen ist trotzdem kaum die Rede. Das Ganze artet mittlerweile zu einem gewaltigen Boygame aus, bei dem die Jungs sich Abend für Abend im TV in die Arme fallen: Männer lieben Männer. Wow!

Über die Politik: Haben Sie Angela Merkel gewählt?
Schwarzer: Ich fand eine Frau an der Staatsspitze, achtundachtzig Jahre nach Erringung des Frauenstimmrechts, überfällig! Und ich war sehr ermüdet vom demonstrativen Machostil des Schröder/Fischer-Duos. Nach dem eitlen Hoppla-jetzt-komm-ich-Stil sind Merkels Sachorientiertheit und Bescheidenheit einfach wohltuend. Sie setzt vieles durch, gleichzeitig bindet sie Menschen ein, respektiert andere, demütigt niemanden. Man sieht da einen Führungsstil, wie es auch gehen kann. Vor allem aber: Die kann das!

Über das Schicksal: Hat sie der Tod von Lady Di berührt?
Schwarzer: Der war tragisch. Letztendlich ist sie an einer Überdosis Männer gestorben. Playboys, Raser, Paparazzi …

Legende: Warum suchte Romy Schneider Liebe zu Frauen?
Schwarzer: Ich denke, sie war einfach bisexuell. Die Verführung war wohl die einzige Ebene, auf der sie sich wirklich sicher gefühlt hat. Ich bedauere es bis heute, dass Romy mit

ihrer »Sissy«-Rolle zu einem ihrer schönsten Filme nie hat stehen können. Aber ich verstehe es: Es waren halt einfach zu viele schmerzliche Erinnerungen für sie damit verbunden. Mir persönlich hängt Romy von all den vielen Menschen, die ich porträtiert habe, am stärksten nach.

Über das Lachen: Gibt es eigentlich Schwarzer-Witze?
Schwarzer: Vermutlich, ich kenne aber nur den Dauergag bei EMMA: Da werde ich nicht »die Chefin«, sondern »der Chef« genannt. Das ist eine ironische Reaktion auf das ewige Gelabere: Die Schwarzer soll ja als Chef schlimmer als ein Mann sein.

Über einen Männerwitz: Kennen Sie den von Oskar Lafontaine: Wie verhüten Emanzen? Am besten mit ihrem Gesicht.
Schwarzer: Dass einer, der so aussieht wie Lafontaine, mit DEM Gesicht, solche Machosprüche loslässt, finde ich erstaunlich. Was sagt eigentlich seine Frau dazu? Aber Lafontaine hat es ja schon vor ein paar Jahren passend gefunden, sehr fröhlich über seine Freunde im Bordellmilieu zu reden und sich damit zu brüsten, dass er mit Zuhältern saufen geht. Ich warte schon lange auf ein selbstkritisches Wort zu seiner Rotlichtkumpanei.

Sockis Tagebuch

Sonntag

Das Beste kommt am Schluss. In einem Interview mit Alice zitierte Paule aus ihrem Buch »Die Antwort«: »Dank Feminismus ist ein Schuss ›Weiblichkeit‹ bei Männern heutzutage nicht nur erlaubt, sondern sogar willkommen: etwas mehr Gefühl, der Sonntag für die Kinder und auch schon mal Kajal um die Augen, ein Ring im Ohr – das gilt als cool.« Worauf Alice Paule einen Schönheitstipp gab: »Ooooch, Herr Sahner, ich weiß nicht, was Ihre Frau dazu sagen würde: Aber so was könnte Ihnen auch stehen.«

Paule mit schwarzem Kajalstrich, dicker Wimperntusche, blauem Lidschatten und Lippenpiercing – oooh, liebe Alice, Sie haben recht: So würde mir Herrchen noch mehr gefallen.

16

Sexsymbol trifft Gottkönig

Der Sommer in Lanzing hat herrliche Tage mit blauem Himmel. Dieser gehörte nicht dazu. Es regnete in Strömen. Der Wilde Kaiser war in Wolken verschwunden. Das warme Wetter hatte sich über Nacht abgekühlt. Alpenklima. Wir zogen uns in meine gute Stube zurück, die hell und gemütlich wirkt. Martina war schon seit Stunden nicht ansprechbar, sie war ganz in David Michies Buch »Die Katze des Dalai Lama« vertieft. Socki ließ sich von ihr kraulen. »Muss ja lustig sein. Worum geht es da überhaupt?«

Martina las ihr den Rückseitentext vor: »›Der Dalai Lama ist ein Meister im Umgang mit dem Dosenöffner‹, weiß His Holiness's Cat. Dass er zudem einer der spirituellen Führer der Welt ist, findet die Hauskatze in Dharamsala durchaus angemessen. Während er Staatsmänner, Mönche, Prominente und andere Besucher unterweist, hält sie Hof. Was das Kätzchen dabei aufschnappt, gibt es auf ebenso inspirierende wie unterhaltsame Weise wieder …«

»Der Trend zur Katze«, folgerte Socki und fixierte mich aus ihren schräg stehenden Augen und äußerte prompt folgenden Verdacht: »Mir schwant, dass du mich nur benutzt, aber so haben wir nicht gewettet. Was ist übrigens mit meinem Honorar? Reden wir mal ganz offen. Ohne mich würde dein Buch ein Ladenhüter. Und wenn es mit mir einer wird, dann bin ich auch dran schuld.«

Bevor sie sich beleidigt in die Tenne verziehen konnte, wo

sie in letzter Zeit aus mir unbekannten Gründen immer öfter anzutreffen war, leistete ich Abbitte.

»Nun gut«, sagte sie nach einer doppelten Portion Kalbsleber, die ich in mundgerechte Häppchen schnitt und ihr förmlich aufdrängte. »Dann erzähl mal, was du mit dem Dalai Lama erlebt hast.«

Auf nach Ulan Bator

Paule: Ich war zwei Wochen mit Richard Gere beim Dalai Lama in der mongolischen Hauptstadt Ulan Bator. Seitdem habe ich die Philosophie des Gottkönigs in mein Leben fließen lassen. Der Dalai Lama hat mir versichert: Das Leben ist ohne Anfang und ohne Ende einfach ewig.

Socki: Ewiges Leben? Gilt das auch für mich?

Paule: Es ist die Liebe, die ohne Anfang und Ende ist.

Socki: Wie bist du überhaupt in seine Nähe gelangt?

Paule: Heute muss man nur ins Internet gehen. Was unter dalailama.com steht, ist ein Unternehmen wie jedes andere. Homepage, News, Fotos, Videos, Archive, Zeitplan, Büro und Kontakt. Man kann Reisen nach Dharamsala, seinem ständigen Wohnsitz in Nordindien, buchen, dazu Seminare und Lehrgänge. Zu meiner Zeit musste man erst jemanden finden, der wiederum jemanden kannte, der tatsächlich zum Hof des Dalai Lama eine direkte Verbindung hatte. Meine Suche führte zu einem Manager aus der Industrie im Ruhrgebiet, der sich nebenbei um das Werk des Dalai Lama in Deutschland kümmerte.

Socki: Ich dachte, auf Buddhismus fahren vor allem die Amerikaner ab.

Paule: In Amerika entstehen monatlich zwischen New York und Los Angeles neue buddhistische Zentren. Deutschland hat diese spirituelle Welle Mitte der 1990er-Jahre erreicht. Seitdem steigt die Zahl der deutschen Sinnsucher zur inneren

Einkehr unaufhörlich. Viele Christen pflegen Buddhismus als ihre Zweitreligion. Wer den Weg dieser fernöstlichen Lehre konsequent befolgen will, muss sich allerdings jeden Tag eine Stunde für die Meditation abzwacken. Es ist auch nicht einfach mit der Faustregel getan: Jeden, der querschießt, einen ärgert oder mobbt, als Chance zur Vervollkommnung zu sehen und Böses mit Gutem zu vergelten.

Socki: Ich habe in einem amerikanischen People-Magazin gelesen: Tina Turner soll ihr buddhistischer Glaube geholfen haben, ihren prügelnden Ehemann Ike zu verlassen.

Paule: Die Prügelei habe ich selbst erlebt. Einmal war ich nach einem Ike & Tina-Konzert in Münchner Circus Krone vom Management zu After-Show-Party ins Hilton eingeladen. Ike, mal wieder im Kokainrausch zugedröhnt, schlug zu. Und ja, ihren späteren langjährigen Lebenspartner Erwin Bach hat Tina nach buddhistischem Ritual geheiratet, unter freiem Himmel. Jeder Hochzeitsgast goss Wasser über die Hände der Vermählten.

Socki: Wie oft war der Dalai Lama in Deutschland?

Paule: Insgesamt dreiunddreißig Mal. Mit großem Anklang auch in den Medien. Das zeigt Wirkung. Unter den Jüngern findet man Schauspielerin Anja Kruse genauso wie ihren Forsthaus-Falkenau-Kollegen Sigmar Solbach. Der Schauspieler Armin Rohde behauptet, Karma Galeg Pal Sang im Buddhistischen zu heißen, was so viel bedeutet wie »der mit seinen Taten glücklich unterwegs ist«. Die CDU-Vizevorsitzende Rita Süssmuth gibt sich buddhistisch angehaucht, der FDP-Wirtschaftsminister Otto Graf Lambsdorff ebenfalls. Roland Koch war schon seinerzeit als Hessischer Ministerpräsident ein Freund des Dalai Lama.

Socki: Und der Mercedes-Chef …

Paule: … Dieter Zetsche hat in seinem Büro eine Buddha-Statue stehen. Über die Herkunft schweigt er sich aus, was die Sache mysteriös macht. Zetsche schwärmt von der buddhistischen Kraft. Die Kreise ziehen sich weiter. Der Regisseur und Oscar-Preisträger Florian Henckel von Donnersmarck meditiert in Los Angeles ähnlich wie Richard Gere, Uma Thurman, Orlando Bloom, Kate Hudson. Die Fußballspieler Mehmet Scholl und Sebastian Deisler sind Dalai-Lama-Fans. Willy Bogner, der Designer und mein Freund, erklärte mir die Faszination des Buddhismus: »Eine Philosophie, die mich zutiefst beeindruckt als Gegengewicht zu der westlichen Lebensform, die immer hektischer wird.«

Socki: Du warst schon 1995 begeistert. Wie hat sich damals deine Reise zum Dalai Lama realisiert?

Paule: Die Sache war ziemlich einfach. Mit einer Spende ließ sich der Sesam öffnen.

Socki: Wie hoch?

Paule: Ich hatte mit etwa 5000 Mark gerechnet, doch der vermittelnde Manager sagte, dass Seine Heiligkeit keine Geschäfte mit seiner Person machen würde. Es ginge ausschließlich um die Unkosten. Er nannte 3000 Mark als einen angemessenen Betrag, betonte aber, dies würde der Aufbesserung der Reisekasse für die tibetische Exilregierung zufließen und könnte einer schnellen Zusage förderlich sein.

Socki: Wer gehörte zur Entourage Seiner Heiligkeit?

Paule: Minister, Stellvertreter, Staatssekretäre, Leibwächter und Diener. In diesem Tross gab es sogar einen Lichtmeister. Der prüfte stets alle Lampen und Lichter, ob sie funktionierten, damit der Gottkönig nicht plötzlich im Dunkeln stand.

Socki: Lichtmeister, diese Funktionsbezeichnung kommt mir wie in der DDR vor. Im Berliner Friedrichspalast hatten sie für jeden Handgriff einen Meister: Vorhangmeister, Bühnenbrettmeister, Seilschachtmeister, Versenkungsmeister, Hebelmeister, Knopfdruckmeister, Saalmeister – insgesamt eintausendachthundert Beschäftigte.

Paule: Der Stab des Dalai Lama ist ähnlich organisiert: Einer ist zuständig nur für die Turnmatte – der Mattenmeister. Der bereitet den Boden für die morgendlichen Übungen Seiner Heiligkeit vor: bäuchlings niederwerfen und wieder aufstehen. Eine halbe Stunde lang.

Socki: Was muss jede Katze über Tibet wissen?

Paule: Als »Dach der Welt« stellt der Dalai Lama seine Heimat vor. Abgeschieden durch das Himalaja-Gebirge wurde die eigenständige Kultur im siebten Jahrhundert zum ersten Mal urkundlich erwähnt. Nach der mongolischen Herrschaft erlangte Tibet für kurze Zeit Selbstständigkeit. 1950 überfiel China das Land und annektierte es. Der Dalai Lama ging als Oberhaupt 1959 freiwillig ins indische Exil. Für sein landespolitisches Engagement, das zugleich weltweite Bedeutung errang, wurde der Dalai Lama 1984 mit dem Friedensnobelpreis ausgezeichnet. Die Hoffnung, eines Tages in seine Heimat zurückzukehren, hält er für umso wahrscheinlicher, weil er noch eine lange Lebenszeit vor sich sieht. In seinen Träumen wird er einhundertdreizehn Jahre alt. Und nachdem sein irdisches Werk mit der Freiheit für Tibet beendet ist, wird er belohnt: Endlich darf er aus dem Karussell der mühseligen Wiedergeburten aussteigen. Die nächste Ruhmesstufe will ihm Hollywood mit einem bereits lang geplanten Film sichern.

Socki: Soll auch Richard Gere mitspielen?

Paule: In die Kinos kam bisher nur ein Filmepos mit Brad Pitt, gedreht 1997. Es zeigt die ersten sieben Jahre des Dalai Lama, als er einen Lehrer hatte, der ihm alles über den Westen beibrachte. Die authentische Geschichte geht auf den österreichischen Bergsteiger Heinrich Harrer und seinen autobiografischen Roman »Sieben Jahre in Tibet« zurück. Peking war wenig begeistert. Der Regisseur Jean-Jacques Annaud sowie die Darsteller Brad Pitt, David Thewlis und Jamyang Jamtsho Wangchuk erhielten ein lebenslanges Einreiseverbot in die Volksrepublik China.

Socki: Wie hast du dich damals auf den Dalai Lama vorbereitet?

Paule: Kreuz und quer alle möglichen Publikationen über ihn und den Buddhismus gelesen. Der Manager, der alles organisierte, war über den Zeitplan des Dalai Lama und die offiziellen Gäste gut informiert. Als Ort schlug er Ulan Bator vor, die mongolische Hauptstadt, zu einem Termin, als auch Richard Gere dorthin reiste. Das war natürlich für BUNTE die Topstory des Jahres. Ein Sexsymbol aus Hollywood trifft den Mann, der als Gott gilt. Das Ganze weltexklusiv.

Socki: Miau!

Paule: Indirekt war ich schon nah dran an Richard Gere, denn zwei Jahre vorher hatte ich Cindy Crawford in Frankfurt interviewt. Eine schöne Frau, ein schöner Mann und hässliche Gerüchte. Die Gretchenfrage war: Kann Cindy Crawford glücklich sein mit Richard Gere, von dem es hieß, er sei bisexuell?

Socki: Und zu dieser Frage sollte sich auch der Dalai Lama äußern?

Paule: Nicht direkt. Immerhin hatte Richard Gere schon Cindy nach Dharamsala mitgenommen und sie dem Dalai Lama vorgestellt. Alte Bekannte, da ist man neugierig, welchen neuen Klatsch es gibt. Ich wusste außerdem, Seine Heiligkeit schaut sich am liebsten Tierfilme an. An zweiter Stelle steht als sein Lieblingssender der englische Fernsehkanal BBC, also weltfremd ist er nicht. Ich musste ihn fragen, wie er über Richard Geres Scheidung von Cindy Crawford denkt.

Socki: Und er sagte?

Paule: Die Pointe kommt noch, alles der Reihe nach.

Socki: Wie lief dein Interview mit Cindy Crawford?

Paule: Ich war überrascht, ihre Antworten waren klug und witzig. Sie hat wirklich Köpfchen, was sonst bei Models eher selten ist.

Socki: Zum Beispiel?

Paule: Ich fragte sie: »Traumfrau lebt mit Traummann. Ist das was für eine Ehe?« Und sie konterte:

Crawford: Also, wir starren nicht unentwegt in den Spiegel und jauchzen, weil wir so schön sind. Und was heißt hier Traumpaar! Jeder heiratet seinen Traum, was sonst.

Socki (kichert): Hat sie Richard denn auf seinem buddhistischen Pfad begleitet?

Crawford: Ich begleite ihn nicht. Gott ist für mich eine Energie, die größer ist als die, die sieben Milliarden Menschen auf der Erde haben. Meine Lebenseinstellung picke ich mir aus sämtlichen Religionen heraus.

Paule: Ich fragte sie: »Was pickt sich die Protestantin aus ihrem Glauben?«

Crawford: Lukas, Kapitel 6, Vers 27, Liebet eure Feinde, tut Gutes euren Hassern, segnet, die euch verfluchten, betet für die, die euch verleumden.

Socki: Na so was, war Apostel Lukas auch ein Buddhist?

Paule: Der Dalai Lama predigt etwas, das auch im Christentum eine Gültigkeit hat: Mitgefühl ist eine natürliche Veranlagung des Geistes. Den Feind kann man nur entwaffnen, wenn man sich ihn zum Freund macht. Mit diesem Credo fuhr der Dalai Lama, 1954 als Staatsoberhaupt von Tibet, zu Mao Tse-tung, um ihn als Freund zu gewinnen, nachdem die Chinesen Tibet annektiert hatten.

Socki: War die Mission erfolgreich?

Paule: Zuerst schien es so. Mao sagte, der Dalai Lama solle die tibetische Fahne neben der roten chinesischen behalten. Seitdem hegt der Dalai Lama Respekt und Bewunderung für den Führer der chinesischen Kulturrevolution. Um das Verhältnis zu China zu entspannen, war er bereit, auf seine persönliche Machtposition zu verzichten. 1959 verließ er seine Heimat. »Meine Rechte sind nicht so wichtig«, begründete er seine Entscheidung. Seitdem bezeichnet er sich als Heimatloser und erklärt: »Ich bin als Staatsoberhaupt zurückgetreten, um mich meinen Aufgaben als Lehrer des Buddhismus besser widmen zu können.«

Socki: Was sagen die Tibeter dazu?

Paule: Der Dalai Lama betont, dass er sich weniger für die Unabhängigkeit, sondern vielmehr für die echte Autonomie seines Landes einsetzt – und dabei Gewalt strikt ablehnt. Mit diesem Kurs sind nicht alle Tibeter einverstanden. Der Tibetan Youth Congress fordert die völlige Unabhängigkeit Tibets, die zu einer selbstständigen Staatserklärung führt, mit eigener Regierung, Gesetz und Ökonomie. Diese Forderung wird mit der Kampfparole radikal verkündet, »wenn nötig, um den Preis des eigenen Lebens«. Diesen Krieg möchte der Dalai Lama mit aller Kraft verhindern.

Socki: Woher kommt die magische Anziehung des Buddhismus für den Westen?

Paule: Ich würde sagen, es hängt mit dem Bild des Potala-Palastes zusammen, das vor etwa einhundertfünfzig Jahren nach Westen gelangte und sofort jeden Betrachter faszinierte. Dieser grandiose Bau krönt den einhundertdreißig Meter hohen »Roten Berg« und ist ein Symbol für Lhasa, übersetzt »Götterort«. Der Potala, im Jahre 637 vom 5. Dalai Lama erbaut, strahlt eine derart mystische Magie aus, dass er wahrhaftig als Wohnsitz Gottes gelten kann. Und weil dieser Ort mit dem Buddhismus verknüpft ist, gilt diese Lebensphilosophie auch als eine göttliche Religion, obwohl sie weder einen Gott verehrt noch von Gott überhaupt die Rede ist. Es ist der irdische Gegensatz zum himmlischen Christentum, jüdischen Glauben und Islam.

Socki (rollt sich auf meinem Schoß zusammen): Dann erzähl mal, wie das war, damals in Ulan Bator.

»Das Leben ist ohne Anfang und ohne Ende einfach ewig«

Die Mongolei als das Land des ewig blauen Himmels war ein Versprechen aus dem Reiseführer, das sich nicht einlöste. Zuerst ging es in dreieinhalb Stunden von München nach Moskau. Vom Flughafen Scheremetjewo nach Ulan Bator (übersetzt »Roter Held«) war es fast so weit wie von Frankfurt nach New York, rund sieben Stunden in der Luft. Unten breitete sich die endlose Steppe aus. Flach, unbebaut, menschenleer. Die Mongolei ist das am dünnsten besiedelte Land der Welt, nur 2,6 Millionen Einwohner auf einer Fläche viermal so groß wie die Bundesrepublik. Dafür gibt es eintausendzweihundert Flüsse. Mitunter steht das halbe Land unter Wasser. Wir flogen im August in den gleichen Regen hinein wie zu Hause in Deutschland. Nur die Temperaturen waren höher: täglich über 40 Grad drückende Hitze.

Die Reise war in jeder Hinsicht spannend. Die Mongolei war nach der Sowjetunion das zweite kommunistische Land der Welt. Die Diktatur ertrug das Volk mit stoischem Gleichmut, wodurch auch gewisse Privilegien möglich wurden. Im Gandan-Kloster in Ulan Bator wurden zu Zeiten der Volksrepublik religiöse Zeremonien geduldet, natürlich unter der Aufsicht der Geheimpolizei. Nach der Wende, die am 4. März 1990 mit einer Großdemonstration begann, kehrte schnell die alte buddhistische Tradition zurück. Sie vermischt sich mit Nomadenkultur und Schamanentum.

Die heute staatlich anerkannte buddhistische Bewegung stützt sich auf die Person des Dalai Lama. Im Gegensatz zu China respektiert die mongolische Regierung seine göttliche Symbolkraft und verhalf ihm zur Inthronisation als Schirmherr des Gandan-Klosters. Gut 80 Prozent der mongolischen Bevölkerung sind Buddhisten. Aus dem benachbarten Russland stoßen inzwischen mindestens drei Millionen russische Buddhisten dazu. Nach der Rückkehr zur prawoslawen Religion stellt der Buddhismus in Russland die sich am zweitschnellsten verbreitende Philosophie dar.

Bei der Landung auf dem Chinggis Khaan International Airport zeichnete sich das quadratische Häusermeer wie Dominosteine auf einem Spielbrett ab. Knapp die Hälfte der mongolischen Bevölkerung lebt in Ulan Bator, also rund 1,3 Millionen Menschen. Ein Drittel davon wohnt am Stadtrand noch in Jurten, das sind große Rundzelte aus dickem Filz.

Die Gebirgskette im Norden, obwohl meilenweit entfernt, erschien zum Greifen nah. Das Gepäck kam nicht auf dem Förderband, es wurde mit Wagen vom Flugzeug herangekarrt und vor der Ankunftshalle abgeladen. Innen herrschte ein Getümmel, wobei eines sofort auffiel: Während die meist kleinwüchsigen und dicklichen Männer ländliche Kleidung, bestickt mit folkloristischen Blümchen trugen, waren die Frauen meist jung und hübsch und überwiegend westlich angezogen. Mit ihrem modischen Auftritt standen sie für den Aufbruch eines Hirtenvolkes in das neue Konsumzeitalter.

Die meisten Ankömmlinge waren zu den Dalai-Lama-Tagen angereist. Die Taxifahrer vor dem Airport witterten gutes Geschäft. »Very cheap«, »Best price« riefen sie in Englisch den Fremden zu. Chinesen, Kasachen, Japaner, Koreaner, Malaien, Russen, Thais. Buddhismus ist die viertgrößte Religionsausrichtung der Erde, mit schätzungsweise einer halben Milliarde Anhänger. Wo auch immer der Dalai Lama predigt, ist der Zustrom der Zuhörer gewaltig.

Ich war mit dem Fotografen Benno Kraehahn unterwegs. Wir entschieden uns für einen Taxifahrer, der uns mit »Nice car« lockte. Die Kiste entpuppte sich als ein alter, klappriger Lada mit Rostbeulen.

»To the Hotel Ulaanbaatar« sagte ich.

»Very nice girls«, jubelte der Taxifahrer und irrte nicht.

In diesem fünf Stockwerke hohen Hotel aus dem Sozialismus befand sich auf dem Dach eine Bar mit verglasten Wänden. Dort versammelten sich allabendlich mongolische Schönheiten, als fände eine Misswahl statt. Langbeinig und in Miniröcken, stöckelten sie auf High Heels auf und ab, ihre Figuren zierlich, die Gesichtszüge fein wie aus Porzellan. Auch Richard Gere war in diesem Hotel abgestiegen. Es war leicht, ihn zu finden: Ab dem späten Nachmittag lümmelte er in einem der Clubsessel in der Bar, von der Beinparade auf den Barhockern sichtlich hingerissen. Die Model-gleichen Damen erschienen wie eine Schwalbenkompanie auf der Telegrafenleitung. Es waren Professionelle, nicht nur aus Ulan Bator, sondern angereist aus allen Ecken: Ulan-Ude, Irkutsk und einige sogar aus der Ukraine. Viele der jungen Frauen gaben an, damit ihr Studium zu finanzieren. Das horizontale Gewerbe hatte hier Tradition. Den ersten nationalen Straßenstrich gab es gleich nach der Wende 1990 vor diesem Touristenhotel.

Und bald war es kein Geheimnis mehr: Richie war jede Nacht unterwegs, kannte alle Bars und Clubs, und davon gab es jede Menge. Sogar Striplokale schossen wie Pilze aus dem Boden. Ulan Bator wachte stürmisch aus seiner sozialistischen Tristesse auf. Der Nachholbedarf ließ die Lebenslust explodieren. Bessere Stimmung herrschte nicht mal in den Discos von New York.

Nur die Hits waren noch nicht upgedatet. Man hörte, was sich einst in dem legendären Studio 54 auf dem Plattenteller drehte. Die Charts aus den Siebzigern und frühen Achtzigern. Die Livebands, zumeist Filipinos, spielten sie nach. Schrill und schräg. Die Girls tanzten sich in Ekstase. Ich sprach mit einigen, sie meinten, sie wären zwar käuflich, aber keine Prostituierten. Wofür sie bereit waren, erklärten sie mit einem schönen Spruch: »Die neue Freiheit besteht für uns auch darin, dass wir das Beste aus unserer Schönheit rausholen.« Das Beste für sie waren die grünen Dollars.

An der Bar vom Hotel Ulaanbaatar erlebte ich dann einen denkwürdigen Auftritt. Kurz vor Mitternacht stürmte Richard Gere mit seiner Clique herein. Es waren weniger Buddhisten als eingeschworene amerikanische Chinahasser, was an und für sich einen krassen Widerspruch zu der buddhistischen Philosophie darstellte. Das schien jedoch keinen zu kümmern.

Auf dem Podium im Rotlicht illuminiert, spielte ein Double von Vanessa Mae, der Teufelsgeigerin, die im Februar 1995 zum ersten Mal die Charts stürmte. In den Clubs von Ulan Bator gab es Dutzende von Nachahmerinnen, live beim Auftritt in schenkelhohen Stiefeln und Minis. Die Rock'n'Sex-Welle rollte.

Eine Nacht später in einem dieser Lokal-Clubs. Eine fetzende Violine riss auch Gere hin, er klemmte sich ans Keyboard und rockte mit. Sein Hämmern in die Tasten vertrieb bald die Geigerin. Worauf Richie sentimental wurde und schluchzend im Song *Knocking on Heaven's Door* versank. Es klang authentisch laut, aber wenig engagiert. Der Stimmung tat es keinen Abbruch. Beim nächsten Song tobte Richie vom AC/DC-Geist besessen wie ein Berserker im Heavy-Metal-Rausch: »*Ladies and gentlemen, my favorite song.*« Dann fetzte er los:

Harley Davidson / The tour is over and I'm goin' home / Home to my baby, the bike of my own...

Heavy Metal. Ich dachte an seine Biografie: Mit einundzwanzig war er ein schüchterner Junge, voller Komplexe. Er ging freiwillig in die Psychiatrie, weil er – manisch-depressiv veranlagt – sich für selbstmordgefährdet hielt. Die Erfahrungen aus der Klinik brachte er später in seine Rolle in dem Film »Mr. Jones« ein. Er spielte einen Patienten, der an bipolaren Störungen leidet und die behandelnde Ärztin nicht nur verführt, sondern sie hat sich tatsächlich in ihn verliebt. Ein Film wie sein Leben.

In einer der nächsten Nächte sprach ich ihn darauf an. Er meinte: »Ich lebe mit den gleichen Problemen wie jeder andere auch. Jeder will schön sein und reich. Aber ist es erstrebenswert, ist das der Sinn des Lebens? Wenn man es nicht schafft, seinen Egotrip zu verwirklichen, ist man frustriert. Frustration sät Wut. Man muss sich von seinem Ego trennen.«

Da sprach schon der Dalai Lama aus ihm.

Mit Mantras, Zimbel und Muschel

Eines der markantesten Objekte von Ulan Bator ist das weiße Gandan-Kloster. An das nationale Heiligtum schließt sich seitlich die Öndör Gegeen Zanabazar Buddhist University an. Dieses größte lamaistische Zentrum außerhalb Tibets wurde 1727 gegründet. Unter den Kommunisten in den 1930er-Jahren zerfiel der Komplex fast zur Ruine. Die sechsundzwanzig Meter hohe Statue der Göttin Janraisig hatten die sowjetischen Truppen demontiert und eingeschmolzen. Erst in den 1950er-Jahren wurden die noch bestehenden Gebäude teils renoviert und als Kulturdenkmal wieder geöffnet.

Nach dem Fall der Sowjetunion sammelte die weltweite buddhistische Gemeinde Spenden, um 1996 für sechs Millionen Dollar eine neue vergoldete Janraisig errichten zu lassen. Im Kloster selbst leben heute wieder über sechshundert Mönche. An diesem geheiligten Ort stieg auch jenes buddhistische Fest, dem ich beiwohnte und bei dem ich Zeuge wurde, wie die Massen den Dalai Lama wie einen Popstar feierten.

Ulan Bator hatte sich in diesen Tagen in eine einzige Pilgerstätte verwandelt. Die Mönche waren überall. An ihre allgegenwärtige Präsenz gewöhnte man sich schnell. Weinrote Kutten und gelbe Socken: Man musste nur diesen Farben folgen, um zum Lager des Dalai Lama zu finden. Das Gandan-Kloster liegt westlich des Stadtzentrums. Der letzte Abschnitt des Weges führt über eine lehmige Wiese. Der Boden war aufgeweicht vom nächtlichen Regen. Der Fotograf und ich rutschten durch einen dünnen Schlamm, glitschig wie Schmierseife. Von allen Seiten umtoste uns Gemurmel. Die versammelten Pilger hielten Ketten mit bunten Perlen in der Hand, der Rosenkranz der Buddhisten. Man hörte, wie die Perlen zu den sich ständig wiederholenden Mantras klackten. Ein Mönch schüttelte eine Rassel, ein anderer rasselte mit der Zimbel, der Dritte trötete auf einer Muschel. Der schrille Ton einer tibetischen Schalmai durchsägte die Luft.

Der Sekretär aus dem Tross des Dalai Lama, der uns vom Hotel abgeholt hatte, lotste uns an den Gläubigen vorbei. Es waren Tausende, die tagelange Märsche auf sich genommen hatten, um in der Nähe des Dalai Lama zu sein. Nur wenige lernten ihn wirklich kennen. Ein Dalai-Lama-Vertrauter lächelte: »Auch der Heilige Geist ist nicht greifbar.«

Der Gottkönig weilte innen im Klostergebäude. Sein neu errichteter Thronsaal war spärlich möbliert. Ein Damastsofa mit langen Fransen, einige Beistelltische aus Mahagoni, den Boden bedeckte ein fasertief durchgetretener Teppich, der mal rot gewesen war. Von der Decke hingen Lampen mit Schirmen aus Chintz, ein dünner Baumwoll- und Leinenstoff, mit farblosem Lack glänzend imprägniert. Im gedämpften Licht weichten die Ornamente der rot-gelben Tapeten auf. Auf dem Altar reihten sich kleinere und größere Buddha-Figuren, in einer Vitrine beleuchtete kaltblaues Neonlicht buddhistische Symbole. Auf Kartons ikonografisch gemalte Thangkas mit der Schutzgöttin Tibets, Tuschzeichnungen von Taras, die weibliche Manifestation erleuchteter Weisheit, kunterbunte Masken aus Kathmandu und schamanistische Klangschalen.

In der ersten Reihe entdeckte ich Richard Gere. Im Lotossitz lauschte er der Predigt. Wir hatten uns bereits im Hotel unterhalten. Besonders begeistert von unserer Anwesenheit war er nicht. Jetzt, beim Anblick der Kamera, verzog er sein Gesicht. Um ehrfürchtige Haltung bemüht, deutete er uns in Gebärdensprache an: »Keine Show, bitte!«

Das Gebet Seiner Heiligkeit dauerte an diesem Morgen vier Stunden. »*Om mani padme hum*« (O du Kleinod im Lotos), ein Mantra für Mitgefühl und Liebe. Wie alle Mönche sang

Richard Gere das Gebet des Meisters mit. Er trug eine adidas-Jogginghose, mongolische Hirtenstiefel und eine graue Kaschmirjacke, die er für hundertdreiundzwanzig Dollar im Duty-Free-Shop gekauft hatte. Am Ende des Gebets überreichte ihm einer der Mönche einen Khatag, einen weißen seidenen Gebetsschal, soeben vom Dalai Lama für seinen amerikanischen Freund mit den Worten gesegnet: »Die Quelle für das Glücklichsein sind ein gutes Herz, Mitgefühl und Liebe.« Der Fotograf klickte, Gere schaute finster, der Dalai Lama lächelte.

Zu dem geplanten Interview mit dem Dalai Lama habe ich meine Fragen schriftlich eingereicht. Einer von seinen Sekretären steckte den Wisch ein, wobei ich das Gefühl hatte, dass er ihn gar nicht an Seine Göttlichkeit weitergab. Tendzin Gyatsho, wie der bürgerliche Name des 14. Dalai Lama lautet, braucht kein Protokoll, er ist spontan und hält, was die Tibeter über ihn sagen: Er ist ein *kundün* – ein »wunscherfüllendes Juwel«.

Socki (unterbricht): Kannst du es bestätigen?
Paule: Nicht nur wunscherfüllend, sondern auch höchst amüsant. Wer in seine Nähe gerät, wird getätschelt, als ob der Meister prüfen würde, ob der ihm vorgestellte Besucher tatsächlich aus Fleisch und Blut besteht. Der Dalai Lama hat keine Berührungsängste, er ist ein »Hautmensch«. Als er mich im Getümmel entdeckte, Journalisten scheint er auf hundert Meter zu riechen, zwinkerte er mir zu.
Socki: Ein gutes Zeichen!
Paule: Einige Tage musste ich mich allerdings noch gedulden. Der Andrang der Delegationen glich einem Tsunami. Mitunter verschwand der Dalai Lama völlig in der Menge, er war auch kleiner, als ich erwartet hatte, aber er mogelte sich stets aus dem Geknäuel der Menschen heraus und lächelte wie ein Lausbub. In gebückter Haltung ging er federnden Schrittes an seinen Verehrern vorbei, mal winkte er mit kleinen Gesten,

mal faltete er die Hände. Typisch für ihn war auch, sich zu verabschieden und dann, bevor er verschwand, sich nochmals umzudrehen, um vergnügt zu sagen: »Gut, gut, vielen Dank.«

Der Tod ist wie ein Kleiderwechsel

Am zehnten Tag kam ich an die Reihe. Sein Pressesprecher ließ in aller Form mitteilen: »His Holiness freut sich, dass Sie sich Zeit genommen haben, ihn auf seiner Missionsreise in die Mongolei zu begleiten. Er gibt Ihnen eine dreißigminütige Audienz.«

Der Ort dafür hat mich etwas irritiert: die Dependance der polnischen Botschaft in Ulan Bator. Also ließ sich der Dalai Lama doch nicht spartanisch bei seinen Mönchen unterbringen, dessen Oberhaupt er war, sondern zog den gewissen Luxus eines Diplomatenquartiers vor. Das Rätsel, warum diese Extrawurst polnischer Art war, löste sich beim Gespräch mit Seiner Heiligkeit von allein.

Für den »ozeangleichen Lehrer«, noch so ein Titel für das Oberhaupt der Buddhisten, wollte ich wie ein Musterschüler glänzen. Mit einer derartigen Gründlichkeit hatte ich mich bisher selten auf ein Interview vorbereitet. Doch nicht immer war es leicht, den Kult um seine Person voll und ganz ernst zu nehmen. Mitunter musste ich heftig schmunzeln, worauf ich da alles stieß. In einer Filmdokumentation über den Dalai Lama sah ich zum Beispiel, dass Seine Heiligkeit beim Zähneputzen das Wasser in das Waschbecken laufen lässt – genauso wie ich zu Hause. Doch im Gegensatz zu mir befindet er sich nach der Reinkarnationstheorie bereits in seinem vierzehnten Leben als Dalai Lama. Das bedeutete laut der Dokumentation: »Sechzig Sekunden vergehen für den Dalai Lama vierzehnmal schneller als für uns Normalsterbliche.« Im Bild wurde gezeigt, wie dieses beschleunigte Leben aussieht.

Der Verkehr rast im Zeitraffer. Bei diesem atemberaubenden Tempo könnte der Dalai Lama theoretisch gar nicht Auto fahren, was er auch praktisch nicht tut. Um zu entschleunigen, zieht er sich für fünf Monate im Jahr zurück. In dieser Zeit meditiert er in völliger Abgeschiedenheit. Die restlichen sieben Monate sind auf die Minute getaktet. Der Göttliche ist unterwegs, empfängt Staatsgäste, besucht Präsidenten, hält Vorträge und gibt Unterricht, was jeweils zwischen einer und fünf Stunden dauert. Er spricht deutlich und bedächtig, macht zwischen den Sätzen Pausen, als würde er im Kopf nochmals überprüfen, ob alles, was er sagt, auch tatsächlich stimmt. Allein sich fünf Minuten bei seinem Vortrag zu konzentrieren fällt schon schwer, weil man so intensiv mitdenken muss.

Übrigens Socki. Sie ist die ganze Zeit noch bei mir, läuft nicht weg, schaut mir gebannt zu und fragt jetzt nach einem Beispiel aus dem Unterricht des Dalai Lama. Ich zitiere: »Der Verstand hat keinen Anfang. Wir suchen nach uns selbst ohne Erfolg. Weder Körper noch Geist enthalten das Selbst.«

Socki: So geht es mir auch, manchmal weiß ich einfach nicht, wer ich bin …

Paule: Erstaunlich ist, dass der Buddhismus die darwinsche Evolutionstheorie in seine Lehre mit einbezieht. Der Dalai Lama sagt: Nach dem Urknall waren es die pflanzlichen Zellen, aus denen unser Leben entstand, zuerst Tier, dann Mensch. Das ist auch der Schlüssel, um die Theorie der Wiedergeburt zu verstehen. Nichts geht verloren, wir befinden uns in einem ewigen Kreislauf. Der Buddhismus beruht auf einem Selbstkonzept: Das Ziel ist das Nirwana, die totale Erleuchtung.

Socki: Welche Regeln sind dabei zu beachten?

Paule: Wer seinen Gegner schont, der ebenfalls nach Glück strebt, wird im nächsten Leben belohnt. Das ist eine der wichtigsten Regeln.

Socki: Heißt das, dass der Dalai Lama auch für seine Feinde betet?

Paule: Für die betet er besonders, auch für die Chinesen, ich habe ihn danach gefragt. Er sagte: »Auch die chinesischen Parteiführer streben danach, ihrem Land und dem Volk ein glückliches Leben und eine glückliche Zukunft zu sichern, also bete ich dafür, dass dieses Werk gelingt.«

Socki: Wie kommt es, dass der Dalai Lama schon zum vierzehnten Mal in gleicher Gestalt auf die Welt zurückkehrt?

Paule: Mit dem ersten Dalai Lama vor fünfhundert Jahren fing es an. Als er achtzig wurde, sagten seine Schüler: »Meister, Ihr seid reif dafür, um in eine himmlische Ebene einzutreten.« Doch er antwortete, sein Wunsch sei nicht der Himmel, sondern die Wiedergeburt an einem schwierigen Ort, wo er nützlich sein und helfen könne.

Socki: Und dafür betet der jetzige Dalai Lama auch jetzt?

Paule: Ja, solange sein Werk, seine Aufgabe auf dieser Welt noch nicht vollendet ist. Es wird zwischenzeitlich vom Tod unterbrochen. Den Tod erklärt der Dalai Lama wie einen Kleiderwechsel. Wenn der Mantel zerschlissen ist, sprich: der Körper verbraucht, muss man ihn wechseln!

Socki: Hört sich an wie das Märchen von des Dalai Lamas neuen Kleidern. Wohin kommen die alten Klamotten?

Paule: Der Dalai Lama sagt, er habe im Schlaf leichte Erinnerungen an seine früheren Leben. In Tibet, in Indien, auch zu Buddhas Zeiten vor 2500 Jahren sei er dabei gewesen, er sei Siddhartha Gautama wohl auch begegnet. Aber nun meint er, noch eine Reinkarnation werde nicht mehr notwendig sein. Er will wohl einhundertdreizehn Jahre alt werden und die Freiheit für sein tibetisches Volk erleben. Damit wäre sein irdisches Werk vollendet.

Socki: Wie hat der Dalai Lama auf dich gewirkt?

Paule: Beim Anblick dieses Mannes wurden meine Knie weich. Ich erstarrte vor Ehrfurcht und Respekt. Der Dalai Lama begrüßte mich per Handschlag. Seine Hände übrigens, grob von der Gartenarbeit, drückten kraftvoll zu. Alles an ihm war straff, vital und energiegeladen. Durch seine altmodische Brille, ein Modell mit Nickelgestell wie bei Kojak in den Siebzigern, musterte er mich und baute vor: »Über meine Person weiß ich mehr als über die Geschichte Tibets. Fangen Sie mit Ihren Fragen gleich bei mir an.«

Socki (streckt sich): Das wird jetzt eine lange Geschichte, aber ich habe Zeit.

Paule: Den Anfang hatte er diplomatisch eingeleitet. Vielleicht wollte der Dalai Lama nicht, dass ich ihn gleich auf den tibetischen Konflikt mit China anspreche. Zumal Richard Gere massive Probleme mit Peking hatte. Bei der Oscar-Verleihung 1993 geriet seine flammende Rede für Tibet und gegen die chinesische Regierung zum Skandal. Ich hatte bereits mit Gere darüber gesprochen, an der Bar vom Hotel Ulaanbaatar. Es war ein Moment, in dem der Fotograf nicht dabei war. Gere schien genauso aufgewühlt zu sein wie bei seinem Oscar-Auftritt und redete sich in Rage:

»Ich war in Tibet, ich werde mir nie den Mund verbieten lassen, alles zu sagen, welche Gräueltaten ich dort gesehen habe, von Chinesen verübt. Sie foltern Mönche und Nonnen. Besonders Nonnen. In einem kleinen Tempel bei Lhasa habe ich eine etwa fünfundsechzig Jahre alte Nonne getroffen. Sie humpelte, murmelte etwas vor sich hin, und es war klar, dass etwas mit ihr nicht stimmte. Ich bat eine junge Nonne, die sie begleitete, für mich zu dolmetschen. Es kam heraus, dass die alte Nonne von den Militärs verhaftet worden war, nur weil sie eine Fahne mit der Aufschrift »Freies Tibet« trug. Sie wurde mit anderen Nonnen eingesperrt, nackt ausgezogen, ausgepeitscht und an den Händen, die hinter dem Nacken zusammengebunden waren, aufgehängt. Fast alle Nonnen wurden vergewaltigt, mit Stangen und Billardstöcken geschlagen. Sie wurden mit geöffneten Beinen am Tisch festgebunden, und die Stöcke wurden ihnen in die Vagina gehämmert. Viele starben. Viele verloren den Verstand. Ich fragte die ältere Nonne, was sie jetzt gegenüber ihren Peinigern empfinde. Sie holte Luft und sagte: »Es ist wirklich nicht ihre Schuld. Hätten sie nicht uns gefoltert, wären sie selbst gefoltert worden.«

Bei diesem Satz erhellte sich Geres Gesicht, denn er fügte die Lehre aus der Geschichte hinzu: »Das ist die Schönheit des tibetischen Geistes und Herzens: Selbst angesichts solcher Schändungen sind sie noch in der Lage, Mitgefühl für die Folterer aufzubringen. Das brach mir das Herz, und wir alle mussten weinen.«

Anders die Chinesen. Nach seiner Oscar-Rede stuften sie den Hollywood-Beau als Staatsfeind ein. Deswegen musste er auch einen Umweg machen. Statt aus Los Angeles über Peking nach Ulan Bator zu fliegen, reiste er zweiundzwanzig Stunden länger über New York und Moskau, um nicht beim Transit in Peking verhaftet zu werden. Dies war ihm angedroht worden. Angeblich, so erfuhr ich aus seinem Umkreis, hätte sich Gere ein Transitvisum für 5000 Dollar kaufen können. Aber er traute dem Angebot nicht – »obwohl man in China mit Bakschisch fast alles erledigen kann«.

»Das gehört mir…«

Zurück zum Dalai-Lama-Gespräch. Kann er Gedanken lesen? Jedenfalls kneift er mich plötzlich in den Oberarm, lächelt verschmitzt und stellt Verblüffendes fest: »In fünf Milliarden Jahren wird die Sonne erloschen sein. Das ist nicht mehr so lange.«

»Your Holiness, für Sie bestimmt nicht.«

»Alles ist relativ. Im Buddhismus wird das Zeitalter in Äonen berechnet, die Einheit für die Ewigkeit. Es gibt keine Gegenwart. Jede Millisekunde besteht zu einer Hälfte aus Vergangenheit und zur anderen aus Zukunft.«

Der Dalai Lama grinst und gibt seltsame Laute von sich. Ein einzigartiges Kichern, als würden Glasmurmeln durch eine

Nr. 35 23. 8. 2001 4,30 DM

**Weltmeister
Michael Schumacher
So zärtlich
gratulierte ihm
seine Corinna**

**Party-Girl
Ariane Sommer
Ist sie zu sexy
fürs Fernsehen?**

**Christine Kaufmann
„Mein Beweis: Ich
bin nicht geliftet"**

**Verteidigungsminister
Rudolf Scharping und Gräfin Pilati
Total verliebt auf Mallorca**

Interview über Hochzeit, Bundeswehr und Jobwechsel

Im August 2001 erschien Pauls legendäre Titelstory über
Verteidigungsminister Rudolf Scharping und Gräfin Pilati

Fernab des Trubels:
Paul Sahner daheim in seinem Bauernhaus in Lanzing am Chiemsee

Als Bestsellerautor machte sich Paul Sahner ebenso einen Namen
wie als Journalist

Paul Sahners geliebte Katze Socki

Ein wunderbarer Morgen auf der Terrasse in Lanzing

Paule und Socki: ein eingespieltes Team, sogar als Schriftsteller

Dachrinne rollen. Es wiederholt sich mit beständiger Regelmäßigkeit. Kichern, giggeln, giecksen, glucksen. Lachen in allen Varianten.

Paul Sahner: Your Holiness, mir fällt auf, wie Richard Gere an Ihren geistlichen Zeremonien, Gebeten und Meditationen konzentriert teilnimmt. Wie sehen Sie seine Rolle als Botschafter für den Buddhismus und Tibet?

Dalai Lama: Richard Gere praktiziert den Buddhismus seit über einundzwanzig Jahren. Also ist er noch nicht ganz gefestigt. Dennoch würde ich sagen, er ist ein aufrichtiger Anhänger. Besonders auf junge Menschen kann er großen Einfluss haben, eine Symbolfigur sein. Das ist äußerst wichtig für uns. Er ist ein festes Mitglied unserer Gemeinschaft. Ich sehe ihn nicht als Künstler.

Paul Sahner: Sie haben nie einen Film von ihm gesehen, zum Beispiel »Ein Mann für gewisse Stunden«, »Ein Offizier und Gentleman« oder »Pretty Woman«?

Dalai Lama: Ich habe mir einige Trailer angeschaut. Richard ist ein ausgezeichneter Schauspieler.

Paul Sahner: Haben Sie keine Probleme mit seinem Image als Sexsymbol, den Schlagzeilen über sein Leben?

Dalai Lama: Nein, ich kenne ihn ja wirklich. Wir sprechen offen über alles, haben voreinander keine Geheimnisse. Vor einem Jahr habe ich auch Cindy Crawford kennengelernt, Richard brachte sie mit nach Dharamsala.

Paul Sahner: Die Ehe ist gescheitert. Haben Sie versucht, Richard und Cindy wieder zusammenzuführen?

Dalai Lama: Das ist nicht die Aufgabe eines Mönchs. Im Allgemeinen möchte ich Folgendes sagen: Wenn jemand heiratet, sollte er das nicht überstürzen. Es ist wichtig, vorher den Partner sehr genau kennenzulernen, die Grundzüge seiner Persönlichkeit, die Stärken und Schwächen. Dem allen muss man Respekt entgegenbringen. Blinde Verliebtheit kann böse enden.

Paul Sahner: Wie sehen Sie die Zukunft der Menschheit in einer Welt, die täglich aggressiver wird?

Dalai Lama: Unsere Zukunft hängt von unseren Kindern ab, denen wir folglich von klein auf eine liebevolle Umgebung bieten müssen. Vernachlässigte Kinder werden hilflos, unsicher, unruhig, leicht ist ihr ganzes Leben ruiniert. Kinder, die ständig Liebe und Schutz erhalten, sind glücklich und entwickeln Selbstbewusstsein. Quelle für das Glücklichsein sind ein gutes Herz, Mitgefühl und Liebe. Mit einer solchen Einstellung können wir unseren inneren Frieden bewahren, auch wenn wir von Feindseligkeit umgeben sind.

Paul Sahner: Wie war Ihre Kindheit?

Dalai Lama: Meine Eltern waren Kleinbauern, wir hatten sechs Dzomos – eine Kreuzung aus Jak und Kuh –, die uns mit Milch versorgten. Ein paar Hühner legten die Eier. Mein Vater war mittelgroß und sehr jähzornig. Einmal zupfte ich an seinem Schnurrbart und wurde prompt heftig geschlagen. Dann konnte er wieder sehr gutherzig sein.

Paul Sahner: Haben die Schläge genutzt oder geschadet?

Dalai Lama: Sie liegen in der Natur des Menschen.

Paul Sahner: Wie sind Sie der 14. Dalai Lama geworden?

Dalai Lama: Bei meiner Geburt konnte natürlich kein Mensch ahnen, dass ich kein gewöhnliches Baby war. Als ich noch keine drei Jahre alt war, kam ein von der Regierung in Lhasa ausgesandter Suchtrupp ins Kloster Kumbum, um die Reinkarnation des Dalai Lama ausfindig zu machen. Die Männer landeten durch verschiedene Zeichen auf dem Hof meiner Eltern, verbrachten dort die Nacht, spielten mit mir, beobachteten mich sehr genau. Ein paar Tage später kehrte die Delegation zurück mit einer Reihe von Gegenständen, die dem 13. Dalai Lama gehört hatten, zusammen mit ähnlichen Dingen, die aber nicht von ihm stammten. Ich konnte alles identifizieren, indem ich bei den richtigen Sachen rief: »Das gehört mir, das gehört mir.« Es wurden noch andere Kandidaten überprüft. Am Schluss wurde ich endgültig als der neue Dalai Lama erkannt.

Paul Sahner: Und Sie erinnern sich auch daran?

Dalai Lama: Meine Mutter hat mir diese Geschichten erzählt und mir versichert, sie hätten sich so zugetragen. Als ich etwa fünf Jahre alt war, bin ich mit meiner Mutter nach Lhasa. Gleich bei der Ankunft entdeckte ich eine kleine Kiste. Sie war verschlossen. Aber ich sagte: »Da sind meine Zähne drin.« Alle waren erstaunt, denn niemand wusste, was in dieser Kiste war. Als man sie öffnete, lag dort die Gebissprothese meines Vorgängers, des 13. Dalai Lama.

Paul Sahner: Haben Sie schon die dritten Zähne?

Dalai Lama: Alles echt, noch keinen einzigen Ersatz. Ich putze meine Zähne gründlich jeden Tag. Sollten Sie auch tun.

Paul Sahner: Wie beginnt Ihr Tag?

Dalai Lama: Gegen halb vier in der Früh stehe ich auf, mache fünfzehnminütiges Niederwerfen, meditiere, forme mir anschließend mit den Händen kleine Bällchen aus Gerstenmehl. Ich vermische sie mit Wasser oder Tee, aber ich mag auch Nussmüsli mit Rosinen. Nach dem Frühstück beginnen die ersten Audienzen.

Paul Sahner: Sind Sie Vegetarier?

Dalai Lama: Ich wehre mich gegen das Töten von Tieren. Aber wenn das Tier schon geschlachtet ist, lehne ich Fleisch nicht ab. Ich rauche nicht. Ich trinke absolut keinen Alkohol.

Paul Sahner: Kann man gleichzeitig Christ und Buddhist sein?

Dalai Lama: In der ersten Phase sicher. Angehörigen der westlichen Gesellschaft, die den buddhistischen Weg erst gerade betreten haben, lege ich oft nahe, sich durch ihre buddhistische Praxis nicht völlig von der westlichen Gesellschaft zu lösen. Grundsätzlich sollte man in der Religion seiner Vorfahren glücklich werden. Von einem zu hastigen Wechsel halte ich überhaupt nichts.

Paul Sahner: Kann ein Christ nach ihrer Lehre leben?

Dalai Lama: Das ist möglich. Er sollte sich dazu mehr in Toleranz und Geduld üben, Mitgefühl und Liebe vervollkommnen. In meinem Freundeskreis befinden sich einige christliche Mönche, die mit buddhistischen Ideen leben.

Paul Sahner: Auch der Papst?

Dalai Lama: Ich treffe den Papst, wann immer sich für uns die Gelegenheit bietet: Die Gespräche sind sehr intensiv. Ich erkläre ihm, wie wichtig ich spirituelle Werke für die Menschheit finde, unabhängig von ihrer Religion.

Paul Sahner: Your Holiness, worin sind Sie mit dem Papst einer Meinung?

Dalai Lama: Dass gerade in unserer gegenwärtigen Weltlage ein hohes Maß an Einigkeit unter den Anhängern der verschiedenen Religionen sein muss. Dem stimmte mir Johannes Paul II. vorbehaltlos zu.

Beim Stichwort Papst ging mir ein Licht auf, warum der Dalai Lama sein Quartier in Ulan Bator bei der polnischen Botschaft bezog. Zu der Zeit amtierte nämlich ein Pole im Vatikan, Karol Wojtyla als Papst Johannes Paul II. Mit dem Dalai Lama war er privat sehr eng befreundet. Im weiteren Gespräch verriet mir Seine Heiligkeit, jederzeit freien Zugang zum Heiligen Stuhl zu haben, ohne Anmeldung den Papst besuchen zu dürfen, wann immer ihn der Weg nach Rom führe. Die beiden Männer schätzten sich gegenseitig sehr. Für die größte Stärke des Dalai Lama hielt Wojtyla: »Er kann Optimismus in die Seele der Menschen säen.«

Mit Niederwerfungen gegen Egoismus

Der Kreis, der den wahren Dalai Lama kennt, ist sehr klein. Ich erfahre Seine Heiligkeit bei dieser Audienz ziemlich privat. Er zwickt mich in den Oberarm, ich zwicke ihn zurück, es scheint ihm zu gefallen. Seine Oberarme sind nackt, die

Muskeln stahlhart. Er hat einen Stepper, an dem er jeden Tag einige Kilometer im Laufschritt zurücklegt. Dabei lässt er seinen Mala-Gebetskranz durch die Finger gleiten. Es sollen noch weitere Trimmgeräte in seinem Fitnessraum zu Hause in Dharamsala stehen, moderne amerikanische Sportgeräte mit digitaler Pulsmessung. Der zu diesem Zeitpunkt sechzigjährige Mann ist durchtrainiert wie ein Hochleistungssportler.

Während meines Interviews wacht ein Sekretär an der Tür. Regungslos verfolgt er das Gespräch aus der Distanz. Nach einer gefühlten halben Stunde schiebt er sich lautlos zum Dalai Lama, flüstert ihm ins Ohr. Ich kann's an den Gesten erraten: Die nächste Delegation wartet schon. Eine offizielle Abordnung aus dem südwestlichen mongolischen Altai-Gebirge, das Reich der Viertausender, ein Naturreservat der UNESCO.

»Your Holiness, soll ich jetzt gehen?«

»You can stay.«

Noch ein Zwinkern, noch ein Zwicken und eine flüsternde Warnung: »Erschrecken Sie nicht.«

Der Sekretär öffnet die Türe. Ein farbenprächtiges Häufchen betritt den Raum. Die Männer in dunkelroten Umhängen, braunen Hirtenstiefeln und mit breitkrempigen Hüten. Die Frauen einheitlich in Kornblumenblau, die Haare zum Zopf geflochten. Wie auf Kommando werfen sich alle auf den Boden. Der Länge nach ausgestreckt, verharren sie eine Weile in dieser Lage, bevor sie wieder aufstehen, um sich erneut fallen zu lassen. Ich schaue fassungslos zu, obwohl ich über den Sinn aufgeklärt bin. Es geht nicht um die Ehrerweisung dem höchsten Schirmherr des Buddhismus gegenüber, sondern um eine der Grundübungen. Mindestens 111 111 Niederwerfungen werden vorgeschrieben, bevor man sich zum perfekten Buddhisten zählen darf. Ich bin zerknirscht: Der Weg ist weit. Unendlich.

Der Wortführer der Bergdelegation erhebt sich. Radebrechend überreicht er dem Dalai Lama einige mitgebrachte

Geschenke. Es sind kultische Gegenstände. Mehrere Klangschalen, ein Räuchergefäß und eine Öllampe. Ein weiterer
Abgesandter überreicht noch einige zusammengerollte Ge-
betsfahnen. Bunt bedruckt mit Mantras und guten Wünschen.
Im Freien aufgehängt, soll der Wind sie in alle Welt tragen.

Der Dalai Lama verbeugt sich, dann läutet er eine Glocke.
Seine Ansprache hält er in Englisch. Ein Dolmetscher übersetzt sie für die Delegation in deren Landessprache. Die Sätze
sind prägnant formuliert. Alles, was der Dalai Lama sagt, steht
wie in Stein gemeißelt.

Er wirft die Frage auf: »… und wirst du gefragt, was es bedeutet Buddhist zu sein, antworte nicht, ich bete Buddha an,
ich lerne Dharma, das wäre unzureichend. Antworte: Ich pre-
dige Gewaltfreiheit, denn sie entspringt aus der Gegenseitigkeit aller Phänomene. Die buddhistische Essenz ist die Gewalt-
losigkeit, niemals und niemandem schaden.«

So lautet einer von vierundachtzigtausend Aspekten in der
alten buddhistischen Lehre, die man stets in stundenlangen
Meditationen wiederholen soll. Nach einer halben Stunde, in
der es sich um die Prinzipien der gegenseitigen Abhängig-
keit dreht – Ursache und Wirkung –, bringen zwei Mönche
Buttertee in Kannen. Jeder bekommt davon eine Tasse eingeschenkt. Es ist das tibetische und mongolische Nationalge-
tränk, schmeckt wie eine dünne Suppe leicht salzig und wird
in großen Mengen getrunken. Die Milch im Tee ist mit Yak-
butter versetzt, sie belegt die Zunge und stillt den Hunger.

So gestärkt, lausche ich dem Rest der Botschaft, die der Dalai Lama seinen Gästen verkündet. »Von Kopf bis Fuß suchen
wir nach uns selbst, aber ohne Erfolg. Also beginnen wir damit, den Verstand zu beobachten. Das Ergebnis: Weder Körper
noch Geist beinhalten das Selbst.« – In diesem Traktat wird er
noch den Egoismus anprangern. Das große Übel. Weg damit.

Der Dalai Lama kichert. Sein Lachen kommt aus seinem
Bauch, fährt durch seinen Kopf, die Augen weiten sich, die

Schulter zuckt, er gluckst. Was wohl dahintersteckt? Kommt dieser Lachreflex spontan, oder wird er bewusst eingesetzt, ist es ein Schlusspunkt, oder geht er damit auf Distanz, um sich selbst zu relativieren? Nimmt er sich auf die Schippe? Oder hält er die Welt zum Narren? Aspekte für eine Doktorarbeit, aber man würde vermutlich an allen Erklärungsversuchen scheitern.

Mit zum Schmunzeln gebogenen Mundwinkeln und einem funkelnden Blick kommt der Dalai Lama schließlich zu seinem Lieblingsbeispiel, dem Beweis der Relativitätstheorie auf buddhistische Art. Er hebt seine linke Hand und sagt: »Wir sehen fünf Finger, der Mittelfinger ist der höchste. Wenn wir den Daumen und den Zeigefinger weglassen, sehen wir nur drei Finger, der Mittelfinger bleibt der höchste. Aber wenn wir ihn verstecken, wird der Ringfinger der höchste sein, und wenn wir den beiseiteschieben, erhebt sich am höchsten aus der Hand der kleine Finger« – und er stößt ein heiseres Kichern aus.

Seine Heiligkeit ist sichtlich mit sich zufrieden. Er grinst, kichert und winkt zum Abschied. Die Gruppe trollt sich. Bedeutet es das Ende auch für meine Audienz? Ich trete vor, reiche dem Dalai Lama die Hand, der Ärmel von meinem Sakko rutscht nach oben.

»Oh! Your watch is very nice. Gold?«

Der Dalai Lama hat meine alte Rolex entdeckt. Ich habe das gute Stück in den Sixties bei meiner ersten Reise nach London beim Flohmarktbummel auf der Portobello Road gekauft. Das schwarze Ziffernblatt mit den goldenen römischen Ziffern wirkte magisch. Das Lederarmband signalisiert verblassten Luxus. Ich musste diese Nobelmarke mit der Krone unbedingt haben, gab damals für meine Verhältnisse ein kleines Vermögen aus. Aber ich trug seither meine Rolex wie eine Trophäe. Ab und an ersetzte ich sie durch das Modell aus Hongkong, bevor es mir in Tijuana abhandenkam. Diese hier ist unzertrennlich ein Teil von mir geworden. Nun nehme ich sie ab.

»Please, take it.«

Ich wusste von seiner Leidenschaft für alte Uhren, die nicht mehr gehen. Vom Stillstand des Mechanismus fasziniert, bringt er sie in Gang und gibt sie dem verblüfften Besitzer wieder. Bevor ich mich versehen kann, öffnet der Dalai Lama meine Rolex. Tick-tack, nickt er im Rhythmus und meint: »Sie wird Ihnen noch sehr lange gute Dienste erweisen.«

Ich will ihm diese Uhr schenken, er lächelt, hält sie fest. Dann verabschiedet er sich wie gewohnt: »Gut, gut, vielen Dank« – und reicht mir die Rolex zurück. Dann faltet er mir einen weißen Khatag um den Hals.

»Der Mensch, der mich glücklich macht«

Am Ende meines zweiwöchigen Pilgeraufenthaltes in Ulan Bator trete ich den Rückflug an. Ich habe Glück. An Bord der Aeroflot nach Moskau sitzen auch der Dalai Lama und Richard Gere in der First Class. Sie meditieren. Getrennt allerdings. Ich sitze in der Business Class. Bei der Zwischenlandung in Novosibirsk darf keiner der Passagiere von Bord. Gere kommt zu mir und sagt: »Okay, Paul, let's talk.«

Ich setze mich zu ihm in die Erste Klasse und frage ihn:

Paul Sahner: Richard, Sie scheinen die russische Stewardess verhext zu haben. Kaum nehme ich Platz, schon serviert sie Ihnen drei Schokoeiskugeln im Hörnchen.
Gere: Wollen Sie auch eins lutschen?
Paul Sahner: Warum nicht, gern. Aber wie kommen Sie an das Eis?
Gere: Die Stewardess wollte sich unbedingt mit mir fotografieren lassen. Gut, sagte ich, aber nur, wenn ich dafür ein Schokoeis bekomme. Kaum waren wir in Novosibirsk gelandet, ist sie zum Flughafenrestaurant gerannt, Eis holen. Jetzt hat sie ihr Foto und ich mein Eis.

Paul Sahner: Also, im Wahlkampf haben Sie Bill Clinton kräftig unterstützt. Wie ist Ihr Verhältnis heute?

Gere: Er hat viel versprochen. Aids-Hilfe für die Schwulen, Unterstützung für Tibet. Wir haben intensiv diskutiert über die Menschenrechte in China – von all diesen Problemen hat er sich entfernt. Seit seinem Wahlsieg habe ich ihn nicht mehr gesehen. Kein Bedürfnis.

Paul Sahner: Sind Sie politisch frustriert?

Gere: Alle Politiker sind kurzsichtige Menschen und große Egoisten. Wenn der Dalai Lama politische Entscheidungen trifft, tut er das zwar auch mit Egoismus, aber nicht engstirnig und kurzsichtig. Seine Heiligkeit sagt, dass die Religion ein Mittelweg sein muss, ohne Extreme. Kein Materialismus, kein Nihilismus. Der goldene Weg liegt irgendwo dazwischen. Das muss auch für die Politik gelten.

Paul Sahner: Richard, sind Sie ein Erleuchteter?

Gere: Ich bin ein Suchender. Ich öffne meine Ohren, mein Herz, sauge auf, was Seine Heiligkeit, einer der größten Philosophen unserer Zeit, zu sagen hat.

Paul Sahner: Nun, eine Woche lang habe ich den Dalai Lama und Sie hautnah erleben können. Mich verblüfft die Herzlichkeit, die Unbekümmertheit Ihres Umgangs miteinander.

Gere: Seine Heiligkeit strahlt ein Charisma aus, das mich in seinen Bann zieht. Es ist seine sinnliche Qualität. Wenn man mit dem Dalai Lama zusammen ist, fühlt man sich einem Menschen nah, der nichts für sich persönlich möchte. Er möchte, dass du glücklich bist und dass alle anderen auch glücklich sind. Solche Menschen treffen wir normalerweise nicht.

Paul Sahner: Seit der Dalai Lama 1989 den Friedensnobelpreis verliehen bekommen hat, wächst sein Image als geistiger Superstar. Sie kennen ihn bestens. Wie beschreiben Sie seine Faszination?

Gere: Er ist eine einzigartige Person. Seine Vorgänger waren unvollkommene Priester. Er ist ein Mensch, der Mönch ist. Ein sehr strenger Mönch. Perfekt.

Paul Sahner: Sie sind sein Jünger, ein überzeugter Buddhist. Glaubt man Hollywoods Klatschpresse, ist Ihr Lebenswandel allerdings eher von weltlicher Art. Gere ist Gossip. Scheidung von Cindy Crawford, Gerüchte über Ihren Sex, alles produziert Schlagzeilen. Wie verträgt sich das mit den Vier edlen Wahrheiten? 1. Das Leben ist leidvoll. 2. Die Leiden sind von Gier, Hass und Verblendung verursacht. 3. Wer diese Ursachen beseitigen kann, bei dem hören die Leiden auf. 4. Um diese Leiden zu erlöschen, muss man den Edlen Achtfachen Pfad antreten.

Gere: Ich könnte Paparazzi, die mir nachts hinterm Busch auflauern, die Hälse umdrehen. Der Dalai Lama hätte sicher nicht diesen scharfen Selbstverteidigungsmechanismus wie ich.

Paul Sahner: Sie haben Ihr Haus in Los Angeles verkauft. War es eine Flucht vor den Klatschreportern?

Gere: Ich habe mich in Hollywood nie wohlgefühlt. Ich habe dort gearbeitet, wenn ich arbeiten musste. Wenn ich keinen Film drehen muss, habe ich dort nichts verloren.

Paul Sahner: Ihre Fluchtburg heißt Dharamsala in Indien, wo der Dalai Lama seit 1959 im Exil lebt?

Gere: Ich würde das nicht als Fluchtburg bezeichnen, sondern als einen Ort, wo ich *ich selbst* sein kann. Ich gehe dorthin, wann immer es möglich ist. In diesem Jahr hatte ich viel Zeit, fast vier Monate. Das tat mir sehr gut. Je mehr Zeit ich dort verbringen kann, desto glücklicher fühle ich mich.

Paul Sahner: Für Ihre Filme kassieren Sie Millionengagen. Sie lieben Geld. Reibt sich das nicht mit dem Buddhismus?

Gere: Natürlich lebe ich gern gut. Genauso gern gebe ich Geld für wohltätige Zwecke aus. Es gibt viel zu tun in Dharamsala für all die Tibetflüchtlinge, besonders die Waisen. Sie brauchen Schulen und Lehrer.

Paul Sahner: Können Sie sich vorstellen, in Ihrem nächsten Leben ein buddhistischer Mönch zu werden?

Gere: Natürlich kann ich das. Ich kann mir sogar vorstellen, noch in diesem Leben ein buddhistischer Mönch zu werden.

Paul Sahner: Das ist nicht Ihr Ernst – der für viele Frauen schönste Mann der Welt wählt die rote Kutte und zieht sich in die Einsamkeit in der kargen Mönchsklause zurück?

Gere: Natürlich bin ich nicht der Mensch, der im Zölibat leben kann. Aber schauen Sie sich die Mongolei an. Als die Russen vor fünf Jahren das Land verließen, gab es gerade hundert Mönche, heute sind es zweitausend. Viele davon sind verheiratet, haben Kinder. Vor vielen Jahren sprach ich mit Seiner Heiligkeit über Kinder. Er fragte mich: »Und warum willst du Kinder haben?« Ich antwortete: »Ich denke, sie könnten mein Herz mehr öffnen.«

Paul Sahner: Für Kinder braucht man die richtige Frau. Sie haben sich aber gerade von Cindy Crawford getrennt.

Gere: Ich spreche hypothetisch. Natürlich braucht jeder Mann die richtige Frau, wenn er ein Kind möchte. Aber ganz zweifellos kann ich mit fünfundvierzig ein besserer Vater sein als mit zwanzig oder dreißig Jahren.

An dieser Stelle wurde unser Gespräch unterbrochen. Die Stewardess forderte mich auf, in die »Holzklasse« zurückzukehren. Die Maschine sollte gleich wieder starten. Auf dem restlichen Flug nach Moskau hörte ich mir auf meinem Tonband das Interview mit dem Dalai Lama nochmals an. Aus den geplanten 30 Minuten war fast eine Stunde geworden. Seine Heiligkeit sprach unter anderem auch darüber, wie wichtig die Mutter für ihr Kind ist.

Dalai Lama: Nach der Geburt ist es die Mutterliebe, die uns weiterleben lässt. Als erste Nahrung bekommen wir die Muttermilch. Die Muttermilch ist das Nahrhafteste überhaupt. Kein Gemüse, kein Fleisch kann sie ersetzen. Doch ohne Zuneigung würde das Kind die Muttermilch verweigern. Die

Zuneigung ist ein Samen, durch die Mutter gepflanzt. Durch die Mutterliebe aufgezogen, werden wir zu Menschen – so ist die Natur.

In unserem Gespräch fiel mir auf, wie oft der Dalai Lama von seiner Mutter sprach. Ich stellte ihm auch die Frage: »Wer hat Ihr Herz geöffnet?«

»Meine Mutter war mein erster Lehrer. Kinder, die in jungen Jahren von ihrer Mutter Zuneigung und buddhistische Werte erfahren, werden einfühlsame, sensible Erwachsene sein. Es gibt Menschen, die ohne diese Zuneigung erzogen wurden, die ängstlich oder verantwortungslos werden. Neue Studien zeigen, dass einfühlsame Menschen ein besseres Immunsystem gegen Furcht und Hass haben.«

Am Schluss seiner lehrreichen Ausführungen ließ er sich noch als ein Gegner der Überbevölkerung erkennen. Die Zahlen, die ihm Sorgen machen, hat er im Kopf. 1830 gab es auf der Welt rund eine Milliarde Menschen. Nach einem Jahrhundert, 1930, waren es zwei Milliarden. Zwanzig Jahre später, 1950, stieg die Zahl schon auf drei Milliarden. Fünfzehn Jahre später, 1965, war man bei vier Milliarden, und knapp acht Jahre danach schon bei fünf Milliarden. In diesem achtjährigen Zyklus wuchs die Weltpopulation 1995 auf sechs Milliarden, danach hat sich das Tempo der Vermehrung etwas verlangsamt. Gegenwärtig kommen 250 000 Menschen jeden Tag dazu. Über 10 000 pro Stunde. Geht der Zuwachs in diesem Ausmaß weiter, verdoppelt sich in den nächsten siebzig Jahren die Weltbevölkerung auf vierzehn Milliarden.

Der Dalai Lama wies auch darauf hin: »Man spricht nicht davon, aber 1950 hatte China nur ein Drittel der heutigen Einwohnerzahl. Hätte man damals die Geburtenrate nicht auf ein Kind pro Familie zwangsweise eingeschränkt, könnte China heute seine Bevölkerungsmasse weder irgendwo unterbringen noch ausreichend ernähren. Ich bin deshalb ein Befürworter der Familienplanung. Eine gute Lösung, um die Geburtenrate zu senken, wäre auch: mehr Nonnen und Mönche, die bereit sind, im Zölibat zu leben wie ich.«

Das spitzbübische Kichern nach diesem Satz hallt bis heute in meinem Kopf nach.

Der Clown mit den Brezelhänden

Fünfzehn Jahre später. In Baden-Baden gleitet vor dem Brenner's Parkhotel eine Mercedes-Limousine heran. Der Dalai Lama steigt aus. Drei buddhistische Familienvertreter, Mutter, Vater und Kind, treten vor, knien nieder und überreichen mitgebrachte Opfergaben zur Begrüßung. Auf einem Tablett stehen Schüsseln mit Reis, Gewürzen, Blüten und Wasser. Die Frau hält eine Konsole mit Räucherstäbchen, der Mann eine kleine Buddha-Figur.

Der Dalai Lama ist angereist, um den Deutschen Medienpreis 2008 entgegenzunehmen, dargestellt durch eine handgeformte, bemalte Keramik auf einem blauen brasilianischen Marmorsockel. Die Formen ändern sich jedes Jahr. Der Dalai Lama erhält einen Majolika-Abguss, der einem Clown mit Brezel als Kopf und Händen gleicht. Die Hose weiß, Knöpfe rot, fehlen beim Frack die Schöße. Zum lachenden Gesicht des Dalai Lama passt diese Figur wie angegossen.

Meine Tochter Annabel begleitet mich zum Interview. Seine Heiligkeit empfängt uns in seiner Hotelsuite. Er erinnert sich an unsere Begegnung in Ulan Bator. Annabel sitzt zwischen mir und dem großen Gelehrten. Sie trägt einen goldfarbenen Sari, auf ihrem Kopf glänzt ein buddhistisches Stirnband. Die fernöstlichen Lehren sind ihr vertraut. Nach mehreren Aufenthalten in Indien lebte sie zwei Jahre in einem Ashram in Wiesbaden. Mit sichtlichem Wohlgefallen betrachtet der Gottkönig meine Tochter. Ein bisschen Spaß muss sein, er zwinkert ihr zu, lächelt. Ich frage spontan:

»Ihre Popularität ist enorm, gerade in Deutschland. Welche Botschaft haben Sie mitgebracht?«

Dalai Lama: Die derzeitig Lage kann unsere ganze Hoffnung zerstören, wenn die Menschen ihre Werte auf das Materielle fokussieren. Umso stärker sind familiäre Werte gefragt, Harmonie und Einklang, die von Herzen kommen. Davon hängt unser Leben ab.

Paul Sahner: Your Holiness, könnten Sie sich als Ihren Nachfolger einen weiblichen Dalai Lama vorstellen?

Dalai Lama: Selbstverständlich. Wenn ein weiblicher Dalai Lama hilfreicher sein kann, sollte sie aber attraktiv sein – so wie Ihre Tochter, Herr Sahner. Es werden sich dann mehr Leute für den Buddhismus interessieren. Ein hässliches Gesicht ist weniger anziehend.

Am Abend wird es offiziell, auch was das Gesicht des Dalai Lama betrifft. Die Laudatio hält sein glühender Verehrer Roland Koch, derzeit schon als Ministerpräsident a.D.: »Wenn es keine Bilder mehr vom Dalai Lama und diesem nach Freiheit strebenden Volk gibt, werden die Menschen nicht mehr wissen, welches Schicksal Tibet zu erleiden hat.«

Seine Heiligkeit quittiert den Medienpreis mit einer Dankesrede. Nach einer halben Stunde fragt er: »*Too long? Okay!*« Dann schaut er auf die Uhr, die ihm der Veranstalter, der Medienmanager Karlheinz Kögel, schenkte, und entscheidet, noch zehn Minuten dranzuhängen.

17

Ihn umgab ein großes Strahlen

Lanzing. Als ich heute früh aufwachte, lag vor meinem Bett eine tote Maus mit aufgerissenem Bauch. Neben ihr posierte Socki als siegreiche Jägerin. Von ihren Augen konnte ich ablesen: »Schau her, das wird heute ein köstliches Mahl.«

Die Därme quollen heraus, sozusagen als Vorspeise. Als erster Hauptgang bot sich die Mausleber an, zur Nachspeise wahrscheinlich der Gallensaft. Mich würgte es bei dem Anblick. Alltag eines Katzenbesitzers. Wenn die niedlichen Schnurrer zu reißenden Bestien werden.

Ich beschloss, Socki, quasi als Erziehungstherapie, eine Friedensgeschichte zu erzählen – meine Erlebnisse bei Nelson Rolihlahla Mandela in Kapstadt. Ich hatte Madiba dort im März 1999 besucht. Mit Michael Jackson. Die Sommerresidenz lag in den Hügeln versteckt, umsäumt von Palmen, der Tafelberg verhüllt im Nebel.

Die Erfüllung eines Traums

Socki hatte die Maus zerlegt, ich entsorgte den Kadaver in die Mülltonne. Als ich zurückkam, fläzte ich mich in den Liegestuhl. Mein Platz an der Sonne. Socki verzog sich in meinen Schatten, der Mythos Mandela verschlug ihr kurzfristig das Miauen.

Socki (nach einer Weile): Wie bist du zu der Reise nach Kapstadt gekommen?

Paule: Zufällig, wie häufig in meiner Reporterkarriere. Das Telefon klingelte. Marcel Avram rief an. Er war einer der mächtigsten Konzertveranstalter Europas. Für Pink Floyd, U2, Rolling Stones, Madonna, Rod Stewart, Prince, Bon Jovi, Celine Dion, Elton John, Tina Turner, The Who, Deep Purple, Ozzy Osbourne hatte er legendäre Tourneen organisiert und Entertainer wie Frank Sinatra, Sammy Davis jr., Barbra Streisand, Tom Jones und Liza Minelli nach Deutschland gebracht. Daneben vertrat er auch die Weltstars der Klassik Plácido Domingo und José Carreras. Nebenher betreute er Neil Diamond, den Herzensschwarm aller Mädchen, hievte Lionel Richie und Eros Ramazzotti auf die Showbühnen. Sein größter Trumpf war aber der *King of Pop*: Michael Jackson.

Als Deutschrumäne jüdischer Abstammung sprach er ein Englisch wie Tevje, der Milchmann in Anatevka. Aber im Musikbusiness war er ein gewaltiger Networker mit glänzenden Kontakten weltweit. Seine Umgangsformen waren gewöhnungsbedürftig, aber ich hatte damit kein Problem. Immer wenn er anrief, stellte er einen vor eine beschlossene Sache. So auch diesmal:

»Wir fliegen nächste Woche nach Kapstadt. Du kommst mit«, sagte er kurz angebunden an. Ich konnte kaum fragen: »Wer sind wir, und was macht ihr in Kapstadt?«, da fuhr er schon fort: »Michael Jackson besucht Nelson Mandela, du fliegst mit.«

Das hatte als Ansage zu genügen. Kein »Du kannst« oder vielleicht ein »Hast du Zeit…«. Nein, wenn der King of Pop ruft, haben die Untertanen zu folgen. Avram knurrte noch: »Du machst das Interview. Eine Viertelstunde. Wenn du über Kinder sprichst, hast du ihn länger.«

»In Ordnung, dann mache ich es so!«, konnte ich gerade noch hinterherhecheln. Zehn Minuten später rief schon Avrams

Sekretärin an, um mir die Flugdaten, Hotel und Transfer durchzugeben. Es war alles bis zum letzten Punkt arrangiert.

Socki: Klasse, wenn einem die gebratenen Tauben in den Mund fallen!

Die Flucht in das Spielzeugparadies

Kapstadt im Herbst, »Table Bay Hotel«, Präsidentensuite. Es ist Montag, 22. März 1999, kurz nach 15 Uhr. Michael Jackson beschließt, seinem scheinbar so tristen Leben eine Abwechslung zu verschaffen, dem goldenen Megastarkäfig zu entschlüpfen. Wie ein bleicher Vogel kommt er mir vor. Ich darf ihm beim Nachschminken zuschauen. Auf den grellroten Mund trägt er Dior-Lipgloss auf, tupft sich ein bisschen Tagescreme auf seine Schneewittchenwangen und legt Mascara nach. Dann lässt er von den beiden Nannys Sohn Prince, damals zwei, und Tochter Paris, in wenigen Tagen eins, wickeln und in Bettlaken hüllen. Der Sohn bekommt ein weißes, die Tochter ein farbiges Tuch über den Kopf gestülpt, damit kein Sterblicher auf den dummen Gedanken kommt, die »Augäpfel« der Kinder des Popkönigs abzulichten.

Skipper Nagin, seit zehn Jahren in Bodyguarddiensten bei Michael Jackson hat inzwischen eine zwölfköpfige Polizeitruppe angefordert. Mit Schlagstöcken und Pistolen bewaffnet, stellt sich die Truppe im Hotelfoyer in Formation auf. Der Lift von Jacksons Suite rauscht herunter, die Schutzmänner nehmen Jackson, seine Kinder und die Nannys in ihre Mitte. Im Schweinsgalopp geht es zur V & A Waterfront. Die luxuriöse Shopping Mall liegt am Jachthafen und grenzt direkt ans Hotel.

Das Toy Kingdom ist der größte Spielzeugladen Kapstadts. Bis dahin sind es vom Hotel etwa zweihundert Meter. Das Ziel wird aber nicht erreicht. Denn kaum ist die Jackson-Crew aus der Tür, beginnt ein Räuber-und-Gendarm-Spiel der besonderen Art. Etwa dreihundert durchgeknallte Südafrikakids samt Eltern hetzen dem Popmilliardär hinterher. Schon nach wenigen Metern hat sich die Meute verdoppelt. Michael und Familie flüchten in einen CD-Shop, der sofort verrammelt wird. Nach zehn Minuten geht die Tür auf, die Security-Garde rückt zum Schutzschild zusammen, um die Jackson-Family durch die kreischenden Fanmassen zurück zum Hotel zu keilen. Gerettet!

Ich fasse den leicht schwitzenden Michael an der Hand, das Sicherheitstor des Hotels schnappt zu. Am besten öffnen kann man den weißhäutigen Mann, der am 29. August 1958 in Gary, US-Staat Indiana, auf die Welt kam, wenn man mit ihm über seine Kinder spricht. Sohn Prince hat er als Säugling ablichten lassen, Tochter Paris jedoch nie. Die Gerüchteküche brodelt. Paris sei ernsthaft krank, vielleicht missgebildet. Also spreche ich Michael auf diese Mutmaßungen an: »Michael, es gibt da Gerüchte wegen deiner kleinen Paris ...«

Das trifft mitten ins Daddy-Herz. Michael nimmt mich mit in das für ihn abgeriegelte Business-Center und enthüllt sein Töchterchen stolz wie ein großer Bildhauer sein neuestes Werk. Paris ist wirklich süß und absolut weiß. Sie hat ihre grünen Augen neugierig auf mich gerichtet, dann wandern sie zu Daddy, der dahinschmilzt. Jetzt will Jacko mir natürlich auch noch den vermummten Prince zeigen. Er schlägt das weiße Laken zurück und präsentiert einen pausbäckigen Bengel. Die Augen blau, Haare weizenblond, der Teint noch heller als bei Papa. In sein maskenhaftes Gesicht fährt so etwas wie Rührung: »*My wonderful kids.*«

Dürfen wir ein Foto machen von den »*Jackson three*«?

»Oh, mein Gott, nein«, stammelt Michael, »meine Kinder sollen ohne Trubel aufwachsen.«

Er selbst war erst fünf, als er von seinem ehrgeizigen Vater auf die Bühne getrieben wurde. Das ist lange her. Da war Jacko auch noch schwarz. Jetzt ist er weiß wie ein Tempo-Taschentuch. Er schaut mich durch seine pechschwarz getönte Sonnenbrille triumphierend an. Schweißperlen von der chaotischen Verfolgungsjagd rinnen über seinen flaumigen Oberlippenbart. Entrückt formt er seine rechte Hand zum verschwörerischen V, dem Victory-Zeichen. In den achtundvierzig Stunden, die ich ihn in Kapstadt begleite, wird dieses V zu unserem wichtigsten Kommunikationssignal. Jacko findet es nämlich blöd, allzu viel zu reden: »*I'm a singer, not a politician*«, erklärt er mir.

Es ist jetzt 18 Uhr, und der Jackson-Clan zieht sich in die Acht-Zimmer-Suite zurück. Bevor er in den Lift steigt, malt er wieder dieses Verschwörer-V in die Luft: »*See you, Paul.*«

Auf Papa Michael wartet noch ein schwerer Job. Er muss etwa eine halbe Seite schreiben für seine Rede, die er am nächsten Tag bei einer Audienz vor Südafrikas Staatspräsident Nelson Mandela halten wird. Vor lauter Aufregung wacht er nachts immer wieder auf. Am Morgen sieht er gerädert aus. Kreidebleich, die rabenschwarzen Haare verrutscht, tänzelt er aus dem Hotel. In Kleinbussen geht es zur Sommerresidenz Mandelas. Ich sitze im ersten Bus, in dem Dan, ein Mandela-Freund, den Führer macht. Wir fahren los, sind aber noch zu früh dran. Deshalb müssen wir eine fünfzehnminütige Warteschleife drehen, denn Mandelas Wachsoldaten haben die strikte Order, uns erst Punkt 10:50 Uhr passieren zu lassen. Als es so weit ist, rufen sie in den Jackson-Bus: »Hat jemand Feuerwaffen?« Jacko zeigt das V. Keiner hat eine Knarre, der Konvoi darf passieren.

Das Abenteuer Menschlichkeit

Jacko ist ziemlich nervös. So ist das, wenn eine lebende Legende auf ihr Idol trifft. Er verdrückt sich erst einmal auf die Toilette. Danach liest er im Salon von Mandelas Residenz noch einmal seine Rede durch. Wenige Minuten später hallt ein kräftiger Männerruf durch die Räume: »*Hi, Michael!*«

Mister President kommt. Der achtzigjährige Nelson Mandela zeigt Haltung. Ungebeugt trotz siebenundzwanzig Jahren Haft, durchquert er mit der tadellosen Figur eines Athleten federnden Schrittes den Salon. Ein Sicherheitsbeamter ruft: »*No flash please!*«

Michael tritt verlegen auf der Stelle. Mandela, in ähnlich farbenfrohes Tuch gekleidet wie der King of Pop, türkisgrünes Hemd mit gelbem Ornamentalmuster, schließt ihn in seine Arme, so innig, als habe er den verlorenen Sohn wiedergefunden: »Mein Freund, du ahnst nicht, wie geehrt wir uns fühlen, dass du zu uns gekommen bist.«

Jacko haucht vor lauter Rührung nur: »*Hi, Nelson.*«

Die beiden ziehen sich in eine Ecke zurück, um Erinnerungen aufzufrischen: »Weißt du noch?« Jacko nickt. Das war vor acht Monaten. Natürlich denkt er gern zurück an den 18. Juli 1998, als er Mandelas Ehrengast an dessen achtzigstem Geburtstag war. Dann erzählt der Staatspräsident und Nobelpreisträger dem »weißen« Bruder, was sich ereignete, als der ihn vor ein paar Wochen per Handy in Simbabwe erreichte:

»Ich sah einen reichen Mann, der einem armen, bettelnden Kind alle Geldscheine aus seiner Tasche in die Hand drückte. In diesem Moment kam ein Windstoß und fegte das Geld weg. Der reiche Mann bückte sich, sammelte das Geld auf, formte aus einer Zeitung eine Tüte und gab dem Kind das Geld wieder. In dem Moment riefst du an. Und ich sagte sofort Ja, als du mich um Unterstützung für dein humanitäres Projekt gebeten hast.«

Jacko bekommt feuchte Augen, schluchzt trocken, fasst mit seiner linken Hand Mandelas rechte, streichelt sein Idol. Dann werden die Vertreter des Roten Kreuzes, der UNESCO und von Mama Concerts herbeigewunken, Jackos Benefizpartner. Gruppenfoto für die Lieben daheim.

Bevor es zum offiziellen Pressetermin kommt, überfliegt Jacko erneut seine Zeilen, die er dann mit feiner Stimme vorträgt: »Ich stehe neben einem Menschen, der außergewöhnlich mutig ist. Voller Würde hat er in diesem zwanzigsten Jahrhundert so gelebt, dass er ein großes Vorbild für uns alle ist. Wir müssen alles in unserer Macht Stehende tun, um diesem sinnlosen Leiden auf der Welt Einhalt zu gebieten. Ich werde für den Nelson Mandela Children Fund, das Rote Kreuz und die UNESCO zwei Konzerte geben, deren Reinerlös an die Stiftung geht. Am 25. Juni 1999 in Seoul und am 27. Juni im Münchner Olympiastadion. *Mister President*, ich liebe Sie.«

Mandela dankt Jacko und der Benefiz-Crew: »Sie wissen nicht, wie sehr wir uns geehrt fühlen, dass Sie zu uns gekommen sind.«

Ich sitze direkt neben Michael Jackson. Die Knöpfe seiner dunkelblauen Fantasie-Uniform mit den goldenen Rallyestreifen sind geöffnet. Ein hellbrauner Gürtel hält die Hose. An seiner linken Brust heftet ein Brilli-Kreuz. Er ist Zeuge Jehovas. Seine Hände sind viel lebhafter als sein Gesicht. Er spielt mit ihnen, spreizt oder verknotet sie, mitunter fährt er mit einem Finger über seine Lippen. Die Fingernägel könnten eine Maniküre vertragen. Von der Seite sieht er aus wie eine Geisha: kirschrote Lippen, weißer Teint, die eckige Stupsnase ist vom Skalpell der Plastikchirurgen malträtiert. Die Züge seines Gesichts scheinen wie eingefroren, nur ein gelegentliches Lächeln offenbart, was seine Seele fühlt.

Hinter Jacko steht Jonathan Morish, ein umtriebiger Brite, Vice President der Communication bei Sony, Jacksons Plattenfirma. Jonathan ist Jacksons Freund. Ein kauziger Vogel, der offensichtlich stets an Golf denkt. Sogar wenn er in der Hotellobby steht, übt er pantomimisch seinen Abschwung ohne Schläger.

Wenn Jacko nicht weiterweiß, sucht sein Blick den von Jonathan. Mit diesem Augenkontakt bewältigt er die Pressekonferenz redlich. Danach zieht sich Jacko mit Jonathan und Mandela in die Bibliothek zurück. Zeit zum Abschied. Jacko fällt Nelson Mandela ein letztes Mal um den Hals, zeigt auch ihm das V-Zeichen, entdeckt mich im Pulk. Noch ein V mit gespreizten Fingern, dann klettert er in den Hotel-Van. Ich sage zu Mandela: »*Good bye, Mr. President*, ich wünsche Ihrem Land alles Gute und Frieden, wenn Sie im Sommer abtreten.«

Mandela schüttelt meine Hand, zeigt sich erfreut: »Sie sind ein Journalist aus Deutschland? – Wo Beckenbauer ist, ist oben«, sagt er und lacht. Was nach seinem Rücktritt aus Südafrika werden würde? – Mandela mustert mich eindringlich: »In meinem Land galten Schwarze als Menschen zweiter Klasse. Mein Ziel war es, den schwarzen Südafrikanern ihre Würde zurückzugeben. Es ist immer noch ein langer Weg, und ich hoffe, dass die Humanität siegen wird. Auch über meinen Tod hinaus.«

Dann klopft er auf meine Schulter: »Alles wird gut.« Ich bin versucht, ihm ein Victory-V zu zeigen.

Mandela gibt mir sein Credo mit auf den Weg: »Die Liebe entspricht der Natur des menschlichen Herzens.«

Es erinnert mich an den Dalai Lama.

Warum sind Jackos Kinder weiß?

Socki (dehnt ihren Rücken, dann platzt es aus ihr heraus): Können ein schwarzer Vater und eine weiße Mutter ein weißes Kind bekommen?

Paule: »Es ist unwahrscheinlich, aber theoretisch gibt es Ausnahmen«, erklärte die Humangenetikerin Gundula Thiel für BUNTE. »Dann, wenn unter den fünf Genen des Vaters, die für die Hautfärbung verantwortlich sind, sowohl Gene mit Merkmalen für schwarze wie auch für helle Haut stecken.« Das ist der Fall, wenn ein Schwarzer in seiner Ahnenreihe auch weiße Vorfahren hat. Ein interessantes Fallbeispiel waren die

schwarz-weißen Zwillinge, die die hellhäutige Engländerin Linda Hughes 1985 von ihrem Mann, einem Farbigen aus Barbados, bekam. Sie traute ihren Augen nicht: Eines war schwarz, das andere weiß. Der englische Erbforscher John Burn erklärte damals: Das könne bei zweieiigen Zwillingen passieren. Der aus Westindien stammende Vater hat Vorfahren aus Europa, Indien und Afrika. Durch Zufall bekam ein Kind die Mehrheit der farbigen Gene, das andere hauptsächlich weiße Gene. Dies kommt aber unglaublich selten vor, weil wir im Grunde alle Schwarze sind. Die Wiege der Menschheit liegt in Afrika, und erst vor 35 000 Jahren siedelte sich der Mensch in Europa an: dunkelhäutig.
Socki: Seltsam, ihr Menschen.

»Denkst du manchmal daran, dass du von diesem Trio der Einzige bist, der noch lebt?«, fragte mich Socki, als ich ihr mein gemeinsames Bild mit Michael Jackson und Nelson Mandela zeigte.

Die Antwort musste ich mir nicht lange überleben: »Der Tod schreckt mich nicht. Es ist nur ein universelles Thema, über das man mit fast jedem Menschen sprechen kann. So wie auch über die Frage, warum alle Menschen wollen, dass sie geliebt werden.«

Weisheiten für ein ganzes Leben

Die Maschine der SAS schob sich aufs Rollfeld und blieb stehen. Aus dem ovalen Kabinenfenster blickte ich zum Abschied auf den 1087 Meter hohen Tafelberg. Über die Kopfhörer strömte südafrikanische Popmusik, eine Mischung aus Neo-Soul, Jazz, Lounge, Hard House. Dynamisch, rhythmisch, treibend. Am liebsten wäre ich sofort wieder ausgestiegen, um in Kapstadts Musikszene einzutauchen. Der Start verzögerte sich bereits um eine halbe Stunde. Im Geiste war ich immer noch bei Nelson Mandela. Von diesem Blitzbesuch würde ich Weisheiten für ein ganzes Leben mitnehmen. Das gemeinsame Bild sollte als Kostbarkeit in meinem Büro hängen.

Die Musik in meinem Kopfhörer wurde kurz durch die Ansage unterbrochen, dass wir nun starten würden. Die Maschine ging steil in die Luft. Der letzte Blick auf den Hafen und die gewaltige Brandung des Atlantischen Ozeans gegen die Felswände war überwältigend. Die Flugroute führte noch eine Weile an der Küste entlang, bis die Maschine zu den Sandwüsten Namibias abdrehte. Wie gern hätte ich meine Tochter Annabel mit auf dieser Reise dabeigehabt. Sie ist so neugierig, wissensdurstig, sie brennt darauf, die Welt zu sehen. Sie ist so wie ich, bis heute. Vor mir lagen noch über neuntausend Kilometer bis nach Frankfurt. In meinem Aktenkoffer hatte ich für Annabel ein Autogramm von Michael Jackson. Dass ich ihm so nahegekommen war, dazu hatte mir ein Foto meiner Tochter verholfen. Ich hatte es Michael gezeigt.

»*How sweet!*«, hatte er gesagt, und dann: »Kinder sind unsere Zukunft. Wir müssen aufpassen, dass sie ein würdevolles Leben haben.«

Fünfzehn Jahre später

Als der letzte Winter Lanzing zugeschneit hatte und Annabel sich auf dem Sofa unter einer Kuscheldecke verkroch, kam das Gespräch erneut auf Südafrika. Sie hatte dort einige Wochen verbracht und war einem Zulu begegnet, dessen Großvater ein echter *Sangoma*, ein südafrikanischer Schamane, gewesen ist.

Socki: Wie steht's? Kommt jetzt ein Annabel-Kapitel? Wie sollen wir es betiteln?
Paule: »Ich, der schlechte Vater«?
Socki: Ich sag nur: Menschen. Immer müsst ihr auf den alten Kamellen herumkauen.

Paule (seufzt): Aber genau so habe ich mich all die Jahre gefühlt, und das hat mir ganz schön zugesetzt.

Socki: Du musst hier kein Geständnis ablegen.

Paule: Aber wie man als Vater war, das gehört zum Leben.

Socki: Darf ich dich an das denkwürdige Interview in DUMMY 4/2007 erinnern? »Der BUNTE-Reporter Paul Sahner (damals 63) will immer alles wissen. Genau wie seine Tochter Annabel (19). Ein ernstes Gespräch.« So oder so ähnlich. Du hast doch schon Abbitte geleistet. Öffentlich. Mehrfach sogar. Wir wollen den Leser ja nicht langweilen mit ständigen Wiederholungen.

Paule: Aber Annabel sollte schon wissen, wie sehr ich sie liebe. Was sie mir bedeutet. Das ist es doch letztlich, was zählt.

Socki: Korrekt. Und das weiß sie. Da bin ich ganz sicher.

Paule: Ich habe noch viel vor mit ihr. Ich würde gern ein Buch mit ihr zusammen schreiben. Über uns. Und wer weiß, was noch alles auf uns wartet…

Socki: Bin ich dann auch wieder mit im Boot?

Paule: Das muss Annabel entscheiden.

Socki (zufrieden): Sie liebt Tiere, das kriege ich hin.

18

Rache: Boris wollte mich
im Starnberger See ertränken

Sockis Tagebuch

Dienstag

Paule ist mal wieder Tennis spielen. Das bringt mich auf die Frage: Was machen wir mit Bobbele? Wie aktuell ist er 2015 noch? Seine zweite Biografie »Das Leben ist kein Spiel« war kein Hit. Dumm gelaufen. Mit schmutziger Wäsche über seine Exfrauen kann man sich nicht reinwaschen. Becker räumte am Schluss selbst ein: »Das Buch war ein Fehler.« Ich muss Paule fragen. Verzichten wir in diesem Buch auf ihn? Wir wollen keinen Flop!

Mittwoch

Nachricht von Paule: »Das Machogehabe der alten Schule läuft nicht mehr. Und wenn sich Boris als Opfer der Frauen darstellt, macht er sich lächerlich.«

Donnerstag

Wir diskutieren über Boris. Ich bin dafür, ihn von unserer Promiliste zu streichen. Was gibt er noch her? Zu seinem sechsundvierzigsten Geburtstag änderte er seine Frisur, läuft mit einem Undercut herum. Sonst noch was? Paule wehrt ab: »Becker gehört zu meiner Biografie wie die Nordsee zu Deutschland. Die Hamburger Henri-Nannen-Journalistenschule nahm meine Geschichte über Beckers Seitensprung in den Sammelband ›Große Momente des Journalismus – 21 Reporter erzählen‹ auf. Das war schon was.«

Ich glaube, das ist ein Argument. In einer Auswahl aus Reportagen in DIE ZEIT, FAZ, GEO, Stern, SPIEGEL, BBC, New York Times, Figaro, Time Magazine repräsentierte Paule die BUNTE. Zwischen einem Protokoll der Todesnacht der Lady Di, Reportagen über mörderische Gulags in Sibirien, somalische Piraten, Flüchtlingslager in Afghanistan, einem Stern-Reporter im Gefängnis von Kinshasa, einem Bärenfotografen auf Kamtschatka und Pokern mit Putin steht seine Geschichte über die erotische Anziehungskraft einer Wäschekammer in London. Und was lernen wir daraus? Kurzer Sex mit langer Wirkung! So was zieht immer.

Freitag

Wir sitzen in der Küche. Paule hat sich ein Brötchen mit Hackepeter gemacht. Das ist gehaltvoll und gibt dem Gespräch das nötige Gewicht. Es wird ernst. Auf dem Tisch liegt die BUNTE. Boris' uneheliche Tochter Anna liefert ihr Laufstegdebüt. Als Lolita herausgeputzt, eröffnete sie die Berliner Fashion Week 2015.

Paule: Vor vierzehn Jahren war Anna schon auf dem BUNTE-Titel. Damals ballte Boris die Becker-Faust.
Socki: Jetzt verkündet die Becker-Schlagzeile: »Ich bin stolz auf meine Tochter«. Unterzeile: »Erstaunlich, was aus Deutschlands berühmtestem Seitensprungkind geworden ist. Sie ist vierzehn, modelt schon und ist ganz der Papa.«
Paule: Becker strahlt auf dem eingeklinkten Porträt selig wie ein Säulenheiliger. Er twitterte über Anna: »Was für eine schöne Lady, eine Prinzessin.«
Socki: In einem RTL-Interview äußerte sich Beckers jetzige Frau Lilly niederländisch schief: »Anna ist auch sein Fleisch und Blut. Natürlich ist er stolz auf sie. Sie ist nur über den Laufsteg gelaufen, weil sie die Tochter von Boris ist. Hast du andere vierzehnjährige Mädchen auf dem Laufsteg gesehen? Ich nicht. Mehr sage ich dazu nicht.«
Paule: Bei der Berliner Modewoche fühlt sich der Becker-Clan in

seinem Element. Blitzlicht, TV-Kameras, Interviews, wie in guten alten Zeiten. Alljährlich dabei zu sein, das nehmen die wahr, als wäre es ihre Hausparty. Dass jetzt die Stieftochter Anna mit ihrer russischen Mutter frech in ihre Domäne gestoßen ist, scheint Barbara und Lilly zu ärgern. Die beiden haben es auch eindrucksvoll demonstriert: Die Vorgängerin und die Nachfolgerin umarmten sich wie beste Freundinnen und marschierten gemeinsam gegen Ermakova und Anna.

Geschäfte mit der Tennislegende

Socki: Der Auftritt von Anna war umstritten. Für wen lief sie eigentlich mit dem XXL-Stoffpudel im Rücken – für Riani? Noch nie gehört.

Paule: Das ist ein Modelabel aus Schorndorf bei Stuttgart. Das schwäbische Traditionshaus scheint zu glauben, mit Annas Verpflichtung eine geschickte Marketingstrategie zu fahren. Sich mit der »vierzehnjährigen Tochter von Tennislegende Boris Becker«, so die Riani-Homepage, in Berlin zu präsentieren, entfachte den gewünschten Presserummel. Das wird Boris verdrießen: Seine Tochter macht ein Geschäft mit seinen Tennislorbeeren, und er hat nichts davon – außer Wut.

Socki: Im RTL-Bericht hieß es: »Nicht mal Boris' Sohn Noah durfte Anna begrüßen.« Lilly sagte zum Schluss süffisant: »Anna hat einen speziellen Look, die Haare sind zu bürstig, aber sie hat schöne Lippen.«

Paule: Einen speziellen Look hatte Anna schon mit sechzehn Monaten, als sie 2001 auf dem BUNTE-Titel erschien: Weltexklusiv! Angela Ermakova zeigte ihren kleinen Rotschopf mit großen Augen und kleinem herzförmigen Mund. Die Schlagzeile damals: »Boris, das ist deine Tochter!« Die Unterzeile: »Er hat sein Kind noch nie gesehen. Das Interview mit dem russischen Model.«

Socki: Also die Mutter. Wie hast du damals den Kontakt zu ihr bekommen?

Paule: Da muss ich ausholen. Fangen wir bei Boris an. Ich lernte ihn nach seinem sensationellen Wimbledon-Triumph 1985 kennen. Der erste Deutsche und bisher der jüngste Champion bei diesem legendären Turnier auf dem Siegertreppchen. Da war er siebzehn. Ganz Deutschland geriet ins Boris-Becker-Fieber. Tausende von Eltern begannen ihre Kinder zum Tennisunterricht zu hetzen. Alle wollten einen Boris haben. Sein Aufstieg aus dem Nichts faszinierte auch mich. Ich begann seine weitere Karriere zu verfolgen, wir wurden vertraut.

»Beim Zeus, so einen Sohn wünscht sich jeder …«

Socki: Wie war er so?

Paule: Ein angenehmer Gesprächspartner. Er plauderte drauflos. Mal sagte er Dinge, wo man ihm entgegnen wollte: »Hast du sie noch alle?« Im nächsten Moment gab er sich klug wie ein griechischer Philosoph. Da hätte ich ihn am liebsten in den Arm genommen: »Beim Zeus, so einen Sohn wünscht sich jeder …«

Socki: Von solchen »Vätern« gab es mehrere. Gerhard Schröder wurde Beckers Duzfreund, dem »Papa« Günter Netzer schenkte Boris wiederum eine Uhr. Warst du auch ein Freund?

Paule: Das stand nie zur Debatte. Ein Journalist sollte sich nie zum Gesellen eines Promis machen.

Socki: Hört, hört. – Wie verliefen die Gespräche mit Boris?

Paule: Aus den Interviews strich er so gut wie nichts, professionell seine Returns, auch berechnend, ein bekennender Egomane. Er pflegte Kontakte, von denen er auch profitierte. Er ließ andere mitspielen, um der Sieger zu bleiben.

Socki: In seiner Biografie spricht er davon, dass ihm für Interviews bis zu 100 000 Mark bezahlt wurden.

Paule: Nicht von BUNTE. Er sah das sportlich. Eine Win-win-Situation. Er konnte sich verkaufen, wir mit ihm das Blatt.

Socki: Aber dein Interview mit Angela Ermakova hat bestimmt einiges gekostet.

Paule: Da gibt es eine lange Vorgeschichte. Sie beginnt im Februar 1999. Nach einer Serie von Niederlagen kündigt Becker seinen endgültigen Rücktritt vom Profitennis an. Aber er will noch einmal in Wimbledon spielen. Im Achtelfinale am 30. Juni verliert er gegen Patrick Rafter. In jener Nacht stürzt er fürchterlich ab, hat Sex mit einem farbigen Modell. Der Seitensprung bleibt nicht geheim. Die Gerüchte schießen ins Kraut, in der Münchner Szene wird gemunkelt, dass Boris seine Frau Barbara mit einer Russin in London betrogen habe. Das geht über einige Monate so, bis der große Knall kommt.

Socki: Barbara!

Paule: Richtig. Das war der Schock für Deutschland. Boris und Barbara trennen sich, das Ende eines Traumpaars. Ein bisher beispielloser Rosenkrieg entflammt. Futter für die Presse von BILD bis SPIEGEL über ein Jahr lang. Die Unerbittlichkeit, mit der sich die Anwälte der beiden bekämpften, war beispiellos.

Socki: Und lustig war's auch. Guck mal, was ich gefunden habe…

Boris Becker, der erotischste Mann des Jahres

Man schreibt den 5. Dezember 2000. Ausgerechnet am Tag, als Boris Becker und seine Frau Barbara die Trennung bekannt geben, hat BUNTE Becker zum erotischsten Mann Deutschlands erklärt. Eine Jury der Illustrierten erklärte den Dreiunddreißigjährigen zum eindeutigen Sieger. Auf Platz zwei landete Campino von der Punkrockband Die Toten Hosen. Den dritten Platz erreichte der Vizepräsident des Zentralrats der Juden in Deutschland, Michel Friedman.

Paule: Boris setzt die Krone drauf. Eine Affäre mit der Rapperin Sabrina Setlur mitten in der gnadenlosen Scheidungsschlacht. Und Boris ist noch nicht geschieden, da platzt die nächste Bombe. Ich habe es immer noch im Kopf, als wäre es gerade jetzt geschehen: Am 10. Dezember 2000 berichtet das britische Boulevardblatt »News of the World«, Becker soll angeblich schon seit September monatlich Geld für ein uneheliches Kind zahlen. Der Unterhaltsbetrag von 2500 Pfund (damals rund 7500 Mark) pro Monat gehe an die in London lebende dreiunddreißigjährige Russin Angela Ermakova. Becker selbst bestreitet zu diesem Zeitpunkt öffentlich jegliche Behauptungen über eine außereheliche Vaterschaft.

Socki: Und in dir erwacht der Teufelsreporter …

Paule: Skandalschlagzeilen überschlagen sich: »War es Samenraub?«, titelt BILD am 17. Januar 2001. Die Anwälte von Boris Becker teilen mit, ihr Mandant habe mit Angela Ermakova in der Besenkammer des Londoner Sushilokals »Nobu« nur Oralverkehr gehabt. Sie habe sein Ejakulat gestohlen, tiefgefroren und sich in Russland damit befruchten lassen.

Socki: Zu viel für mein Katzenhirn. Raus aus dem Mund, in einen Becher spucken, Maul schließen, nach Hause rennen, den Samen ins Tiefkühlfach stellen. Völlig absurd.

Paule: Samenraub! Das war die absolut geilste Geschichte, die man erfinden kann. Kein Mensch hatte bisher so etwas gehört.

Socki: Was wusste man von Angela Ermakova?

Paule: Da muss ich weit ausholen. Die Basisinfos lieferte die Presseagentur Reuters in London. Die farbige Russin sollte Fotomodell sein und auch kellnern. Profifotos von ihr gab es nicht. Wie Barbara Becker galt Angela Ermakova als exotisch, rassig. Nach Beschreibungen einer ihrer Londoner Nachbarn hatte sie weiche Gesichtszüge und rehbraune Augen. Komisch, man erwähnte auch, sie bewege sich grazil. Sonst aber muss sie knallhart gewesen sein: Zehn Monate war das Kind alt – zehn Millionen Mark forderte sie von Boris Becker.

Socki: Verstehe, sie wollte sich ihr Wimbledon-Baby vergolden lassen.

Paule: Auch englische Zeitungen, näher am Tatort als die deutschen, nahmen die Jagd auf, wollten wissen, was genau bei diesem »Poom-bah-Boom« geschehen war. Folgende Version wurde favorisiert: Boris und Angela hatten sich in einem Sushirestaurant getroffen. Anschließend zogen sie sich in die Wäschekammer des benachbarten Hotels zurück. Dort soll es lediglich zu oralem Sex gekommen sein, so beteuerte es Boris. Wie man auf diese Weise schwanger wird, zählte damals zu den großen ungelösten Rätseln der Weltgeschichte.

Socki: Wie reagierte Boris auf die Enthüllungen?

Paule: Er feuerte die ja an, über seine Anwälte.

Socki: Ein riskantes Spiel, gab es schon Fotos?

Paule: Noch nicht. Unter Berufung auf Ermakovas Freundeskreis tickerte die Agentur Reuters lediglich: »Mit ihrem rötlichen Naturhaar soll die zehnmonatige Anna verblüffend dem Becker-Sohn Elias Balthasar ähnlich sein.«

Der Schweizer mit den Cowboystiefeln

Socki: Wann hast du ein Foto von Anna zur Ansicht bekommen?

Paule: Anfang Januar 2000, wahrscheinlich als erster Reporter in Deutschland. In der Redaktion tauchte ein komischer Vogel auf. Mit einem Pferdeschwanz, im Solarium gegerbtem Gesicht, behangen mit Goldkettchen, an seinem Handgelenk glänzte eine goldene Rolex. Am auffälligsten waren seine Cowboystiefel: teures Krokodilleder. Der Mann sprach ein knorriges Schwyzerdütsch. Schon am Telefon kündigte er mir einen echten Knüller an, jetzt legte er seinen protzigen Aktenkoffer von MCM auf meinen Schreibtisch und sackte in den Stuhl. Die Beine angeberisch übereinandergeschlagen, prahlte er: »Wasch ig Ihna ziag, han Sie im Läbe no nie ned gse. De Augn schliesse…« Ich spielte mit, obwohl ich dem Vogel am liebsten die Federn gerupft hätte.

Socki: Schweif nicht ab!

Paule: Auf den Fotos sah ich ein hübsches Kind mit großen Kulleraugen, rotblonden Löckchen und einem Schmollmund. Ein Wonnebaby, Boris aus dem Gesicht geschnitten. Der Schweizer genoss meine Verblüffung: »Das ist Beckers uneheliche Tochter, die kann er nicht verleugnen – odrrr?«

Socki: Was wollte er für die Fotos kassieren?

Paule: Sechsstellig, wir waren noch in der D-Mark-Zeit. Der Preis wäre auch nicht der Haken bei dieser Geschichte gewesen. Die Echtheit, ob es sich nicht um eine Fotomontage, von Computergrafikern erstellt, handelte, hätte sich schnell überprüfen lassen. Mir aber war der Krokostiefeltyp höchst suspekt. »Was geschieht, wenn die Fotos ohne Zustimmung der Mutter geschossen wurden, und sie verklagt BUNTE nach der Veröffentlichung – sagen wir mal: auf eine Million?«, fragte ich. Der Mann entrüstete sich: »Wasch meined Se denn, wohär ich die Bilder han?« Als Quelle nannte er seine Freundin, angeblich eine gute Freundin von Ermakova. Mit ihr sei das Ganze abgesprochen. Ich traute der Kiste nicht. Der Käse stank.

Socki: Ergab es auch Rückschlüsse auf die Ermakova?

Paule: Vertrauenswürdig erschien sie mir nicht. Ich lehnte den Kauf der »wunderbaren Bilder« ab. Der Pferdeschwanztyp stampfte wütend auf und wälzte sich davon. Kurz danach besorgte ich mir Ermakovas Nummer. Sie hatte einen Agenten, der sie managte.

Socki: Was hat sie am Telefon gesagt?

Paule: Sie hatte zu diesem Zeitpunkt noch keinen Anwalt, ich konnte problemlos mit ihr reden. Sie bestätigte mir die Echtheit der Bilder. Anna sei tatsächlich das Ergebnis ihres Blitzbeischlafs mit Becker. Sie war grundsätzlich mit einem Interview einverstanden, meinte aber, sie möchte zunächst versuchen, sich in Güte mit Boris' Anwälten zu einigen, bevor sie die Fotos veröffentlichte. Es schien so, als würde sie sich von Boris Millionen versprechen. Er hingegen leugnete immer noch einen Geschlechtsverkehr, unterzog sich dann aber freiwillig einem Vaterschaftstest. Das Ergebnis muss ihn erdrückt haben. Er hatte keine andere Wahl. Anfang Februar 2001 bekannte er sich dazu, der Vater der kleinen Anna zu sein.

Socki: Also war alles in Butter?

Paule: Ermakova blockte alle Interviewanfragen ab. Bis Boris Becker Mitte April 2001 ein Schnitzer passierte. In der ARD-Talkshow »Beckmann« sprach er abfällig über den schnellen Sex in London: »Das war ein Fehler, der mich mein Leben lang verfolgen wird.« Dann ließ er sich über Ermakova aus: »Das war eine Blitzaktion, ich habe sie vorher und nachher nie gesehen.« Beckmann bohrte nach: »Wie lange dauerte der Quickie, ungefähr, fünf Minuten?« Boris schnappte ein: »Ach was, fünf Sekunden, höchstens!« Beckmann schüttelte ungläubig den Kopf.

Socki: Den Gag versteh ich nicht.

Paule: …

Socki: Ich kenn keinen Kater, der fünf Sekunden durchhält.

»Unter aller Sau …«

Paule: Die Sache war völlig irrwitzig. Boris mühte sich mit weiteren Erklärungsversuchen ab. Bevor es zu dem Stelldichein mit Ermakova kam, es sei am letzten Tag seiner Tenniskarriere gewesen, habe er damals schon am Nachmittag »das eine oder andere getrunken«. Dann habe es wieder »eine Riesendiskussion« mit Barbara gegeben, also habe er »weitergetrunken und komplett die Nerven verloren«. Es lief darauf hinaus, dass er bei dem Quickie auch nicht länger als »fünf Sekunden« konnte. Er fügte hinzu: »Es ist nicht das erste Mal, dass einem Prominenten so was passiert. Das war ein Fehler, den kann ich nicht mehr gutmachen.« Das sei eben »unter aller Sau« gewesen.

Socki: Die legendäre Becker-Vorhand wurde zum Schwitzehändchen?

Paule: Dieses »unter aller Sau« war jedenfalls der Dosenöffner. Ermakova muss gut vernetzt gewesen sein, denn nach der Beckmann-Sendung berichteten ihr einige deutsche Freunde, was passiert war. Am nächsten Vormittag klingelte das Telefon bei mir. »Angela Ermakova!« Ich war baff. Sie fasste sich kurz: »Sie können kommen.« Natürlich wollte sie auch Geld, aber es war ein Bruchteil der Summe, die sich der Cowboy in Krokostiefeln vorstellte. Ermakova nannte ihre übliche Modelgage.

Socki: London scheint für dich ein Glücksort zu sein. Das erste Konzert von den Rolling Stones, die erste Rolex, das erste Interview mit Boris' Eskapadenopfer.

Paule: Ich liebe London. Das Nobelviertel Chelsea wäre mein Wohnort. Dort wohnte auch Ermakova in einem dieser typischen feudalen Londoner Backsteinhäuser. Mit weißen Krönchen über den Fenstern und dahinter viktorianische Spitzenvorhänge. Die Wohnung ein wilder Tudor-Mix mit Puppenstube. Ermakova servierte mir ein Frühstück auf dem Tablett, Anna, damals sechzehn Monate alt, tobte durch das Zimmer.

Socki: Waren ihre Haare tatsächlich so Boris-rot?

Paule: Ich kannte Kinderfotos von Boris und seiner Schwester Sabine. Als ich Anna sah, wollte ich mich hinschmeißen. Seine Gene sind wirklich voll bei ihr durchgeschlagen. Ich brachte für Anna auch ein Geschenk mit: einen kleinen Tennisschläger. Was man Kindern halt so schenkt.

Socki: Geht's noch, den Nachwuchs einer Tennislegende mit einem Tennisschläger in der Hand zu fotografieren. Ist das nicht hinterhältig?

Paule: So denkt man, wenn man Illustrierte macht. Die Klischees sind wirksam, der Leser ist schneller im Bilde. In den nächsten fünf Stunden erzählte Ermakova einer Kollegin und mir ihre Geschichte. Im Prinzip bestätigte sie, was schon bekannt war. Nur pikant detailliert, ein Stoff, aus dem Illustriertewünsche wahr werden. Boris hätte sie schon im Februar 1999 in ihrem japanischen Stammlokal »Nobu« kennengelernt, sich später ihre Telefonnummer besorgt und auf den Anrufbeantworter gequatscht. »Er war wirklich wie ein verknallter Teenager, wie ein strahlender teutonischer Ritter«, sagte Ermakova.

Socki: Also Ritterspiele?

Auflagenrekorde für BUNTE

Paule: Am Abend des 30. Juni, also nach seiner Niederlage in Wimbledon, verabredete sich Becker mit Ermakova im »Nobu«. Nach einem kurzen Small Talk an der Bar hätte er sie, so erinnerte sie sich, in eine Wäschekammer gezerrt.

Socki: Die britische Boulevardpresse bezeichnete damals Ermakova als Edelprostituierte.

Paule: Als ich sie darauf angesprochen habe, hat sie das abgestritten. Ich glaube auch nicht, dass sie als Prostituierte unterwegs war, aber man sah ihr an, dass sie eine Frau war, die durchaus wusste, wie man mit reichen Männern ins Gespräch kommt. Jedenfalls konnte sie, ihrer Wohnung nach, einen ziemlich luxuriösen Lebensstil finanzieren.

Socki: Der BUNTE-Titel »Boris, das ist deine Tochter« erschien am 25. Juli 2001.

Paule: Auf dem Coverfoto hielt Angela Ermakova die kleine Anna im Arm. Beckers eingeklinktes Porträt wirkte wie ein Spiegelbild: »So ähnlich sehen sich Vater und Kind.« Das Heft wurde ein Riesenerfolg, knapp 550 000 Stück verkauft. Gigantische Zahlen.

Socki: Du hattest schon mal Auflagenrekorde für BUNTE geknackt.

Paule: Ja, 1976, Silvia Sommerlaths Hochzeit bescherte BUNTE Traumquoten. Vom Aschenputtel zur Königin von Schweden, das war ein Märchen, das Millionen berührte. Trotz der Verkaufsrekorde für BUNTE machte sich Hubert Burda, damals Chefredakteur und Verleger, Gedanken, in wieweit sich sein Heft in Richtung Yellow Press verschob. Weniger Ansehen, weniger Image, weniger Reichweite, könnte es letztlich weniger Anzeigen bedeuten?

Socki: Aber am Schluss zählt doch die Geschichte. Die muss das Leserinteresse wecken.

Paule: Die Tageszeitungen verkaufen sich über die Schlagzeile, die Illustrierten über das Cover. Die Auflagen schwanken, je nach Zugkraft des Titelthemas. Weil die Ermakova-Story den Nerv der Leser traf, beschloss BUNTE-Chefin Patricia Riekel, eine Woche später mit Teil 2 nachzulegen. Ermakovas Erzählungen flossen so, dass sie sich ein wenig wie Tolstoi fühlte, den sie als ihr literarisches Vorbild angab.

Viel Lärm um den Samenraub

Socki: Und die Quintessenz?

Paule: Die Bombe hatte Splitterwirkung. BILD schlachtete tagelang das Interview aus, SPIEGEL zitierte daraus die stärkste Passage.

Socki: Und die lautete?

Paule: »Boris in seiner Erregung zu bremsen war so unmöglich wie der Versuch, einen Hochgeschwindigkeitszug zu stoppen«, sagte Ermakova.

Socki: *Serve and Volley* – so beschrieb Boris bei »Beckmann« seinen Quickie.

Paule: Diese Spielstrategie, mit einem harten, ins vordere Feld platzierten Aufschlag den Gegner zu bedrängen und sofort ans Netz zu stürmen, hat Boris Becker perfektioniert. Das brachte ihm den Spitznamen – Bum-Bum-Boris ein.

Socki: Hast du ihn nach diesen Interviews mit Ermakova getroffen?

Paule: Er nahm die Sache persönlich, war mörderisch sauer. Es war nicht einfach, ihm aus dem Weg zu gehen. Er hielt sich in München auf, verkehrte in der Szenebar »Schumann's«, wie ich. Wenn er nur meinen Namen hörte, drehte er völlig durch. Da kursierte auch der Spruch: »Boris hat sich schon einen Mühlstein besorgt, den will er dir an den Hals hängen und dich im Starnberger See versenken.«

Socki: Muss ich mir Sorgen machen? Oder gab's irgendwann ein Friedenspfeifchen?

Paule: Ein paar Monate nach dem Interview saß ich mit Kollegen von der Süddeutschen Zeitung im »Schumann's«. Becker kam rein mit seinem Tenniskumpel Charly Steeb, wollte sich zu dieser Runde setzen, doch plötzlich entdeckte er mich. Er drehte sich sofort ab und setzte sich demonstrativ an einen anderen Tisch. Nach ein paar Glas Wein ging ich auf ihn zu. »Was willst du! Mit dir rede ich nicht!«, blaffte er mich an. »Aber ich mit dir«, schoss ich zurück. »Ermakova hätte mir das Interview sicher nicht gegeben, wenn du dich nicht so abfällig über sie bei ›Beckmann‹ geäußert hättest.« Becker wehrte sich: »Dass ihr der überhaupt glaubt. Es war alles ganz anders!« – »Ich würde dir das gerne glauben, aber dafür müsstest du mit mir erst mal darüber reden«, konterte ich und versuchte ihn einzuwickeln.

Socki: Eine Woche später erschien in der Süddeutschen von dir ein Becker-Porträt.

Paule: Es war kritisch, aber es schmeichelte Beckers Ego. Endlich auch eine Seite über ihn in einem angesehenen Blatt für die intellektuellen Leser. Das hob sein angeschlagenes Selbstbewusstsein. Er ließ mir, wieder bei »Schumann's«, ausrichten: »Du bist ein guter Schreiber, leider bei einem seltsamen Blatt.«

Socki: Hast du es auch so empfunden?

Paule: Ich musste an Hubert Burda denken, wie er sich seinerzeit nach der Serie über Silvias Königshochzeit Sorgen um das BUNTE-Image machte. Mir kam die Idee, wie wär's, wenn ich versuchen würde, in der BUNTEN so was wie ein Feuilleton einzuführen. Auch Kulturköpfe wie Marcel Reich-Ranicki, Martin Walser ins Blatt zu hieven als Gegenpol zu Becker und Co.

Socki: Gab es in BUNTE noch eine Becker-Geschichte von dir?

Paule: Etliche. Als Boris Becker 2007 seine überteuerte Finca auf Mallorca verkaufen wollte, meldete er sich. Der Ärger mit diesem Bauprojekt war inzwischen überall publiziert. Boris erhoffte sich eine gute Story. Er lud mich ein. »Son Coll«, seine Finca, lag etwa eine halbe Autostunde von Palma entfernt, in der Nähe des Örtchens Artà. 2900 Quadratmeter Wohnfläche, ein Gästehaus, ein Dreißig-Meter-Pool, ein Tennis- und ein Basketballplatz sowie ein 26 Hektar großes Grundstück, wo sich Becker ursprünglich als Weinbauer betätigen wollte.

Socki: Gab es eine Überraschung?

Paule: Angela Ermakova und Töchterchen Anna waren da. Und die beiden Söhne von Becker. Boris erwies sich als ein perfekter Regisseur. Für den Fotografen spielte Anna mit Noah und Elias, der Anna wie ein Zwillingsbruder ähnelte. Boris war unglaublich gut drauf, er sprach sehr nett über Angela und dass er sich damals furchtbar schlecht benommen hatte. Die öffentliche Buße nutzte Becker allerdings nichts, sein Haus wurde er nicht los.

Socki: Und schon wieder war die Freundschaft im Eimer.

Paule: Er wusste, dass sein Preis zu hoch war. Später traf ich Boris Becker beim Laureus World Sports Award 2011 in Abu Dhabi. Als wäre zwischen uns nie etwas vorgefallen, gab er einem Kollegen und mir ein Interview. Wir saßen nachts am Strand vor dem Luxushotel Emirates Palace und redeten über alles. Das gefiel ihm. Danach schrieb ich einige Geschichten, die ihm wiederum nicht gefielen.

Londons neuer Sexskandal

Socki: Schau, was ich noch im Archiv fand: 2012 erschütterte England ein Sexskandal ohnegleichen. Der prominenteste PR-Berater des Landes, Max Clifford, wurde von der Polizei festgenommen. Er wurde beschuldigt, neben Models auch Minderjährige für Sexspiele an Promis, Stars und Politiker vermittelt zu haben.

Paule: Was eine Katze alles so im Altpapier aufschnappt...

Socki: Googeln muss man. Clifford beriet hauptsächlich Promis, die seine Hilfe brauchten, um ihr Medienbild zu optimieren. Zu seinen Klienten gehörten unter anderem der britische Entertainer Simon Cowell und der frühere Besitzer des Nobelkaufhauses Harrods, Mohamed al-Fayed.

Paule: Was hat Clifford mit Ermakova zu tun?

Socki: Sie befand sich in Cliffords Kartei als Klientin – laut der Tageszeitung »News of the World«, die auch ein Foto von Ermakova brachte. Der Stern übernahm die Geschichte. Der umtriebige Staragent Clifford wurde schließlich wegen sexueller Nötigung von Teenagern zu acht Jahren Haft verurteilt.

Paule: Ermakova hatte offenbar mit der Sache Clifford nichts zu tun.

Socki: Sie wurde nur ein Mal, ganz am Anfang in der Berichterstattung, kurz erwähnt – als Klientin. Boris blieb verschont.

Paule: Jetzt verstehe ich, was Boris im »Schumann's« mit seiner geheimnisvollen Andeutung gemeint haben könnte: »Da kommt noch was.« Aber dann hörte ich nichts mehr von ihm, und so vergaß ich das. Bei dem Formel-I-Rennen am Nürburgring lief er mir zufällig noch mal über den Weg.

Socki: Kein Interview mehr?

Paule: Boris schmollte. Er ist ein wenig größenwahnsinnig, hält sich bis heute für einen der zehn bedeutendsten lebenden Deutschen. Ich muss aber gestehen, ich liebe das immer noch, wie er seine Rolle spielt. Ob Wimbledon-Sieger oder teutonischer Casanova, seine Figur schien geeignet für ein modernes Shakespeare-Drama. Ich wollte schon ein Buch über ihn schreiben, aber Martin Walser hat es mir ausgeredet. Er sagte: »Boris Becker verkörpert nicht die Spur eines Romanhelden, weil er ein Buch ist, das man schon kennt, bevor man es aufschlägt. Schreiben Sie lieber über Karl Lagerfeld.«

Socki: Im Moment ist er als Headcoach eines Weltranglistenersten wieder oben.

Paule: Ich wünsche, dass er sich wieder da findet, wo er sich in aller Bescheidenheit immer gesehen hat: ganz oben. Er muss aber aufpassen auf seine Tochter Anna. Aber das macht er schon.

Socki: Anna sagte bei der Berliner Modewoche: »Jeder weiß, wer ich bin, und kennt meine Geschichte …«

Paule: Damit muss der Vater leben.

19

Ein denkwürdiges Interview

Ende der Neunziger war ich in eine große Wohnung am Viktualienmarkt gezogen. Wenn ich an meinem Erkerfenster stand, hatte ich die halbe Stadt im Blick. So auch an dem Tag, als Maxim Biller mich für MAX interviewen wollte. Ob das gut gehen würde? Biller, geboren in Prag und 1970 mit den Eltern nach Deutschland geflohen, zelebrierte sein Außenseitertum regelrecht. Was wollte er ausgerechnet von mir, dem Gesellschaftslöwen?

Fünf vor sechs stand ich an besagtem Erkerfenster und blickte neugierig auf die Straße hinunter. Ich wollte einen Blick auf Biller werfen, wie er des Weges kam. Tatsächlich stand er schon unten vor der Tür, in einen dunklen Mantel gehüllt. Er blickte auf die Uhr, entschied – typisch deutsch? –, dass es noch zu früh sei, und zückte sein Handy. Punkt sechs beendete er das Gespräch und drückte auf den Klingelknopf.

»Geräumig haben Sie's hier«, sagte er, als ich ihn hereinbat, und blickte sich um. »So also wohnt ein People-Journalist. Als ich noch in München lebte …«

»Mit wem haben Sie gerade telefoniert?«, fragte ich ihn rundheraus.

Er stutzte. Damit hatte er nicht gerechnet.

Ich klärte ihn auf, und er musste lachen. Das Eis war gebrochen, dachte ich – fünf Minuten zu früh.

Das Interview begann stockend. »Können Sie gut schlafen, Herr Sahner?«, fragte er als Anspielung auf so manche Skandale, die ich aufgedeckt hatte. »Schon mal geschämt für Ihren Beruf? Heute schon auf dem Schlachtfest gewesen?«

»Warum?«, entgegnete ich.

»Wann haben Sie sich denn das letzte Mal infrage gestellt, Herr Sahner?«

Ich musste wohl direkter werden. »Packen Sie mal Ihre Miniguillotine wieder ein. Auf solche Stakkatofragen habe ich keinen Bock. Wenn Sie mich vorführen wollen, können Sie gern wieder gehen.«

»Nein, nein«, beeilte er sich zu sagen. »Ich möchte den Menschen erklären, der so berühmt-berüchtigt ist.«

Mir schien es eher, als wolle er mich durch den Boxring jagen. Nichts gegen einen fairen Kampf, aber an diesem Tag hatte ich keine Lust auf eine Auseinandersetzung, geschweige denn, mich für meinen Beruf zu rechtfertigen. Der Mensch interessiert sich nun mal für den Menschen, möchte hinter die Kulissen blicken. Authentisch porträtieren ist mein Job.

»Hast du ihn rausgeworfen?«, wollte Socki wissen, als ich ihr die Story erzählte.

»Nein, ich habe zu ihm gesagt: ›Lassen wir die Abfragerei, führen wir ein Gespräch.‹«

»Na, dann lass mal hören«, sagte Socki.

Biller: Herr Sahner, was wäre Ihre erste Frage an mich, wenn Sie mich für die BUNTE interviewen müssten?
Sahner: Ich würde sagen, Herr Biller, ich möchte eines Tages Ihre Memoiren schreiben. Was halten Sie davon?
Biller: Das wäre ein Trick, oder? Sie würden sich auf die Art bei mir einschmeicheln wollen.
Sahner: Nein, gar nicht. Einen Titel hätte ich auch schon: »Der Hassmann, der geliebt werden möchte«.
Biller: O Gott, sind Sie langweilig, Herr Sahner.
Sahner: Wollen Sie nicht geliebt werden? Jeder will doch geliebt werden.

Biller: Ihre erste Frage für ein ZEIT-Interview?

Sahner: Ich würde Sie fragen, ob es Ihnen peinlich ist, dass Sie als Zehnjähriger Fotomodell beim Otto Versand waren und dass diese Fotos immer noch kursieren.

Biller: Nicht wirklich eine ZEIT-Frage, oder?

Sahner: Wohl wahrscheinlich nicht. Das spricht aber nicht gegen mich, sondern gegen DIE ZEIT.

Biller: Und wie würden Sie ein Playboy-Gespräch mit mir beginnen?

Sahner: Ich würde Ihnen sagen, dass ich viele jüdische Freunde habe, und alle haben sie große, blonde, deutsche Frauen. Und dann würde ich Sie fragen, warum das so ist und ob Sie dieselbe Vorliebe teilen.

Biller: Das ist das sogenannte Kissinger-Syndrom. Wenn man als Außenseiter die besten Frauen seines Gastvolks erobert, ist man vielleicht nicht mehr so ganz Außenseiter. Ich selber mag aber lieber kleine dunkle Orientalinnen.

Sahner: Entschuldigung, mein Handy ...

Biller: Gehen Sie nur ran.

Sahner: Sahner. Ja, vielen Dank, dass Sie zurückrufen, liebe Frau Clement. Ja, natürlich, wunderbar. Nur ein kurzes Gespräch. Nein, das machen wir natürlich nicht. Hm, hm..., also ... wie das so ist für Sie, jetzt, wo Ihr Mann Superminister wird. Selbstverständlich. Ja. Bis morgen dann. Freue mich. Und Gratulation noch mal. Auf Wiederhören.

Biller: Das war ...

Sahner: ... Frau Clement. Eine sehr interessante Frau.

Biller: Schwer zu kriegen?

Sahner: Wir von der BUNTEN kriegen eigentlich jeden.

Biller: Mit welchen Prominenten haben Sie heute noch telefoniert?

Sahner: Mit dem Manager von Verona Feldbusch, weil wir morgen eine Titelgeschichte mit ihr produzieren. Und mit Sybille Beckenbauer, um mich zu erkundigen, wie es in ihrem

Leben weitergeht, weil es da möglicherweise einen neuen Mann gibt, auf jeden Fall haben wir Fotos. Und mit Udo Walz. Mit dem saß ich gestern lange im »Borchardts«, um mir mal sein Leben anzuhören. Er hat ein wahnsinnig spannendes Leben, auch was Frauen betrifft.

Biller: Das ist ja interessant.

Sahner: Ja. Das ist schon wahnsinnig spannend, wenn ein bekennender Schwuler einem plötzlich Dinge erzählt, die man nicht von ihm erwartet hätte. Das sind die Geschichten, die man lesen will.

Biller: Sie auch?

Sahner: Ja klar. Sie nicht?

Biller: Was für eine Frage. Natürlich nicht.

Sahner: Ich finde es aufregend, wie ein Friseur der Society-König wird. Udo Walz bei Christiansen! Udo Walz beim Deutschen Fernsehpreis! Ein modernes Märchen …

Biller: Ein Scheißmärchen.

Sahner: Sie sind nur neidisch, dass Sie nicht dazugehören.

Biller: Habe ich das gesagt?

Sahner: Nein. Aber gedacht, vermutlich.

Biller: Was haben alle Prominenten gemeinsam?

Sahner: Einen intensiven Darstellungsdrang, eine richtige Sucht nach Öffentlichkeit.

Biller: Auch wenn die Kameras aus sind?

Sahner: Ja, gerade dann. Immer wollen die einem etwas aus ihrem Leben erzählen. Und sie sind extrem harmoniesüchtig.

Biller: Hatten die alle eine schwere Kindheit?

Sahner: Nicht alle. Aber viele, ja. Viele haben sich wirklich hochgearbeitet. Ich will nicht sagen, hochgeschlafen, das haben die wenigsten, in Amerika passiert das öfter.

Biller: Mögen Sie die Welt, in der Sie sich bewegen?

Sahner: Ich meine, ich bediene diese Leute und die bedienen mich.

Biller: Was ist eigentlich Ihr Trick? Wie machen Sie es, dass

Rudolf Scharping oder Boris Becker Ihnen Dinge anvertrauen, die oft nicht einmal ihre Nächsten wissen?

Sahner: Also, ich sitze immer ganz entspannt da, so wie Sie jetzt. Ich habe keinen Block dabei, das heißt, ich habe ihn dabei, aber man kann ihn nicht sehen, und das Tonbandgerät verstecke ich auch.

Biller: Und das läuft trotzdem?

Sahner: Ja, das läuft. Aber am wichtigsten ist dieser direkte Augenkontakt. Ich sauge mich in den Augen der Leute wie mit Saugnäpfen fest, verstehen Sie, und ich weiß genau, dann können die nicht mehr lügen.

Biller: Sie hypnotisieren sie?

Sahner: Wenn Sie so wollen – aber ich möchte nur, dass sie ehrlich sind.

Biller: Und sind die noch hypnotisiert, wenn Sie ihnen später das abgetippte Interview zum Autorisieren schicken?

Sahner: Nein, und das ist die eigentliche Schwierigkeit – mit ihnen um die besten Passagen zu ringen. Oft rufen die Leute an und sagen, okay, das habe ich gesagt, aber jetzt, wo ich das schwarz auf weiß sehe, will ich nicht, dass es erscheint.

Biller: Und wie kriegen Sie sie trotzdem rum?

Sahner: Neulich hat Karl Lagerfeld plötzlich gemeint, nein, das sei zu intim, was er mir erzählt hat über seine angebliche sexuelle Beziehung zu seinem Schneider, und da musste ich dann sagen, aber nein, Karl, Wahnsinn, das wäre ein Wahnsinn, es nicht zu bringen, das liest sich so toll. Und er meinte, ja, wenn Sie das so sagen, Paul.

Biller: Und das hat funktioniert?

Sahner: Ja, das hat es. Mann, die Leute sind schon sehr eitel!

Biller: Sie auch?

Sahner: Ja, natürlich. Sie nicht?

Biller: Nein.

Sahner: Wie eitel zu sagen, man sei nicht eitel. Natürlich sind Sie eitel!

Biller: Nein.

Sahner: Doch.

Biller: Beweisen Sie es mir.

Sahner: Ihre Bücher schreiben Sie doch nicht nur, um Geld zu verdienen. Sie wollen gefallen.

Biller: Falsch. Ich bin wie ein Musiker, der spielen muss. Dem ist auch egal, ob ihm tausend Leute zuhören oder keiner. Genauso schreibe ich.

Sahner: Und warum greifen Sie ständig Ihre Kollegen an? Das kann ich Ihnen genau sagen: Weil Sie viel zu sehr von sich selbst überzeugt sind! Weil Sie – eitel sind!

Biller: Auch falsch. Ich habe Argumente, an die ich glaube. Das hat nichts mit Narzissmus zu tun.

Sahner: Und Sie wollen nie gelobt werden?

Biller: Nein.

Sahner: Es macht Ihnen wirklich nichts aus, dass fast alle Kritiker Sie hassen und jedes Ihrer Bücher verreißen, als hätten Sie ein zweites »Mein Kampf« geschrieben?

Biller: Nein, natürlich nicht. Ich schreibe ja nicht für heute, ich schreibe für die Ewigkeit.

Sahner: Igitt. Das ist ja der eitelste Satz, den ich jemals gehört habe.

Biller: Das war nur ein Witz.

Sahner: Nein, das war kein Witz.

Biller: Also gut, Sie haben gewonnen.

Sahner: Ich gewinne oft.

Biller: Dabei haben Sie sich gar nicht mit Ihren Augen an meinen festgesaugt.

Sahner: Sie haben es bloß nicht gemerkt.

Biller: Was muss man machen, um Sie zu kriegen?

Sahner: Einfach mit mir reden – und sich für mich interessieren. Letztes Jahr war ich in der Talkshow von Beckmann, und der hat mich ganz schnell geöffnet, weil er wirklich etwas über mich wissen wollte. Dabei habe ich ihm vorher gesagt, hör zu, du kannst mit mir über alles reden. Ich kann ja schlecht den Beichtvater der Nation spielen und dann aber selbst zumachen. Aber es gäbe eine Sache, sagte ich Beckmann, über die ich bestimmt nicht reden möchte, und das sei meine damalige Frau. Wir lebten zu der Zeit in Trennung, ich bin hier geblieben und sie woanders hingezogen, na ja, der ganze Wahnsinn eben. Und dann kam der Beckmann doch mit ihr an, und das fand ich scheiße.

Biller: Und was haben Sie gemacht?

Sahner: Trotzdem geantwortet. Ich bin ziemlich geschwommen, so wie manche Leute vielleicht bei mir schwimmen, aber ich habe geantwortet. Scheißgefühl.

Biller: Sind Sie froh, dass Sie Journalist geworden sind?

Sahner: Ja, klar. Aber jetzt ist langsam genug. In ein, zwei Jahren möchte ich aufhören.

Biller: Und dann?

Sahner: Dann werde ich Bücher schreiben.

Biller: Was für Bücher?

Sahner: Romane.

Biller: Echt? Romane? Sie wollten immer schon Schriftsteller werden, oder?

Sahner: Ja.

Biller: Und warum sind Sie es nicht geworden? Keinen Willen gehabt?

Sahner: Willen schon, aber der war zu schwach. Und ich wollte das schnelle Geld. Das kriegt man als Journalist, nicht als Schriftsteller. Das wissen Sie doch, Herr Biller. Ich hatte schon Ende der Sechzigerjahre meinen zweiten Porsche, da war ich Polizeireporter bei BILD. Zu der Zeit bekam ich übrigens ein sehr ehrenwertes Angebot von der Süddeutschen. Ich sollte in deren Feuilleton eintreten, aber das Gehalt war absolut lächerlich.

Biller: Verdammt, Herr Sahner, Sie wären heute vielleicht Feuilletonchef der ZEIT!

Sahner: Ja, und hätte bis jetzt genauso wenig Muße gehabt, meinen ersten Roman zu schreiben, und müsste Ihre Bücher lesen.

Socki (kichert): Klassische Retourkutsche – aber war das nötig?
Paule: Biller braucht das. Wenn alle ihn mögen und verstehen würden, bräche seine Welt zusammen.
Socki: Bestimmt wollte er dir nur Tipps geben, wie man ein Buch schreibt! Vorzugsweise eines, das vor Missverständnissen nur so strotzt.
Paule: Klar, pass auf…

Biller: Haben Sie schon einen Romanplot?
Sahner: Zuerst könnte ich die Biografie eines sehr berühmten Sportlers schreiben.
Biller: Tun Sie das bloß nicht! Nehmen Sie keine verruchten Söldnerjobs an! Fangen Sie gleich mit der Literatur an, sonst wird das nie mehr was. Sie müssen den Mut, den Sie mit zweiundzwanzig nicht hatten, mit achtundfünfzig aufbringen, verstehen Sie?
Sahner: Verstehe ich. Geben Sie mir drei Sätze, wie man ein guter Romanautor wird.
Biller: Ich dachte, ich interviewe Sie.
Sahner: So kann man sich täuschen.
Biller: Also gut. Hinsetzen zum Schreiben und nicht mehr aufstehen. Nummer zwei: Du als Autor bist immer dein eigener Leser. Und Nummer drei: Nie ans Geld denken. Darf ich jetzt wieder?
Sahner: Okay.
Biller: Wie wird der erste Satz Ihres ersten Romans lauten?
Sahner: Am Tag, als er beschloss, kein Reporter mehr zu sein, traf er Maxim Biller, der ihm sagte: »Du wirst einen Roman schreiben.«
Biller: Sie fangen ja schon wieder an! Lassen Sie uns besser

das Thema wechseln. Also: Wer ist der aufdringlichste Prominente, den Sie kennen?

Sahner: Es gibt viele Leute, die anrufen und sagen, könnten wir nicht mal wieder. Aber auch wenn Sie mich erschießen, Namen gebe ich Ihnen keine.

Biller: Mit wem reden Sie am liebsten?

Sahner: Mit Politikern, früher vor allem mit Schröder.

Biller: Warum nicht mehr?

Sahner: Weil wir Probleme haben. Ja, wir haben Probleme. Ich habe einmal seine Mutter interviewt.

Biller: Stand was Schlimmes in Ihrer Geschichte?

Sahner: Nichts, gar nichts. Es war eine Liebeserklärung an diese wirklich hinreißende Frau, das war liebevoll bis zum Gehtnichtmehr. Ich habe geschrieben, wie sie mich plötzlich zum Tanzen aufgefordert und gesagt hat, Herr Sahner, kommen Sie mich mal mit Ihrer Mutter besuchen, die wohnt doch nur ein paar Dörfer weiter, und mein Sohn kommt auch, und dann reden wir alle zusammen.

Biller: Und ausgerechnet Schröder ist Ihnen in die Parade gefahren.

Sahner: Ja, ausgerechnet. Ich meine, wer war denn der Cohiba-und-Brioni-Kanzler? Und das fand ich ja auch immer so aufrichtig und demokratisch an ihm.

Biller: Ist öffentlicher Klatsch einfach nur Klatsch oder unser Ersatz für das große griechische Drama, das keiner mehr schreiben kann?

Sahner: Da greifen Sie viel zu hoch. Öffentlicher Klatsch ist vor allem eine einzige große Befriedigung für die, die ihn verursachen. Und wir anderen schauen ihnen dabei amüsiert, aber nicht besonders betroffen zu.

Biller: Und die Macht des Boulevards nimmt dabei ständig zu. Warum?

Sahner: Ich nenne es den Egokult. Das Ich ist der Gott unserer Zeit, und Magazine wie BUNTE oder MAX sind die Tempel, wo dem Ich-Gott gehuldigt wird. Sogar der SPIEGEL macht Titelgeschichten mit der Schlagzeile »Ich, Boris«.

Biller: Jetzt greifen aber Sie zu hoch. Wird die Menschheit nicht bloß immer dümmer?

Sahner: Dümmer? Nein – oberflächlicher.

Biller: Wie groß ist Ihre persönliche Schuld an dieser Entwicklung?

Sahner: Ich bin Berichterstatter, mehr nicht.

Biller: Darf ich den Herrn Berichterstatter fragen, ob in der oberflächlichen Gesellschaft von heute der Geist eine viel zu untergeordnete Rolle spielt?

Sahner: Ja, aber nur vorübergehend. Die Leute werden bald wieder anfangen, Bücher zu lesen, weil sie die Fernsehberieselung nicht mehr ertragen werden.

Biller: Und die BUNTE-Berieselung?

Sahner: Geklatscht wird immer. Seit es mehr als zwei Leute auf diesem Planeten gibt, wird über den Dritten geredet.

Biller: Was ist wichtiger, der Körper oder der Geist?

Sahner: Selbstverständlich der Geist.

Biller: Und in einer Beziehung?

Sahner: Da ist beides gleich wichtig.

Biller: Haben Sie schon mal eine Frau geliebt und nicht mit ihr geschlafen?

Sahner: Natürlich!

Biller: Und das hält man aus?

Sahner: Ja, sehr gut sogar. Wissen Sie, ich habe in meinem Leben zu viel sexuell geliebt.

Biller: Auch Männer?

Sahner: Ein berühmter Filmstar hat es einmal bei mir versucht. Ziemlich unappetitlich, muss ich sagen, also eigentlich will ich das nirgendwo lesen.

Biller: Na toll. Sie flüstern es mir zu, und ich darf es nicht schreiben. Sie sind ja wie alle andern!

Sahner: Wir könnten einen Kompromiss finden.

Biller: Wie soll das gehen? Sie erzählen es mir jetzt trotzdem, aber dann werden Sie es beim Autorisieren wieder rausnehmen wollen, und ich muss mit Ihnen feilschen, wie Sie mit Karl Lagerfeld? Nein, ich werde mit Ihnen nicht feilschen, Herr Sahner!

Sahner: Also gut. Es war in der Suite eines Berliner Hotels, wo wir an einer Serie arbeiteten. Ich schlief, der berühmte deutsche Filmstar war besoffen und versuchte sich von mir zu nehmen, was er brauchte. Meine Ohrfeige war es nicht.

Biller: Und das ist jetzt die Formulierung, die ich verwenden darf?

Sahner: Genau.

Biller: Danke, Herr Sahner, vielen Dank. Da habe ich ja jetzt sahnermäßig echt was aus Ihnen rausgeholt.

Sahner: Schönes Gefühl, nicht wahr?

Biller: Ja. Sehr.

Sahner: Ich wollte Sie auch noch was fragen. Sind Sie ein Kotzbrocken, der geliebt werden will?

Biller: O Mann, das hatten wir doch schon.

Sahner: Aber Sie haben mir nicht geantwortet.

Biller: Hören Sie, ich bin überhaupt kein Kotzbrocken, ich bin bloß ein relativ ehrlicher Mensch.

Sahner: Ein Mensch, der sich mit Gott und der Welt anlegt?

Biller: Das mache ich nicht mehr, das langweilt mich inzwischen.

Sahner: Wer ist der berühmteste deutsche Literat der Jetztzeit?

Biller: Der beste oder der berühmteste?

Sahner: Sagen wir, der beste.

Biller: Christian Kracht.

Sahner: Und wo bleibt Maxim Biller?

Biller: So kriegen Sie mich nicht, Herr Sahner.

Sahner: Finden Sie sich schön?

Biller: Was?

Sahner: Ob Sie sich schön finden, Herr Biller?

Biller: Ich habe mir letzte Woche nach zehn Jahren wieder einen Spiegel gekauft. Ich kann Ihnen das noch nicht beantworten.

Sahner: Das ist aber sehr kokett.

Biller: Also gut. Ich sage Ihnen, ob ich mich schön finde, wenn Sie es mir auch sagen.

Sahner: In Ordnung.

Biller: Also ich glaube, ich sehe ganz gut aus. Und Sie?

Sahner: Das verrate ich Ihnen nicht, Herr Biller. Aber vielen Dank für das Interview.

Socki war zufrieden mit mir. Noch mehr aber war sie zufrieden mit sich. Schließlich ist sie es, die mich nach Kräften einsahnert, seit sie in mein Leben trat. Ich bewies es ihr, indem ich den Napf füllte und sie ermunterte, ein Interview mit Giovanni di Lorenzo zu führen.

»Erst muss ich noch wissen, wie man seine Interviewpartner zum Weinen bringt«, sagte sie und leckte sich das bluttriefende Mäulchen. »Hast du da auch was in petto?«

»Klar«, meinte ich. »Iss erst mal zu Ende, dann erzähl ich es dir.«

20

Die bitteren Tränen des Papstes Benedikt XVI.

Sockis Tagebuch

Sonntag

In der Ferne dröhnt Glockengeläut und stört meine Sonntagsidylle. Mein Paule ist ja katholisch erzogen, aber gerade neulich sagte er, er habe so seine Zweifel, besonders wenn er sich die Stellvertreter Gottes auf Erden ansehe. Das Gute daran ist, dass das Sahner-Team auch am Sonntag arbeitet, statt zur Messe zu gehen. Ich muss weiterkommen, und so dränge ich Paule auf die Terrasse und beginne gleich ganz gnadenlos.

Socki: Reden wir übers Scheitern.

Paule: Eigentlich ist es mir nur mit einem seltsamen Diener Gottes passiert, dem späteren Papst Benedikt XVI., als er noch Kardinal war. Die Geschichte begann im Herbst 2001 mit einem »SPIEGEL«-Gespräch. Henryk M. Broder und Reinhard Mohr, die beiden Kollegen aus Hamburg, besuchten mich in meiner Wohnung, die auch schon Maxim Biller begutachtet hatte. 230 Quadratmeter, eine Zimmerflucht über eine ganze Etage, Blick aus dem Fenster auf den Viktualienmarkt, der Bauch und das Herzstück von München. Die Hamburger Jungs staunten über das Panorama mit Kirchtürmen und dem gotischen Rathaus und dachten wohl: Verkehrte Welt, wenn ein People-Fuzzi wie Sahner so herrschaftlich residieren kann. Mohr murmelte: »Tolle Wohnung, Donnerwetter.« Dann klingelte sein Handy, und er ging zunächst nicht dran, weil sein Blick noch über den Viktualienmarkt schweifte.

Socki: Vielleicht war Mohr nur höflich …

Paule: Ich ermunterte ihn: »Gehen Sie an Ihr Handy dran, das ist bestimmt Joschka Fischer, Ihr Freund.« – »Woher wissen Sie das?«, stockte Mohr.

Ich wusste von einem Freund, dass Mohr zu Fischers journalistischen Ratgebern zählt. Die Lage war damals gleich nach dem 9/11 angespannt. Die Ruinen unter den eingestürzten Doppeltürmen des World Trade Center rauchten noch. Natürlich hatte ich mit Fischer geblufft. Das gehört zu meinen Tricks, einfach Dinge anzustoßen. Mal sehen, wohin die Kugel läuft. Es ist interessant zu beobachten, was solche Bemerkungen an Reaktionen auslösen. Mohr kriegte sich wieder ein, obwohl Fischer noch mal anrief. Im Verlauf unseres Gesprächs fragte mich Broder, wer auf meiner ewigen Wunschliste noch als Interviewpartner stünde. Ich musste nicht lange überlegen: Fidel Castro, aber auch der Papst.

Socki: Was sagte Broder dazu?

Paule: In seinem Blog »Ein Schmock kommt selten allein« schrieb er darüber: »Beinahe wäre es ein rundum schöner Abend geworden, Ich war mit Reinhard Mohr bei Paul Sahner, wir hatten ein witziges Gespräch über die Promis.«

Socki: Und?

Paule: Nach dem Interview hatte sich Broder am Bahnhof die Münchner Abendzeitung gekauft, fand dort ein Interview von Rafael Seligmann mit Paul Spiegel. Das hat ihm seine gute Laune verhagelt. Es ging um das Phänomen der rechtsextremen Gewalt. Broder kommentierte in seinem Blog: »Ich dachte, wenn ein Jude einen Juden interviewt, dann kann nichts schiefgehen.« Das Interview hatte aber keine Substanz, was Broder zu dem Vorschlag bewegte: Demnächst könnte umgekehrt Paul Spiegel bei Rafael Seligmann nachfragen: »Was tun gegen Haarausfall?«

Socki (kichert in die Pfoten): Jüdischer Humor…

Paule: Deshalb wird Broder gern gelesen, weil er es versteht, die Dinge an treffenden Beispielen zu veranschaulichen.

Socki: Nun gut, aber was hat Broder mit dem Papst zu tun?

Paule: Durch ihn wurde mein Wunsch nach einem Papstinterview publik. Ein paar Jahre später rief mich der Direktor der Traditionsbrauerei Stuttgarter Hofbräu, Peter May, an und sagte, er sei auf diesen alten SPIEGEL-Artikel gestoßen. Er könnte für mich vielleicht ein Treffen mit Papst Johannes Paul II. arrangieren.

Socki: Ein Brauereidirektor als Vermittler im Vatikan?

Hopfen & Malz, Gott erhalt's

Paule: Es ging um eine PR-Aktion, eingefädelt mithilfe der Kurie. Der Stuttgarter Hofbräu und die Regensburger Brauerei Bischofshof wollten, dass ihr Malteser Weißbier im praktischen Sechserpack von Rom aus die Welt erobert. Gewissermaßen abgesegnet vom Heiligen Stuhl.

Socki: Und die Medien sollten diese päpstliche Bierwerbung unterstützen.

Paule: Klar, warum sonst lädt man Journalisten als Begleiter zu einer Papstaudienz ein. Die Brauereiherren hatten sich dafür aufgerüstet wie die Heiligen Drei Könige. Neben eigenen Produkten brachten sie auch Weißwürste und süßen Senf mit. Doch im Vatikan erwartete sie eine herbe Enttäuschung: Der 83-jährige Papst Wojtyla, schwer gezeichnet von Parkinson und den Strapazen seiner letzten Wallfahrt in die Slowakei, sagte in der letzten Minute die Audienz ab. Zum Trost lud Kardinal Ratzinger die lieben Vatikangäste zum Essen ein.

Socki: Gab's Kalbsleber?

Paule: Kalbsschnitzel. Wir speisten im Gästehaus Sanctae

Marthae. Hier wohnen auch die Kardinäle, wenn sie zur Papstwahl aus aller Welt in den Vatikan anreisen. Über der Tafel hing ein leicht abstraktes Gemälde von Johannes Paul II., vermutlich sein Lieblingsbild: Wehmütig schaut darauf das Oberhaupt von einer Milliarde Katholiken von seiner Wohnung auf den Petersplatz.

Ordensschwestern und junge, sehr hübsche Römerinnen tischten Risotto auf Champagner, Hühnchen und eben Kalbsschnitzel auf. Als Dessert erfreute: »Ananas in der Gondel«. Das Tafelsilber hatte feinen Goldrand. Der Pinot Grigio war erlesen trocken. In vino veritas, das haben die Gottesdiener von den alten Römern übernommen.

Kardinal Ratzinger trank Limonadensprudel aus seiner bayerischen Heimat. Das mitgebrachte Malteser-Weißbier aus Regensburg lobte er werbewirksam: »Dort wird kein Ketzertrank gebraut, sondern flüssiges Brot.« Ich witterte eine Chance. Kardinal Ratzinger war gut drauf, denn die Brauereiherren brachten neben den Gaben auch einen versiegelten Briefumschlag mit. Ratzinger scherzte beim Empfang: »Dank unserer Geheimdienste kennen wir den Inhalt.«

Socki: Du auch?

Paule: 10 000 Euro. Ich unterhielt mich bei diesem Essen mit Monsignore Georg Gänswein, Ratzingers Privatsekretär. Mitte vierzig, durchtrainiert, schneidig, sah er noch besser aus als Pater Ralph aus dem Film »Dornenvögel«. Ich fragte ihn, ob er ein Gespräch mit seinem Vorgesetzten vermitteln könne. Dass ich den Papst schon 1992 unbedingt als Chefredakteur des Männermagazins Penthouse hatte interviewen wollen, verschwieg ich Gänswein allerdings.

Socki: Ich hau mich weg.

Paule: Der Privatsekretär gab mir einen Tipp: »Begleiten Sie ihn am Nachmittag auf dem Weg zur Malteser Kapelle, da braucht er Zeit, der Aufstieg ist steil.« Gesagt, getan. Heraus kam ein kleines Gespräch, anschließend in BUNTE Nr. 41 /2003 abgedruckt. Titel: »In Sorge um den Papst«. Kardinal Joseph Aloisius Ratzinger war der Präfekt der Glaubenskongregation, eine Funktion gleichzusetzen mit dem Polizeipräsidenten der römisch-katholischen Kirche oder dem Chef des Vatikangeheimdienstes. Diese Einrichtung wacht über den Glaubensregeln und schützt die Kirche vor der Häresie.

Socki: Ratzinger als Anti-Ketzerei-Beauftragte, damit muss er der zweitmächtigste Mann nach dem Papst gewesen sein.

Paule: Die graue Eminenz, der höchste Inquisitor. Und so verlief das Gespräch auch.

Möge der Herr mich verschonen

Sahner: Was können die Gläubigen für den kranken Papst tun?

Ratzinger: Wir sollten für den Papst beten.

Sahner: Mutet sich der Papst in seinem Zustand nicht viel zu viel zu?

Ratzinger: Ja, das ist sehr wahrscheinlich so.

Sahner: Können Sie ihn nicht davon abhalten?

Ratzinger (lacht): Das müssen andere machen.

Sahner: Können Sie sich vorstellen, dass auf den Polen Karol Wojtyla ein schwarzer Papst folgt?

Ratzinger: Ja, warum nicht? Aber ich glaube nicht, dass das eintritt, weil natürlich die Anzahl der weißen Kardinäle viel größer ist. Unter den schwarzen Kollegen gibt es aber sicherlich herausragende und für dieses Amt geeignete Gestalten.

Sahner: Viele halten Sie, Kardinal Ratzinger, geeignet für das Amt als Stellvertreter Gottes auf Erden …

Ratzinger: O Gott, dafür bin ich nicht geschaffen.

Sahner: Sie sind, wie Sie bei Ihrer Dankesrede an die Bierbrauer bewiesen haben, ein glänzender Rhetoriker. Schütteln Sie das spontan aus dem Ärmel?

Ratzinger: Heute schon. Aber für eine gute Predigt muss ich vieles lesen. Das braucht schon einen Tag Vorbereitung.

Socki: War das alles?

Paule: Das war die Kurzfassung für BUNTE. Auf dem Tonband hatte ich noch einige Antworten auf die wiederholte Frage, ob Ratzinger ein möglicher Papstnachfolger sei. Er sagte: »Möge der Herr, dass der Kelch an mir vorübergeht.« – Ich bat ihn auch noch um ein ausführliches Interview. Er blickte kurz zu mir hoch und sagte: »Reden Sie lieber mal wieder mit meinem Kollegen Kardinal Lehmann. Von dem weiß ich, dass er Sie schätzt.« Er lächelte spitzbübisch und wandte sich ab.

Socki: Und was passierte dann?

Ich wollte Kardinal Ratzinger verklagen

Paule: Nachdem meine Geschichte erschien, wie Kardinal Ratzinger die deutschen Bierbrauer und BUNTE im Vatikan empfing, dementierte Ratzinger durch die katholische Nachrichtenagentur mit einer Gegendarstellung: Er habe BUNTE kein Interview gegeben. Ich hatte aber alles auf Tonband. Und es gab Fotos, wie ich mit Ratzinger im vatikanischen Gästehaus stehe und zur Malteser Kapelle hochpilgere. Im Gegenzug erwirkte ich bei der dpa eine Gegen-Gegendarstellung. »BUNTE bleibt bei der Behauptung, mit Ratzinger gesprochen zu haben. Der Reporter Paul Sahner hat dieses Interview aufgezeichnet.«

Socki: Was geschah als Nächstes?

Paule: Ich rief Professor Schweitzer an, den Justiziar des Burda Verlags. Er sagte: »Herr Sahner, Sie haben vollkommen recht. Wir können klagen. Es wird eine Wahnsinnsgeschichte, eine Weltgeschichte: Burda gegen den Vatikan. Aber überlegen Sie sich's gut: Ratzinger wird in diesem Fall wahrscheinlich niemals Papst werden.

Socki: Unvorstellbar, der Paule aus Bockum-Hövel wäre in die Geschichte des Vatikans eingegangen: als der Mann, der in Gottes Werk eingriff, um an der Wahl seines Vertreters auf Erden zu drehen.

Paule: Ich schlief also eine Nacht darüber. Mein Onkel Willi ...

Socki: ... ich weiß, der Bruder deines Vaters, ein katholischer Geistlicher ...

Paule: ... tauchte im Traum auf, meine erzkatholische Mutter und noch andere mir nahestehende Menschen spukten in meinem Kopf. Alle rieten: Lass es! Keine Klage gegen den Vatikan. Dann habe ich's eben sein lassen. Kardinal Ratzinger hatte gelogen, mein Bild von der sogenannten »allein selig machenden Kirche« hatte weitere Risse bekommen.

Socki: Und Benedetto wurde Papst.

Paule: Obendrein besaß er noch die Dreistigkeit, in einem Buch von Andreas Englisch, der ihn als BILD-Korrespondent in den Vatikan begleitete, zu sagen, er habe nur einmal in seinem Leben geweint, als ein deutscher Journalist ihm ein Interview untergeschoben hätte. Gemeint war ich.

Socki (bleckt die Zähne): Böses Herrchen. Erst Bobbele, dann Ratzi – und nicht zu vergessen unser Freund Karl.

21

Chablis, Calvados und Cola Light

Sockis Tagebuch

Montag

Karl Lagerfeld ist es zuzutrauen, dass er seine Katze Choupette heiratet. Er wird für sie das Hochzeitskleid schneidern. Bei der Trauung wird vermutlich die Erde für etwa einen Wimpernschlag lang anhalten, das reicht, damit alle umfallen. Egal was Karl macht, die Welt schaut zu — Showdown.

Eine Liebesheirat dürfte es aber kaum werden. Mit Choupette scheint Karl nichts anderes anzustreben als wirtschaftliche Macht und totalitäre Kontrolle über die Katzenwelt. Das Ende der Konsumdemokratie und demnächst nur noch Choupette-Produkte — ein Monopol wie Gazprom oder Google. So wie man heute schon zum Suchen im Internet »googeln« sagt, wird man mit einer Katze nicht schmusen, sondern »choupetten«. Und wir Katzen werden auch nicht mehr miauen, sondern »choupettieren«.

Was die Hochzeit betrifft, könnte nur ein kleines Problem auftauchen: Wo soll sie stattfinden? Ich muss Paule fragen.

Paule: Es gab mal einen traumhaften Ort dafür, aber so läuft es nun mal mit Träumen: Gehen sie in Erfüllung, verschleißt der Alltag ihren Traumwert. So erging es Lagerfeld auch mit Elhorria, seinem märchenhaften Landsitz in Biarritz.
Socki: Ist es da so schön wie hier bei uns im Chiemgau? Erzähl!

Bei Karl in Biarritz

Karl Lagerfeld sah dieses Anwesen aus den 1920er-Jahren, innen von Jean-Michel Frank ausgestattet, das erste Mal während einer Party in den Fünfzigern. Lagerfeld war damals noch in der Lehre bei Jean Patou in Paris.

Die Residenz Elhorria wurde ursprünglich für einen schwedischen Stahlbaron erbaut. Äußerst komfortabel, als eine perfekte Mischung aus französischer Eleganz und einem tadellosen deutschen Haushalt. Die Mahlzeiten wurden auf einer der Terrassen serviert, und es gab sogar ein Zimmer nur zum Bügeln der Bettwäsche, jeden zweiten Tag frisch gewechselt. Damals sagte sich Lagerfeld: »Sollte ich eines Tages in Biarritz ein Haus besitzen, dann nur die Elhorria.«

Das Folgende nennt man Zufall. Mitte der Neunzigerjahre schlug Lagerfeld eine Immobilienzeitung auf und sah: Elhorria zu verkaufen. Ohne Besichtigung kaufte er es am Telefon. Der nächste Anruf galt dem japanischen Architekten Tadao Ando. Er sollte zu dem bestehenden Objekt noch ein Fotostudio bauen.

Es wurde alles picobello renoviert. Die aktualisierte Einrichtung reflektierte Franks Originaldesign. Neben dem Fotostudio kam noch eine Bibliothek neu hinzu. Der 24 Hektar große Park wurde mit englischem Rasen zurechtfrisiert, auch die Bäume bekamen ein künstliches Facelift. Auf den Wiesen ließ Karl kunstvolle Vasen aufstellen. Sie stammten aus einer berühmten Steingutwerkstatt in Ciboure, dem Geburtsort von Maurice Ravel. Diese Keramikart, nur von 1919 bis 1922 hergestellt, war inspiriert von der griechischen Mythologie. Karl konnte rund zweihundert Stück günstig ergattern. Heute kostet ein selten gewordenes Exemplar schon mal 30 000 Euro. Nicht nur für Mode, auch für Geschäfte mit der Kunst hat Karl ein goldenes Händchen.

Der Fernblick über die Hügel hinaus aufs Meer war berauschend. Ich war dort, habe alles gesehen, gefühlt, genossen.

Die zwei Tage bei Karl in Biarritz zählen zu den zehn magischen Erlebnissen meiner Journalistenkarriere. Im Ranking gleich hinter Dalai Lama und Nelson Mandela.

Während ich erzähle, schaut mich Socki zugleich zärtlich, sorgenvoll und supersauer an. So einen Blick hat nur sie drauf. Ich kann dann sortieren, welcher Blick zu welchem Thema gehört. Supersauer ist wegen Lagerfeld, weil ich nach meiner Biografie »Karl« von seiner Kontaktliste gestrichen wurde. Sorgenvoll blickt Socki, weil sie grübelt, wie sie sich trotzdem eine Presseeinladung zu Lagerfelds Hochzeit mit seiner Katze erschleichen könnte. Der zärtliche Blick gilt dann einem Brief, den sie irgendwo in meinem Chaos ausgegraben hat.

2004, 19. August, Residenz Elhorria, Biarritz

Cher ami Paul,
  ich hoffe, die Flüge waren nicht zu unangenehm. Gefällt Ihnen der Gasthof? Ruhen Sie sich etwas aus – gehen Sie vielleicht auch schwimmen oder tauchen, das lohnt sich, weil Sie unter Wasser auch Musik hören werden. Das ist ein Festival für Ihre Ohren.
  So zwischen 4 und 4:30 Uhr wird Sie einer meiner Maîtres abholen, und dann können wir uns bei mir unterhalten. Später muss ich mal kurz zu Leuten gehen – komme aber so gegen 9 zum Abendessen zurück. Hier geht man früh ins Bett. Alle Gäste sind fort, und die neue »Schicht« kommt erst morgen Abend. So hat das (sehr zahlreiche) Personal die Zeit, alles zu machen und alles schön vorzubereiten. Für mich ist es fast ein Tag der Entspannung – denn ein großes Haus zu führen ist wie ein kleines, sehr exquisites Hotel zu leiten…
  Ein Fulltime-Job…
  Herzlichst
  Ihr Karl

Socki: Ich verstehe überhaupt nicht mehr, warum dieser nette Herr Karl wegen deines Buches, in dem es so schöne Geschichten über ihn zu lesen gibt, auf dich sauer war. Und warum er dir die Freundschaft kündigte.

Paule: Weil es vielleicht gar keine Freundschaft war, weil es von dieser Art von Freundschaften zu Journalisten für Karl Dutzende, Hunderte gibt? Solange sie ihren Zweck erfüllen, gute Presse über ihn zu verbreiten, kann's funktionieren. Es fällt zugegeben auch nicht schwer, Hymnen über ihn zu schreiben. Er ist fantastisch. Aber wehe, wenn man nicht nach Karls Pfeife tanzt. Da bekommt man Zeus' Zorn zu spüren.

Socki (völlig aus dem Häuschen, wedelt mit dem Brief): Schau dir diese Schrift an. Riesige geschwungene Lettern. Raumgreifend. Die fliegenden Züge übertreffen Günter Grass' Manier. Und dieses eidottergelbe Papier mit handgerissenem Rand. Das hat Stil. Unglaublich, dass er überhaupt die Zeit fand, dir so persönlich zu schreiben.

Paule: Er ist ein glänzender Gastgeber. Er denkt an alles so perfekt wie ein Zeremonienmeister am Hofe des Sonnenkönigs.

Socki: Auf dich abgefärbt hat es nicht. Ich wette, Choupette bekommt ihre Kalbsleber nicht in einem stillosen Alunapf, so wie ich. Aber jetzt erzähl endlich weiter.

Auf Karls Spuren

Die Reise lief wie nach einem Drehbuch ab. Ich fühlte mich wie in einem Film. Den Brief drückte mir sein Chauffeur diskret in die Hand, als er mich vom Anglet-Bayonne Airport in Biarritz abholte. Mein Gepäck wurde im Kofferraum eines nachtblauen VW Phaeton verstaut. Für diesen Fahrzeugtyp hat sich Karl später entschuldigt: »Ein Geschenk von Volkswagen, weil ich Werbung für die gemacht habe, aber ich weiß nicht, ob ich den Wagen behalte. Normal sind meine Chauffeure andere Marken gewöhnt.«

Vom Flughafen fährt man an der Altstadt vorbei. Dort kann man sich an die Spuren des jungen Karl heften. In den Sechzigerjahren tanzte er bis in die Puppen in den Discos. Biarritz ist ein mondänes Seebad mit glanzvoller Tradition. Der eiserne Kanzler Bismarck traf im Sommer 1862 hier mit dem einäugigen russischen Fürsten Orlow zusammen. Er verliebte sich in dessen Frau Katharina, sie war erst zweiundzwanzig. Bismarck spürte seinen gequälten Mannesleib wieder mit neuem Frühling aufleben. Das Bemerkenswerte an dieser Affäre war, dass Bismarck mit seinem Liebesfeuer, wie überliefert, weder den Fürsten noch seine eigene Frau verletzte. Man verzieh es ihm, weil sich nach den fabelhaften Tagen von Biarritz hinter dieser Romanze der Vorhang schloss. Lagerfeld, in der Geschichte bewandert, bewundert Bismarcks Person. Das mag mit seiner Kindheit zusammenhängen. In seinem Heimatort Hamburg steht die größte Statue des »Eisernen Kanzlers« in Deutschlands.

Doch nach Biarritz führte ihn Coco Chanel. Wenn es ein Leitbild für Karl gab, dann sie. Auf der Seepromenade eröffnete sie ihre erste Boutique. Mit ihrem Marine-Look revolutionierte sie die Damenmode. Endlich gleichberechtigt, zumindest modisch, trugen sie das, was Männer männlich machte: Seemannshose und quer gestreifte Pullis, blau-weiß oder schwarz-weiß. Eine dritte Farbe gab es nicht.

Als ich in Elhorria eintraf, dauerte es eine Weile, bis ich die großzügigen Dimensionen erfasste. Wie auf einem Golfplatz flitzten die Elektro-Cars über die Sandwege. Keine Spielzeuge, sondern wegen der Entfernungen sehr praktisch. Der Schlüssel steckte, dann nur umdrehen und fahren. Ganz einfach.

Das Geheimnis einer Ego-Gemeinschaft

Das Haupthaus bestand aus zwei Stockwerken. Imposant wie bei einem spanischen Palacio spannten sich die Rundbogen. Innen erinnerten die dunkle, massive Holzverkleidung, die robusten Treppengeländer, Türrahmen und Säulen an ein Wikingerschiff. Man merkte eben, dass der Erstbesitzer ein Schwede war. Alles, was sich rundherum tat, glich ebenfalls der Betriebsamkeit auf einem Schiff. Die Assistenten, die Boten, die Maîtres, der Koch, das Kammermädchen, der Gärtner, der Hauswart und der Zahlmeister, alle eilten lautlos ihren Aufgaben nach. Von Kurzschluss bis Wasserrohrbruch, alles im Griff. Die einzige Stimme, die man in diesem Gewimmel und Gewusel hörte, war die von Karl. Mitunter reichte nur sein leises Hüsteln, und schon eilten alle beflissen herbei.

Für die Gäste standen unter dem dichten Baumbestand versteckt Bungalows mit jeweils 180 Quadratmeter Wohnraum bereit. Außen schlicht wie Schuhschachteln, bildeten sie einen nüchtern-sachlichen Kontrast zu Karls festungsmassiver Residenz. Futuristisch, kubistisch, konstruktiv. Dem Komplex schloss sich noch ein Personaltrakt an. Wohnen und Arbeiten an einem Ort. In kreativer Gemeinsamkeit formte sich Karls Ego-Gemeinschaft, rundum um die Uhr abrufbereit.

So ist Karl als selbst erklärter Einzelgänger nie wirklich einsam. Er ist nicht nur einer der bestverdienenden Modedesigner der Branche, er hat vermutlich auch die höchsten persönlichen Unkosten von allen.

Es geht bei ihm ähnlich zu wie beim Papst, der stets ein Gefolge um sich dirigiert. Diesen Lebensstil zu finanzieren ist Lagerfelds wirkliche Kunst. Alles, was man sieht, ist durch sein Geschick entstanden. Besser gesagt: Durch seine goldene rechte Hand, mit der er pro Jahr etwa zweitausend Entwürfe zeichnet. Zwei Kollektionen, Winter und Sommer jährlich, mit einer Präsentation, die jedes Mal die Konkurrenz wie ein Orkan wegfegt. Man redet nur über Karl, über seine grandiosen Ideen. Und das seit über einem halben Jahrhundert schon. Unermüdlich, ohne Pause, ohne Blockade, ohne Misserfolg regiert er die Modewelt. Wenn nicht die Götter dahinterstehen, dann eben der Teufel.

Zurück zu seiner Residenz. Den Pool deklarierte Karl als »eines der größten Privatbassins Frankreichs mit olympischen Maßen«. Noch einen Tag vor mir schwamm hier Charlotte, die Prinzessin von Monaco. Wobei mich Karl später korrigierte, bevor BUNTE meinen Bericht drucken durfte:

Die Erbprinzessin Charlotte von Monaco war die Urgroßmutter, die Mutter des Fürsten Rainier III. Carolines schöne Tochter Charlotte ist nur bürgerlich eine Casiraghi. Am Hof legt man Wert darauf. Und so ist auch Karl. Als Perfektionist entgehen ihm kein Strich und kein Komma. Allein schon deshalb sollte man immer seine Anweisungen befolgen, bevor man dumme Fehler macht. Keiner weiß etwas besser als er.

Der Pool war nicht nur groß, er war großartig. Eine Unterwasser-Hi-Fi-Anlage gab mir das schwerelose Gefühl, in einem Music-Clip abzutauchen, Madonna zu hören. Auch für sie hat Karl aus Spaß ein Kostüm entworfen. Er findet sie genial und mutig.

Für das Dinner wurde unter freiem Himmel gedeckt. Ich zog mir meinen besten Anzug von Baldessarini an. Glänzend grau mit Metalliceffekt. Ich war gespannt, wie mich Seine Majestät Karl bewerten würde. Pustekuchen! Gar nicht, kein Wörtchen zu meinem Outfit.

Aber so wichtig war's dann auch nicht, was ich anhatte. Die Stimmung war fantastisch. Allein schon der Weg zum Tisch. Fackeln leuchteten in der Abenddämmerung, ihr Flackern warf mystische Schatten in die Baumkronen. Die Luft duftete nach Oliven, Maulbeeren, Feigen und roten Trauben. Von der Küste brachte der Wind ein aromatisches Gemisch aus Fisch, Salz und Regendunst hoch. Den Himmel färbte ein dunkles Blau, die Sterne blitzten auf. Die Kellner servierten ganz in Weiß, sie trugen sogar weiße Handschuhe.

Karl trat auf wie ein exzentrischer Lord! Er steckte in schwarzen Krokostiefeln bis zu den Knien hoch, handgefertigt nach Maß von Monsieur Massaro, dem Schuhlieferanten des

Papstes Johannes Paul II. Die schwarze Hermès-Reiterhose in den Schaft gesteckt, ließ er das graue Sakko von Dior homme offen. Es war so eng geschnitten, dass der ansonsten spindeldürre Karl darunter sein kleines Bäuchlein nicht verstecken konnte. An der Krawatte klemmte eine kostbare Eulennadel von Fabergé aus der Kollektion um 1910, damals der Hofjuwelier des Zaren Nikolai II.

Trotz sommerlicher Schwüle geriet er nicht ins Schwitzen. Den Kragen oben wie zubetoniert, lockerte er den Krawattenknoten nicht. Er blieb die ganze Zeit trocken wie eine Wachsfigur. Nicht mal seine Hände schwitzten unter der schweren Last der Ringe, die aus seinen ledernen Biker-Handschuhen lugten. Ich habe neunzehn Ringe gezählt. An manchen guten Tagen schafft er es, ganze sechsundzwanzig Ringe zu tragen, da müssen auch die Daumen dafür herhalten.

Kaum hatte Karl leicht mit dem Finger geschnippt, deckte sich der Tisch wie von allein. Zwei seiner Maîtres d'Hotel trugen Köstliches aus dem Atlantik auf: Calamari, Jakobsmuscheln, Loup de mer. Zu meinen Ehren wurde eine zwölf Jahre alte Flasche Chablis Grands Crus Valmur entkorkt. Karl blieb den ganzen Abend bei Cola Light.

Die Stimmung war wie ein romantisches Gemälde. Der Himmel zog sich eine kobaltblaue Decke über. Die letzten Strahlen der untergehenden Sonne ließen die Bergspitzen der Pyrenäen wie eine Goldkrone schimmern. Als ich Karl auf das faszinierende Lichtspiel aufmerksam machte, hat er nur gemurrt: »*Mon dieu*, so ist halt die Natur.«

Oui, ein Freizeitparadies für Daydreams

In Biarritz, in dieser paradiesischen Landschaft, umrahmt vom Atlantik und den Bergen der Pyrenäen, wächst und reift die empfindsame Seele. Für Lagerfeld war dieses Relaxparadies kein Ort zum Faulenzen, sondern eine Ladestation, um seine

Batterie durch Entspannung aufzuladen. Er schwärmte: »Hier schaue ich nicht auf die Uhr, schlafe, bis ich nicht mehr schlafen kann, lese, bis mir das Buch aus der Hand fällt. Das ist wunderbar. Ich will in meiner Freizeit keine unnötigen Reisen, keine überflüssigen Dinge machen, die mir nichts bringen. In der Freizeit muss man seine Kraft schon für etwas Intelligentes einsetzen.«

Am meisten schätzte Karl in seiner Freizeit die interessantesten Mischungen von Leuten aus Politik, Wirtschaft, Kultur, Hochadel und Showbusiness, die sich bei ihm trafen. Er führte seinen Hof tatsächlich wie einst beim Sonnenkönig. Wer eingeladen wurde, musste sich im Geschichtenerzählen überbieten. Nur zu mit den Schlüpfrigkeiten. Aus solchen Plaudereien über intime Dinge sickerte nichts an die Öffentlichkeit durch, versicherte er jedem.

Mit kaum merklichen Handzeichen dirigierte Karl seinen Stab durch das Menü. Zum Abschluss kam sein kulinarischer Trumpf: der Käse. Der *Maître fromager* in maßgeschneiderter Uniform schlich lautlos heran. Voilà, das Käsetablett stand auf dem Tisch. Elf köstliche Sorten. Aufgeben ging nicht. Ich musste alle probieren. Den würzigen Pyrenäenkäse aus Schafsmilch, den mit der schwarzen Schutzrinde, nahm ich als krönenden Abschluss. Karl begnügte sich mit einem winzigen Eckchen aus einem schneeweißen Laib. Ich hielt es für einen Ziegenkäse. Er korrigierte später diesen Irrtum in meinem Manuskript, das ich ihm zur Freigabe faxte: »Ich esse nie Ziegenkäse. Zu fett. Nur 0/0 Prozent weißen Rohmilchkäse.«

»Igitt«, unterbrach Socki meine Schwärmerei, »da schaudert's mich allein schon vom Zuhören.«

»Beim Karl wird aus jedem Käse eine Gänsehautgeschichte«, erwiderte ich.

Der finstere Dior-Brillen-Blick

Das nächste Fingerschnippen. Diesmal, um eine lästige Mücke zu verscheuchen. Nicht mal sie sollte unsere Unterhaltung belauschen, so diskret sind Karls Biarritzer Tischgespräche. In dem leichten Plauderton vergingen die ersten zwei Stunden wie im Flug. Ganz ohne Störung. Bis ein Assistent für Karl das Handy brachte. Er nahm das Gespräch auf Französisch an. Mir fiel auf, dass er wesentlich langsamer redete als auf Deutsch. War es Carolines Tochter, um sich bei Karl für die schönen Tage zu bedanken, die sie auf Elhorria verbracht hatte? Mir rutschte heraus, was ich dachte: »Charlotte?«

Karl nahm seine dunkle Dior-Brille ab, die er zuvor gewiss nicht aus etwa hundert ähnlichen Exemplaren von seinem Schminktisch gefischt, sondern sorgfältig ausgewählt hatte. Er musterte mich ein wenig streng und tadelte: »Ich finde es unnötig, mit Leuten, die man kennt, hausieren zu gehen.«

Fréderic, der Kellermeister, schenkte mir noch einen doppelten Vieux Calvados ein, den cognacfarbenen Apfelbrand aus der Normandie, und ließ die bauchige Flasche stehen, als die Dienerschaft sich zurückzog.

»À la vôtre, Karl«, hob ich mein Glas. Karl nuckelte an seiner Cola Light und übersah meinen Fauxpas nicht. Er strafte mich mit seinem finsteren Brillenblick. Anstoßen mit Karl ist tabu.

Auf dem Tisch lag seine Minox, die kleinste Fotokamera der Welt. Er hatte sie ständig dabei – wie Helmut Newton. Die große Fotolegende. Ich hatte ihn in seinem Appartement in Monaco interviewt. Er erzählte mir damals von Marlene Dietrich, dass er sie nicht leiden konnte, während er von seinem Freund Karl überschwänglich schwärmte: »Geistreich, genial, großzügig, ganz und gar unvergleichlich.«

Es war naheliegend zu fragen, ob Karl seinen verstorbenen

Freund Helmut vermisst. Nachdenklich runzelte er seine Stirn, ließ sich Zeit, als würde er schwer um eine Erklärung ringen: Soll er? Soll er nicht? Ich lauschte gespannt in die Nacht, auch die Lerchen verstummten, dann fing er an zu erzählen.

»Diese Geschichte geht mir nicht aus dem Kopf. Marlene Dietrich und Helmut Newton. Und dann gibt es da noch Anna Wintour. «

»Die legendäre Vogue-Ikone?«, warf ich ein. Der nächste Fehler. Karls vernichtenden Blick konnte ich sogar hinter seinen dunklen Brillengläsern spüren: »Wer denn sonst!«, zischte er wie eine Klapperschlange. Seine grandiosen Ausführungen sind nicht mit dummen Fragen zu stören. Damit ich das kapierte, fuhr er erst nach einer Pause fort.

»Auf dem von Anna organisierten Memorial für Helmut in Paris sollten fünf Leute sprechen. Ich war als Letzter an der Reihe, weil ich Newton am längsten kannte. Hinter den Kulissen gab es Vorgespräche. Also sagte ich zu June, Helmuts Witwe, ich würde die Geschichte mit Marlene Dietrich erzählen, die ja keiner kannte. Schließlich ist sie wirklich köstlich, und ich bin der einzige Überlebende jener Begebenheit, die sich 1972 in Paris abspielte.

June war entsetzt: ›Untersteh dich! Auf diese Geschichte kannst du verzichten. Sonst stehe ich auf und sage, du lügst. Die Leute werden mir glauben und nicht dir. Ich bin die Witwe.‹

Möglicherweise hat Helmut seiner Frau die Episode mit Marlene etwas anders erzählt, aber ich war dabei! Die französische Vogue hatte eine Extranummer geplant mit Marlene, die sich aber überhaupt nicht mit den Vogue-Leuten vertrug, weil sie halt schwierig war. Ich kannte die Chefredakteurin, die Helmut Newton berühmt gemacht hatte.«

Karl ließ sich Zeit. Bis jetzt war das alles nur Vorgeplänkel. Bloß nicht gähnen, dachte ich. Der Knaller kommt noch. Dennoch merkte er meine leichte Unaufmerksamkeit sofort und hakte nach: »Wollen Sie wirklich zu so später Stunde die ganze Geschichte hören?« – Ich bettelte ihn an: »*Oui, Monsieur*, doch, doch, doch.«

Karl lächelte. Die Wiederholung »doch, doch, doch« gehörte zu seinem Wortschatz. Ich hatte ihn nachgeäfft, aber das schien ihn nicht zu stören. Im Gegenteil, seine Sprechart aus meinem Munde amüsierte ihn sichtlich. Er fuhr mit der Geschichte fort.

»O yeah, she is a real blonde«

Karl: Marlene sang zu dieser Zeit noch. In ihrem Programmheft waren grauenhafte Fotos, auf denen sie aussah wie ein Transvestit. Ich sagte: »Marlene, es gibt da einen tollen Fotografen im Moment, der heißt Helmut Newton.«

»Kenne ich nicht,« sagte die Dietrich.

»Dann stelle ich dir den Mann vor.«

Wir verabredeten uns für den nächsten Nachmittag in ihrer Pariser Wohnung, 16 Avenue de Montaigne, im zweiten Stock, später wohnte sie im Haus Nummer 12. Ich nahm Helmut mit. Im Fahrstuhl konnte er es vor Aufregung kaum aushalten. Ich machte mir schon langsam Sorgen um sein Herz, während er erzählte: »Mit zwölf habe ich mit den Fotos von ihr …«, dann stockte er, ich half ihm: »Was gemacht?«

Helmut wurde fast rot, weil er nicht wusste, wie er es sagen sollte, welche Dinge er sich bei Marlenes Bildern vorgestellt hatte. Aber da hielt der Aufzug schon, wir stiegen aus und läuteten an Marlenes Tür.

Sie hatte sich für diesen Tag nicht besonders zurechtgemacht, war auch nicht geschminkt, was sie nicht zu stören schien. Die Vorstellung verlief ganz gut. Über ihre Krankheiten und die Medikamente wurde diesmal nicht gesprochen, was sonst ihre bevorzugte Konversation ergab. Völlig unmotiviert stand sie plötzlich auf, ging in eine Ecke des Salons. Dort auf einer Kommode stand eine Tüte von Courrèges. Sie nahm ein Stück heraus und sagte zu mir: »Die haben mir diese Hose geschickt, ich werde sie mal anziehen, und du wirst mir sagen, ob sie mir passt.«

Helmut hielt den Atem an. Eine private Modenschau vom Blauen Engel. Es war eher ein Striptease. So wie sie dastand, die Druckknöpfe von ihrem schurzartigen Lederwickelrock aufriss. Ratsch! Ich fand nichts Ungewöhnliches dabei, wir kannten uns ja, aber den Helmut hatte sie gerade erst kennengelernt. Da zieht man ja einen Rock nicht vor einem fremden Mann aus und steht frei vor ihm, nur in einem durchsichtigen Bodystocking aus leichtem Lycra-Jersey. Ich werde den überraschten Ausdruck auf Helmuts Gesicht nie vergessen. Doch eins muss man ihm lassen. Seine Reaktion, als sich sein Schock gelegt hatte, war entwaffnend: »O yeah, she is a real blonde.«

Das fand ich schlagfertig und auch ein bisschen witzig. Marlene weniger. Newtons Bemerkung missfiel ihr mächtig. Sie hat ihn in hohem Bogen rausgeschmissen. Und so hat es die Vogue-Fotos von Helmut nie gegeben. Aber jetzt liegt die Marlene auf dem Berliner Friedhof direkt neben ihm. Die haben sich durch mich eine halbe Stunde in ihrem Leben gesehen, und jetzt müssen sie für immer und alle Zeit Nachbarn sein.

Karl schloss das Gespräch mit folgenden Worten: »Ich verstehe bis heute nicht, warum June Newton es nicht wollte, dass ich diese Sottise auf der Gedenkfeier erzähle.«

»Ich verstehe auch nicht, wieso die anderen Redner wie Pierre Bergé oder Tom Ford so banale, langweilige Sachen erzählt haben, in denen Helmut überhaupt nicht als Mensch erschien. Ich meine, er war ein richtiger Kerl. June machte nach seinem Tod sehr auf Witwe von einer Berühmtheit. Das war furchtbar. Ich spreche nicht mehr mit ihr.«

Ein Kuss für Onkel Adolf

Mitternacht. Eine Turmuhr in der Ferne schlug die Geisterstunde. Karl verabschiedete sich kurz. Es war die Zeit, um mit New York zu telefonieren. Als er nach einer halben Stunde zurückkam, ging es nicht anders, als weiter über den Tod zu sprechen. Karl fühlte sich bei dem Thema sichtlich unwohl, aber er wich nicht aus.

»Ich gehe höchst ungern zu Beerdigungen und Trauerfeierlichkeiten«, sagte Karl. »Mein Hauptproblem ist: Wie kann ich eines Tages spurlos verschwinden? Ich meine, jeder kommt mal dran, vielleicht auf der Straße oder sonst wo. Dann lieber spurlos verschwinden, sich in nichts auflösen. Ich hasse die Vorstellung, dass Leute mich sehen können, wenn ich tot bin, so wie Mao, zu dessen Glasschrein täglich Tausende Chinesen in Peking pilgern. Grauenvoll, wenn ich mir vorstelle, mir könnte das Gleiche passieren. Ich hasse alles, was ich nicht kontrollieren kann.«

»Was wäre die schlimmste Art zu sterben?«, fragte ich ihn.

»Die schlimmste Art ist, wenn man nicht stirbt.«

War's der Calvados? Oder lag es an Karls Stimme, die beim herannahenden Morgengrauen immer samtiger wurde? Weder noch, höchstwahrscheinlich lag es an Marlene, dass wir plötzlich bei Adolf Hitler gelandet waren. Karl weiß viel über die Nazis. Natürlich verabscheut er ihre Gräueltaten, doch auch die menschlichen Abgründe mit Intrigen, Klatsch und Absurditäten bringen ihn in Rage: »Wie konnte eine so schöne Frau wie Magda Quandt nur so verrückt sein, diesem grauenhaften Gecken Joseph Goebbels zu verfallen, sich scheiden zu lassen, um ihn zu heiraten. Der hat sich aufgeführt wie ein Affe im Zoo und behandelte sie wie Dreck. Unvorstellbar!«

Ich erzählte Karl, dass ich nächtelang mit Henriette von Schirach, der Tochter von Hitlers Leibfotografen Heinrich

Hoffmann, über die Nazizeit diskutiert hatte. Sie gehörte zum innersten Zirkel, hatte mir damals in ihrer Schwabinger Einzimmerwohnung erzählt, wie Adolf Hitler einst in sie verschossen war: »Beim Abschied aus dem Fotostudio meines Vaters fragte er mich, die erst Sechzehnjährige, ob ich ihm nicht einen Kuss geben wolle. Ich drückte ihm ein Bussi auf die Wange. Zornig sagte er: ›Einen richtigen Kuss meine ich. Küss schön Onkel Adolf auf die Lippen.‹«

Karl hakte nach, wollte wissen, was Hitler für ein seltsames Verhältnis mit Angela »Geli« Raubal hatte, seiner Lieblingsnichte, die sich erschossen hatte.

Ich berichtete, was mir Henriette von Schirach darüber erzählt hatte: »Sie war die einzige Frau, die Hitler wirklich geliebt hat. Ich weiß das genau, weil Geli meine beste Freundin war. Sie war sexy bis in die Fingerspitzen. Adolf Hitler konnte sich gar nicht sattsehen an ihr, vor allem, wenn wir bei den Picknicks am Chiemsee nackt badeten. Er ergötzte sich an ihren wundervollen Formen, die ihn an eine griechische Fruchtbarkeitsgöttin erinnerten. Zudem war sie nahtlos braun.«

Ich hielt inne. Warum plauderte ich plötzlich so ungehemmt drauflos? Doch Karl, der aufmerksam zugehört hatte, bohrte weiter: »Weiß man, warum diese Geli sich umgebracht hat?«

Auch diese Frage konnte mir Henriette von Schirach beantworten: »Geli war todunglücklich in dieser aussichtslosen Beziehung. Sie fühlte sich, was ihren Onkel betraf, wie eine Mischung aus heiliger Kuh, heiliger Jungfrau und Lieblingsspielzeug. Aber er hielt sie auch gefangen wie ein seltenes Raubtier, verbot ihr den Umgang mit anderen Männern und rastete aus, wenn einer sie nur anlächelte.«

Am 18. September 1931 – knapp eineinhalb Jahre vor Hitlers Machtergreifung – jagte sich Geli in seiner Wohnung am Münchner Prinzregentenplatz mit seiner 6,35 mm WaltherPistole eine tödliche Kugel in die Herzgegend. Ein schneller,

kurzer Freitod war ihr lieber als ein qualvolles Leben ohne
Hoffnung auf Liebe.

Museum? Entsetzlich!

Dernier coup. Noch einer, der allerletzte Apfelschnaps, eingeschenkt von einem inzwischen nachdenklich gewordenen
»Kaiser«. Trotz Abstinenz entpuppte er sich als ein Digestif-
Experte. Er nahm mein Glas und hielt es vor seine Nase, um
dieses betörende Aroma zu genießen. Es war vielleicht die
kürzeste Nacht, verflogen wie ein Eulenfalter. Die Morgen-
dämmerung brach an, der Frühnebel senkte sich, der Landsitz
Elhorria verschwand hinter einem Dunstvorhang.

Au revoir, Karl. Er begleitete mich zu meinem Gästebun-
galow. Das letzte Gespräch hatte glücklicherweise weder mit
Hitler noch mit Marlene zu tun. Eine wehmütige Melancholie
klang mit, wir sprachen über die Zukunft von Elhorria. Was
soll aus dieser Residenz werden, wenn Karl eines Tages das
Zeitliche segnet. Ein Museum? Für Christian Dior wurde bereits eins in der Normandie geschaffen.

Karl brauste auf: »Nein, wie entsetzlich! Museum, das ist ja
schlimmer als Friedhof, nie und nimmer. Ich will kein Denkmal. Ich bin ja kein Künstler. Ich mache nur Mode. Kleider!
Das ist doch nur, was die Leute tragen, mehr nicht. Ursprünglich wollte ich Karikaturist, Porträtist, Maler oder Illustrator
werden. Jetzt bin ich eben Designer. Ich bin seriös, aber ich
nehme mich nicht ernst. Mir ist alles gleichgültig. Wenn ich
morgen tot umfallen würde, ist mir das auch egal. Mein Gott,
Millionen Menschen sind vor uns gestorben.«

Ich ahnte sofort, was Elhorria blühte. Es würde eines Tages
verkauft werden. Ich hatte mich nicht geirrt.

Socki: Weiß man den Verkaufspreis?
Paule: Diskretion, meine Liebe, Karls oberstes Gebot.

Socki: Da wird Choupette Elhorria nicht erben. Schade, sie hätte daraus ein Heim für obdachlose Katzen, Flüchtlingskatzen und sozial schwache Miezekatzen machen können.

Nach einer Weile konnte ich aus Sockis Augen die nächste Frage ablesen: Und was wird einmal aus Lanzing? Ein Paul-Sahner-Museum? Oder vielleicht Sockis Wellnessparadies, im Garten mit einem Neun-Mauseloch-Platz für Katzengolf? Schnurrend schmiegte sie sich an mich, als wollte sie sagen: »Daran denken wir jetzt nicht mal.«

22

Gut geplanscht, Herr Minister?

Sockis Tagebuch

Freitag

Heute will Paule die Schnitte über Rudolf Scharping schreiben, Exverteidigungsminister. Ich kann den Namen nicht mehr hören. Es ist der Fluch eines Evergreens. Die Pool-Shooting-Story ist und bleibt allerdings Paules größter journalistischer Scoop und bildet das Hauptdenkmal der Sahner-Legende. Dabei hatte nicht er die nette Idee mit den Fotos, sondern Ulli Skoruppa, ein Kamera-Urgestein der BUNTEN, noch aus der Zeit, als Silvia Sommerlath zu Schwedens Königin wurde.

Für Ulli ist diese Scharping-Story auf Mallorca inzwischen ein Albtraum. Von dem Lorbeer nichts abbekommen. Kein Bambi, kein World Press Award, kein bayerischer Verdienstorden dafür, dass er einen roten Genossen absaufen ließ. Nach Rudolf Diesel ist zumindest der Dieselmotor benannt worden, aber wer weiß schon, dass Scharping und seine Gräfin ins Bild optisch sozusagen »verskoruppt« wurden? Was aber letztendlich auch gut ist. Denn so bleibt der Verdacht fern, die Geschichte hätte etwas mit »S-Korruption« zu tun. Nein, Scharping wurde nicht bestochen, um seine Gräfin im juvenilen Überschwang wie einen aufblasbaren Gummidelfin durch den Pool zu wirbeln. Und den weißen Badeanzug der Gräfin hat nicht BUNTE gekauft, wie später der Stern behauptete. Allerdings, dass der elastisch eng anliegende Einteiler leicht durchschimmernd war, stimmte schon.

Paule ist eine Frohnatur wie Scharping. Also besteht er darauf, diesem linkslastigen Brillenträger ein ganzes Kapitel zu widmen. Mir gefällt an dieser Geschichte am besten der vollständige Name seiner Gräfin: Kristina Gräfin Pilati von Thassul zu Daxberg-Borggreve.

Der Titel geht auf ein Südtiroler Adelsgeschlecht mit Stammsitz in Tassullo bei Trento zurück. Etwa 100 Kilometer entfernt, liegt Bruneck, italienisch Brunico. Dort ist Markus Lanz geboren, der ZDF-Moderator. Wie der mit der Geschichte zusammenhängt, wird sich noch herausstellen. Aber nun ist erst mal Scharping an der Reihe. Damit lasse ich Paule allein – und schaue in der Zwischenzeit nach Herrn Schmidt. Vielleicht habe ich Glück, und der Kater meines Herzens schläft unter dem Kirschbaum im Garten.

»Gerade fällt mir der Name nicht ein, Herr …?«

BUNTE, 21. November 2013. Die beiden Damen haben sich für die sonntägliche Spazierfahrt durch den Schlosspark von Münster adrett herausgeputzt. Sogar ihr spätblondes Haar ist frisch geföhnt. Die Freundinnen haben sich eingehakt, schieben ihre Fahrräder. Plötzlich stoppt eine der beiden abrupt, die andere stolpert. Dann steuern sie schnurstracks auf eine Parkbank zu, auf der zwei grauhaarige Männer sitzen. Generation 60 plus. »Jau«, sagt die Bremserin zu dem links Sitzenden mit dem roten Schal. »Sie kenne ich doch irgendwie vom Fernsehen. Sie sind doch der … Oh, gerade fällt mir der Name nicht ein.« – Die Freundin trumpft auf: »Ich weiß aber, dass Sie mal Minister waren.«

»Scharping«, stellt sich der Angesprochene vor. »Rudolf Scharping.« Erleichtert sagt die erste Dame: »Sie waren ein Guter, wären fast mal Kanzler geworden, woll?«

»Das waren noch Zeiten«, seufzt die andere Dame. »Und heute – was ist nur aus der SPD geworden?«

Rudolf Scharping, der frühere Verteidigungsminister, blinzelt in die tief stehende Sonne und genießt den Herbst. Es ist gut, erkannt zu werden. Besser ist, anerkannt zu bleiben. Und dass älteren Menschen schon mal ein Name entfällt – »kann passieren«.

Scharping und ich. Wir kennen uns seit 1995. Von der ersten Begegnung an, der Mann imponierte mir. Bedächtig in der Sprache, aber immer Klartext redend. Obwohl sich Comedians gern über seine vermeintliche Langsamkeit lustig machten, hat Rudolf Scharping in der SPD eine steile Karriere hingelegt. Er war Ministerpräsident von Rheinland-Pfalz, Parteivorsitzender, SPD-Fraktionschef im Bundestag und Kanzlerkandidat 1994. Von 1998 bis 2002 war er Bundesminister für Verteidigung. Und sogar damit erfolgreich: Während seiner Amtszeit setzte Scharping das IT-Projekt Herkules um, das die Telekommunikationsstruktur der gesamten Bundeswehr erneuern sollte.

Zuvor saß er als Abgeordneter im Bundestag auf der Oppositionsbank. In seinem Bonner Büro türmte sich, als ich ihn besuchte, eine Hi-Fi-Anlage zwischen den Aktenbergen auf. Überall verstreut lagen CDs: Rolling Stones, Eric Clapton, Nigel Kennedy, Konstantin Wecker und, seltsam, die Gruppe Pur. Dann outete sich Scharping: »Mit Pur-Sänger Hartmut Engler und Conny Wecker stand ich mal als Sänger auf der Bühne.« Und schon sprang er von seinem Bürostuhl auf und sang das Lied: »*Freunde, rücken wir zusammen, denn es züngeln schon die Flammen, und die Dummheit macht sich wieder einmal breit...*«

»Ach ja«, sagt Scharping nun und stochert im Herbstlaub mit seinen Schuhen, Modell Budapester aus bestem Kalbsleder. Oben die typische Lyralochung, unten »Goodyear«-Profil in die Sohle eingestanzt. »Gute Zeiten waren das.«

Ein Stichwort, um bei unserem Interview von damals zu landen, als Scharping gerade auf dem Mannheimer Parteitag von Oskar Lafontaine aus dem Parteivorsitz geputscht wurde. Damals bot er mir auch das Du an. Er ist und war's nie: einer dieser stocksteifen Graue-Maus-Politiker. Man konnte mit ihm über alles reden, auch über Privates. Das Volk hat das Recht, auch den Menschen zu sehen hinter dem Politiker, den es wählt. So empfand er das. Auf die Frage nach den Nacktfotos, mit denen seine zweitälteste Tochter Christine in einem Männermagazin scheinbar einen Skandal auslöste, äußerte sich Daddy cool: »Zoff deswegen? Warum denn? Ich liebe meine Kinder. Sie sind selbstständig, müssen ihre Entscheidungen also auch selbst treffen.«

Im Juli 2000 hatten der Verteidigungsminister Scharping und seine Frau Jutta nach neunundzwanzig Jahren Ehe ihre Trennung bekannt gegeben. Der Bild am Sonntag bestätigte das Paar, dass es sich eine Scheidung überlege. »Aber es wird keine Schlammschlacht geben.« Als Grund für die getrennten Wege nannten die Scharpings die »Belastung durch die Politik, der Umgang damit und unterschiedliche Lebensperspektiven«. Frau Scharping versicherte: »Trotzdem werden wir uns auch in Zukunft gegenseitig unterstützen, uns immer wiedersehen, Feste miteinander feiern, denn auch in Zukunft verbinden uns die Kinder, eine große Familie, viele Freunde und die gute gemeinsame Zeit der Vergangenheit.« Eine neue Beziehung sei aber kein Grund für die Scheidung, betonte Scharping. Eine gezielte Falschaussage? Oder nur ein bisschen Flunkern?

Pech, Pleiten und Pannen

Scharpings Sternenkonstellation geriet ab Herbst 2000 durcheinander. Angefangen von einem Unfall in seiner Limousine beim Pentagon-Besuch bis hin zu der BUNTE-Story im mallorquinischen Pool mit Gräfin Pilati ging so einiges schief.

Wir ziehen Bilanz, während wir auf der Parkbank in Münster sitzen, die Kameras eines TV-Teams auf uns gerichtet. Man dreht über mich ein ARD-Porträt. Scharping ist bereit, lässt sich verkabeln und sagt. »Natürlich können wir über die Pool-affäre reden, sie gehört ja zu meinem Leben.«

Danke, Rudi. Natürlich wird die Mallorca-Turtelei wieder groß aufgebauscht. Die preisgekrönte Regisseurin lässt nicht locker. Sie weiß genau, was die Zuschauer sehen wollen.

Scharping, Mallorca, Making of

Senator Franz Burda brachte 1948 erstmals die Zeitschrift »Das Ufer« heraus. 1954 wurde sie in »Bunte Illustrierte« um-benannt. Im Juli 1972 startete das Wochenmagazin unter dem verkürzten Titel BUNTE. In der 1538. Woche seit der Erst-ausgabe fragte Chefredakteurin Patricia Riekel in die Konfe-renzrunde: »Was liegt an?«

Hinter den heruntergelassenen Jalousien drückte die August-hitze. In der versammelten Runde verzogen sich die Gesichter, lähmendes Schweigen trat ein. Erst mal am Kopf kratzen.

»Verdammt«, drängelte Riekel, »wir brauchen für die nächste Ausgabe eine zugkräftige Titelstory. Wer hier ohne Themen sitzt, kann sich gern einen neuen Job suchen.«

Die Stimmung war angespannt. Dass ausgerechnet an diesem Dienstag, wo alle Köpfe scheinbar leer waren, einer der erfolgreichsten Titel in der BUNTE-Geschichte entste-hen würde, stand schon im Horoskop. Nur ahnte es niemand, wie es gelingen sollte, Stern und SPIEGEL zu übertrumpfen und BUNTE für ein paar Wochen in ganz Deutschland und weit darüber hinaus zum Gesprächsthema Nummer eins zu machen.

Ich hatte eine Idee. Als die Konferenz vorbei war, rief ich Rudi Scharping an. Er schwärmte: »Endlich Urlaub. Tina und ich faulenzen auf Malle.« – »Großartig«, sagte ich, »dann habt ihr beiden Hübschen gerade die große Sommerstory in BUNTE gewonnen.«

»Moment mal«, bremste Rudi, »so schnell schießen die

Preußen nicht. Da muss ich erst einmal mit der Gräfin sprechen. Ruf mich morgen früh wieder an.«

Am nächsten Tag meldete ich mich gegen neun Uhr. Frühaufsteher Rudi war bestens gelaunt, hatte bereits zwanzig Kilometer auf seinem Rennesel zurückgelegt. Er schnaufte leicht: »Ich habe mit Tina gesprochen. Ihr gefällt die Idee, Pool ist cool. Wir sehen uns dann morgen. Sucht euch eine Finca in der Gegend um Campos. Da können wir uns irgendwo treffen.«

23

Der goldene Tipp

Manche Dinge muss man auf die altmodische Art angehen. Wenn es um Hotels auf Mallorca geht, nicht googeln, sondern Axel Thorer fragen, den »*man with a funny moustache*«. Unter dieser Beschreibung kenne man ihn sogar im indischen New Delhi, sagt er gern. Sein kurios gedrechselter Oberlippenbart ist genauso einmalig wie seine im Impressum eingetragene Funktion: Editor-At-Large – ein Journalist, der Inhalte zu einer Publikation beisteuert. So einen Experten leisten sich weder Stern noch SPIEGEL – nur BUNTE.

Axel weiß alles über Mallorca, er hat dort eine Finca. Also fragte ich ihn: »Wo sollen wir uns einquartieren?«

»Da gibt es nur einen Ort«, grummelte Axel, und sein ellenlanger gedrechselter Schnauzer vibrierte wie die Antenne meines ersten Porsches: »Son Bernadinet.«

Meine Assistentin Claudi buchte sofort. Gerade noch zwei Zimmer für den Fotografen und mich waren frei. Das Fincahotel lag idyllisch im Süden der Insel, fernab von all dem Rummel.

Als ich bei unserer Ankunft neben dem Portal eine in Marschordnung aufgereihte Fahrradflotte sah, schwante mir, wo sich das meistgesuchte Liebespaar des Sommers 2001 versteckt hatte. Schnell verwarf ich aber den Gedanken: So ein Reporterglück hast nicht mal du.

Andererseits: Scharpings Hobby war bekannt. Bereits im Bundestagswahlkampf 1994 warb die SPD mit einem Bild von Scharping im kreischend bunten Trikot auf dem Rennrad. Auch diverse Stürze mit Armbruch und Kopfverletzungen konnten ihn nicht vom Sattel trennen. Zielstrebig hat er sich so 2005 zum Präsidenten des Bundes Deutscher Radfahrer (BDR) hochgestrampelt. Der zauberhaften Besitzerin von »Son Bernadinet« zu entlocken, ob Scharping sich tatsächlich mit seiner Gräfin hier aufhielt, war nicht schwierig: »Sì!« – Axels Tipp war Gold wert.

Ulli und ich beschlossen, den Volltreffer gebührend zu feiern. Damals gab es noch fürstliche Spesensätze. Unser Pool-Dinner mit bestem Rioja-Wein und mallorquinischen, zünftigen Tapas weitete sich bis nach Mitternacht aus. Bald fühlten wir uns wie Lotto-Könige, bereit, den Jackpot zu knacken. Plötzlich tauchte ein eng umschlungenes Paar aus den Schatten der Zypressen auf, steuerte auf uns, die einzigen verbliebenen Gäste, zu. Rudi stutzte, rieb sich die Augen und rief entgeistert aus: »Neee! Paul, was macht ihr denn hier?«

»Nehmt Platz«, entgegnete ich, »wir bestellen noch ein Fläschchen von Ribas Negre, ein vorzüglicher Tropfen.«

»Den schätzen wir auch«, sagte Rudi, und Tina fragte: »Woher wusstet ihr, dass wir hier sind?« – »Reine Hellseherei«, antwortete ich.

Ulli und ich hatten bereits die Lage inspiziert. Zwei Pools gab es. Einer neben dem Hauptgebäude und der andere, beschattet von Mandel-, Orangenbäumen und Zypressen, mitten in einer großen Wiese. Das Wasser glitzerte azurblau. Mit Natursteinplatten ausgelegt, erstreckte sich eine breite Sonnenterrasse rundherum. Diese Anlage glich einer Bühne, die zu einer Inszenierung aufforderte. Es war die perfekte Location für eine Titelgeschichte.

Der nächste Morgen: Tina entschied sich für einen körperbetonten Badeanzug in Weiß. Rudi hechtete samt Brille kopfüber ins Wasser. Die Kamera klickte, der Fotoblitz sorgte für optimale Objektausleuchtung.

So losgelöst und harmonisch entstand der legendäre BUNTE-Titel, der Scharpings Leben verändern sollte.

Total verliebt auf Mallorca

»Das ist gemein«, scherzt Gräfin Pilati, als Rudolf sie im Pool packt und in hohem Bogen ins kühle Nass schleudert. Sie taucht auf und prustet ihm eine volle Ladung chlorfreies Wasser ins Gesicht. Da lacht er. Die anderen Gäste, fast nur Deutsche, freuen sich mit dem verliebten Paar, das öffentlich seine Liebe auslebt, sich gegenseitig zärtlich einölt, mit Blicken und Händen streichelt, beim Essen immer wieder auf die Liebe anstößt, die schon bald vor dem Standesamt besiegelt werden soll.

Zwanzig Tage Vorschuss auf die Flitterwochen. Ganz ohne Stress. Fast. Denn jeden Tag, so erzählt ein entspannter Rudolf Scharping, telefoniere er mehrmals mit seinem Ministerium und werde mit Faxen und E-Mails bombardiert. Selbst wenn er am Strand von Sa Rapita genüsslich Muscheln schlürft, müsse dazwischen mit Schröder einiges zu Mazedonien besprochen werden. Und abends, beim eisgekühlten Weißwein, komme es vor, dass Joschka Fischer mit dem Kollegen reden möchte. Da müsse man eben durch, sagt Gräfin Tina und schmust mit dem Mann, den sie seit achtzehn Monaten liebt.

Ein paar Wochen später wird die Frankfurter Staranwältin geschieden sein von ihrem zweiten Mann, dem Banker Hendrik Borggreve. Das gemeinsame Haus auf der griechischen Insel Hydra hat sie ihm überlassen: »Ich bin ein ängstlicher Mensch. Als ich dort kürzlich zum ersten Mal allein übernachtete, um persönliche Sachen abzuholen, hatte ich mir vor lauter Furcht ein großes Brotmesser unter dem Bett griffbereit gelegt.«

Auch Rudolf Scharpings Scheidung steht an. Seine Ehefrau Jutta, die gerade von einem Akupunkturseminar aus China zurückgekehrt war und demnächst eine eigene Praxis aufmachen wollte, hatte mir erleichtert erklärt: »Nachdem Rudolf jetzt endlich seine Geburtsurkunde wiedergefunden hat und auch der Versorgungsausgleich geregelt ist, ziehen wir die Scheidung fix durch. Gegen seine Neue hege ich keinerlei Groll, da sie ja nicht unser Scheidungsgrund war. Ich habe sie übrigens kürzlich auf dem Geburtstag von Rudolfs Mutter kennengelernt. Nette Frau.«

Steht der Ehevertrag schon?

Bei einem typisch mallorquinischen Abendessen – Gazpacho, Wildkaninchen, Landwein – sprach ich mit dem verliebten Paar über die bevorstehende Hochzeit, ihre Wünsche, gemeinsame Ziele. In dem Interview gab es allerdings einen heiklen Punkt, der für privaten Wirbel sorgte. Es war die Frage nach dem Ehevertrag.

Scharping dementierte: »Nein, ich brauche Tina. Ich brauche keinen Ehevertrag. Ansonsten wird sich nicht viel ändern. Es wird keiner von uns beiden zu Hause sitzen, Kartoffeln schälen, Wäsche waschen und darauf warten, dass der andere endlich kommt.«

Diese Anmerkung stieß auf Kopfschütteln. Seine geschiedene Frau Jutta, mit der ich nach der Titelstory über das Interview mit ihrem Exmann sprach, entrüstete sich: »Meine Mutter und deren Freundinnen sind schon ziemlich empört. Und unsere drei Töchter verstehen den Vater auch nicht so ganz. Er ist ja kein Popstar. Böse fand ich den Satz meines Mannes, wie er sich seine neue Ehe vorstellt: ›Es wird keiner von uns beiden zu Hause sitzen ...‹ Es klingt so, als hätte ich während unserer Ehe nur Kartoffeln geschält, Wäsche gewaschen und darauf gewartet, dass Rudi endlich kommt.«

Rudi gab sich zerknirscht. Worauf Jutta spontan glättete: »Nach der Scheidung habe ich erst einmal gekocht. Nichts Aufregendes: Lachsfilet, Brokkoli und Kartoffelgratin.«

Wenn er sie fährt ...

Die Bilderstrecke in BUNTE Nr. 35 vom 23. August 2001 erhitzte die Gemüter. Parteigenossen sprachen von Waterloo. Sie bewiesen, dass sie keinen Sinn weder für Herz noch für Humor haben. Die ausgelassenen Wasserspiele im Pool waren für einen Minister so menschlich, so irre:

An ihrer schlanken Taille stemmt Rudi seine Tina aus dem Pool, hält sie an den Füßen fest. Sie lacht, gibt ihm zur Belohnung einen langen Kuss. Dabei guckt Rudolf seiner künftigen Frau Tina tief in die Augen: »Wir haben vor, miteinander zu leben und nie auseinanderzugehen. Wir haben auch schon mal über gemeinsame Kinder nachgedacht.« Die Gräfin ergänzt: »Mein Glück heißt Rudolf. In seinen Armen kann ich mich fallen lassen. Bei einer neuen Ehe muss man alte Erinnerungen ablegen.«

Für den Fotografen zeigt Rennradexperte Rudolf seiner Braut noch, wie man sich sicher auf dem Fahrrad hält. Kristina, die nicht radeln kann, hat sich auf die Stange gesetzt. Man kann es deutlich erkennen: Am meisten Spaß macht es ihr, wenn er sie fährt – so geht's gemeinsam zum Hotel zurück. Auf der Terrasse: Beide genießen nach dem Sonnenuntergang auf Mallorca gern ein Glas Weißwein. Hier stoßen sie auf ihr Glück an, verliebt bis über beide Ohren.

Rudolf und Tina, so war es abgemacht, bekommen Text und Optik, bevor die Story in Druck geht, in die Finca gefaxt. Es folgte ein kurzer Anruf. »Tolle Geschichte, großartige Bilder«, bestätigte Scharping. Zufriedenheit auf allen Seiten.

Minister »Bin Baden«

Die Fotos sorgten für immensen Klatsch und Tratsch. Das Ausmaß der Folgen konnte niemand, auch nicht ich, im Voraus erahnen. Scharpings »Planschaffäre« löste in der Presse einen Tsunami an Schlagzeilen aus. Von BILD über Stern und SPIEGEL bis hin in Regionalzeitungen von Flensburg, München bis Traunstein griffen alle Medien Scharpings Turtelei auf Mallorca auf. Was heute kaum noch jemanden aufregen würde, geriet damals zum Image-Inferno.

Die »Pool-Position« ließ Scharpings bisherige Erfolge wie Löschpapier im Wasser zerfließen. Bald vergaß man, dass er der erste sozialdemokratische Verteidigungsminister in der Geschichte Deutschlands war, der einen Waffeneinsatz befahl. Krieg als Friedensmission. Das war im März 1999, als die Bundesregierung unter Kanzler Schröder zusammen mit der Nato in den Kosovo-Konflikt eingriff. Das »Sandmännchen« (Spitzname in der Partei) wurde zum »Feldherrn« befördert, dann zu »Bin Baden« degradiert.

Zwölf Jahre später sprach ich mit Rudolf Scharping erneut über die Fotos, die viele als geschmacklos empfanden. Mit zeitlichem Abstand wiederholte er: »Viel Lärm um nichts« – und fast entschuldigend fügte er hinzu: »Es war unvorhersehbar, dass in der Woche, als die Story erschien, im Bundestag Sondersitzungen wegen Mazedonien stattfinden würden.«

Mit dieser Schlusspointe bewies er die Gelassenheit eines Mannes, den der erzwungene Abgang aus der Politik nicht verbitterte, sondern erleichterte: »Seitdem entdecke ich immer häufiger Badefotos von Promis in den Magazinen.«

Was macht der Exminister heute? Die Poolfotos brachten Scharping nicht zu Fall! Gehen musste er erst ein Jahr später. Im Sommer 2002 entließ ihn Kanzler Gerhard Schröder nach Enthüllungen über Honorare seines PR-Beraters Moritz Hunzinger. 2003 zog sich Scharping aus der aktiven Politik zurück. Nach einer Gastprofessur in Boston, USA, ging er 2006 unter die Berater, gründete als Geschäftsführer ein Consultingbüro für Strategie und Kommunikation in Frankfurt am Main. Oft ist er in China als Berater wichtiger Firmenkooperationen zwischen China und Deutschland, ein Lobbyist, geformt durch ein Stahlbad: »Der Eifer, der Ehrgeiz, der Leistungswille junger Chinesen ist beeindruckend. Man arbeitet dort zielorientiert in einem Tempo, das vorbildlich ist für uns. Mit der Entwicklung des ganzen Landes müssen wir mithalten, sonst gerät Deutschland ins Hintertreffen.« Die zweitgrößte Wirtschaftsmacht der Welt sieht er nicht unkritisch, sagt aber auch: »Wir dürfen da nicht als moralische Oberlehrer auftreten.«

Sockis Tagebuch

Sonntag

Bin Baden? Nein, bin frustriert. War im Wald streunen mit Herrn Schmidt. Er hat eine Maus aufgerissen. Ich nicht. Für den Zeisigfang war ich auch nicht schnell genug. Na dann, Paule, lass mal deinen Rudi lesen. Werde schnell durch sein. Ich gebe dir auch meine Einschätzung, als Sophisti-Cat.

Montag

Interessante Geschichte. Bitte merken: SPD lohnt sich. Scharping berät die Chinesen. Ein Schulterschluss von einem Sozi mit den Kommunisten liegt klar im Trend. Schröder war Vorturner. Außerdem war China früher das Land der Fahrräder, sozusagen Scharpings Urheimat. Jetzt kommen die Autos, aber Scharping kann weiterhin am großen Rad drehen.

Neue Märkte erschließen, das beherrscht auch ein anderer Genosse. Peer Steinbrück, ebenfalls gestrauchelter Kanzlerkandidat. Er berät Kiew bei der Reform des Finanzwesens. Was er in Deutschland nicht geschafft hat, will er in der Ukraine umsetzen: eine Steuerreform. Schützenhilfe bekommt er von Parteifreund Günter Verheugen. Ex-EU-Kommissar, ohne Weisungsbefugnis verbeamtet gewesen, startet in Kiew neu durch.

Ähnlich wie Scharping sorgte auch Verheugen mit seiner Liebesaffäre für Schlagzeilen. Steinbrück geriet im Bundestagswahlkampf unter Beschuss wegen seiner Vortragshonorare, woran schon Kollege Scharping endgültig ausrutschte. Ja, ja, die Sozis. Genosse kommt von genießen. Katzen würden sich schämen, solche Dinge zu drehen. Höchstens vielleicht für Kalbsleber. Dann aber täglich.

Und was lernen wir davon? Ausgeschmust! Wir Katzen müssen Deutschland aufrütteln: Es ist höchste Zeit, eine Katze als Kanzlerkandidat aufzustellen.

Dienstag

Gewöhnlich schreibe ich Briefe. An Stern oder DIE ZEIT, direkt an den Chefredakteur. Doch das folgende Memorandum an das ZDF verfasste Paule selbst, ohne meine Hilfe. Wie üblich mit der Hand hingeschmiert, von Claudi abgetippt und nicht gemailt, sondern gefaxt, damit der Briefkopf den Empfänger plattmacht: Chefredaktion BUNTE.

Paule war verärgert. Sein Gastauftritt bei Markus Lanz verpuffte. Neben CDU-Politiker Wolfgang Bosbach, Finanzexpertin Carola Ferstl, Kabarettist und Schauspieler Ottfried Fischer, Profiboxer Felix Sturm und Schauspieler Helmut Berger schrumpfte er zur Nebenfigur. Nicht mit Paule! Eine Abreibung für Lanz war fällig. Ich habe dieses denkwürdige Schreiben aufgehoben, nachdem es Paule unter die Schale mit meiner Kalbsleber gelegt hat. Es war zwar schon mit frischem Blut bekleckert, aber den gepfefferten Inhalt weichte es nicht auf.

München, 04.06.2014

Lieber Markus,
ich hätte es wissen müssen. Zweimal habe ich stundenlang zwei verschiedenen Damen Deiner Redaktion mein Leben erzählt. Ich habe mich geöffnet wie selten. Eine Steilvorlage für Dich, so dachte ich. Stattdessen: Raus mit dem Hackebeilchen, worum

geht es vor allem? Natürlich um Rudolf Scharping. Die große Inquisition à la Lanz. Darüber wurde ich schon 2001 in allen Formaten (u.a. Kerner, Plasberg, Beckmann, SPIEGEL) nicht nur rauf und runter, sondern vor allem besser interviewt. Also ein alter Hut.

Was wirklich interessant war, wurde herausgeschnitten. Mein Klartext über Münchens OB Christian Ude? Wegzensiert. Ratzinger? Ratschratschraus. Dafür: Bosbach ohne Ende, der seinen 127sten Talkauftritt dieses Jahres hatte, darf sich mal wieder auslabern. Na ja, gut, aber ellenlang. Berger war – endlich mal – in großartiger Form. Was hast Du draus gemacht? Gute Frage, oder? Ach. Markus, ich hätte Dir noch so viel zu sagen. Wir hätten ein großes Gespräch haben können, über Mandela, Dalai Lama, Hoeneß, die WM, Karlheinz Böhm, meine Biografie, Privates und so weiter. Was hätte daraus werden können?

Lassen wir es bewenden mit der Frage: War es vielleicht die Retourkutsche, mit der Du einst über den Brenner Richtung Germania gerollt bist?
Good Luck für die Zukunft
Paul Sahner

Mittwoch

Die Kalbsleber war lecker. Aber Paules Brief an Markus Lanz liegt mir schwer im Magen. Wäre er ein Grieche, dann würde mich die Sache einen feuchten Zaziki angehen. Sollte ich ihm einen Versöhnungsbrief schreiben und mich für die Rüpelhaftigkeit meines Herrchens entschuldigen? Ich tue es!

Caro Marco,
als Südtiroler sind Sie ein halber Italiener. Ich muss als italienische Katze zu Ihnen halten. Landsfraupflicht, weil es um das deutsch-italienische Verhältnis geht, trotz aller Pasta-Liebe, Pizza-Freundschaft und Prosecco-Politik historisch noch unverdaut. Wir wissen es beide: Die Germanen haben das alte Rom

zerstört und bis heute keinen Schadenersatz gezahlt. Und das war erst der Anfang.

Das ZDF nahm Sie aus dem Schatten der Dolomiten als Ersatzitaliener, um scheinheilig die EU-Quote zu erfüllen. Immerhin dürfen Sie nun, lieber Marco, in Ihren Nachtgesprächen aus unbekannten Teilzeitschreibern flugs Bestsellerautoren machen und dadurch die deutschen Bestsellerlisten manipulieren. Gratuliere!

Bei »Wetten, dass…« hat Sie das Glück verlassen, aber Diane Keaton hatten Sie trotzdem wunderbar geküsst. Da kann ich Ihnen raten: Sie sollten viel mehr knutschen. Machen Sie's wie mein Herrchen Paule: Umarmen Sie alle, tun Sie alles dafür, dass alle Ihre Freunde werden, damit immer alles glattgeht, auch der Urlaub, auch die Karriere. Werden Sie der Bel Ami der deutschen Nation. Sie haben dafür einen Blick wie Robert Pattinson. Seine Vampirfilme sehe ich mir nach Mitternacht im Fernsehen am liebsten an: Da rieche ich Blut, das weckt meinen Jagdinstinkt. Werden Sie zur Turteltaube, lieber Marco – und ich werde Sie über den Dächern von Venedig jagen. Gerne auch live vor den TV-Kameras.

Arrivederci in Lanzing, besuchen Sie uns bald. Wir haben hier Berge wie in Südtirol und auch jede Menge Äpfel.
Ihre Socki Sahner

PS: Sollten Sie unbeirrt an Ihrer Talkshow festhalten, helfe ich Ihnen auch gerne. Wie man Interviews macht, dafür empfehle ich Ihnen ein Paradebeispiel: Henryk M. Broder und Reinhard Mohr im Gespräch mit Paule, erschienen im SPIEGEL 12/2001, zeitlos aktuell.

24

Socki wird TV-Kritikerin

Sockis Tagebuch

Mittwoch/Donnerstag

Es ist der TV-Tipp des Tages, BILD erste Seite: Paul Sahner –
Geschichten eines Promireporters. Die Nacht vom 1. auf den
2. Oktober 2014. Die Glotze flimmert. Frauchen hat sich schon
hingelegt, freut sich aber, dass ihr Paule im Fernsehen ist. Ich bin
gespannt, ob Paule demnächst auch im Dschungelcamp auftaucht
oder auf der Jacht der Geissens vielleicht Schiffe versenkt.

Aufblende mit dem Titel: PAUL SAHNER. Erste Einstellung:
Er telefoniert. Das tut er am liebsten, vier Stunden am Tag, das
reicht für seinen Arbeitstag. Er ist unterwegs in die Redaktion,
sitzt in seiner schwarzen Kiste, rauscht durch die Münchner Nobel-
meilen. Man sieht im Hintergrund die Schaufenster von Boss,
Prada, Gucci, Armani, Hermès, Chanel, Ferragamo.

In die Freisprechanlage schnurrt Paule, als wäre er mit dem
böhmischen Kater Mikesch verwandt. »Bereitet mir alles vor für
das Interview mit René Kollo.«

Habe ich mich verhört? Hatte er nicht Katy Perry gemeint? Ich
habe keinen René Kollo in den Charts gefunden. Anyway, wahrscheinlich hat der O-Ton gesponnen, liegt an Paules altem Fernseher.

Was sehe ich noch? Paule gibt Anweisungen, das kann er gut.
Das Flugticket nach Berlin muss man für ihn buchen, das kann er
nicht. Und er telefoniert schon wieder. »Geht es dir gut ...« –

»Na, mein Engelchen...« — »Wie geht es dir in Hamburg, wir
vermissen dich...«

Süßholz raspeln, Gesäusel, Honig um den Mund schmieren.
Wer vermisst schon jemanden in München? Niemand. Hier genügt
sich jeder selbst. Man nennt es König-Ludwig-Syndrom.

Was sonst Paule in der Früh macht, zeigt die Reportage nicht.
Man hätte mich dazu befragen sollen. Als da wäre: den Lottozettel
ausfüllen. Einmal hat er 832,50 Euro gewonnen. Letzte Woche
waren es nur 40. Danach hat er wieder bei mir gespart. Dosenfut-
ter aus dem Sonderangebot. Er kaufte zwei Kisten davon, ich lasse
es stehen.

Zurück zum TV-Porträt. Gleich wird er in der Redaktion sein,
macht schon von unterwegs alle verrückt. Ein Bild aufs Maximilia-
neum zeigt, auf welcher wichtigen Route er fährt: am bayerischen
Amigoparlament vorbei. Das hätte man dem Zuschauer aber sagen
sollen. Nicht jeder kennt Paules Prestigewege in München. Am liebsten fährt er über die Maximilianstraße. Da ging auch der Begräb-
niszug für Rudolf Moshammer entlang, dem größten Münchner seit
König Ludwig II. Herrchen hat ihn persönlich gekannt, ihn auch
gewürdigt: »Mosi war kein Designer, sondern ein begnadeter Selbst-
darsteller. Er hatte nicht einmal eine Schneiderlehre und war trotzdem der Chefbekleider der Münchner Schickeria.«

Zwei rasante Schnitte. Paule ist in der Redaktion. Es wird weiter-
telefoniert. Die Sendung nimmt an Tempo zu. Szenen aus dem
Alltag werden verhackstückt. Der Klatschreporter mit seinen Promis.
Der Klatschreporter Sahner... nochmals und nochmals strapaziert.
Das hängt Martina zum Hals heraus. Deshalb legte sie sich auch
schlafen. Sie kann's nicht mehr hören. Schließlich hat Paule noch
mehr drauf.

Als TV-Zuschauer empfindet man anders. Von Promis kann man
nie genug kriegen. Was haben die sich untereinander zu sagen?
Paule führt es beim 50. Geburtstag von Henry Maske vor. »Ähm,
ähm... ja, ja... großartig!... Du auch?... Gibt's nicht... Ja?...
Jaaa!«

Wortfetzen. Ohne Zusammenhang. Society-Sprechblasen. Sie platzen bunt in der Luft oder fliegen davon: Hasch mich! Am besten ist es, dabei die Sprachen zu wechseln. Wie Lagerfeld. Die Statements mit Englisch oder Französisch spicken wie einen Rehrücken mit Speck, so fängt man die Society-Mäuse, so wirkt man *très charmant*. Small Talk ist inzwischen eine Kunst, man muss es lernen. Steckt in diesen Small-Talk-Blasen das Geheimnis von Paules Society-Erfolg?

»So naiv kann man nicht sein«, sagt ein Graukopf mit Mönchsfrisur. »Wenn man so lange den Journalistenberuf ausübt wie Sahner, ist es eine Masche, um den anderen vorzugaukeln, dass man naiv ist.« – Nur eine Maske der Naivität, also?

Der Graukopf ist Hans Leyendecker. Ein Journalist, dem nichts verborgen bleibt, der Intellektuelle unter den Trüffelschweinen. »Ich würde Sahner zu meinen Recherchen mitnehmen, obwohl er ein Klatschreporter ist«, sagt er, »weil Sahner auch einen Stein zum Reden bringen kann.«

Rudolf Scharping. Der nächste Klient bei dieser Dokumentation. Auch er ist in die Jahre gekommen, wie wir alle. Scharping hat bei der Entstehung von Pauls Scoop nicht ganz gecheckt, worum es ging. »Man kann Fotos machen«, sagt er nun. »Die Frage ist nur, was geschieht damit?«

Eine späte Erkenntnis. Etwas naiv für den ehemaligen Herrn der Panzer, Raketen und U-Boote. Was damals unter seinem kurzzeitigen Kommando in Kasernen geschah, weiß man nicht mehr so genau. Aber heute rosten die Eurofighter vor sich hin, statt dreitausend Flugstunden darf man mit diesen Kisten nur tausendfünfhundert durch die Luft schwirren, so die aktuelle Bestandsaufnahme. Doch zu Scharpings Zeiten war die Bundeswehr eine Friedenstruppe. Da brauchte man noch keine treffsicheren Gewehre. Die Spielzeugpistolen aus Plastik reichten vollkommen. Auslandseinsatz war so etwas, wie den Leopard 3 zu reiten, bunte Luftballons an Kinder zu verteilen und zu winken. So stellte man es sich im Bundestag auch vor. Bin ich zu ausschweifend in meiner TV-Kritik?

Sorry, ich fasse mich kurz: Paule und Scharping sind immer noch per Du — und offenbar ziemlich gute Freunde. Als die beiden vor der Kamera auf einer Parkbank sitzen, relaxt zurückgelehnt, die Hände (man sieht sie in der Großaufnahme) ganz dicht beieinander, denkt man, sie würden sich gleich streicheln. Rudi und Paule beim Händchenhalten. Wäre großartig. Es bleibt aber nur bei verbaler Zärtlichkeit.

25

Wärst du besser Polizeireporter geblieben…

Was sehen wir noch in diesem Porträt, das viel von der BUNTE-Welt zeigen wollte und doch einiges verschweigt? Vor allem: Stars mit einem Format, das es heute nicht mehr gibt. Anno dazumal war alles anders. Die alte Leier. Sanfte Melancholie breitet sich aus, als Charles Schumann, die Münchner Barkeeper-Legende, eingeblendet wird. Paule und Charles sitzen gemeinsam am Tisch in »Schumann's Bar«, die berühmteste Trinkstube der Republik.

Schumann ist grantig. Er will keine Memoiren. »Wen soll schon mein Leben interessieren? Niemanden!«, poltert er. Wie recht er hat. War er vielleicht verheiratet? Wie viele Kinder hat er gezeugt? Simst jemand auf das Handy seiner Geliebten: »Halte dich fern von meinem Freund…?« Hatte er überhaupt keine Geliebte?

»Wie wäre es mit mir als Ghostwriter?«, wirft Paule ein.

»Nein, du bestimmt nicht!«, ballert Schumann zurück. »Wärst du besser Polizeireporter geblieben.«

Charles Schumanns Bar am Münchner Hofgarten ist sozusagen die Problemzone der Promis. Und das hängt mit Schumanns Naturell zusammen. Die Barlegende ist das Gesicht von Baldessarinis Werbung, jenseits von München, meint man, er sei Baldessarini *himself*. Die Siebzig überschritten, ist jede seiner Falten kostbar, weil Deutschland keine Indianer als Eingeborene hat. Schumann ist der Ersatz für Bill Django, leicht mit Jeff Bridges zu verwechseln. Schroff, mürrisch, griesgrämig, sauertöpfisch, die personifizierte Coolness. Seine Bar zu betreten erfordert also einen gewissen Mut. Und das ist es, was die Promis anzieht: zu beweisen, dass man den Schumann erträgt – was auf Gegenseitigkeit beruht. Schumann findet nichts dabei, wenn sich Promis danebenbenehmen. Manche wurden damit sogar legendär.

Im »Schumann's« kann Pep Guardiola seine Säurehaltigkeit so herauslassen, dass er allein am Tisch sitzt und sich keiner ihn anzusprechen, nicht einmal hinzuschauen traut. Nur Schumann geht vorbei und schnauzt ihn an: »Brauchst du was?« Der raue Ton paart sich mit einer beflügelten Grandezza. Bastian Schweinsteiger und Boris Becker stehen nebeneinander, als wüssten sie nicht, wer der andere ist. Wer niemanden sehen will und trotzdem gesehen werden will, geht zum »Schumann's«. Und der typische Stammgast ist derjenige, der an einem Tag sagt: »Zum ›Schumann's‹, da kannst du auch nicht mehr hingehen« – und am nächsten Tag kommt er wieder. Und natürlich sagt er: »Der Laden ist schrecklich. Ich gehe nur hin, weil ich mit Schumann befreundet bin.«

So zählt auch Paule zu den Stammgästen. Mitunter war »Schumann's« sein Redaktionsersatz, wo er jeden Montag einkehrte. Zum Recherchieren, während seine Kollegen bei BUNTE noch bis Mitternacht in der Redaktion hockten. »Montag ist der Schlusstag, aber solange Sahner aus dem ›Schumann's‹ Geschichten bringt, muss er nicht in der Redaktion sein«, berichtete die Neue Zürcher Zeitung (NZZ) am 9.6.2002 unter der Überschifft »Der Buntes-Kanzler«. Der Vorspann hatte es in sich: »Die deutsche Klatsch-Illustrierte BUNTE ist nicht nur sehr erfolgreich. Sie ist zu einem politischen Faktum geworden. Ihr Starreporter heißt Paul Sahner. Eine Mischung aus Inquisitor und Gesprächstherapeut.« Und dass er allen Promis die Beichte abnimmt? NZZ: »Das hat mit Sahners geselliger Natur zu tun.«

Ein Ritterschlag

Zum Ausklang der Sendung gibt's noch einige launige Anekdoten, bitte mit Sahner! Mundgerecht BUNTE-like serviert. Auch Hubert Burda gratuliert in die Kamera: »Ja, Sahner sieht gut aus …«

Meine ich auch. Jetzt, wo er älter ist, hat er endlich einen Charakterkopf wie ein italienischer Modedesigner aus Mailand – und dazu eine Katze wie Armani und Lagerfeld.

Nach der Sendung trifft eine Flut von SMS-Nachrichten bis in das Morgengrauen ein. Zustimmung, Glückwünsche, »weiter so …«. Ralf Siegel, der Mister Grand Prix, simste: »Ein Ritterschlag.«

Mehr Goodwill in 45 Minuten hineinzupacken ging nicht. Nun hängt eine Frage im Raum: Kommt nochmals ein Sahner-Scoop?

Da kann ich mir einen vorstellen. Das Verteidigungsministerium ist Paules Spezialgebiet. Dort kann er wieder ansetzen. Zum Beispiel: Ursula von der Leyen spannt Amal ihren Supermann George Clooney aus – und tritt zurück. Aus der Luft gegriffen? Beim Deutschen Medienpreis in Baden-Baden gab es 2014 schon die ersten Küsse für die Fotografen. Einige Knipser machten davon Bilder, die in den Köpfen mancher Betrachter wie ein Zungenkuss aussahen. Herrchen war als Zeuge dabei und beobachtete Uschi und den amerikanischen Schorschi genau. Zwei innige Menschen: selbstverliebt, fotogen, absolute Medienprofis.

Jeder hat einen Paul

Paule erwartet meine Kritik zum Frühstück. Zum Glück sind wir Katzen nachtaktiv, da hab ich Zeit, mir was Konstruktives zu überlegen. Wie fange ich an? *Claro,* mein Herrchen ist ein Arbeitstier, ans Aufhören will er gar nicht denken. Ich schreibe, also bin ich. Da passt es schon, dass der Streifen ihn aktiv in seinem BUNTE-Revier zeigte.

Aber da gibt es ja noch eine andere Seite. Mein Paule ist ein anderer als jedermanns Paule. Hätten sie mich interviewt, hätte ich von meinem Herrchen *en privé* erzählt. Wie er morgens, noch schlaftrunken, als Erstes meinen Napf füllt. Wie er später barfuß ums Haus geht, frische Minze pflückt und sich einen Tee macht, um sich dann an den Küchentisch zu setzen und mit Blick auf die Berge zu schreiben. Ich hätte von Paule, dem Chaoten, erzählen können, o ja. Oder von Paule, dem echten Freund, von Paule, der mein Frauchen glücklich macht. Von Paule, der nach wie vor irre neugierig ist. Oder von Paule, der mit Horst Köhler schwimmen geht, um sich fit zu halten.

Da fällt mir was ein. Giovanni di Lorenzo kam gar nicht in dem Fernsehporträt vor, dabei ist er für Paule und mich eine feste Größe. *Caro Giovanni*, ein offenes Wort: Hätten Sie sich ein bisschen um mich bemüht und mich nicht als nervige Alte abgetan, dann hätten Sie sich auch in dem Streifen bewundern können. Und mehr noch: Die folgende Story hätte die Ihre sein können – exklusiv für DIE ZEIT. Sie erzählt von zwei Herrchen: meinem und dem Exherrchen der Nation. Na, neugierig geworden?

Die Bergwanderschuhe des Papstes Benedikt

Horst »Hotte« Köhler kommt zuerst. Herab von einem Hügel, wo er im Sommer residiert. Der Bichlhof ist einer der schönsten Flecken im Chiemgau, fast so schön wie Lanzing. Das ehemalige Gutshaus mit dem einmaligen Blick auf die Alpen liegt inmitten von Wiesen, Weiden und einem alten Obstgarten. Das Geheimnis der zweistöckigen Landhausvilla hat bereits die BILD-Zeitung gelüftet: 80 Jahre alt, zehn Zimmer mit circa 200 Quadratmeter Wohnfläche. BILD schätzte den Kaufpreis auf eine Millionen Euro. Randnotiz: Rund zwanzig Jahre lang hat Papst Benedikt XVI. hier seinen Urlaub verbracht, als er noch Kardinal in München und Rom war. Man sagt, seine Bergwanderschuhe befänden sich noch heute im Bichlhof.

Punkt 7:30 Uhr pflegt Hotte alias Horst Köhler ins Wasser des Wössner Sees zu springen. Der gute Nachbar Paule, der gern ergründen möchte, warum Hotte so überraschend seinen Bundespräsidentenhut nahm, tut es ihm gleich und redet mit ihm über dies und das. Die Temperatur liegt im Frühjahr bei etwa 16 Grad, mehr als 20 misst man auch im Hochsommer kaum. Die alpine Lage hält die Frische. Das schätzt auch der »Rain Man«. Ich nenne ihn so, weil ich den gleichnamigen Film mit Dustin Hoffman gesehen habe. Seinen filmischen Bruder spielte Tom Cruise. Wirklich super.

Wer ist der »Rain Man« vom Wössner See? Ein geselliger Typ, untersetzt, korpulent, sein Querschädel massig, sein breites Gesicht gutmütig. Nach höchstens dreiundzwanzig sieht er aus, ist aber schon sechsundvierzig Jahre alt. Wie ein erwachsenes Kind benimmt er sich, klettert voller Freude auf die Rutsche und plumpst bäuchlings ins Wasser. Es kann ihm nicht kalt genug sein, denn er hat eine sogenannte Inselbegabung, fachlich als Savant-Syndrom bezeichnet. Es handelt sich um eine kognitive Behinderung, die besondere Eigenschaften hervorruft. Das Phänomen ist äußerst selten. Nur etwa einer aus zehn Millionen Menschen ist davon betroffen. Beim »Rain Man« vom Wössner See hat diese »Inselfähigkeit« eine totale Unempfindlichkeit gegen die Kälte zur Folge. »Nicht einmal lauwarmes Wasser verträgt er für die Haarwäsche. Da schreit er wie aufgespießt«, erzählt seine Mutter.

Vor einigen Tagen entdeckte »Rain Man« zwischen den Findlingssteinen im Wasser eine Leiche. Sein Verdacht fiel gleich auf die Schützengesellschaft Gscheuerwand, deren Vereinsstadel oberhalb vom See steht. »Rain Man« rief die Polizei an. Die Nummer 110 hat er im Kopf gespeichert. Es kam ein Mann mit dem Handy vorbei. »Rain Man« identifizierte ihn als Polizisten. Die Leiche wurde nicht gefunden. Aber der »Rain Man« beteuert, eine entdeckt zu haben.

Am nächsten Tag tauchte wie gewohnt Altbundespräsident Hotte auf und schwamm im Wössner See, als wäre nichts passiert. In Hottes Schlepptau zieht brustschwimmend die Ex-First-Lady Eva Luise mit erhobenem Haupt hinterher, zur Abwechslung bevorzugen sie die Rückenlage. Am Ufer zurück, übt sich das Paar noch eine Weile in Frühgymnastik. Der »Rain Man« beobachtet alles aus dem Gebüsch. Was er genau sieht, weiß man nicht, weil er bereits auf einem Auge blind ist. Auf dem anderen beträgt der Sehverlust bereits über 50 Prozent, die Tendenz ist fortschreitend.

Wenn Hotte und Paule im See schwimmen, ist kein Aufpasser nötig, das heißt: Die beiden Bodyguards bekommt man nicht zu Gesicht. Expolitiker und Reporter fühlen sich ganz in ihrem Element. Je kälter das Wasser, umso mehr schwärmt Hotte: »Bei uns in der Kieler Förde war es noch kälter.« Wie abgehärtet er ist, darüber redet er gern.

An der wahren Geschichte wegen Hottes Rücktritt sind wir dran. Zwar brach er im Juni 2011 der ZEIT gegenüber angeblich sein Schweigen, doch mal ehrlich, *carissimo Giovanni*, glauben Sie, da wurde schon alles gesagt?

26

Der Kaiser und sein Harem

Vergessen Sie die Mozartkugeln. Kennen Sie »Hoargneist Nidei«? Diese gebratenen Sauerkrautlaibchen muss man in Salzburg probieren. Lecker dann die Stinkerknödel mit Graukas. Auch die hausgemachte Blutwurst sollte sich keiner entgehen lassen. Umso begeisterter war ich, als mich Nico Hofmann anrief. Deutschlands erfolgreichster TV-Produzent (»Die Flucht«, »Dresden«, »Der Medicus«) hatte ein neues Projekt: »Du musst kommen, Paul. Am besten können wir darüber in der ›Riedenburg‹ reden. Ein Restaurant in Salzburg. Beckenbauer hat's ausgesucht.«

Die »Riedenburg« ist berühmt für die Brennnesselsuppe. Das Carpaccio vom Wagyu Beef ist erstklassig. Über die »Nudelgangerl« und die »Zweierlei von der Ente« hört man Hymnen. Der Rhabarber-Crumble hat sich einige Hauben von Gault & Millau verdient. Klingt alles sensationell. Mit meinem jungen Kollegen Oliver Fritz fahre ich nach Salzburg. Das Treffen beginnt mit Warten auf Nico Hofmann. Kommt er, kommt er nicht? Wir schauen aus dem Fenster.

Winter in der Mozartstadt. Viel Pelz, aber kein Schnee. Krause Wölkchen ziehen am grauen Himmel entlang. Im Stadtteil Aigen hat sich Franz Beckenbauer in seinem kaiserlichen Domizil vor dem Lunch abgestrampelt. »Ich fahre ein bisserl Radl auf dem Hometrainer, um die Hüfte zu schmieren, damit sie beweglich bleibt«, sagt der Neunundsechzigjährige und blickt auf die Uhr. Wo bleibt Nico Hofmann? Der erscheint mit einer Dreiviertelstunde Verspätung. Der Kaiser bleibt gelassen: »Hauptsache, er ist gekommen.«

Gemeinsam hat man Großes vor: Am 11. September 2015 wird Beckenbauer siebzig, und Hofmann errichtet der Lichtgestalt ein Denkmal in Farbe, 90 Minuten lang, großes Kino. Thema: »Des Kaisers schönes Leben«. Dafür lässt Hofmann den Franz von einem Kamerateam begleiten – auch bei der Brasilien-WM.

Die Bedienung bringt Beckenbauer noch »a Glaserl Steinfelder 2012er«, Grüner Veltliner vom Franz Hitzberger aus der Wachau. Eine Story von 1977 wird besprochen. Beckenbauer wechselte damals für die Rekordsumme von 1,4 Millionen Dollar zu Cosmos New York. »Nun ja, da war ich immerhin schon zweiunddreißig. Man muss den Altersrabatt berücksichtigen«, scherzt er.

Tagsüber kickte er mit Pelé, nachts feierte er mit Andy Warhol und Mick Jagger im »Studio 54«. Und zwischendurch? Ein Weltstar baggerte ihn an: Rudolf Nurejew, der Tänzer, der als Nussknacker die weiblichen Ballettfans verzauberte und sonst schöne Männer liebte. Auch Mick Jagger hatte er angeblich verführt. Zu einem Seitensprung ans andere Ufer.

»Wie lief denn Nurejews Anmache ab?«, will Nico wissen.

»Als wir mal im Auto saßen, fing er damit an. Er hat meine Schenkel berührt. Aber ich konnte das Missverständnis schnell aufklären. ›Hey du, sei mir nicht böse, aber ich bin für dich die falsche Adresse‹, habe ich gesagt. Später hat er mir mal seine Füße gezeigt, die sahen sehr strapaziert aus.«

Der total süße Nussknacker

Nico Hofmann lächelt, schließt die Augen und überlegt, wie er diese Szene in den Film einbauen könnte. Nurejew? Schwierig, der ist seit 1993 tot. Aber es muss Aufnahmen geben, wie er auf der Bühne in »Schwanensee« oder »Giselle« himmlisch wirbelte. Auch Beckenbauer wurde am Rasen mit einem Balletttänzer verglichen. So leichtfüßig, so elegant, so göttlich.

»Wen setzen wir noch auf die Liste?«, überlegt Nico.

»Nelson Mandela wäre gut gewesen für den Film, ihm bin ich einige Male begegnet, er war eine einzigartige Persönlichkeit«, erzählt Franz. »Leider ist er auch schon tot. Ein anderer ganz besonderer Mensch, den ich gern noch mal treffen würde, wäre Papst Benedikt.«

Sein Name trifft mich wie ein Stromschlag. Reiß dich zusammen, erzähle deine Geschichte über ihn nicht. Es fällt mir schwer, aber schließlich will ich nicht Beckenbauers Illusion vom Heiligen Vater aus Altötting zerstören. Dass er mal gelogen, das Interview mit mir geleugnet hat, soll er mit dem Petrus im Himmel ausmachen. Vielleicht wird es mit einigen Bußgebeten bewendet sein. Ich schweige.

Nico Hofmann, der schon als Zwölfjähriger die Garage seiner Eltern zum Kino machte, dort seine Super-8-Filme zeigte und Eintritt verlangte, schaut skeptisch: »Benedikt? Es stand in der Zeitung, er würde sich schon darauf vorbereiten, dass ihn der Herr zu sich ruft.«

Franz wirft ein: »Georg Gänswein, sein Privatsekretär, wäre ein guter Ansprechpartner.«

Nico (rückt den Schal um seinen Hals zurecht): »Franz, wen würdest du sonst noch vorschlagen?«

»Zum Beispiel Plácido Domingo, Claudia Schiffer und Mick Jagger. Von der politischen Seite Gerhard Schröder und vielleicht sogar Wladimir Putin. Und Muhammad Ali, ihn würde ich gern wiedersehen.«

»Natürlich«, meint Nico. Und dann: »Es gibt so unglaublich viele Bilder und Eindrücke von Franz. Sein berühmter Sologang über den Rasen in Rom nach dem Gewinn der Weltmeisterschaft. Ein Wahnsinnsbild: wie Franz für Minuten völlig bei sich selbst ist, während die Spieler jubeln und sich feiern. Er grenzt sich ab von allem, um wieder zu sich selbst zurückzukehren.«

»Werdet ihr auch in New York drehen?«, frage ich.

Nico: »Unbedingt.«

»Nachdem die Zwillingstürme zerstört wurden, ist New York anders. Mir fällt es immer noch schwer, die Stadt ohne das World Trade Center zu sehen«, bekennt Franz.

»Du hast am 11.9. Geburtstag, am Tag des Terroranschlags«, fällt mir ein. »Wo warst du damals?«

»Ich war auf der Automobilausstellung in Frankfurt gewesen und wollte gerade in den Flieger steigen, als mein Telefon klingelte. Das Sekretariat des damaligen Bundeskanzlers war dran, Gerhard Schröder wollte mir zum Geburtstag gratulieren. Aber das mussten wir verschieben. Als ich später in München aus dem Flieger stieg – nur entsetzte Mienen. Vor den Fernsehern standen überall Menschen, die fassungslos auf die Bildschirme starrten. Ich sah dann auch die Türme und den Rauch, dachte erst noch, das sei ein Spielfilm, bis mir bewusst wurde, dass es Realität ist, die Wirklichkeit. Unfassbar!«

»Da bin ich das Krokodil!«

Die Hommage an den Kaiser nimmt mehr und mehr Gestalt an.

»Nun mal ehrlich, Nico, taugt Franz auch als Schauspieler?«, will ich wissen.

»Zu seinem Entsetzen ein klares Ja«, meint Nico. »Franz ist authentisch, strahlt eine ganz eigene Souveränität aus.«

»Von wegen!«, erwidert Franz. »Ich tauge höchstens fürs Kasperltheater. Da bin ich aber das Krokodil.«

»In dem Film könntest doch den Philosophen geben«, werfe ich ein.

»Das wäre übertrieben, aber Hegel, Nietzsche, Schopenhauer, Fichte – die habe ich alle gelesen. Auch Hermann Hesse und östliche Philosophen wie Laotse und Konfuzius. Die

Bücher stehen schön geordnet bei mir im Regal. Manchmal lese ich darin.«

»Du könntest deine Lieblingsweisheiten zitieren«, schlägt Nico vor.

Franz: »Wir leben in einem Paradies, aber der Endlichkeit entkommt keiner. Deshalb sollten wir nicht dauernd jammern, sondern uns das Leben schön machen. Auch wenn die Seele weiterlebt, golfen kann sie nicht.«

Sockis Tagebuch

Dienstag

Das Gespräch Paule–Hofmann–Beckenbauer macht mich stutzig. Wo bleiben die Frauen? Ist denen außer der schwulen Schmonzette mit Nurejew zum Thema Sex nicht eingefallen? Also, für mich ist Beckenbauer ohne Sex unvorstellbar. Ich habe viele angeblich hieb- und stichfeste Beweise, wie es Beckenbauer getrieben haben soll. Das ganze Archiv ist voll mit ihm angedichteten Affären.

Beginnen wir mit Penthouse vom Nr. 1/1992. Der Inhalt ist zeitlos, gerade so, als hätte das Gespräch erst gestern stattgefunden.

Beckenbauer glaubt an die Wiedergeburt und hat keine Angst vor dem Tod: »Ich wünsche mir, bewusst zu sterben. Also nicht umfallen und tot sein. Ich möchte mit Schmerzen sterben, denn ich will bewusst in ein anderes Leben eingehen. Ganz sicher glaube ich daran, dass es ein Weiterleben gibt, sozusagen eine Zurückversetzung auf die Erde.«

Und weil Franz schon mal ein großartiger Fußballer war, kommt er nach der Reinkarnation auch nicht als Tier oder als Pflanze zurück. Denn Franz ist sich sicher: »Wenn du mal als Mensch auf der Welt warst, hast du die Stufen Pflanze und Tier überschritten.«

Diese Aussage muss Helmut Schmidt ziemlich schockieren. Denn seine Frau Loki war wiederum davon überzeugt, ihr nächstes Leben im Garten der Schmidts, den sie zeitlebens hingebungsvoll pflegte, fortzusetzen: als Baum, Busch, Hecke oder Zierpflanze. Ähnlich wie Beckerbauer denkt übrigens Ruth-Maria Kubitschek, die großartig in der TV-Serie »Kir Royal« die Verlegerin der Münchner Abendzeitung darstellte. Sie erzählte Paule in einem Interview, sie sei davon überzeugt, schon mal gelebt zu haben. Zweimal sogar: »Zuerst im Umkreis von Pontius Pilatus und später im achtzehnten Jahrhundert als Kurtisane in Frankreich.«

Wenn es also mal so weit sein sollte und Franz an der Himmelspforte stehen wird, dann hat er einen Wunsch: »Vielleicht versuche ich den Abteilungsleiter dort oben zu überzeugen, dass er mich zur Abwechslung als Frau herunterschickt. Dann könnte ich Kinder kriegen.«

Das Leben als Frau hat für Beckenbauer auch sonst einige Reize: »Frauen sind einfühlsamer. Ich will nicht sagen intelligenter, aber sie haben uns natürlich einiges voraus. Eine Frau wird nach wie vor hofiert.«

Paule: Zum Beispiel, dass man der Frau die Wagentüre aufhält, das hättest du auch gern?
Franz: Ja!
Paule: Was soll denn mal auf deinem Grabstein stehen?
Franz: Gar nichts.
Paule: Leben und leben lassen!
Franz: Da gehört ein religiöser Spruch hin.
Paule: Und was würdest du auf deinen Steckbrief schreiben?
Franz: Es gab eine Werbung von NEC, wo ich von hinten drauf bin. Trotzdem erkennt mich jeder. Das reicht wohl.

Da wir gerade beim Thema sind: Es gibt nichts, was es nicht gibt: Necropedia, eine Webseite für Voraus-Nachrufe, meldet:

Franz Beckenbauer ist tot

Franz Beckenbauer, geboren am 11. September 1945 in München, war ein deutscher Fußballer und Trainer. Er starb am 22. Januar 2015, im Alter von 69 Jahren.

Auf der Seite steht ein Hinweis: Dies ist keine Todesanzeige.

Diese total beknackte Webdomäne treibt ihren makabren Scherz damit, dass sie noch lebende Stars, Lichtgestalten und Promis für tot erklärt. Unter anderem auch Helene Fischer – gestorben am 22. Januar 2015 im Alter von dreißig Jahren. Und wer weint um sie?

Mittwoch

Ich beschließe, Paule zu fragen. Manche aus der Branche behaupten, sein dickes Adressbuch sei sein größtes Kapital. Natürlich weiß ich es mal wieder besser: Es ist Paules phänomenales Gedächtnis. Er erinnert sich an jeden und alles.

Socki: Mit den Frauen, der Franz kann's. Was ist sein Geheimnis?

Paule: Seine Mutter Antonie. Franz schwärmte von ihr, sie wurde zweiundneunzig Jahre alt, war bis zuletzt geistig fit. Sie lehrte Franz die Gelassenheit, die Dinge so zu nehmen, wie sie sind. Sie war eine kluge Frau und auch eine sehr gescheite Schwiegermutter. Franz erzählte mir: »Meine Mutter hatte sich mit der Diana gut verstanden, sie hatte sich mit der Brigitte gut verstanden, sie verstand sich gut mit Sybille und schätzte Heidi sehr.«

Socki: Sind alle Menschenmütter so?

Paule: Schön wär's. Wenn Franz über Antonie spricht, verklärt sich seine Miene, als ob er von einem Engel schwärmen würde. Sie erzog den Sohn zu einem idealen Familienmenschen. Bei Konfuzius fand er dafür die weise Erklärung: »Wenn der Einzelne in Ordnung ist, ist die Familie in Ordnung. Wenn die Familie in Ordnung ist, ist das Land in Ordnung und gewährt einen dauerhaften Frieden.«

Socki: Was weißt du noch von ihm?

Paule: Er ist sehr großzügig, und wenn er sich einen Schnitzer geleistet hat, versucht er ihn gleich wieder auszubügeln. Als er zum Beispiel das Penthouse-Interview gab, saß er mit mir bis 23 Uhr zusammen, während seine Frau Sybille allein auf ihn im Hotelzimmer wartete. Ausgerechnet an dem Tag hatte sie Geburtstag. Am nächsten Morgen glättete Franz die Wogen mit einem Schmuckstück. Als ich ihn ein anderes Mal anrief, erwischte ich ihn gerade am Steuer seines 480 PS starken Audi.

Socki: Hatte er eine Beifahrerin dabei?

Paule: Eine Frau, mit der er sich, wie ich am Telefon vernahm, prächtig verstand. Ich fragte: »Wen hast du dabei?« Franz: »Meine Frau Sybille …« Ich: »Aber ihr seid doch seit zwei Jahren getrennt?« Franz erwiderte: »Ja mei, wir fahren halt gemeinsam zu unserer Scheidung von Kitzbühel nach Salzburg, wir sind doch erwachsen.« Ganz offenbar war die Fahrt ein versöhnlicher Abschluss nach vierzehn Jahren Ehe.

Socki: Der Franz ist ein Filou! Diana, Brigitte, Sybille, Heidi und fünf Kinder. Für Katzen kein Thema. Aber ich kenne ja euch Menschen. Wie kann das alles nur funktionieren?

Paule: Franz sagt: »*Werd schon wern, sagt d' Frau Kern.*
Beim Herrn Horn is aa wieder worn.
Bei Frau Wimmer ging's leider nimmer.
Dafür ging's mit Herrn Reiter weiter …«

Socki: Wieder Konfuzius?

Paule: Nein, original Beckenbauer. Der Kaiser ist auch Dichter und Philosoph.

Sechs Weisheiten und ein bisschen Kaiserschmarrn

In »Das Buch Franz: Botschaften eines Kaisers« gibt Beckenbauer seine Weisheiten preis:

Fußball war für mich nie Arbeit. Richtig Arbeit machen die Kumpel, die im Bergwerk Kohle aus den Stollen schlagen. Ich habe mich auf dem Fußballplatz auch nicht so in den Dreck geschmissen, wie meine Mannschaftskameraden, weil ich auf andere Art und Weise einen Ball gewinnen wollte. Das hat man mir anfangs sogar als Arroganz ausgelegt.

Von Fußball versteht Gerhard Schröder mehr als Angela Merkel. Er hat auch entscheidend mitgeholfen, die WM 2006 nach Deutschland zu holen. Als Kanzlerin ziehe ich vor Frau Merkel sämtliche Hüte.

Wladimir Putin hat mich mit seiner Gelassenheit beeindruckt. Außerdem ist er körperlich sehr fit, und er hat Humor. Aber natürlich ist es schwer, Russland, diesen gewaltigen Völkerbund, zu demokratisieren. Eine echte Herausforderung.

Mit welcher Inbrunst und welchem Selbstbewusstsein die Italiener ihre Nationalhymne schmettern, da läuft mir jedes Mal ein Schauer über den Rücken. Anders als die Deutschen. Wobei die Migranten den Mund überhaupt nicht aufkriegen, obwohl sie einen deutschen Pass haben und bei uns groß geworden sind. Das gefällt mir nicht. 1984, als ich die Nationalmannschaft übernahm, machte ich das Singen der Hymne zur Pflicht: Und ich habe der Mannschaft den Text ausgedruckt, damit sich keiner aus Unwissenheit versingt.

Mein Lieblingsphilosoph Jiddu Krishnamurti hat etwas geschrieben, das jeder Spieler verinnerlichen sollte: »Man kann den Berggipfel nicht ins Tal tragen. Um den Berggipfel zu erreichen, muss man das Tal durchwandern, steile Abhänge erklimmen und die gefährlichen Abgründe nicht fürchten.«

Die Fliege ist wie wir ein Lebewesen. Wie könnte ich sie absichtlich töten? Hin und wieder trittst du halt auf ein Insekt, das ist Schicksal.

27

Mein Baby haut mich um

Sockis Tagebuch

Samstag

O Wladimir, du großer Gladiator aus Kiew, du ukrainischer Super-
bär. Du bist der irre Dr. Steelhammer. Keiner von diesen Huren-
söhnen im Ring kann dir das Wasser reichen. Eine schwere Krise,
dein Karriereknick, liegt längst hinter dir. Am Boden zerstört, bist du
strahlend auferstanden. Jetzt bist du als King des Comebacks schon
seit elf Jahren unbesiegt.

Ich lese Paules Interview vor deinem 66. Kampf. Im New Yorker
Madison Square Garden wird am letzten Aprilwochenende 2015
von dir eine große Show erwartet. Doch so, wie mein Herrchen beim
Gespräch voll väterlicher Zuneigung für dich dahinschmolz, da stellt
sich die Frage: Versteht er überhaupt etwas von Boxen?

Seien wir ehrlich. Obwohl Paule in der BUNTE-Chefredaktion
auch für Sport zuständig war, hat er von Boxen ungefähr so viel
Ahnung wie Sigmar Gabriel vom Circus Roncalli. Aber lassen wir's
gut sein. Du erinnerst dich sicher, Wladi: Hotel Grand Hyatt,
Berlin, in der Daimler-Suite. Du kamst rein, hast Muhammad Ali
begrüßt — und wer lümmelte da im Sessel? Paule! Du hast Ali einige
Zaubertricks vorgeführt. Ali revanchierte sich. Er ließ ein rotes Seiden-
tuch in seiner Faust verschwinden. Dann malte er. Einen Ball. Er
sagte, es sei ein Löwenkopf. Danach musste er sich ausruhen. Die
Parkinsonkrankheit machte ihn mürbe. Paule hielt diese historische
Begegnung in einer BUNTE-Reportage fest.

Er schrieb, Ali sei einer der größten Boxer aller Zeiten. Statistisch ist er aber inzwischen von dir, verehrter Wladimir, überrundet. Wer es nicht weiß: Ali ist eine Sportikone der Sechzigerjahre, Klitschko sitzt gegenwärtig als Superchampion auf dem Thron. Das wird nur derjenige, der in allen vier professionellen Boxverbänden (WBA, WBO, IBF, IBO) den Weltmeistergürtel trägt. Das hat bisher außer Wladimir niemand geschafft.

Paule will, dass ich über Klitschkos Freundin Hayden Panettiere berichte, sonst evaluiert er meinen Text – sorry, bitte lesen Sie trotzdem weiter.

Paule und ich haben Hayden in der amerikanischen TBS-Talkshow gesehen: Conan O'Brien fällt fast vom Stuhl, als sie ins Studio stöckelt. Wie ein Wirbelwind im Ultra-Minikleid. Schulterfrei, Bob-Frisur, himmelhohe High Heels. Die Ähnlichkeit mit Sylvie Meis, der »Let's Dance«-Moderatorin, verblüffend. O'Brien will wissen, ob Hayden schon als Kinderstar davon träumte, die kleine Fee eines Riesen zu werden: »Haben Sie sich deshalb geweigert zu wachsen?«

Das Publikum lacht. Im Hintergrund wird das seltsame Paarbild eingeblendet. Hayden ist 43 Zentimeter kleiner als Wladi, sie reicht ihm gerade mal bis zur Schulter. Eine Freundin im Taschenformat. Amerika amüsiert sich. Wladi kann Hayden wie ein Notebook unter seinen Arm klemmen, wie funktioniert es dann mit der Liebe? »Für euch gibt es einen neuen Maßstab«, scherzt O'Brien: »Take-five-sex-sex.« Was es zu bedeuten hat, weiß wohl außer O'Brien keiner, aber der Gag kommt an.

Das nächste Foto an der Studiowand zeigt Wladi und Hayden auf dem Münchner Oktoberfest. »Was haben Sie denn da Komisches an?«, stichelt O'Brien. »That is a Dirndl«, sprudelt es aus Hayden quirlend heraus. »Wie heißt es nochmals?« – »Dirrrndl...«, gurrt sie. »Und wie spricht man Ihren Namen auf Italienisch aus?«

»Panne-tiere«, prustet sie los. Mit neapolitanischem Temperament klopft sie das Wort gleichzeitig mit der Hand in die Luft:

»Panne-tieeere...« *Ihr Busen bläht sich auf wie einst bei Sophia Loren. Che bella figura!*

Hayden *ist in allen amerikanischen Fernsehkanälen gefragt. Ihre Popularitätswerte steigen wöchentlich, weil sie in der TV-Serie* »Nashville« *eine Countrysängerin spielt. In der dritten Staffel wird sie als Newcomerin einem alternden Star zur Seite gestellt. Im Duo soll das Comeback funktionieren, andernfalls fällt die Tour ins Wasser, und der Plattenvertrag ist futsch. So läuft es im Showbusiness. Christina Aguillera hatte in der* »Nashville«*-Serie einen Gastauftritt. Sie verglich die Panettiere mit einem Pitbull. Hayden nahm es mit Humor auf, in der nächsten Talkrunde halste sie sich eine Anakonda um und streichelte die Würgeschlange wie ein Kuscheltier.*

Wow, *so eine Freundin hat also Wladimir. Eine bessere Werbung für ihn in Amerika gibt es kaum. Den Klatsch rundet ab, dass sich Hayden bereits einmal von ihm getrennt hat und zwischenzeitlich einem anderen gehörte. Das Liebescomeback zwischen Hayden und Wladi fruchtete mit einem Baby. BUNTE druckte die Fotos, Paule lieferte den Text.*

»Als Vater schlägst du härter«

Wladimir Klitschko ganz privat: Er wechselt Windeln, möchte weitere Kinder und erklärt vor dem WM-Kampf, warum US-Star Hayden Panettiere seine Traumfrau ist. In Florida bereitete sich »Dr. Steelhammer« auf den Fight gegen seinen amerikanischen Herausforderer Bryant Jennings vor.

Sahner: Wladimir, Sie sind zum ersten Mal Vater geworden. Was empfindet der stärkste Mann der Welt, wenn sich seine vier Monate alte Tochter an seinen nackten Oberkörper schmiegt?

Klitschko: Das Foto, das uns Haut an Haut zeigt, entstand direkt nach der Geburt, bei der ich selbstverständlich dabei war. Ein unglaubliches Gefühl! Ich spürte gleich, dass sie ein Teil von mir ist, auch wenn sie natürlich eine andere Seele, einen anderen Charakter hat. Anatomisch stelle ich fest: Teile ihres winzigen Körpers sind von mir, andere von Hayden.

Sahner: Lassen Sie mich raten: Die Hände sind von Ihnen?

Klitschko: Die Augen sind von Hayden, die Haarfarbe auch. Die Nase scheint sie von mir zu haben, die Hände wohl auch. Man ahnt: Kaya wird ein großes, schönes Mädchen werden, eine tolle Mischung aus Hayden und mir.

Sahner: Das Herz eines Boxers, ganz weich und zärtlich.

Klitschko: Kayas Herztöne berühren mich. Noch mehr genieße ich es, wenn sie lacht und mich anschaut, weil sie allmählich beginnt, mich zu erkennen. Ich spreche mit ihr Russisch oder Deutsch, Hayden Englisch. Auch wenn sie es nicht versteht, sie wird sich an die Wörter erinnern. Wenn sie schläft, so tief und entspannt, strahlt ihre friedliche Ruhe auch auf mich ab.

Sahner: Euphorischer könnten Sie kaum sein vor Ihrem WM-Kampf am 25. April 2015 im New Yorker Madison Square Garden gegen den ungeschlagenen US-Herausforderer Bryant Jennings. Macht Baby Kaya Sie noch stärker?

Klitschko: Mein Bruder Vitali, der dreifacher Vater ist, sagte mir: »Als Vater schlägst du härter.« Recht hat er. Hayden hat mir Kaya geschenkt, und Kaya hat mir ein unglaubliches Selbstbewusstsein beschert, das einen gewaltigen Ausstoß von Energie und Kraft mit sich bringt.

Sahner: Woher beziehen Sie Ihre mentale Stärke?

Klitschko: Als Psychologe, zu dem mich das Leben durch meine jahrzehntelangen Erfahrungen gemacht hat, habe ich gelernt: Je stärker der Druck von außen, je mehr Konfrontation und Aggression, desto ruhiger werde ich.

Sahner: Sie erzählten, dass Kayas Händchen schon jetzt auf die mächtigen Pranken ihres Vaters deuten. Was, wenn sie eines Tages den Wunsch äußert, Boxerin zu werden?

Klitschko: Wenn sie sich das wünscht, bitte schön. Ich werde jede ihrer Entscheidungen unterstützen. Bei Vitali und mir deuteten keinerlei Gene aufs Boxen hin. Mein Vater hatte Verständnis, dass wir uns für diesen Sport entschieden haben, meine Mutter war absolut dagegen. Sie lebt jetzt bei uns in Florida, liebt Kaya genauso abgöttisch wie ihre drei Enkelkinder von Vitali. Und mit Hayden ist sie ein Herz und eine Seele.

Sahner: Was verdanken Sie dem Sport?

Klitschko: Boxen hat uns eine Welt eröffnet, in der es weder gesellschaftlich noch charakterlich Grenzen gibt.

Sahner: Sind Sie ein moderner Vater?

Klitschko: Absolut. Kaya ist ein Wunschkind, die Erfüllung meines Traums. Ich stehe nachts auf, um Windeln zu wechseln, habe viele Bücher über Babys gelesen. Wir möchten auch unbedingt noch weitere Kinder.

Sahner: Ihr Bruder ist als Bürgermeister von Kiew Politiker geworden.

Klitschko: Was gerade in der Ukraine passiert, ist grauenhaft. Russland, bis vor eineinhalb Jahren noch unser Brudervolk, greift uns an. Unser Volk, der kleine Bruder, hat sich für den Westen entschieden. Der große Bruder Russland hat das zu akzeptieren. Sie sollten sich ein Beispiel an uns Klitschkos nehmen. Ich, der kleine Klitschko, akzeptiere und unterstütze das Handeln meines großen Bruders. Und er respektiert mich. So geht Bruderliebe.

Sahner: Hollywood gehen die starken Männer aus – ein Fall für den Champion, wenn er in Rente geht?

Klitschko: Bei »Ocean's Eleven« oder Til Schweigers »Keinohrhasen« habe ich ja schon in die Filmbranche reinschnuppern können. Es hat mir unheimlich viel Spaß gemacht. Aber große Hollywood-Pläne habe ich nicht. Außerdem verschwende ich noch keinen Gedanken ans Aufhören. Solange ich 100 Prozent gesund und erfolgreich bin, bleibe ich im Ring, weil mir Boxen unheimlich Spaß macht.

Sahner: Die Schlagzeilen des US-Boxens beherrschen ja mo-

341

mentan nicht Sie, sondern der am 2. Mai stattfindende Fight zwischen dem Amerikaner Floyd Mayweather und dem Filipino Manny Pacquiao. Wahnsinnsgage: 180 Millionen Dollar für Mayweather, 120 Millionen für seinen Gegner.

Klitschko: Irre. Dabei geht es nicht um die Königsklasse Schwergewicht, in der ich antrete, sondern ums Weltergewicht.

Sahner: Neidisch auf die Summe?

Klitschko: Überhaupt nicht. Wichtig ist doch, dass Boxen in den USA dadurch wieder höchste Beliebtheit erzielt. Auch wir werden davon profitieren.

Sahner: Von den schweren Jungs zu Ihrer besseren Hälfte: Was macht Hayden für Sie zur perfekten Frau?

Klitschko: Während meiner Singlezeit habe ich mir im Kopf eine Art Liste mit Punkten gemacht, die eine Traumfrau für mich mitbringen sollte. Bei Hayden hatte ich sofort das Gefühl, dass sie es ist: meine Frau, eine super Mutter, eine perfekte Lebenspartnerin. Wir verstehen uns, wir ergänzen uns, wir lieben uns.

Sockis Tagebuch

Sonntag

Ich bin um drei Uhr nachts aufgestanden, um mir Wladis Kampf live anzuschauen. Paule schlief wie ein Stein. Ich kuschelte mich bei Martina ein, aber sie hatte sich mit einer neuen Bodylotion eingeschmiert. Von dem multi-intensiven Lemongras-Duft bekam ich Nasenjucken.

Wladi, ich muss dir ehrlich sagen: Dein Versuch, als Boxer Amerika zu erobern, kam mir als eine Blaupause vor. Bryant Jennings hat furchterregende Arme, sie sind auch sieben Zentimeter länger als deine, dafür wiegst du um sieben Kilo mehr. Mit diesem Vorteil hättest du ihn schon in der zweiten Runde ausknocken können. In der neunten Runde bin ich eingeschlafen. Sorry, es war mir zu langweilig, zu viel Gefuchtel. Jennings duckte sich, machte Faxen, du hast die Arme hängen lassen, keine Lust zuzuhauen. Ich kapiere Boxen nicht ganz, aber nach einem Faustkampf sah das nicht aus. Da langen wir Katzen mit unseren Pfoten ganz anders hin.

Leider habe ich es auch verschlafen, wie du einen Schlag ins Gesicht kassiert hast. Danach floss Blut. Aber das ist auch besser so, dass ich den Cut auf deiner Augenbraue nicht gesehen habe. In jeder Katze steckt ein wildes Tier. Wer weiß, vielleicht wäre ich in Rage geraten und hätte die Tiger-Leggins von Frauchen zerfetzt.

In einer Kiste unter dem Scheunendach habe ich übrigens noch eine Box-Story von Paule gefunden. Ich plädiere dafür, sie für die Liebhaber des harten Sports in das Buch aufzunehmen.

Der Allergrößte – ein Zauberer mit Herz

Plötzlich nickt er ein und schläft. Dabei hat das BUNTE-Gespräch doch noch gar nicht richtig begonnen. Muhammad Ali, die Beine weit ausgestreckt, sackt mit seinem breiten Kreuz an die Rückenlehne der karierten Couch. Ich sitze neben ihm in seiner Suite im Hamburger »Atlantic« und staune. Howard Bingham, seit über vierzig Jahren Alis engster Vertrauter und Leibfotograf, erklärt die Situation: »Das müssen Sie nicht persönlich nehmen. Es hängt mit seiner Parkinsonerkrankung zusammen.«

Ali stößt feine Zischlaute aus, sie gleiten in ein zufriedenes Schnarchen über. Meine Verunsicherung wächst. Soll ich aufstehen und mich leise davonschleichen? Doch aus Respekt vor dem Mann, der wie kaum ein anderer die Menschen über zwei Jahrzehnte begeisterte, als lautstarkes »Großmaul« unwiderstehlichen Witz und Charme ausstrahlte, bleibe ich sitzen und schaue auf den schlafenden Ali. Ein Bild der Ruhe und Würde.

Auf einmal fängt er an, im Schlaf zu boxen. Links-Rechts-Kombination. Wie in Zeitlupe. Howard Bingham sagt mit ernster Stimme: »In seinem Unterbewusstsein träumt er jetzt von seinen großen Kämpfen.« Ich bin tief bewegt. »Er findet keine Ruhe, der Arme«, flüstert Bingham. Die Neugier treibt mich voran. Ich rutsche näher zu Ali, beuge mich nach vorn, um besser sein Gesicht beobachten zu können.

In diesem Moment schnellt Alis berüchtigte Rechte gegen mein Kinn hoch. Ich zucke vor Schreck zusammen. Da reißt Ali seine Augen auf, lacht schallend wie King Kong: Ho-ho-hooo!

»Gut gefoppt«, quittiere ich. Ali genießt diesen Scherz wie einen echten Sieg im Ring. Hellwach richtet er sich auf, geht gleich in Kampfstellung über. Die Fäuste auf Schulterhöhe, peilt er mich als Gegner an. Hat er noch andere Tricks auf Lager? Ali dreht sich abrupt um, kehrt mir den Rücken zu. Mit einem Finger deutet er auf die Hacken seiner Turnschuhe, und dann – ja spinn ich? – schwebt der Kerl. Die Illusionsnummer ist perfekt, der Champ scheint tatsächlich abzuheben. Ein, zwei Sekunden steht der mächtige Ali etwa drei Zentimeter über dem Teppich. Aber wie funktioniert das? Ali schüttelt trotzig den Kopf. »*Sorry, man.*« Das Geheimnis muss bewahrt bleiben. Ich applaudiere, Ali verbeugt sich höflich.

Die Alsterbrise strömt in die Suite. Durch das gekippte Hotelfenster hört man die Polizeisirene. Über Alis Gesicht huscht ein schelmisches Lächeln. Erinnert ihn der Alarm an etwas? Er formt seine Lippen, gleich wird er erzählen. Die Worte kommen langsam. Die Tagesform entscheidet. Heute ist ein guter Tag, es wird ein Witz sein, er beginnt so: »Auf der Rückbank eines Autos sitzen ein Chinese, ein Puerto Ricaner und ein Schwarzer. Wer sitzt am Steuer? – Die Polizei!«

Ho-ho-hoo! Ali plumpst aufs Sofa, biegt sich vor Lachen. Er hat sich warmgelaufen, also frage ich: »Wo ist Ihr gepflegter Schnurrbart abgeblieben?«

Ali: »Abrasiert. Ich wollte nicht…« Der Redefluss stockt. Die Parkinsonkrankheit stört mit Fehlzündungen im zentralen Nervensystem die verbale Artikulierung. Bingham hilft aus: »Jemand hat ihm gesagt, er sähe aus wie Clark Gable. Das wollte er nicht. Der Schnurbart musste weg, und danach hat er gemeint, jetzt bin ich …«

»Dark Gable«, schaltet sich Ali ein. Sein Motor läuft wieder. Er lacht, klopft sich begeistert auf seinen rechten Schenkel. »*Oh my God*, Dark Gable.« Ich lache mit. Der dunkle Gable!

Wir sprechen über den Papst, den Dalai Lama. Ob er sich noch an das Treffen mit den beiden erinnern kann? »*O yes*«, schwärmt er, »aber der Größte ist Gott.«

Dann fragt er mich: »Kennen Sie Nelson Mandela?« Ich nicke. Ali packt meine Hand: »*He is great.*«

Neun Kinder hat Ali. Seine Tochter Laila boxt ebenfalls. Ich will mehr wissen. Bingham übernimmt: »Ali liebt alle seine Kinder. Bei Laila hat er Angst, dass sie sich beim Boxen verletzt. Er kennt das Geschäft und hätte lieber, dass seine Tochter das Boxen aufgibt.«

»Arnold Schwarzenegger?«, werfe ich ein.

Ali strafft seinen Körper, streckt beide Daumen nach oben: »*My friend, the Governor.*«

Politische Fragen müssen ausgeklammert bleiben. Alis Management hat es bei den Vorgesprächen über das Interview ausbedungen. Bingham verrät trotzdem: »Auf dem Flug von Chicago nach Deutschland hat mir Ali erzählt, dass er sich von al-Qaida und dem Terrorismus der islamischen Fundamentalisten distanziert.«

Alis »Square«, der Quadratschädel, gilt immer noch als politisches Symbol. Im Kampf gegen Rassismus und Diskriminierung nutzte er seine sportlichen Erfolge, um an die Welt zu appellieren. Er legte seinen »weißen Sklavennamen« Cassius Clay ab, unterstützte den schwarzen Bürgerrechtler Malcolm X, konvertierte zum sunnitischen Islam. Aus Protest, um auf die afrikanischen Wurzeln aller Vorfahren von Schwarzen in Amerika hinzuweisen. Das brachte ihm nicht nur Bewunderer ein, sondern auch viele Feinde. Sein Management will etwaigen Kontroversen aus dem Wege gehen. Zu Alis Schutz. Islam ist ein viel zu heikles Thema.

»Welches war Ihr schwerster Fight, Ali?«, will ich wissen.

»Meine erste Frau«, grinst Ali. Er ist zum vierten Mal verheiratet.

»*Is Schröder a muslim?*«, fragt er verschmitzt. Alle lachen.

»Sein Kopf«, sagt seine Frau Lonnie, die inzwischen aufgestylt in perfekter Abendgarderobe die Suite betrifft, »reagiert wie früher. Blitzschnell und schlagfertig. Nur mit den Antworten hapert es.«

Ali lächelt sanft, sein Gesicht drückt aus, was er schon in vielen Interviews gesagt hat: »Ich bin ein glücklicher Mensch, ich bin mit meinem Schicksal zufrieden. Allah gibt mir die Kraft. Meine Krankheit ist eine Prüfung Gottes. Gott zeigt mir, dass ich ein Mensch bin wie jeder andere.«

Auch der Papst – zu dem Zeitpunkt Johannes Paul II. – habe schließlich die gleiche Krankheit wie er, betont Ali. Könnten es die harten Boxschläge gewesen sein, die bei ihm den Parkinson auslösten? Ali regt sich auf: »War der Papst etwa ein Boxer?«

Bambi ruft. Zur Medienpreisverleihung des Hauses Burda ist Ali mit seiner Frau Lonnie ebenfalls angereist. Er bekommt im Hamburger »Theater am Hafen« das goldene Rehkitz für sein Lebenswerk. Ali muss sich vorher in Schale werfen. Smoking, Fliege, Lackschuhe. Lonnie wird ihm helfen. Ich verabschiede mich, drücke Ali die Hand, so stark ich kann. Er versucht den Druck zu erwidern, seine Kraft versagt.

»*Goodbye, Champ*«, sage ich und will schnell gehen, damit keine Träne in meine Augen schießt. Ali wiehert fröhlich zurück. »*Goodbye, tramp.*«

Bis zur Tür begleitet er mich, sagt dann leise: »Gott segne dich. Grüß Franz.«

Welchen Franz?

Fast entrüstet angesichts meiner Nachfrage, grummelt er: »Beckenbauer. *He is great.*«

Die beiden kennen sich noch aus der Zeit, als Beckenbauer bei Cosmos New York spielte. Das war 1977. Am 29. September saß Franz im Madison Square Garden bei Alis WM-Titelverteidigung gegen Earnie Shavers. Nach dem Kampf wollte Ali unbedingt den Kaiser treffen, obwohl er ziemlich lädiert war. Die beiden tauschten Komplimente aus.

Beckenbauer: »Du hast einen großartigen Fight geliefert, Ali.«

Ali: »Und du hast 'ne großartige Frau, Franz.«

»Freundin«, korrigierte Franz. Es war Diane Sandmann, und er war noch mit Brigitte verheiratet. Aber das ist eine andere Geschichte.

»Nein, es ist die gleiche Geschichte«, korrigiert mich Socki. »Auch bei den starken Männern dreht sich alles um uns Frauen ...«

28

Ein netter Mensch wird kein Weltmeister

Immer wenn ich denke, es kann nicht besser werden, kommt Socki und setzt einen drauf. So wie jetzt. Ich liege auf der Terrasse, es ist kurz vor Ostern, die Mittagssonne in Lanzing wärmt, ich schließe die Augen und beame mich an die Côte d'Azur. Minuten später dreht sich das Wetter. Ich raffe die Zeitungen zusammen und rufe nach Socki. Dunkle Wolken ziehen auf, erste Böen kündigen den Orkan »Niklas« an, der kurz darauf durchs Tal wütet. Bäume werden entwurzelt, Dächer heben ab, Hunde fliegen durch die Luft. Ich ziehe mich zurück. Socki, die gerade auch ein paar Meter durch den Garten gefegt wurde, fragt frech: »Hast du Schiss?«

»Sehe ich so aus?«, blaffe ich zurück und lege den Stoß Zeitungen auf den Küchentisch. Internationale Presse, die ganze Welt ist erstaunt. Sebastian Vettel sitzt in Schumis Cockpit, zum ersten Mal im Ferrari. Schon beim Formel-1-Rennen in Melbourne schaffte er den dritten Platz. Und beim zweiten Grand-Prix-Lauf in Malaysia stand er ganz oben auf dem Siegertreppchen. So einen Triumph hatte niemand erwartet. Meist dauert es mindestens eine halbe Rennsaison, bis sich ein Fahrer an den neuen Boliden gewöhnt. Vettel ist ein Teufelskerl, auf Anhieb fährt er allen davon. Liegt das daran, dass er schon als Kind davon geträumt hat, für Ferrari zu fahren? Verleihen Träume Flügel?

Jedenfalls widmete Sebastian, den alle nur Seb nennen, im malaysischen Sepang seinen ersten Ferrari-Sieg Schumacher:

»Michael ist mein Held seit meiner Kindheit. Ich schaue noch heute zu ihm auf. Ich versuche, mein Bestes zu geben – auch für ihn.«

Corinna Schumacher, die das Rennen samt Siegerehrung und anschließender Pressekonferenz im Fernsehen verfolgte, schickte gleich eine SMS: »Danke Seb, im Namen der ganzen Familie, wir gratulieren.«

Die italienische Sportzeitung Corriere dello Sport würdigte am nächsten Tag den Triumph: »Es ist kein Traum, es ist Wahrheit! Sebastian Vettel beschert Ferrari in Sepang den Sieg, der seit 686 Tagen fehlte. Das, was zu Jahresbeginn nur eine Illusion schien, ist Wirklichkeit geworden. Ferrari ist wieder so wettbewerbsfähig geworden, dass Mercedes für Vettel den Weg räumen muss. Hamilton muss sich mit Platz zwei begnügen.«

Vor dem Triumph von Sepang stand eine Wende bei Ferrari an. Ein neuer Teamchef kam, ein neuer Motorenchef löste den glücklosen Vorgänger ab, ein neuer Chefdesigner heuerte an. Der neue Renningenieur Riccardo Adami betreute Vettel schon 2008 als Formel-1-Neuling bei Toro Rosso. Das alles war ausschlaggebend für den wohlüberlegten Wechsel Vettels nach Italien. Das neue Team versprach für ihn das, was er am meisten braucht: ein Familiengefühl. Dieses Gefühl ging bei Red Bull verloren. Vettel verzweifelte, scheiterte sogar an Daniel Ricciardo, der Nummer 2 bei Red Bull. Die geschätzten 20 Millionen Euro Jahresgarantie bei dem neuen Arbeitgeber versüßen dieses Gefühl zusätzlich, sind aber bei Vettel eher nebensächlich.

Socki ist auch, wenn es um Formel 1 geht, eine ausgewiesene Expertin, obwohl sie eigentlich das Autofahren hasst – als Beifahrerin. Es würde mir auch so ergehen, wenn umgekehrt Socki mich in diese verdammte Gitterbox stecken und auf dem Rücksitz abstellen würde. Schrecklich. Deshalb gibt es jedes Mal vor dem Losfahren dasselbe Gezerre. Einmal habe ich sie auf den Schoß genommen. Gemeinsam rammten wir eine Tram. Seitdem muss sie in die Box.

Draußen tobt der Sturm. Heute muss Socki nicht Auto fahren, wir bleiben in Lanzing. »Leg dich hin«, fordert mich Socki auf und zitiert Oscar Wilde: »*Mein träger Liebling, komm heran / und leg den Kopf mir in den Schoß, / damit ich dir den Nacken kos' / und deinen Samtleib streicheln kann …*«

Natürlich meinte es der Dichter umgekehrt: Das Herrchen lockte so seine Schmusekatze. Socki muss etwas verwechselt haben, oder hält sie mich für einen Schlappohrtiger?

Wie auch immer, ich spiele mit. Rücklings auf dem Bett ausgestreckt, hüpft mir Socki auf die Brust. Wir kuscheln. Sockis Augen leuchten. Dieser magische Blick gehört zu ihrem Repertoire. Sie beginnt zu schnurren wie Nachbars Rasenmäher. Offenbar kann das Kehlkopfsurren mit einer Frequenz zwischen 25 und 30 Hertz auch hypnotisieren, denn plötzlich werden meine Augenlider schwer. Ich kann sie nicht mehr offen halten, der Schlaf übermannt mich. Das Heulen des Sturms verstärkt sich. Plötzlich ist es aber nicht mehr der Wind. Es ist der Killersound von einem bärenstarken Motor. V10, zehn Zylinder, drei Liter Hubraum, unheimlicher Drehmoment, geballte Kraft – so wiehert das *Cavallino rampante*.

Das springende Pferdchen ist Legende. Ich habe die ganze Herde streicheln dürfen im Stall in Maranello, eine halbe Stunde südlich von Modena entfernt. Dort werden die Ferraris fabriziert. Gleich neben den Werkshallen liegt die Pista di Fiorano. Ich war auf dieser Teststrecke, traf dort Michael Schumacher. Es war der Tag, als er bei den Testfahrten zwei Aggregate geschrottet hatte, so hatten wir einen Tag Zeit, miteinander zu reden. Er zeigte mir das Museum von Enzo Ferrari. Für Ferraristi das Paradies, auf der Stirnwand prangt überdimensional ein Doppelporträt: Enzo und sein Freund Luciano Pavarotti. Auch er war in die springenden Pferdchen total vernarrt.

In den Hintern treten …

Michael hatte mir eine Probefahrt in einem Formel-1-Boliden versprochen. Das Sondermodell mit Doppelsitz stand schon bereit. Ich zwang mich in die roten, feuerfesten Rennklamotten. Trotz Magenflattern versuchte ich cool zu bleiben. Da war Michael auf einmal weg. Zur Besprechung mit den Technikern.

Der Formel-1-Bolide besteht aus 6500 Teilen. Jedes davon hatte Michael in der Hand gehabt. Er war ein gnadenloser Perfektionist. Schumi war auch der Erste, der die 2,9 Kilometer unter 56 Sekunden bezwang. Das war in seinem Weltmeisterjahr 2004. Den Fiorano-Rekord hält er bis heute. Niemand konnte bisher seine schnellste Rundenzeit knacken. Ob es Sebastian Vettel einmal gelingt?

Für einen Moment stockt mein Traum. Wo kommt Schumi denn her? Seit seinem schrecklichen Skiunfall am 29. Dezember 2013 ist mehr als ein Jahr vergangen. Monatelang dämmerte er im Koma. In die Hauspflege in seinem Familienkreis entlassen, gibt es von ihm keine Nachrichten mehr. Es kann doch nicht sein, dass ich ihm jetzt aus heiterem Himmel in Maranello begegne …

Ich höre ein vertrautes Miauen. Drehe mich um. Socki ist da. Wer kennt es nicht, dieses unerklärliche Phänomen, wenn man im Traum erkennt, dass man in einem Traum steckt, aber nicht aussteigen kann. Man versucht aufzuwachen, aber der Traum hat einen fest im Griff, und man ist dem Geschehen hilflos ausgeliefert. Es läuft alles wie in einem Film ab. Ich spiele mit und hoffe bloß, die Kontrolle nicht zu verlieren.

Socki eilt zum Kontrollpult, von wo aus man die gesamte Strecke überblicken kann. Im Schlepptau folgen Schumi und Seb. Sie nehmen Platz an den Monitoren, wo sie alle Daten über den Fahrverlauf ablesen können. Von hier aus wird auch die Funkkommunikation mit den Piloten geführt. Laut den

Regeln dürfen bei Rennen keine speziellen technischen Informationen mitgeteilt werden, die als Fahrhilfe gelten können. Dazu zählen vor allem Informationen über die Einstellung bestimmter Antriebskonfigurationen, die den Spritverbrauch beeinflussen.

Und wer fährt mich? Ich staune, denn nun sitzt Niki Lauda im Cockpit. Eine Mischung aus Wiener Schmäh und absoluter Professionalität. Was für ein Traum, fast nahtlos an der Wirklichkeit: Mit Niki hatte ich mindestens ein Dutzend Interviews geführt. Wir kennen uns seit vierzig Jahren. Ich kann ihn jederzeit anrufen, er gibt gern zu allem seinen Senf dazu. In den Siebzigern bescherte Niki der Marke Ferrari zwei Weltmeistertitel, bei zunächst umgerechnet 200 000 Euro Jahresgarantie. Das kann ja heiter werden, mit ihm über den Fiorano Circuit zu brettern. Doch zuerst erklärt er mir das eckige Lenkrad. Es hat dreiundzwanzig Knöpfe. Damit lässt sich fast alles am Auto bedienen. Auf einer dieser Drucktasten steht TALK.

»Damit kannst du eine Sprechverbindung mit dem Team in der Box herstellen«, erklärt Niki. »Die Kopfhörer sind im Helm integriert.«

Ich mache den Funktest, Socki meldet sich: Alles klar, Schumi und Seb hören mit.

Seb fängt an zu erzählen: »Ich bin schon als kleiner Junge hier in Maranello gewesen. Mit meinem Vater, ich saß auf seinen Schultern, um einen Blick auf Michael zu erhaschen. Das Heulen seines V10-Motors dröhnte in meinen Ohren.«

Genauso hatte es mir Seb in unserem jüngsten BUNTE-Interview auch erzählt.

… mit dem Hintern steuern

Einsteigen! Niki drängt zur Eile. Ich höre Sockis Funkspruch: Massa und Alonso sind schon draußen auf der Strecke. Auf einer Spritztour mit einem Ferrari F 430 Scuderia.

Muss man kennen, um die Faszination Ferrari zu verstehen. Eine atemberaubende Kiste für Tempofanatiker, bevorzugt von Großmetzgern, Fliesenlegern, Zuhältern, Schönheitschirurgen und Wüstensöhnen Arabiens. In 3,6 Sekunden von 0 auf 100, Spitze 320 km/h und ein stolzer Preis von 208 000 Euro. Dafür gibt es viel Technik direkt aus der Rennabteilung. Bei der Abstimmung des Fahrwerks hat kein Geringerer als Michael Schumacher aktiv mitgearbeitet. Auch sonst stimmt alles: Karbon für die Bremsen, Alcantara im Cockpit. Umso unbequemer sitze ich nun in dem Formel-1-Dueposto. Neben Niki versenkt, komme ich mir vor wie in einem Motorradbeiwagen. Mein Hintern klebt fast auf dem Asphalt. Da wird er bestimmt heiß.

Niki: Schumacher war der Beste. Er hatte von allen Piloten die kürzeste Leitung zwischen Hintern und Hirn. Je kürzer die ist, desto direkter kann man reagieren, desto früher spürt man das Auto, desto schneller kann man fahren. Speed, Einsatz und Kraft hatte dieser Hund. Ganz eiskalt.
Sahner: Und Sebastian Vettel? Hat er auch seine ganze Sensibilität im Sitzfleisch? War es auch sein Hintern, der ihn für die Königsklasse bestimmte?
Niki: Er ist der perfekte Pilot. Mit gutem Gerät kann wenig schiefgehen.

Wir wollen starten. Die 600 PS donnern wie vor einem Gewitter. Wird ein Sebastian Vettel vor dem Rennen nervös?
Seb (per Funk): Ein Stunde vor dem Start blende ich alles aus. Ohrstöpsel rein, Scharfmachermusik auf. Bloß nicht Lady Gaga, sondern harte Mucke, die Lust aufs Attackieren freisetzt.
Ich steige entspannt ins Cockpit. Aufwärmrunde, alles okay. Wenn die Ampeln auf Grün schalten, schnellt die Herzfrequenz hoch. Eine gewisse Nervosität fördert die Reaktionsfä-

higkeit. Überhöhte Nervosität macht alles kaputt. Du machst plötzlich alles falsch, und – schwups! – schon stehst du. In den ersten Runden wird jede Menge Adrenalin ausgeschüttet. Der beste Platz ist an der Spitze. Du fährst schlau, lässt keinen vorbei, streichst am Ziel 25 Punkte ein.

So spricht ein Sieger! Lauda nickt: Anfangs zogen ihn alle als den »Baby-Schumacher« auf, jetzt wird Sebastian immer außerirdischer.

Niki drückt am gepolsterten Lenkrad auf BITEPOINT und erklärt die Funktion: Der Fahrer kann damit den Schleifpunkt der Kohlenfaserkupplung bestimmen, wichtig für den Start.

Das heißt: Die Kupplung loslassen und Vollgas. Gib Gummi. Wir schießen mit qualmenden Reifen wie eine Rakete davon. Das Display am Lenkrad zeigt das Tempo an und in welchem Gang man fährt. Ich bekreuzige mich und denke an Schumi, der sich in unserem ersten Interview für Penthouse als Katholik bekannte: »Ich bin schon stark gläubig. Ja, ich schicke vor dem Start ein kleines Gebet hoch, bitte den Herrgott um Glück fürs Rennen.«

Seb (kontert spontan): Mein Geheimnis: Nicht so viel denken, sondern handeln.
Socki: Wie stehen Sie zur katholischen Kirche, Michael?
Schumi (knurrt): Es ist ein Unding, dass der Papst in die Dritte Welt geht und versucht, die Pille zu verbieten.
Socki: Trotzdem war es kein Grund, aus der Kirche auszutreten?
Schumi: Nein, ich zahle Kirchensteuer wie jeder andere Katholik. Ich denke, dass man Fehler macht, für die man bezahlen muss. Ich sehe aber nicht ein, dass die Kirche so viel Vermögen hortet. Die sollten mehr für die Armen und Schwachen tun.
Socki (zitiert aus dem Penthouse, Jahrgang 1992): Wissen Sie Michael, in welchem Alter Jesus Christus gestorben ist?

Schumi: Eine gute Frage. Ich schätze, mit dreißig.

Socki: Gut geschätzt. Kann auch dreiunddreißig gewesen sein. Kennen Sie die Zehn Gebote?

Schumi: Ich kannte sie, ich konnte auch mal das Vaterunser. Heute meine ich, dass ich meinen Glauben nicht vertreten muss, indem ich in die Kirche gehe.

Knochenhartes Fitnesstraining

Die Streckenabschnitte sind mit Zahlen markiert. Man kann sich gut orientieren. Der Beginn mit Ex1 verläuft schnurgerade. Da zeigt sich gleich, was in so einem Formel-1-Rennwagen steckt: Von 0 auf 200 in fünf Sekunden. Die Fliehkräfte pressen mich in den harten Schalensitz, der Nacken fühlt sich an wie nach einem Fausthieb von Rocky.

Seb (per Funk): Vor und während der ganzen Rennsaison absolviere ich ein hartes Aufbautraining, um eine hohe Ausdauer zu bekommen. Das macht man mit langen Läufen, Radfahren und speziellem Krafttraining. Damit werden auch die Muskeln aufgebaut, die man als Formel-1-Pilot am dringendsten braucht. Hals-, Nacken- und Schultermuskeln und Beinmuskeln. Das Fitnesslevel muss gehalten, die Koordination ständig verbessert und die Reflexfähigkeit geschärft werden. Ich trainiere zwei Einheiten am Tag, jeweils am Morgen und am Nachmittag, dazwischen ruhe ich mich aus, manchmal mache ich auch ein Nickerchen.

Socki: Wie haben Sie sich fit gehalten, Michael?

Schumi: Mit dem Thaiboxen habe ich aufgehört, weil das Verletzungsrisiko zu groß ist. Ich habe täglich den Sandsack für Boxer bearbeitet, um gelenkig und reaktionsschnell zu bleiben. Zwei Stunden am Tag verbrachte ich auf dem Rennrad. Wenn das Wetter schlecht war, schwitzte ich in meiner Wohnung am Hometrainer, guckte Nachrichten im Fernsehen und besprach über Handy meine Geschäfte in aller Welt.

Niki: Ich hielt mich fit mit allen Ballsportarten, am liebsten aber mit Fußball. Im Gymstudio habe ich mich an Geräten getrimmt, im Freien bin ich viel gelaufen, und für die Leichtathletik hatte ich ein besonderes Faible. Mit sechzig plus fühle ich mich wie ein dreißigjähriger Bursch. Langsam setzen bei mir auch die Altersweisheit und die Altersmilde ein. Außerdem bin ich jetzt um einen zweistelligen Millionenbetrag reicher. Künftig habe ich noch mehr Zeit, mit meinen Zwillingen Max und Mia Enten füttern zu gehen. Es ist ein tolles Gefühl, nochmals Vater zu sein.

Socki: Überzeugt, auch ein guter Vater zu sein?

Niki: Für meine erwachsenen Söhne hatte ich, bedingt durch meine Rennfahrerei, viel zu wenig Zeit. Um sie hat sich meine damalige Frau Marlene gekümmert, die bis heute mein Lebensmensch ist. Jetzt, als später Vater, werde ich alles von Anfang an hautnah mitbekommen. Auch von den Kindern lernen.

Für Püppchen nichts übrig

Wir rasen auf die erste Rechtskurve zu. Das Display zeigt 280 km/h im siebten Gang. In meinem Helm höre ich, wie Socki sich über die Herausforderungen unterhält. Weil Schumachers Schicksal uns alle erschüttert, blättern wir zurück: Wie ist der siebenfache Weltmeister als Mensch?

Schumi: Es war schon für mich etwas Besonderes, die Lizenz als Fallschirmspringer zu bekommen. Nervenkitzel pur. In der Sekunde, in der ich aus dem Flieger springe, bekomme ich unfassbare Adrenalinschübe. Der Rest des Flugs ist reiner Genuss. Wunderschön.

Socki: Was sagte Ihre Frau Corinna dazu?

Schumi: Einmal wollte sie unbedingt mit mir Fallschirmspringen und auch unbedingt im Doppelsitzer Formel 1 fahren. Sie ist ja keine Athletin, aber sie macht trotzdem solche extremen Sachen mit. Weil sie wissen will, wie ich fühle. Als wir mit 280 Sachen hier in Maranello fuhren, fragte sie mich, ob es nicht schneller ginge.

Socki: Der Schnellste zu sein, verdanken Sie es auch ihr?

Schumi (schwärmt, dass es in meinen Kopfhörern nur so rauscht): Corinna hat mich das Wichtigste in einer Partnerschaft gelehrt: diesen absoluten Zusammenhalt. Wir sind ein Team. Für mich gilt: In deinem Job kannst du nur Hundertprozentiges leisten, wenn daheim alles stimmt.

Socki: Ist das nicht ein bisschen langweilig? Ab und an mal ein schöner Streit hat doch auch was …

Schumi: Ich nenne das Diskussionspunkte. Aber wir klären die immer, indem wir reden, und das machen wir ausschließlich unter uns. Nie ziehen wir Freunde oder Dritte da hinein. Was leider immer wieder in unserem erweiterten Bekanntenkreis passiert, dass einer den anderen schlecht macht, das würde uns nie passieren. Wir klamüsern das allein zwischen uns aus.

Reden wir über Sex

Auf dem Abschnitt zwischen Ex6 und Ex7 kreuzen sich die Bahnen. Die unten liegende Streckenschleife überquert man über eine Brücke. Die Auffahrt auf die Kuppe bei Tempo 220 verringert die Bodenhaftung. Es fühlt sich an, als ob wir gleich abheben würden. Die eigentliche Schwierigkeit besteht jetzt darin, den Boliden gleich nach der Brücke in eine scharfe Rechtskurve zu zwingen. Die Keramikbremsen greifen mit unvorstellbarer Kraft. Die Wirkung gleicht einem Ankerwerfen. Mit der Wippschaltung auf den dritten Gang heruntergesetzt, fällt der Speed auf 150 km/h.

Die entstandene Bremsenergie wird durch das elektronische *Kinetic Energy Recovery System* (KERS) zurückgewonnen und gespeichert. Ein zukunftsorientierter Schritt, um Formel 1 umweltfreundlicher zu machen. Der Fahrer bekommt pro Runde ungefähr 10 Prozent mehr Leistung. Für die Energiefreigabe ist die BOOST-Taste zuständig. Niki drückt drauf, der Schub katapultiert den Ferrari im Nu von 150 auf 250 km/h. Der Geschwindigkeitsrausch setzt ein, der Puls schnellt hoch, wir rasen auf eine Haarnadelkurve zu. Der richtige Anstoß, über Sex zu reden.

Niki: Die Situation ist relativ einfach: Man muss ein Leben führen, das man leben möchte. Ich will gar nicht bestreiten, dass es Dinge gab, die man mir nachweisen kann, doch oft wurde mir mit jeder Frau, die nur neben mir stand, gleich ein Verhältnis angedichtet.

Socki (mischt sich per Funk ein): Damals zu Ihrer aktiven Rennzeit haben Sie dem großen Curd Jürgens seine Ehefrau Marlene ausgespannt. Irgendwie fies, oder?

Niki: Ach, das mit Marlene hat sich so ergeben. Gleich beim ersten Mal habe ich ihr gesagt: »Marlene, i tua ned Handerl hoit'n, ned rumschmusen vor olle Leit, und a Ries'n-Egoist bin i a.« Übrigens: Ich habe mit dem Curd nie ein Problem danach gehabt. Die Liebe fällt halt hin, wo sie hinfällt. Das wusste keiner besser als er.

Socki: Auch Schumi hat seinem Rennkollegen Hans-Harald Frentzen seine Freundin Corinna ausgespannt. Scheint eine Formel-1-Disziplin zu sein, sich gegenseitig die Frauen wegzuschnappen.

Schumi: Corinna hat mit Frentzen nicht harmoniert, die beiden passten nicht zusammen. Basta!

Socki: Und bei Ihnen, Niki: Wie lief's mit Marlene?

Niki: Man kann es in dem biografischen Film über meine Rennkarriere »Rush – Alles für den Sieg« sehen. Marlene und ich, wir hatten ein Superverhältnis. Manchmal fragte sie, wenn es Gerüchte über eine Affäre gab: War das notwendig? Daraufhin sagte ich: Es war nicht notwendig, aber es ist passiert, was soll ich machen? Damit hat sich's erledigt.

Socki: Und wenn Marlene das passierte?

Niki: Da galten die gleichen Regeln. Es kam allerdings immer darauf an, wie die Dinge abliefen. Wäre ich nach Hause gekommen und hätte sie im Bett mit einem anderen erwischt, hätte es mich nicht erfreut. Aber das ist nie passiert.

Socki: Von Vettel gab es in Budapest nach dem Rennen auf dem Hungaroring einige Fotos mit einer ungarischen Sängerin bei der After-Party. Sie trug einen Latex-Body, hatte unglaublich lange Beine, Vettel strahlte wie ein Honigkuchen.

Niki: So was gehört zu den offiziellen Partys, die organisieren die Sponsoren. Mit Britta Roeske hat Sebastian eine erstklassige Pressesprecherin, die genau das zulässt, was er will. Professionell auch, dass er seine Freundin Hanna konsequent aus dem Formel-1-Zirkus heraushält. So war ich auch. Im Cockpit bist du Egoist, mit Tunnelblick ins Ziel. Frauen stören da.

Socki: Darüber lässt sich streiten.

Schumi: Da ist Seb ein Vollblutprofi, der nur auf Sieg programmiert ist. Nie habe ich seine Freundin Hanna an irgendeiner Rennstrecke gesehen. Meine Corinna hat mich auch nie an die Boxen begleitet. Sie hat sich das Rennen immer nur im Fernsehen angeschaut.

Socki: Wenn du erzählst, wie du mit Hanna seit elf Jahren glücklich und heimelig auf einem Schweizer Bauernhof in der Nähe des Bodensees lebst, bin ich ganz gerührt.

Seb: Auf dem Hof fühle ich mich einfach wohl. Es ist sehr ruhig dort. Hätten wir Hunde, würden wir mit ihnen reden.

Paule: Niki Lauda hat sich auf Ibiza auch einen Hund zugelegt. Er heißt Bruno, genauso wie der Appenzeller Schnauzer von Walser.

Socki: Zufälle gibt's!

Paule: Bruno hat schon in Laudas rote Kappe gebissen. Niki hat gelacht. Immer lachen, das ist typisch für ihn.

Niki: Halt's Maul, Paul!

Socki: Worüber lacht die Formel 1?

Schumi: Natürlich kursieren schwarze Witze in der Runde, das nennt man wohl Galgenhumor. Jungen Kollegen legt man auch schon mal einen toten Fisch in den Helm, stinkt bestialisch in der Sonne. Und manchmal veröffentlicht man die Geheimnummer eines Kollegen unter der Sexrubrik in einer Tageszeitung.

Socki: Seb, kürzlich fragte dich ein Freund, wo du, der Weitgereiste, noch gern hin möchtest?

Seb: Wie immer: nach Hause, ganz ohne Flugzeug und Hotels. Endlich kein Frühstücksbüfett, sondern die Brote selber schmieren und im eigenen Bett schlafen.

Socki: Bernie Ecclestone gefällt dein braver Lebenswandel nicht. Er mosert öffentlich über dich: »Er macht einen guten Job, aber er glaubt, sein Job sei damit getan, schnell Auto zu fahren. Ich sehe ihn nicht auf dem roten Teppich. Lewis Hamilton ist der bessere Weltmeister. Wenn er etwas sagt, dann ist es immer gut für den Sport, selbst wenn es albern ist, was er sagt. Lewis ist ein guter Botschafter für Formel 1.«

Seb: Ich mag Bernies Humor. Er ist scharfsinnig, geistig megafit und schießt britisch cool zurück, wenn man ihn auf die Schippe nimmt. Trotz des riesigen Altersunterschieds haben wir zwei einen ähnlichen Humor, auch mal unterhalb der Gürtellinie.

Socki: Aber Bernie verlangt nach neuen Helden und nicht nach einem, der kein Held sein will.

Seb: Was soll's. Ich bin ich. Ich verschwende keinen Gedanken daran, ob das jetzt toll ist. Unterm Strich bin ich ein ganz normaler Mensch.

Paule: Wir weichen von Thema Sex ab!

Socki: Warum? In allen deinen Interviews mit Vettel kommt das Wort Sex nicht ein einziges Mal vor!

Paule: Welcher Begriff führt?

Socki: »Familie«, vierundzwanzig Mal in acht Interviews erwähnt.

Paule: Das zweithäufigste Wort bei Sebastian?

Socki: »Eltern«. Und dann kommt »meine Freundin«. Nach einem Sieg in Abu Dhabi zum Beispiel schickte er ihr weltweit eine Liebeserklärung, live übers Fernsehen. Jeder bekam das mit und sollte es auch: »Ganz viele Grüße an meine Heimat, an meine Freundin und ihre Eltern. Sie sitzen zu Hause auf dem Sofa und haben die Daumen gedrückt. Ohne sie alle hätte ich es nie so weit geschafft.«

Paule: Und wie steht's mit Niki, der spricht doch über Sex.

Niki: Ich erklärte meinen beiden älteren Söhnen, dass heute nichts mehr ohne Kondom läuft. Und wenn sie Schwierigkeiten beim Anlegen hätten, sollten sie der Freundin sagen, dass sie es lernen muss.

Socki: Das sagten Sie einem damals Vierzehnjährigen?

Niki: Ja. Weil ich glaube, dass man gar nicht früh genug mit der Aufklärung anfangen kann. Ich sagte: Es gibt Frauen, die legen dir den Gummi an, dass du es gar nicht merkst. Und es gibt andere, für die ist es die peinlichste Situation ihres Lebens. Es funktioniert nur in beiderseitigem Zusammenspiel.

Der Geist des Enzo Ferrari

Der Streckenabschnitt Ex13 mündet in eine Kehrtwende. Am multifunktionellen Lenkrad, Kostenpunkt 20000 Euro, werden jetzt zwei Tasten betätigt. MID regelt das Differenzial für mittelschnelle Kurven. Das entspricht 110 km/h im dritten Gang. Danach wird MIX gedrückt, um das Benzingemisch zu bestimmen. Ob fett (viel Benzin, wenig Luft) oder mager (viel Luft, wenig Benzin), ist für den Verbrauch maßgeblich, was in den letzten Runden, wenn der Sprit im Tank knapp wird, über den Rennausgang entscheiden kann. So mancher Rennfahrer ist mit dem letzten Tropfen in die Zielgerade gerollt und wurde von den Rivalen im Bruchteil einer Sekunde noch überholt.

Wir brausen mit dem Fettgemisch weiter. Die Teststrecke Fiorano ist kein offizieller Rennkurs. Hier wird jeder fertiggestellte Monoposto (Einsitzer) eingefahren, seine technischen Daten gesammelt und Verbesserungen geprüft. Das Streckenprofil entspricht stellvertretend den meisten Formel-1-Kursen, mit den typischen Kurven, Bogen und Tempoabschnitten. Die maximale Geschwindigkeit, die diese 8,2 Meter breite Piste zulässt, liegt bei 290 km/h. Den besten erreichten Top Speed hält übrigens die Vollgasstrecke von Monza. Ausnahmsweise nicht von Schumi, sondern von Vettels Exteamkollegen erzielt. Daniel Ricciardo fuhr hier mit einem Red-Bull-Renault-V10-Motor sagenhafte 362,1 km/h.

Die meisten Kilometer auf dem Fiorano Circuit hat, wie könnte es auch anders sein, Michael Schumacher abgespult. Während seiner Testwochen schlief er sogar im Clubhaus, oben im ersten Stock. Das Erste, was er aus dem Fenster sah, als er morgens aufwachte, war die Piste.

Wir trafen uns damals zum Penthouse-Interview in diesem Ferrari-Heiligtum. In dem winzigen Häuschen an der Teststrecke hatte der Markengründer Enzo Ferrari residiert. Schumi setzte sich auf die abgewetzte Ledercouch vor dem Kamin, der schon lange nicht mehr gebrannt hatte, goss sich stilles Wasser ein und sagte: »Die Couch hat Corinna für mich ausgesucht, weil die alte hin war.«

Er wirkte ehrfürchtig, und ich spürte es auch: Sobald man in dieses Haus kam, berührte einen der Geist des großen Enzo Ferrari. Schumacher sagte: »Leider habe ich ihn nie kennengelernt. Aber es ist trotzdem für mich etwas sehr Emotionales, hier wohnen zu dürfen. Das Büro ist noch so wie früher, nur der erste Stock wurde renoviert.

Geboren, um Weltmeister zu werden

Hinter der Brücke, wo oben die andere Pistenschleife führt, liegt die Schikane. Man kann sie kaum erkennen. Darin liegt auch die Tücke. Hier kommt es nicht nur auf das fahrerische Können an, sondern auf die mentale Kondition. Auch Weltmeister – Lauda, Schumacher, Vettel – haben sich schon an der Schikane verbremst, sind geradeaus vorbeigeschossen und büßten dafür Strafzeiten ein. Die Rennkommissare erteilen diese per Funk, der Sündenpilot muss nach einer verpassten Schikane langsamer fahren, darf eine Runde lang nicht überholen. Er wird praktisch im Rennen zurückgestuft. Oft kommt es zu umstrittenen Urteilen, die sogar die Weltmeisterschaft massiv beeinflussen können. Jahrelang munkelte man, dass Ferrari von der FIA, dem Dachverband des Automobilsports, bevorzugt werde. Es war Ralf Schumacher, bei Mercedes unter Vertrag, der gegen seinen Ferrari-Bruder auf diese Weise wetterte und mehrmals sogar behauptete: »Mercedes wurde der Sieg geklaut.«

Die Schumachers – eine Bilderbuchfamilie? Michael Schumacher hat es sich damals abgewöhnt, gelegentliche Attacken seines Bruders zu kommentieren, übte sich als der Ältere in milder Nachsicht.

Pasta alla Mama Rosella

Wie wird man Weltmeister? Die Frage passt zur Schikane.

Niki: Ich war ein brutaler Egoist. Schumacher war ein Egoist. Gerhard Berger war ein richtig netter Mensch, wurde auch nie Weltmeister. Sein bester WM-Platz mit Ferrari war, zweimal Dritter zu sein. Ohne Egoismus läuft bei der Formel 1 überhaupt nichts. Man muss genau wissen, was man will – und man muss das konsequent durchboxen. Das bringen im Endeffekt nur Egoisten fertig.

Paule (lacht): Jetzt hat Niki interessante Urteile über seine beiden Fahrer Lewis Hamilton und Nico Rosberg bei Mercedes gefällt: »Diese Jungs sind egozentrische Bastarde.«

Socki (fachmännisch): Auch Schumi meinte, er hatte keinen einzigen Freund in der Formel 1.

Niki: Absolut richtige Einstellung. Ich fahre los mit zwanzig anderen und will die alle schlagen. Ich will gar keinen Freund dort haben. Ich will nur eines: der Beste sein. Der Zweite ist in der Formel 1 schon der erste Verlierer.

Socki: Gibt es einen Formel-1-Piloten, der einen Oldie wie Sie um Rat fragt?

Niki: Jeder von denen glaubt, er weiß alles. Jeder glaubt, dass sein Weg der beste ist. Deswegen wird nicht viel gefragt.

Socki: Wie steht's mit Seb?

Niki: Im Vergleich zu allen Kollegen ist er ein absolutes Naturtalent, was Geschwindigkeit und Risikobereitschaft betrifft. Dazu kommt, dass er ein hochintelligenter Rennfahrer ist, der sich hundertprozentig auf seinen Job konzentriert, Manager prinzipiell ablehnt und Verträge selbst macht, weil er so schlau ist.

Socki: Muss seine Hanna Angst um sein Leben haben?

Niki: Das Risiko ist inzwischen gleich null. Zu meiner Zeit waren wir Fahrer charismatische Persönlichkeiten, weil wir uns wirklich mit Leben und Tod auseinandersetzen mussten. Die heutigen Carbon-Monocoques sind sicherheitstechnisch der absolute Wahnsinn. Ich wäre mit meinem Auto von früher bei den heutigen Unfällen gleich zweimal tot gewesen. Aber jetzt steigen die Piloten nach einem Crash aus dem Auto aus, als wäre nichts passiert.

Schumi: Schwieriger als Weltmeister zu werden ist, diese Position zu verteidigen. Aber ich liebte es, der Gejagte zu sein, denn ich wusste, dass ich ein gewisses Ziel erreicht habe. Ich war Weltmeister. Jetzt mussten die anderen beweisen, dass sie besser sind als ich.

Seb: Der Gejagte zu sein ist auch meine absolute Lieblingsposition. Ich fühle mich erst wohl, wenn alle hinter mir her sind. Ich respektiere meine starken Gegner, am liebsten aber sehe ich sie im Rückspiegel. Allerdings, das stimmt schon: Der Weg nach oben ist leichter, als die Spitze zu verteidigen.

Schumi: Zum Erfolg bei Ferrari gehört auch, so oft wie möglich in Maranello auf der Teststrecke zu sein und Pasta zu essen bei Mama Rosella.

Socki: Wer ist Rosella?

Schumi: Rosella ist eine ganz spezielle Frau. Sie war fast meine zweite Mutter. Ihr gehört das Restaurant »Montana« nahe der Rennstrecke in Maranello. Sie brachte mir oft mein Frühstück, mein Essen – sie umsorgte mich liebevoll und herzlich. Wegen Rosella hat sich mein Italienisch verbessert, weil sie kein Englisch versteht. Oft saßen wir bei ihr bis zwei, drei Uhr nachts, tranken Wein und quatschten über Gott und die Welt, wie in einer großen Familie.

Der Duft der Spaghetti alla carbonara stößt in meine Nase. Das Wasser läuft mir im Mund zusammen. Wenn ich mir bisher sicher war, in einem Traum gefangen zu sein, so weiß ich plötzlich, dass ich aufgewacht bin. Mit einem ungeheuren Appetit auf Pasta!

Ich rappele mich hoch, bleibe an der Kante noch eine Weile sitzen. Wie mag die geträumte Testfahrt wohl ausgegangen sein? Hat Niki die Schikane gemeistert, oder ist er durch die Abkürzung gerauscht? Das Ende vom Traum fehlt. Umso intensiver tauchen die Bilder vom Ristorante »Montana« in meinem Kopf auf. Ich habe dort öfters mit Schumi gespeist. Rosella Paolucci lernte ich persönlich kennen. Eine Italienerin wie aus einem Film von Fellini. Herzlich, laut und energisch. Eine Meisterin der Emilia-Romagna-Küche. Sie führt das Familienlokal wie einen Heiligen Gral der Formel 1, vollgestopft mit Andenken: Autogramme, Helme und Rennoverals der Ferrari-Champions. Eine ruhmreiche Fotogalerie schmückt die Wände.

Es dämmert über Lanzing. Der Sturm »Niklas« hat den Himmel am Horizont aufgerissen. Unter den düsteren Wolken sickert ein kosmisches Licht durch, wie von fernen Planeten ausgestrahlt. Wie die Alpengipfel in solcher Stimmung leuchten, gleicht einer Inszenierung für die Götter. Im Geiste höre ich die Pauken aus Wagners »Rheingold« donnern.

Die Aromen aus warmen Tomaten und dampfenden Nudeln benebeln mich. Der Duftspur folgend, schiebe ich mich aus dem Schlafzimmer über den dunklen Gang. In der Küche brennt Licht. Meine Frau Martina steht am Herd, macht Spaghetti al pomodoro.

»Du hast geschlafen wie ein Stein, dabei aber vibriert wie ein Zitteraal. Hattest du einen Albtraum?«, fragt sie.

»Ja, Niki Lauda ist mit mir über die Piste in Maranello gedonnert. Der Benzingeruch hängt mir noch am Hemd.«

Martina ist unbeeindruckt von so viel Heldentum. »Wo ist Socki?«

»Hier riecht es wie bei Mama Rosella«, sage ich: »Socki wird gleich kommen.«

»Aber wo ist Socki?«, fragt Martina besorgt.

»Auf ihrem Klo. Gestern habe ich sie erwischt, wie sie die Tomatensoße aus dem Teller in der Spüle leckte.«

Martina lacht: »*Claro*, sie ist eben eine italienische Katze.«

»Eine Ferrarista«, ergänze ich.

29

Das Parfüm und der Dieb

Sockis Gossip

Der 21. Juni 2014. Herrchens siebzigster Geburtstag. Festauftrieb im Chiemgau. Über das ein paar Kilometer entfernte Marquartstein, eine Gemeinde mit dreitausend Einwohnern, dichtete der bayerische Mundartsänger Roider Jackl:
»'s Madl aus Marquartstoa / Lasst sich im Steh net toa / Macht's bloß im Liegn die Sau / Wia a gnädige Frau ...«

Unser Bauernhaus steht unter Denkmalschutz. Kurz nach Napoleons Feldzügen 1805 erbaut, glänzt es frisch gestrichen in Blau-Weiß wie eine Kulisse im Bauerntheater. Zum Fest wurde der Eingang dekoriert. Am Zaun hängt der Willkommensgruß in Enzianblau. Die Aufschrift verkündet: »Liebe Lässt Lanzing Leuchten.« Von einem Plakat lächeln Paul und Martina großformatig. Der Bonvivant und die Schlossherrin, wie zwei Charakterdarsteller. Auch leibhaftig geben sie ein gut gelauntes Paar ab.

Der Shuttle-Service bringt die Gäste von Achental herbei. Beim Aussteigen macht sich ein Raunen breit: »Wo Paul ist, zieht der Erfolg hinterher ... Wie macht er das? Was ist sein Trick?«

Der grüne Rasen ist dicht, obenauf liegt ein roter Teppichläufer. An der roten Kordel entlang schiebt sich langsam die Gästeschlange voran. Eine Fotokamera klickt. Martina schüttelt die Hände, Paule umarmt alle. Er trägt einen weißen Leinenanzug. Barfuß steckt er in edlen Baldessarini-Slippern, man könnte ihn auch für den Boss eines kolumbianischen Kokainkartells halten.

367

Unter freiem Himmel stehen lange, weiß gedeckte Tische. Gasheizer, Großraumschirme, Blumenpracht, 1001 brennende Kerzen. Im Garten ist auch das Büffet mit Front-Cooking aufgebaut. Christ Catering aus Dillingen startet ihre Bayernoffensive. Biofleisch aus dem Saarland herangekarrt, Slow-Backing-Brot aus Mount-Saint-Martin besorgt, hausgemachte *campanelle, casarecce, penne* aufgetürmt. Der in Würfel klein geschnittene Schweinerücken im Kräutermantel wird der Renner, während sich die Stände unter der Last von Supreme-Maishuhn, Eismeer-Lachsforellen, thailändischen Riesengarnelen, gegrillten Gambas und Kürbis-Rucola-Salat mit eingelegten Kichererbsen biegen. Dieses kulinarische Fest, das sieht man sofort, hat eine Botschaft: Es muss nicht immer Käfer sein.

Der Boxer-Gentleman Henry Maske kommt im blauen Blazer. Otto K. Bernheimer, der beste Teppichexperte der Welt, trägt stilecht zu Krachledernen bordeauxrote Kniestrümpfe und blutrote Haferlschuhe. Bernie Paul bringt ein Ständchen mit seinem Hit »Lucky«. Man sieht Gäste mit spanischen Reiterhüten und in Indianer-Ponchos, genauso wie in Dior-Kleidern oder Edelgammellook. Bei Paules siebzigstem Geburtstag treten die Promis so privat wie nie auf.

Der Alarm kommt von unten: High Heels, Stilettos und Stöckelschuhe durchbohren den aufgeweichten Gartenboden. Dutzende von Maulwurffamilien müssen flüchten. Sie verlieren unter der zerfurchten Erdkrumme ihre unterirdischen Behausungen und werden obdachlos. Zu diesem Gartenfest hätten Adiletten, Espadrilles und Jesuslatschen Pflicht sein müssen, um den Rasen zu schonen.

Für das Beiprogramm sorgt König Fußball. Auf einer Großleinwand flimmert in der Alpendämmerung das WM-Spiel Deutschland gegen Ghana.

Das Nächste, was ins Auge sticht, ist ein weißer Bentley, der ein Stück die Straße hoch geparkt hat. Blendend überstrahlt er die Schneegipfel vom Karwendelmassiv. Jens Westerbeck schwärmt von dem Modell: *Flying Spur. A statement of intent. A fusion of extremes. The power of luxury.* Wem mag er gehören?

Bevor wir uns der Frage widmen können, geht es bei diesem Fest erst mal um das Wetter. Über Lanzing brauen sich seit Tagen finstere Wolken zusammen. Windig und kalt, regnet es Katzen und Hunde. Nur Paules Stirn leuchtet mit sonnenklarer Zuversicht: »Am Samstag gibt es Kaiserwetter!«

Apropos Kaiser. Kommt Beckenbauer auch? Paule zählt ihn zu seinen Spezies, wie man in Bayern sagt. Franz hätte auch Zeit. Die FIFA hat ihn als Ehrenmitglied gesperrt. Als Persona non grata ist er bei der WM 2014 in Brasilien unerwünscht, weil er einen Fragebogen über Schmiergelder von Ölscheichs in Katar unbeantwortet liegen ließ. Allein so einen Schmierlappen an Franzl zu schicken war schon eine Zumutung, noch dazu in Englisch. Hätte der »Haufen alter Hurensöhne«, so nennt Uruguays sozialistischer Staatspräsident Jose Mujica die FIFA, das Auskunftsblatt auf Bayerisch formuliert, hätte Franzl es gleich geschnallt: »Des is a Schaafscheiß ...«

Wie ein Filmfestival

Das Wetter klärt sich: Blau-weiß jauchzt es über dem Himmel. Zu Petrus hat Paulus einen speziellen Draht. Wenn Paule anruft, geht Petrus ran. Übertrieben? Hören wir uns an, was die BUNTE-Chefin dazu meint: »Wenn ich sage, ruf an, Paul, dann ruft er auch an! Bei Bill Clinton, Papst Franziskus, dem Dalai Lama, Richard Gere, Nelson Mandela, Franz Beckenbauer, dem Kaiser von China. Und das Erstaunliche: Sie heben auch ab.«

Ein bajuwarisches Trio legt los. Ich flüchte unter die Bänke. Gesprächsfetzen ziehen durch den Busch. Das Gemurmel schwillt zu einer Kakofonie an.

Hinter der Gartenhecke wird getuschelt: »Stell dir vor, der Hund vom Köhler hat eine Ente gerissen. Heute beim Frühspaziergang am

Teich.« Eine mir bekannte Stimme grummelt: »Ganz schlimm, vier Entlein bleiben als Vollwaisen zurück. Der Tierschutz wurde verständigt.«

Da waren einige aufgebrachte Dörfler, die forderten: »Der Hund gehört sofort eingeschläfert.« Jemand fragt: »Hat Köhler einen Dobermann oder einen Schäferhund?« – »Einen Pudel.« – »Das gibt's doch nicht. Kann ein Pudel eine Ente töten?«

Es wird gegoogelt. Wikipedia klärt auf: *Ursprünglich waren Pudel apportierende Jagdhunde, spezialisiert auf die Wasserjagd. Der Name kommt vom altdeutschen puddeln und bedeutet im Wasser planschen.*

»Da hamas«, brummt die Männerstimme. »In des Pudels Kern sind die Urinstinkte erwacht. Der Hund hat Blut geleckt und muss erschossen werden, bevor er weiterwildert.« Wer könnte als nächstes Opfer dran sein?

Der Bürgermeister befürchtet, die BILD könnte von diesem Zwischenfall erfahren. Die gehen jedem Gerücht nach. Irgendwas könnte schon dran sein an der Gschicht. Köhlers wildernder Hund wäre schlecht für den Ruf des Chiemgaus.

Westerbeck, der verkappte Sherlock Holmes

Das Käppi tief in die Stirn gezogen, streift einer verdächtig die Landstraße entlang. Noch ein verkappter Jäger? Er hat eine gesteppte Waidmannsweste an, die Boots und das Holzfällerhemd sind von Camel. Die Wiese ist zugeparkt mit Autos, die alle mehr PS haben, als sie zum Fahren brauchen. Der Käppiträger fällt auf, einige tuscheln: »Ist das Atze Schröder ohne Perücke?« Ich sehe nur sein mächtiges Gebiss – ein Wall aus Zähnen wie bei einer Festung – und halte ihn deshalb für den Halbbruder von Stefan Raab. Doch Paule korrigiert: »Das ist Jens Westerbeck.« Klingt fast wie John Steinbeck. Also muss er wohl Schriftsteller sein. Ich vermute, er ist auf der Suche nach Stoff für sein neues Buch. Dann ergibt es auch Sinn, was er auf der Landstraße macht: Westerbeck sucht nach dem weißen Bentley. Wer eine noble Luxuskarosse mit einem englischen Kennzeichen und als Linkslenker fährt, muss einen Fuß in einer Steueroase haben. Westerbeck resümiert: »Guernsey, Jersey, Isle of Man gehören zum britischen Kronbesitz.« Dann brummt er vor sich hin: »Womöglich gehört auch Otto Kern zu diesen Insulanern.« Notizen macht er sich keine, aber sein Gesicht verrät, wie der Verdacht in seinem Kopf gärt. Wie in einem alten Weinfass. Heißt der Bentley-Besitzer tatsächlich Otto Kern?

Der Hemdenkönig Otto ist ein alter Tenniskumpel von Paule. Otto ist großzügig, er brachte Geschenke mit. COMMITMENT Woman, das neue Eau de Toilette, bei Douglas erhältlich. Einhundertfünfzig Packungen als ein Souvenir für die Festgäste. Einige Tüten werden verschwinden. Noch ein Fall für Westerbecks Ermittlungen.

In Lanzing inspiziert er gerade eine Rolex-freie Zone. Mit Paule verbindet ihn die Herkunftsregion, Ostwestfalen. Ihre Geburtsorte, Bockum-Hövel (Paule) und Bünde (Westerbeck), sind nur 120 Kilometer voneinander entfernt, also eine knappe Stunde, wenn man mit dem Porsche in Richtung Bielefeld brettert.

Der Buffalo-Schorsch als Klimaretter

»Es ist das Tal der Büffel«, sagt Schorsch mit weit ausholender Geste. Von Lanzing über Schleching bis Raiten zieht sich dieses Territorium als Chiemgaus Outback. Unter dem Tisch von Schorsch finde ich mein Plätzchen und gönne mir eine Verschnaufpause. Neben Schorsch auf der Bank sitzt seine Frau Gaby. Die beiden habe ich schon mal nackt gesehen. Sie schwimmen aber nicht mit Hotte im Wössner See, sondern gehen im Chiemsee baden. Dort gibt es einen FKK-Strand. Gaby könnte als bayerische Kim Kardashian durchgehen, wegen der vollen, grellrot geschminkten Lippen natürlich. Schorsch ist ein gestandenes Mannsbild, ein Bilderbuchbayer. Wenn er über Büffel erzählt, muss man befürchten, dass ihm gleich Hörner wachsen. Er kannte Paules blau-weißes Landhaus mit dem spitzen Dach schon als Kind. Seine Urgroßmutter wurde dort geboren. In den Wänden nistet die Jahrhundertfeuchtigkeit, es kann noch problematisch werden, sie trockenzulegen, meint er. Aber Martina kennt sich aus, sie wird es schon meistern. Aus dem alten Kuhstall will sie eine Bibliothek machen, die Seitenwand für eine Tür zum Garten durchbrechen. Dann kann Paule »von seinen Büchern und Zeitungen direkt zur Hängematte schleichen, zum Denken und Arbeiten«, verkündet Martina ihr Projekt.

Auch Schorsch hat Pläne. Er ist Erfinder. Eine Wasserturbine hat er konstruiert. Ein kleines Bächlein reicht, um sie anzutreiben, und schon produziert sie genug Strom für einen ganzen Hof. Heesters Witwe, die Schauspielerin Simone Rethel, hört ihm aufmerksam zu, sie will mehr wissen. In Südtirol, wo sie ein Bauernhaus besitzt, plätschert auch ein Gebirgsbach vorbei. Schorschi sieht einen Silberstreifen am Horizont: Er schlägt vor, die Lage zu sondieren, dann würde er bestimmt eine Lösung finden, um das Ding an Simones Anwesen anzuschließen. Sein Optimismus steckt an, obwohl er glücklos auf seinem Patent sitzt. Viel investiert, kaum einen Cent bisher verdient. Aber was bedeutet schon Geld, wenn man den Klimawandel stoppen will.

Die Angst ums Katzenklo

Der Duft von würzigem Parmesan, aromatischer Rosmarin-Jus, geröstetem Fenchel und Pinienkernen, frischem Thymian und gehobeltem Knoblauch zieht durch den Garten. Nichts für eine Katzennase. Mir stinkt's. Der Trubel reißt mir Laufmaschen in mein Nervenkostüm. Ich ducke mich. Ja nicht unter der Bank meinen Kopf hinausstrecken, sonst gerate ich bei dieser Völkerwanderung zum Büffet noch jemandem unter die Louboutins. Nie habe ich so viele Menschen auf einen Haufen gesehen. Gut, Paule und »Baby« — Frauchens Kosename — haben oft am Wochenende Gäste: seine beiden Schwestern oder sein Neffe mit dessen Freundin. Einmal übernachtete bei uns sogar ein jüdischer Musikkritiker mit seiner singenden Venus aus Prag. Doch nun ist die Hölle los. Ich verstehe es nicht. Wenn Paule schon die Filmfestspiele in Cannes zu hektisch sind, warum tut er sich dieses Trara in seinem Garten an? Außerdem, ich muss mich um mein Katzenklo sorgen!

Martinas Vorschlag, VIP-Toilettenwagen Maxi High (blau) und Maxi Exquisit (rosa) zu bestellen, hat Paule abgeschmettert. Sparmaßnahmen. Dafür hat er fünfzig Flaschen von Lamm's Jung Riesling mehr geordert. »Baby« musste unser exklusives Familienbad als stilles Örtchen für die Gäste freigeben. Sie stellte auf den Spülkasten eine Batterie von flauschigem Toilettenpapier und macht jetzt jede halbe Stunde einen Kontrollgang. Aber was geschieht, wenn ein V.I.P. in mein Katzenklo pinkelt? Nicht auszudenken! Ich muss mit Paule sprechen. Aber wo ist er nur?

Wie interviewt man den jungen Sahner?

Auf der Suche nach Herrchen entdecke ich Hans Leyendecker, den investigativen Spürhund von der Süddeutschen Zeitung. Ich erkenne ihn an seinem Haarschnitt: wie ein Augustinermönch, alles nach vorn in die Stirn gekämmt. Leyendecker hat Paule schon zu seinem Sechzigsten eine ganze Seite in der SZ gewidmet. Er beschrieb seine Augen als die eines melancholischen Stofftiers, seine Stimme als Brummsingsang, und brummlieb könne er auch sein. Leyendecker verfasste eine ziemlich präzise Anleitung für einen jungen Reporter, um Paule zu interviewen.

Die erste Frage soll lauten: »Herr Sahner, es ist toll, dass wir offen über alles reden können. Vor zwei Jahren ist Ihre Mutter im Alter von achtundachtzig Jahren gestorben. Mein ehrliches Beileid. Ich habe oft an Sie gedacht. Wie würde Ihre Mutter, die eine großartige Frau war, Ihr Leben beurteilen? Wäre sie stolz? Hmm?« Nach einigem Geplauder würde Sahner vom Sie zum Du wechseln: »Paul ist doch besser.« Dann würde er sich dem Hauptthema nähern, dass er etwa hundert Frauen in seinem Leben hatte.

Darüber habe er früher – mit Rücksicht auf die Mutter – geschwiegen. Heute wolle er – mit Rücksicht auf die Tochter – auch nichts dazu sagen. Und er würde diktieren: »Schreiben Sie: zu viele Frauen. Das reicht doch.«

Als Paule sechzig war, glänzte sein Haar noch »kanzlerbraun«. Das Geheimnis dahinter blieb Leyendecker nicht verborgen, weil er Paules Bad benutzte (»Muss mal eben austreten«). Dort entdeckte er die Fläschchen von Grezian 2000. Laut Packung gibt diese Tinktur dem grauen Haar »die natürlich aussehende Farbe zurück, allmählich, unauffällig, wo und wie viel Sie wollen«. Grezian 2000 war angeblich auch das Mittelchen, das Gerhard Schröder zurück zu seiner natürlichen Haarfarbe verhalf. Das hat Paule Schröders Mutter beim Besuch in ihrer Wohnung entlockt: »Jau, das nimmt Gerd, aber das ist ja nicht färben, wohl.« Die Freundschaft zum Kanzler, der stets behauptete, sich die Haare weder färben noch tönen zu lassen, erhielt durch diese Enthüllung einen irreparablen Riss. Und wie es scheint, hat sich die Mutter wohl auch falsch erinnert, denn gegen eine ähnliche Behauptung hat Gerhard Schröder ja bereits erfolgreich geklagt. Ich lernte Paule ohne diese Haartinte kennen. Frauchen hatte es ihm vor der Hochzeit ausgeredet: »Mit einem Mischwald geh ich nicht aufs Standesamt.«

Sollte jemand auch nur daran denken, in mein Katzenklo zu pinkeln, Leyendecker würde es wissen, bevor die Idee überhaupt geboren ist. Er ist mit dem Teufel im Bunde, das Netz seiner Informanten reicht vom Heiligen Stuhl bis zu Luzifers Schreibtisch. Er weiß noch mehr als die NSA, auch ohne Lauschangriffe. Er hat alles, wie man in der Branche sagt, im Urin. Seine Frau war übrigens die heißeste Tänzerin der Nacht.

Für mich nahm alles einen glücklichen Ausgang, das reinste Happy-End. Nicht ein einziger gelber Tropfen ist in das Katzenstreu in meiner chinesischen Porzellanschüssel gespritzt. Ob dies an der Qualität der Gäste lag, mag sein, aber ich glaube eher, es war die Angst vor Hans Leyendecker, die alle Stehpinkler zwang, in die Hocke zu gehen.

Über das Fest und seine Gäste könnte ich ein Buch schreiben. So im Stil vom »Großen Gatsby«. Es waren wirklich hochkarätige Leute da. Weltklassegitarrist Al Di Meola kam mit seiner bezaubernden Freundin, der Journalistin Stephanie Kreis. Er erzählte, wie schön es ist, zusammen mit Stephanie Kaffee zu kochen, Wäsche zu waschen und die Spülmaschine einzuräumen. Paule staunte, als hätte er im Sommer frisch gefallenen Schnee am Wilden Kaiser gesehen. Medien-Tycoon Karlheinz Kögel mit Frau Dagmar zählten zu den schönsten Paaren. Henry Maske wurde von Herrchens Schwägerin, der »wilden Hilde«, angehimmelt. Michaela Mays bayerische Wunderschnauze ist einfach köstlich. Paul Falke, dem Strumpfmillionär, und seiner Frau Katrin hätte ich gern etwas vorgeschlagen: Sockis Feinstrick. Ich will mich außerdem als Werbeträgerin ins Gespräch bringen. Auch Kate Moss trägt Falke.

Gefallen hat mir auch die aufreizende Tessy. Ihre aus der Slowakei geflüchtete Mutter hatte Paule in den Siebzigerjahren schon als idealen Schwiegersohn gesehen, sie brachte jeden Morgen frische Brötchen zum Frühstück für das junge Paar ans Bett. Tessy wurde zwar nicht Frau Sahner, aber von Paule bei dem Musikmanager Beierlein eingeführt. Später verliebte sich in sie Antonello Venditti, Italiens großer Herzensbrecher. Heute steht Tessy als Chefredakteurin in Lohn und Brot ebenfalls beim Burda Verlag. Geheiratet hat sie nie.

Zwei Helden und eine Schnapsleiche

»Es gibt viel zu tun, aber nicht heute«, sagt Paule, als das Fest ausgeklungen ist.

Ich ziehe Bilanz, es gibt zwei Geschichten zu erzählen. Erstens die mit dem Parfüm. Einer der Gäste hat sich zwei Tüten geschnappt, mehrere Flakons reingestopft und ist damit heimlich verduftet. Der Cateringkoch hatte den Täter beobachtet und konnte später eine ziemlich genaue Beschreibung von ihm liefern: etwa 1,65 Meter groß, um die siebzig Jahre alt, buschige Augenbrauen, wuchtiger Haarschweif bis auf die Schulter, Mephistobart und Adlernase wie eine alte Indianerfrau. *Sein Ethnohemd hatte Übergröße XXL. An den Fingern trug er mehrere Ringe, einer davon sah genauso aus wie ein Totenkopf.*

Die Beschreibung hätte auf Abi Ofarim gepasst. Aber den einstigen Weltstar als Parfümdieb zu verdächtigen? Lächerlich. Abi gründete in München eine gemeinnützige Einrichtung: »Die Kinder von gestern e.V.«, ein soziales Projekt gegen Armut und Einsamkeit im Alter. Das spricht für seinen Edelmut.

Wer aber war es dann? Nachbarn wollen einen Mann gesehen haben, der sich schon die letzten Tage in der heilen Chiemgau-Welt herumgetrieben hat. Ich bleibe an der Geschichte dran! Kerns Parfümmarke trägt ein vielsagendes Wort: Commitment, es steht für Einsatz, Engagement, Hingabe, Verpflichtung, Bindung, Überantwortung, Bekenntnis, Rechnung. Das allein ist schon ausbaufähig, da kann man locker eine Story draus machen.

Zweitens ist noch die Geschichte offen, was Westerbeck alles über die Festgäste herausfand. Ich hoffe, er schreibt kein Buch darüber. Dass er Stehvermögen bewies, kann ich bestätigen. Er war einer der Letzten, der Paules Party im Morgengrauen verließ. Vorher schleppte er hilfsbereit eine Lady aus der Nachbarschaft heim, geschultert wie ein Großwildjäger seine Beute.

Und was war das Schönste an dem ganzen Fest? Deutschland hat gegen Ghana nicht gewonnen. Der Oldie-Star Miro Klose rettete das Remis: 2 : 2. Dass Jogi Löw – Paule sprach mit ihm vor Brasilien über Kants kategorischen Imperativ – dennoch mit seiner Elf Weltmeister wird, hielt an diesem Abend jeder für völlig absurd. Das Wunder von Lanzing war, dass der Regen rechtzeitig vor dem Fest aufhörte.

Und warum geschah das? Weil Paule gesagt hat: »Es wird nicht regnen.«

Und jetzt habe ich eine Idee. Mit den Geburtstagsgeschenken mache ich einen Flohmarkt in unserem Hof, während Paule schläft. Dann ist die Bude – zack! – wieder aufgeräumt. Waren sowieso keine Katzendelikatessen dabei. Frauchen sagt immer: »Paule versenkt alles im Chaos. Raus damit!« Das wird meine Aufgabe sein. Ich greife durch!

Nachwort

Freitag, 5. Juni 2015
Lanzing

Nach Wochen voller Kälte und Regen zeigt sich endlich die Sonne im Chiemgau und lässt die Pflanzen in meinem Garten förmlich explodieren. So klasse ich meine Bude in Schwabing auch finde – hier in der Natur lebe ich auf. Socki geht es da ganz ähnlich. Die Biografie ist geschrieben, endlich kann ich mich auf meinem Liegestuhl auf der Veranda ausstrecken, mich wieder auf das Hier und Jetzt besinnen und ihr ausgiebig das Ohr kraulen.

»Socki«, frage ich sie. »Was meinst du zu unserem Buch? Hätte ich doch mehr über mich schreiben sollen statt über all die Leute, die ich interviewt habe?«

Socki fläzt sich dicht neben mich. Ihr silbergraues Fell glänzt in der Sonne. Vierzehn ist sie jetzt, ich mag gar nicht daran denken, dass sie uns eines Tages verlassen wird. Unbekümmert von solchen Gedanken maunzt sie mich an. Es ist nicht dieses herzerweichende Miauen nach Kalbsleber, das ahnungslosen Spaziergängern das Gefühl geben könnte, hier hungert ein Tier. Nein, sie will mir etwas ganz anderes sagen: »Schluss mit dem Schreiben, mach mal Pause, Paule. Wer den Menschen hinter den Geschichten sucht, die du zu erzählen hast, der findet dich schon. Und zwar in deinen Geschichten selbst, deinen Interviews. Die sprechen ja für sich.«

Wohl wahr. Ich hatte das große Glück, eine Form des Journalismus kennenzulernen und ausüben zu dürfen, die es so kaum mehr gibt. Statt wie heutzutage aus knappen Pressemeldungen eine Story zu spinnen, die man in jedem Blatt dann so oder so ähnlich liest, durfte ich noch mitten rein ins Geschehen, um meine Geschichten zu schreiben. Ich durfte forschen, bohren, provozieren, war Beichtvater, Sündenbock, Freund. In dieser Arbeit bin ich immer ganz aufgegangen. Ich lebe, um Menschen zu beobachten. Und dann von ihnen zu erzählen.

Das ist es auch, was ich jungen Kollegen mit auf den Weg mitgeben möchte: Internetrecherche kann eine gute Informationsbasis schaffen. Aber im persönlichen Gespräch, Auge in Auge, wird man wirklich fündig. Auf einer Ebene, die einen selbst tief zufrieden stimmt, weil sie mit Nähe zu tun hat und der Wahrheit eines Menschen.

In den vergangenen Jahrzehnten habe ich Tausende Interviews gemacht. Für meine Biografie begann ich diejenigen auszusuchen, die einen besonderen Meilenstein in meinem Leben darstellten und ebenjene Form des Journalismus schildern, in dem ich mich hochgeboxt hatte, vom Praktikanten bis zum Chefreporter. Viele große Namen und denkwürdige Begegnungen bleiben in diesem Buch allein schon aus Platzgründen unerwähnt – doch sie sind nicht vergessen. Jeder Mensch, dem ich im Lauf der Jahre begegnet bin und der sich mir gegenüber geöffnet hat, schenkte mir einen Blick in seine persönliche Welt und hat mich bereichert – an Geschichten, an Geheimnissen, an Freude und Leid.

Ich kann mich im Leben wirklich glücklich schätzen, das meint auch Socki: »Du hast mich, Martina und Annabel. Und deinen Job. Was will ein Mann mehr.«

Wo sie recht hat, hat sie recht.

Eine knappe Stunde später wird es Socki und mir zu heiß in der prallen Sonne. Ich hole etwas Brot und füttere die Karpfen, hinten im Teich. Dann nehme ich Socki mit ins Haus, packe Badehose und Handtuch ein und fahre an den Wössner See. Tiefgrün ist das Wasser, am Ostufer schimmern die Silhouetten der Fische dicht unter der Oberfläche. Morgens sind hier nur Angler zu sehen, um die Mittagszeit haben sich ein paar Familien eingefunden und suchen im See nach Abkühlung. Als ich aus dem Wagen steige und den Blick über die Landschaft schweifen lasse, weiß ich: Ich bin im Leben genau dort angekommen, wo ich immer sein wollte. Zeile für Zeile habe ich mich hierhergeschrieben.

Und es warten noch so viele Geschichten darauf, erzählt zu werden. Für Montag muss ich einen Artikel schreiben, exklusiv für BUNTE. Danach plane ich ein neues Buch. Immer schon wollte ich über gestrandete Menschen schreiben. Vielleicht wird es aber auch ein Buch mit meiner Tochter zusammen. Oder ein Krimi, da hätte ich schon eine Idee!

Vorher aber will ich die Woche, die vor mir liegt, so richtig genießen. Eine Lesereise für »Merci, Udo« nach Malle steht an. Das Beste: Martina ist mit dabei, meine großartige Frau.

Nachwort des Verlags

Es gibt Menschen, die immer und überall einen bleibenden Eindruck hinterlassen. Paul Sahner war so ein Mensch. Nun sind Verlagsleute keine Journalisten und selten auf roten Teppichen unterwegs – trotzdem war der Mann mit den locker fallenden Jacketts selbst den Jüngeren unter uns ein Begriff. Als wir ihn während der gemeinsamen Arbeit an seiner Autobiographie persönlich kennenlernen durften, blieb er nicht mehr nur ein großer Name, sondern wir verstanden plötzlich, weshalb ihm Promis reihenweise ihre Herzen ausschütteten, obwohl sie doch wussten, dass ihre »Intimbeichten« so intim nicht bleiben würden. Bezeichnungen wie »Reporterlegende« und »begnadeter Geschichtenerzähler« wurden lebendig und wir begriffen – er war wirklich ein »Menschenflüsterer«.

Kein Zweifel, Paul Sahner konnte einen in seinen Bann ziehen. Fernab von allem Medienrummel und der Suche nach immer neuen Storys haben wir ihn jedoch vor allem als einen Mann kennengelernt, den eins auszeichnete: das Interesse an den Menschen, die ihn im Laufe seiner Karriere geprägt haben und an die er sich im Zuge seiner Autobiographie mal mit einem Lächeln, mal bewegt und manchmal auch nostalgisch erinnert hat.

Paul Sahner verstarb im Juni 2015 in seinem Haus in Lanzing. Die Nachricht von seinem plötzlichen Tod hat uns tief erschüttert, gleichzeitig sind wir dankbar, dass wir Gelegenheit hatten, dieses Buch mit ihm zu realisieren, das nun sein

Vermächtnis wird. Wir danken ihm für die engagierte Zusammenarbeit, für interessante, farbige Gespräche und können nur sagen – wir werden ihn nicht vergessen.

Der Blanvalet-Verlag

Bildnachweis